WELTEN DER PHILOSOPHIE

Sind Philosophien wie z.B. die indische und die europäische wirklich radikal verschieden? Ram Adhar Mall bestreitet dies und behauptet, dass die Philosophien – nicht nur interkulturell, sondern ebenso intrakulturell – eine Art »Familienähnlichkeit« aufweisen. Der Name bzw. Begriff ›Philosophie‹ ist zwar griechisch-europäisch, aber nicht die Sache, die Tätigkeit, die sich Philosophieren nennt. Dies gilt nicht zuletzt für die großen Traditionslinien der indischen Philosophie. Von den Veden über den Hinduismus und Buddhismus bis hin zu Mahatma Gandhis Philosophie der Gewaltlosigkeit zeigt sich ihr großer geistiger Reichtum. Der Autor stellt nach einem kurzen Überblick über die Entwicklung der indischen Philosophie deren einzelne Disziplinen wie Anthropologie, Erkenntnistheorie, Logik, Ethik oder Ästhetik vor. Im Dialog mit der westlichen Tradition macht er deutlich, dass die indische Philosophie oft einseitig unter religiösen Vorzeichen gesehen wurde. Neben der Korrektur solcher langlebiger Vorurteile geht es ihm darum zu zeigen, wie die indische Philosophie als Ort des Übergangs vom Denkweg zum Lebensweg, der beiden gleichermaßen ihr Recht zugesteht, dazu beitragen kann, die philosophischen Grundfragen heutiger Menschen interkulturell neu zu begreifen. Dieses Buch möchte, indem es unterschiedliche Philosophietraditionen miteinander ins Gespräch bringt, jeweils neue Möglichkeiten philosophischen Denkens eröffnen.

Der Autor:

Professor Dr. Ram Adhar Mall, 1937 in Indien geboren, lebt seit 1967 in Deutschland und lehrte u.a. in Trier, Wuppertal, Heidelberg, Bremen, München und Jena. Er ist Gründungspräsident der Gesellschaft für Interkulturelle Philosophie (GIP). Zahlreiche Veröffentlichungen auf dem Gebiet der Phänomenologie, der interkulturellen Philosophie und der vergleichenden Religionswissenschaft.

Ram Adhar Mall

Indische Philosophie –
Vom Denkweg zum Lebensweg

WELTEN DER PHILOSOPHIE
4

Wissenschaftlicher Beirat:
Claudia Bickmann, Rolf Elberfeld, Geert Hendrich, Heinz Kimmerle, Kai Kresse, Ram Adhar Mall, Hans-Georg Moeller, Ryôsuke Ohashi, Heiner Roetz, Ulrich Rudolph, Hans Rainer Sepp, Georg Stenger, Franz Martin Wimmer, Günter Wohlfahrt, Ichirô Yamaguchi

Ram Adhar Mall

Indische Philosophie – Vom Denkweg zum Lebensweg

Eine interkulturelle Perspektive

Verlag Karl Alber Freiburg / München

Originalausgabe

© VERLAG KARL ALBER
in der Verlag Herder GmbH, Freiburg / München 2012
Alle Rechte vorbehalten
www.verlag-alber.de

Satz: SatzWeise, Föhren
Herstellung: CPI buch bücher.de GmbH, Birkach

Gedruckt auf alterungsbeständigem Papier (säurefrei)
Printed on acid-free paper
Printed in Germany

ISBN 978-3-495-48368-8

Für Renate Mall

Inhalt

Vorwort 15

I. ZUR EINFÜHRUNG 19

**Was heißt interkulturelles Philosophieren? –
Erwägungen propädeutischer Art** 21
1. Einleitung und Begriffsbestimmung 21
2. Hermeneutik 26
3. »Orthafte Ortlosigkeit« der philosophia perennis 29
4. Überlappung 32
5. Zum Primat der Vorsilbe »inter-« vor »intra-« und »trans-« 35
6. Der Beitrag der interkulturellen Philosophie im weltphilosophischen Kontext 37

II. INDISCHE PHILOSOPHIE 43

Übergreifende Aspekte 45
7. Kurzer historischer Überblick 45
8. Merkmale der indischen Philosophie 49
9. Vedische und upanishadische Tradition 58
10. Orthodoxe und heterodoxe Schulen 60
    a) Carvaka 62
    b) Buddhismus 64
    c) Jainismus 69
    d) Samkhya 70
    e) Yoga 71
    f) Mimamsa 73

	g) Vedanta	74
	h) Nyaya	75
	i) Vaisheshika	78
11.	Das soziale und politische Denken der Hindus	79
12.	Zur modernen indischen Philosophie	87
13.	Reflexion – Meditation – Lebensführung	91

Epistemologie (Pramana Shastra) 99
14. Erkenntnis (Prama) 99
15. Erkenntnismittel (Pramana) 101
    a) Wahrnehmung (Pratyaksha) 102
    b) Schlussfolgerung (Anumana) 103
    c) Wort – Rede (Shabda) 105
    d) Vergleich (Upamana) 106
    e) Nicht-Wahrnehmung (Anupalabdhi) 107
    f) Annahme, Hypothese (Arthapatti) 107
16. Theorien des Irrtums (Khyati-Vada) 108
17. Status der Unwissenheit (Avidya) 110
18. Kriteriologie der wahren und falschen Erkenntnis 111

Verortung der indischen Logik zwischen
Epistemologie und Psychologie 113
19. Vorbemerkungen 113
20. Logik im interkulturellen Kontext 115
21. Die Jaina-Lehre vom »Standpunkt« (Nayavada) 121
22. Interkulturelle Logik jenseits einer Logik der Identität und Differenz 123
23. Nagarjunas Lehre von der Leerheit (Shunyata) 125
24. Nagarjunas Methode der »reductio ad absurdum« 127
25. Entwurf einer interkulturellen Logik 130

Metaphysik (Prameya Shastra) 134
26. Idee der Metaphysik 134
27. Kategorien (Padarthas) 137
    a) Substanz (Dravya) 138
    b) Qualität (Guna) 139
    c) Handlung (Karma) 140
    d) Inhärenz (Samvaya) 140
    e) Das Universelle (Samanya) 140

Inhalt

	f) Das Partikulare (Vishesha)	140
	g) Negation (Abhava)	141
28.	Metaphysik im Buddhismus	141
	a) Vaibhashika (Sarvastivada)	142
	b) Sautantrika	143
	c) Yogacara (Vijnanavada)	145
	d) Madhyamika	146
29.	Kausalität (Karya-karana-sambandha)	149
30.	Existenz der Außenwelt	152
31.	Jaina-Philosophie: Von der Mannigfaltigkeit der Standpunkte (Anekantavada)	154

Ethik und Moralphilosophie (Dharma Shastra) 156

32. Indische Tradition: Eine kritische Eröterung im Vergleich der Kulturen 156
33. Versuch einer Interpretation der vier Lebensziele (Purusharthas) 159
34. Exkurs: Das hinduistische Kastenwesen und die Utopia Platons 166
35. Die Verankerung der Ethik und ihre interkulturelle Verbindlichkeit 171
36. Motive ethischen Handelns 173
37. Indische Ethik 174
    a. Grundintentionen 174
    b. Psychologisch-transformative Grundlage der indischen Ethik 180
    c. Die Bedeutung des dharma für das ethische Handeln . . 183
    d. Missverständnisse gegenüber der indischen Ethik und Zeitauffassung 186
38. Zur Ethik der Nichtgewalt (Ahimsa) 188

Religionsphilosophie 192

39. Wie kommt die Philosophie zu Gott? 192
40. Exkurs: Das Böse und das Leid als Themen der Religionsphilosophie 198
41. Zu dem Begriff der Religion 201
42. Der religiöse Pluralismus aus interkultureller Sicht 206
43. Argumente für und gegen die Existenz Gottes 212

44. Religion auch ohne Gott als Weg zur Erlösung: Carvaka,
    Buddhismus und Jainismus 218
45. Soteriologische Vorstellungen von moksha und
    nirvana 225

Ästhetik (Rasa Shastra) 228
46. Ästhetik als Wissenschaft der feinen Künste 228
47. Rasa (Ästhetische Erfahrung) und Dhvani
    (das Unausgesprochene, aber Angedeutete) 230
48. Entwurf einer interkulturellen Ästhetik 233
49. Von interkultureller zu komparativer Ästhetik 236
50. Das Zusammenspiel von Ethik und Ästhetik 239

III. THEORIEN VON VERNUNFT UND LOGIK 243

Interkulturelle Vernunft 245
51. Rationalität und philosophische Traditionen 245
52. Der interkulturelle Kontext und die Vernunft 250
53. Spezifika indischer Logik 251
54. Tetralemma und buddhistische Logik 258
55. Siebenstufige Prädikationslogik (Saptabhanginaya) der
    Jaina-Philosophie 264
56. Zwei Arten der Vernunft 267
57. Wider den Absolutheitsanspruch 270
58. Interkulturelle Vernunft – weitere Erkundungen 272
59. Orthafte Ortlosigkeit interkultureller Vernunft 278

IV. ZUM STANDORT DES MENSCHEN 281

Anthropologie 283
60. Kosmische Verankerung von Anthropologie 283
61. Das Bild des Menschen in den Veden, Upanishaden und
    Epen 285
62. Das Bild des Menschen in den nicht-orthodoxen Schulen:
    Carvaka, Buddhismus, Jainismus 290
63. Anthropologische Vorstellungen in den orthodoxen Schulen 293

Bilder des Menschen im modernen indischen Denken 297
64. Sri Aurobindo 297
65. Mahatma Gandhi 303
66. Rabindranath Tagore 308

Mensch und Kosmos: Wider den Anthropozentrismus 312

V. ANHANG 325

Glossar wichtiger Sanskrit-Termini 327

Literaturverzeichnis 343

Zu Person und Werk des Autors.
Von Karl Hubertus Eckert 356

Namens- und Sachregister 365

Indian Philosophy aims beyond logic …
Philosophy thereby becomes a way of life, not merely a way of thought.
M. Hiriyanna

Philosophie leitet nicht ab, sondern Philosophie verändert den Menschen.
K. Jaspers

Ich will nachzuweisen versuchen, daß die Unifizierung des Wahren zwar ein Traum der Vernunft, immer aber auch eine erste Gewaltsamkeit, eine erste Fehltat ist.
P. Ricoeur

[Indian] Philosophy was an intensely intellectual, rigorously discursive and relentlessly critical pursuit. However, this activity was supposedly trusted and relied upon to lead a kind of knowledge that would become transformed into a transformation of the thinker's mode of being.
J. N. Mohanty

Vorwort

Eine langjährige Lehrtätigkeit an Universitäten in Indien und Europa sowie Gespräche mit Studierenden und Kollegen haben mich zu der Frage geführt: Wo liegt das Eigenständige von Philosophie in Theorie und Praxis begründet? Als eine mögliche Antwort auf diese Frage bieten meine Ausführungen in dieser Studie einen Ausblick auf Universalität und Partikularität der Philosophie. *Indische Philosophie* stellt eine der ältesten intellektuellen Traditionen der Menschheit dar. Sie wird jedoch im Allgemeinen von Philosophen an westlichen akademischen Institutionen ignoriert. Der Hauptgrund für diese Vernachlässigung dürfte das langlebige Vorurteil sein, Philosophie sei eine ausschließlich westliche Leistung. Die vorliegende Schrift zielt ab auf einen philosophischen Diskurs über Kulturgrenzen hinweg und räumt mit einem verengten, provinzialistischen Verständnis von Philosophie auf. Ein Dialog über die Kulturgrenzen hinaus ist heute nicht nur notwendig und wünschenswert, sondern sogar unvermeidlich. Soll einem solchen Dialog Erfolg beschieden sein, muss er von einer Sensibilität für die Gemeinsamkeiten und die Differenzen getragen sein.

Die hier gewählte interkulturelle Perspektive lehnt erstens jede rigide, Inkompatibilität von vornherein unterstellende Unterscheidung zwischen dem westlichen und östlichen Denken ab, zweitens eine stufentheoretische Entwicklung des philosophischen Denkens mit der Kulmination in einer bestimmten Philosophie, Kultur oder Religion, unabhängig davon, ob der Ort einer solchen Kulmination die Philosophie Hegels, Husserls, Nagarjunas oder Shankaras ist, drittens eines mit Absolutheitsanspruch auftretenden Textes oder einer Interpretation, und viertens eine radikale »Übersetzbarkeit« bzw. »Unübersetzbarkeit« von Texten oder Kulturen. Die Fragen nach Gradunterschieden bei Übersetzungen sind Spezialfälle der Übersetzbarkeits-Problematik: Bis zu welchem Grad ist z. B. Sanskrit oder Chinesisch in westliche Sprachen übersetzbar, ohne Verlust oder Hinzufügung? Die gleiche Frage,

Vorwort

kontextuell variierend, stellt sich, wenn es um die griechische oder lateinische Sprache geht. Ist Hegels »Wissenschaft der Logik« wirklich bis in die letzte Nuance etwa ins Englische übersetzbar? So ist Philosophie in interkultureller Perspektive ein Gespräch der Kulturen und nicht ein Gespräch des Westens mit sich selbst oder des Ostens mit sich selbst. Sprachen und Kulturen sind wie »Kleider«, welche die Philosophie trägt.

Eine interkulturelle Erkundung hinsichtlich des Philosophierens im Vergleich der Kulturen der Welt sollte zwei möglichen Fallen ausweichen: Erstens – in der Suche nach dem jeweils Anderen findet der Westen im Osten etwas sehr Anziehendes und zugleich Abstoßendes, der Osten seinerseits im Westen; zweitens – der andere Fehlansatz ist dieser: Ausgehend von der ungesicherten Annahme von ähnlichen Denkweisen allerorten, suchen Philosophen gleiche Muster überall. Und glauben, sie auch vorzufinden. Es gibt zwischen westlichem und östlichem Denken, falls diese Konstrukte, Abstraktionen zwecks Gegenüberstellung erlaubt sind, grundsätzliche Gemeinsamkeiten und nicht reduzierbare Differenzen. So ist unser Ausgangspunkt im Sinne des oben Gesagten Folgender: Das indische Denken, um ein Beispiel zu nennen, ist von dem europäischen nicht derart unterschieden, als dass man sagen könnte, der Westen könne das Asiatische überhaupt nicht verstehen. Auf der anderen Seite ist das asiatische Denken doch auch nicht dem europäischen derart ähnlich, dass man meinen könnte, es bestehe keine Notwendigkeit für den Westen, asiatisches Denken zur Kenntnis zu nehmen.

Weder der Westen noch der Osten zeigen intrakulturelle Homogenität in ihren jeweiligen Denkmustern. Daher zeugen Ausdrücke wie »das« indische, »das« chinesische, »das« europäische Denken von höherstufigen intellektuellen Konstrukten und Abstraktionen. Philosophische Fragestellungen und Lösungsansätze sind zwar »orthaft« in ihren jeweiligen Kulturspezifika und doch zugleich »ortlos«, weil das Metaphysische, Epistemologische, Ethische u.s.f. über Kulturgrenzen hinweg signifikante, universell gültige Überlappungen aufweisen. Empirismus ist Empirismus, gleichgültig ob in Oxford, New York, Freiburg oder Kalkutta. Philosophen aller Kulturen sind durch ihre Fragestellungen stärker miteinander verbunden als durch die Antworten, die sie geben, auch wenn es gemeinsame Antwortmuster gibt. Die Breite der Palette unterschiedlicher Arten des Philosophierens belegt dies.

Der Versuch einer Herausarbeitung dessen, was Philosophien

einerseits interkulturell-überlappend verbindet, und dessen, was sie andererseits klar voneinander abgrenzt, bildet das Leitmotiv dieser Schrift. Grundsätzliche Gemeinsamkeiten werden ebenso wie erhellende Differenzen zum Vorschein kommen.

Nach einer theoretischen Untersuchung der Fragestellung, was interkulturelles Philosophieren meine, folgen Durchgänge durch alle wesentlichen Aspekte des indischen Denkens im Vergleich zu westlichen Denkformen.

Die Diskussion einer interkulturellen Theorie von Vernunft und Logik schließt sich an, gefolgt von einem Blick auf den Standort des Menschen aus indischer Sicht.

Den Schluss bietet eine Weitung der Perspektive auf das Verhältnis Mensch-Kosmos, um Wegemarken sichtbar zu machen, die auf eine künftige, erneuerte philosophische Anthropologie hinzeigen.

Meine Darstellung ist das Ergebnis eigener Forschungen, die teilweise bereits in früheren Publikationen zur Sprache gekommen sind, in dieser Schrift jedoch in erweiterte Kontexte gestellt sind und zur Grundlegung eines interkulturell-philosophischen Diskurses beitragen sollen. Dahinter steht die Überlegung, dass ein Diskurs, der diesen Namen verdient, je eigene Absolutheitsansprüche a limine zu vermeiden hat und vielmehr das Bewusstsein dafür schärfen sollte, dass die unterschiedliche Behandlung philosophischer Großphänomene eine Kulturen übergreifende anthropologische Konstante ist.

In diesem Zusammenhang wird die Aufgabe der Philosophie nicht nur in der *Erkenntnisgewinnung* (Jnanaprapti), sondern gleichrangig auch in der *Erkenntnisverwirklichung* (Phalaprapti), d. h. der Überführung des Erkannten in Lebensvollzüge, gesehen. Dies gilt bekanntlich nicht nur für das indischen Philosophieren, sondern mutatis mutandis auch für antikes europäisches Denken.

Gespräche mit J. N. Mohanty (Kalkutta/Philadelphia), A. K. Mookerjee (Kalkutta) und B. K. Matilal (er lehrte in Kalkutta, an amerikanischen Universitäten und in Oxford) haben mich in der Überzeugung bestärkt, dass eine interkulturell-philosophische Herangehensweise an die großen geistigen Überlieferungen der Menschheit zu einer allseitigen Bereicherung im Denken, Fühlen und Handeln führt. Interkulturelle Philosophen der ersten Stunde, vor allem H. Kimmerle, F. Wimmer, R. Ohashi, B. Waldenfels, F. Fornet-Betancourt waren und sind ebenfalls Gefährten auf einem gemeinsam eingeschlagenen Weg. Auch

Vorwort

die 1992 gegründete »Gesellschaft für Interkulturelle Philosophie« (GIP, Köln) ist bis zum heutigen Tag der Ort wertvoller persönlicher Begegnungen und wissenschaftlichen Austausches für mich geblieben. Dies gilt ganz besonders für meine Nachfolger im Präsidium der GIP, C. Bickmann (Köln) und G. Stenger (Wien).

Darüber hinaus waren mir über Jahre hinweg die mit K. H. Eckert geführten Gespräche eine Quelle der Anregung und Ermutigung. Ohne dessen Beistand wäre die vorliegende Arbeit nicht entstanden. G. Russbild danke ich für seine stete Gesprächs- und Hilfsbereitschaft. Mein herzlicher Dank gilt auch Michael Hubig, Bettina Klee, Gita Mall und Tara Mall.

Die Zusammenarbeit mit dem Leiter des Verlages Karl Alber, Herrn Lukas Trabert, und seinem Team, ganz besonders Frau Angela Haury, kann ich nur als hervorragend bezeichnen. Ich bin ihnen zu großem Dank verpflichtet.

Im Text wurde wegen der leichteren Lesbarkeit für indische Termini eine vereinfachte Schreibung gewählt. Im Anhang findet sich ein Glossar, in dem sich die zugehörigen wissenschaftlichen Schreibungen vorfinden, zusammen mit knappen Erläuterungen.

Für etwaige Unzulänglichkeiten im Text trage ich die alleinige Verantwortung.

Jena, im Juni 2012

Ram Adhar Mall

I.

ZUR EINFÜHRUNG

Was heißt interkulturelles Philosophieren?
Erwägungen propädeutischer Art

1. Einleitung und Begriffsbestimmung[1]

Philosophie ist ein Kulturprodukt; eine jede Kultur bringt Philosophie hervor, mag diese auch im Poetischen oder Mythologischen wurzeln. Dass es sowohl aus intra- als auch aus interkultureller Betrachtungsweise unterschiedliche Philosophien gibt, ist ebenso wahr wie die Tatsache, dass Philosophien Ergebnisse je eigenen kulturspezifischen Denkens sind. Auf die Frage, »woher« die Philosophie überhaupt komme, kann deshalb zunächst geantwortet werden, dass sie ein Kulturerbe sei. Zweitens kann man antworten, dass sie dem Menschen als anthropologische Disposition zukommt; zu dieser gehört Philosophie als Ausdruck eines metaphysischen Bedürfnisses. Es ist wahr, dass unterschiedliche philosophische Denkrichtungen je eigene Akzente setzen und dem entsprechend auch zu divergierenden Definitionen von Philosophie gelangen. Dies ist an sich nicht unphilosophisch. Für einen philosophischen Diskurs schädlich ist jedoch die Tendenz, eine bestimmte Sichtweise verabsolutieren zu wollen.

Interkulturalität dagegen bezeichnet eine Geisteshaltung, aus der heraus Kulturen und die aus ihnen erwachsenen Ausprägungen von Philosophie als gleichrangig angesehen werden. Absolutheitsansprüche werden verneint. Das interkulturelle Projekt des Philosophierens steckt noch in den Kinderschuhen, aber sein eminent wichtiges Anliegen ist so alt wie die Menschheit. Basierend auf der vorbehaltlosen Anerkennung je eigener kulturspezifischer Merkmale plädiert die *Interkulturelle Philosophie* für eine Vermittlung zwischen dem Besonderen einer jeweili-

---

[1] An dieser Stelle kann nur eine allgemein gehaltene Einstimmung auf die Thematik der vorliegenden Studie versucht werden, ohne dass der Horizont interkulturellen Philosophierens ausgeschritten würde. Ein detaillierter Überblick findet sich in meinem Artikel »Interkulturalität« in der Brockhaus Enzyklopädie, 21. Aufl., Bd. 13, 2005, S. 392–396; zugleich sei auf meine weiteren, in der Bibliographie aufgeführten Arbeiten verwiesen.

gen Philosophie und dem Allgemeinen der *einen* universellen Philosophie. Sie stellt sich die Aufgabe, Antwortmuster auf Fragen zu entwerfen, die sich dem Menschen im heutigen Weltkontext des Denkens stellen, und dabei Universell-Verbindendes sichtbar zu machen. Sie geht davon aus, dass das Verstehen von Kulturen, denen wir selbst nicht angehören, sowohl theoretisch als auch praktisch möglich ist und dass ein interkultureller Diskurs außerdem lohnend ist, da er zu einer Erweiterung des je eigenen Denkhorizontes führt.

Philosophische Fragestellungen kennen keine rein geographischen, kulturellen oder anderen traditionellen Begrenzungen. Kulturalität und Interkulturalität der Philosophie gehen Hand in Hand. Ein Philosoph qua Philosoph gewinnt seine Identität in erster Linie durch die Benennung von Problemen, durch Fragestellungen und Lösungsansätze – und nicht etwa durch seine Zugehörigkeit zu dem europäischen oder dem asiatischen Kulturkreis. So bleibt etwa ein Empirist oder Rationalist über Kultur- und Sprachgrenzen hinweg ein solcher.

Interkulturelle Philosophie steht nicht für eine zusätzliche Disziplin der Philosophie. Auch ist sie nicht zu verwechseln mit dem Begriff einer »komparativen Philosophie«. Vielmehr hat sie eine begleitende Funktion für alle philosophischen Disziplinen und stellt diese in einen interkulturellen Kontext. Der Begriff Kultur steht im Zusammenhang dieser Betrachtungen für einen sowohl theoretischen als auch praktischen Orientierungsrahmen. Zu Kultur gehört wesentlich die Gestaltung einer bestimmten, relativ dauerhaften Lebensform in der Auseinandersetzung des Menschen mit der Natur und mit anderen Kulturen. So wie die Menschenwürde ausnahmslos allen Menschen als Menschen zukommt, sind alle Kulturen als Kulturen gleichwertig; die Feststellung von Unterschieden veranlasst uns zu differenzieren, niemals jedoch in diskriminierender Weise.

Im Hinblick auf das Problem des Verstehens wird von der Position des gesunden Menschenverstandes ausgegangen, der unterschiedliche Grade des Verstehens und Nichtverstehens als real annimmt. Freilich ist es möglich zu unterstellen, kein Angehöriger einer Kultur A könne einen Angehörigen einer Kultur B jemals verstehen. Solche Schritte sind bloß analytisch, aprioristisch und tautologisch, bar jeder genuinen Information. Sie sind zwar nicht falsch, lösen aber keines der Probleme, die zu lösen sie vorgeben.

Wollen wir uns an dem Projekt interkulturellen Philosophierens konstruktiv beteiligen, so bedarf es der Einsicht, dass es eine vollkom-

1. Einleitung und Begriffsbestimmung

men eigenständige, von Nachbarkulturen völlig abgeschottete Kultur nicht gibt und nicht geben kann. Mit der Philosophie, die orthaft und zugleich ortlos ist, verhält es sich nicht anders, wie in Abschnitt III näher dargelegt werden soll. Die vielschichtige Vernetzung kann über sehr lange Zeiträume hinweg zurückverfolgt werden.

Eine Antwort auf die Frage, wann zwei Kulturen, Philosophien, Religionen etc. einander völlig wesensfremd gegenüberstehen oder aber sich nur graduell voneinander unterscheiden, kann lauten, dass sie zwei Beispiele eines Gattungsbegriffs darstellen. Wären sie *radikal* verschieden, könnte man sie nicht unter ein und denselben Gattungsbegriff subsumieren, und radikale Unterschiede könnten nicht einmal sprachlich artikuliert werden. Selbst Gegenargumente werden Argumente genannt, mögen sie noch so konträr oder gar kontradiktorisch sein. So handelt es sich also um einen allgemeinen, überlappend-analogischen Begriff, der sich in Konkretionen entfaltet. Von daher ist man überhaupt erst berechtigt, *chinesische, indische, europäische* Philosophie voneinander zu unterscheiden.

Will man das Allgemeine des Philosophiebegriffs erfassen, so darf man es nicht essentialistisch mit den dafür in unterschiedlichen kulturellen Kontexten jeweils vorhandenen sprachlichen Benennungen gleichsetzen. Gerade voreilige Gleichsetzung hat zu dem lexikalischen Argument verleitet, schon das bloße Fehlen eines Äquivalents für den griechischen Ausdruck »Philosophie« in außereuropäischen Traditionen bedeute das Nichtvorhandensein von Philosophie. Daher ist es ein zentrales Anliegen interkulturell-philosophischer Betrachtungsweise, eine bloß philologische und/oder formale aprioristische Definition des Philosophiebegriffs zu vermeiden, mit dem Ziel, das *größere Gemeinsame* des Philosophierens in unterschiedlichen Kulturkreisen viel mehr in Fragestellungen als in Antworten zu suchen. Selbst wenn nicht-okzidentalen Denktraditionen philosophische Fragestellungen zuerkannt werden, belässt man oft doch das »eigentliche« Prädikat Philosophie vielfach nur Ergebnissen okzidentalen Denkens. So ist beispielsweise für Gadamer der »Begriff der Philosophie ... noch nicht auf die großen Antworten anwendbar, die die Hochkulturen Ostasiens und Indiens auf die Menschheitsfragen, wie sie in Europa durch die Philosophie immer wieder gestellt werden, gegeben haben«.[2] Verwandte Stereotypen, Kli-

---

[2] Gadamer, H.-G.: Europa und die Oikumene; in: Europa und die Philosophie, hg. v. H. H. Gander, Stuttgart 1993, S. 67–86.

schees oder Vorurteile sind weiter gegenwärtig, obwohl sich erfreulicherweise allmählich die Einsicht durchzusetzen scheint, dass Wahrheit und Werte Konsense und Dissense implizieren und dass der Philosophie mehr als nur eine einzige Heimat zuzubilligen sei. Die Heimatlosigkeit der Philosophie ist eher ihre Stärke denn ihre Schwäche. Hierin liegt auch ihre großartige Unparteilichkeit begründet. Philosophie – im Singular – ist abzulehnen, um eine rein festlegende Definition von Philosophie zu vermeiden. Selbst begriffsgeschichtlich kennt Philosophie keine Homogenität, sei diese intra- oder interkulturell. Dies mag einigen als unzureichend erscheinen. Lässt man die Definitionen von Philosophie in der Geschichte Revue passieren, so stellt man fest, dass eine jede auch eine persönliche bestimmte ist und man das Temperament eines Philosophen nicht ganz außer Acht lassen kann. Ähnlich verhält es sich mit dem Kulturbegriff. Was vermieden werden muss, ist die Verabsolutierung einer bestimmten Präferenz. Sprechen wir z. B. von der westlich-europäischen Kultur und Philosophie, so stellt sich die Frage, ob wir hierbei an eine in sich geschlossene Entität denken oder aber auch die griechischen, römischen, christlichen, naturwissenschaftlichen Einflussfaktoren mit berücksichtigen. Nicht viel anders verhält es sich, wenn wir von der islamischen, chinesischen oder indischen Kultur sprechen. Dass wir dennoch Philosophien und Religionen miteinander in Bezug setzen können, liegt nicht so sehr daran, dass sie radikal unterschiedliche Probleme behandeln, sondern dass sie unterschiedliche Aspekte und Akzentuierungen derselben Probleme erkennen lassen. Kulturen sind keine quasi monadischen Gebilde, und ein bestimmter Grad von Vernetzung war und ist stets zu beobachten.

Es mutet daher seltsam an, wenn beispielsweise manche europäischen Philosophen an der indischen Philosophie kritisieren, sie sei »zu religiös«, oder wenn europäische Theologen die indische Religion als »zu philosophisch« einstufen. Es bleibt zu hoffen, dass im Geiste der interkulturellen Philosophie eine begriffliche und inhaltliche Klärung und Auflösung dieser scheinbaren Widersprüche gelingen wird. Wer an der Kreuzung unterschiedlicher Kulturen steht, wer in der Übertragung und »Übersetzung« von Lebensformen und Sprachspielen lebt, erfährt hautnah die Dringlichkeit, aber auch die Schwierigkeit einer interkulturellen, integrativen Verständigung. Philosophie qua Philosophie hat nicht nur eine einzige Muttersprache. Sprachstruktur bestimmt zwar die Denkstruktur, fesselt diese jedoch nicht vollends. Ein Studium der Philosophiegeschichte unterschiedlicher Traditionen be-

1. Einleitung und Begriffsbestimmung

legt diese Auffassung. Der indische Phänomenologe Mohanty[3] äußert tiefes Befremden, wenn man aus je eigenen kulturspezifisch getönten Vorausfixierungen des Begriffs Philosophie resultierende Urteile vorfinde, die schlichtweg von mangelnder Sachkenntnis und philosophischer Besonnenheit zeugten. Eine bloß kulturell-provinzialistische Bestimmung von Philosophie, die Verabsolutierung einer bestimmten philophischen Konvention, ist abzulehnen, ansonsten wäre die Folge ein verabsolutierter Relativismus. Es zeugt von einem verengten Wissenschaftsverständnis, die Vielfalt philosophischer Denkungsarten reduktionistisch zu traktieren und von der Möglichkeit nur einer einzigen Weise des Philosophierens, das diesen Namen verdiene, auszugehen. Vielfalt sollte als Reichtum angesehen werden; dann erübrigt sich auch ein Streit um Geburtsorte der Philosophie.

Die Notwendigkeit einer interkulturell philosophischen »Aufklärung« kann man aus dem Dialog zwischen einem indisch-europäischen Philosophen und einem Indologen erkennen. Im Gespräch sagte – besser: gestand der Indologe, dass er an den Wahrheitsgehalt des gesamten indischen philosophischen Denkens nicht glaube. Auf die Frage des Philosophen, warum er sich denn dann überhaupt mit indischem Denken beschäftige und einiges daraus sogar übersetze, antwortete er, als Indologe vom Fach sei er dazu verpflichtet. Sein Hauptinteresse galt also Manuskripten in einem rein philologisch-linguistischen Verständnis. Nagarjuna und Shankara, die sich als Philosophen mit der Frage nach der Wahrheit beschäftigten, interessierten ihn nicht etwa hinsichtlich ihrer denkerischen Leistungen. Der Indologe suchte Wahrheit *über* die indische Philosophie, nicht aber Wahrheit *in* der indischen Philosophie. Wer so über andere Kulturen, Philosophien und Religionen denkt, hat schon das *Tertium Comparationis* in einer ganz bestimmten, ausgewählten Tradition ausschließlich dingfest gemacht. Eine solche Vorgehensweise macht die Disziplin der Komparatistik zu einem Muster ohne Wert und führt zu Blindheit hinsichtlich des unermesslichen Reichtums weltphilosophischen Denkens. Auf die Frage des Philosophen, woher er denn wisse, dass philosophische Wahrheit nur in der europäischen und nicht z. B. auch in der indischen Philosophie zu finden sei, antwortete der Indologe, ein überständiges Klischee wiederholend, Philosophie sei eben nur griechisch-europäisch ...

---

[3] Mohanty, J. N.: Reason and Tradition in Indian Thought. An Essay on the Nature of Indian Philosophical Thinking, Oxford 1992, S. 288.

2. Hermeneutik

Oft wird von der Vorstellung ausgegangen, die Innenansicht einer Kultur sei für alle, die ihr angehören, transparent, eindeutig, homogen und widerspruchsfrei. Diese Ansicht entspricht jedoch nicht den tatsächlichen Verhältnissen. Bei dem Phänomenologen und Soziologen Alfred Schütz heißt es, dass »das Wissen des Menschen, der in der Welt seines täglichen Lebens handelt und denkt, nicht homogen« sei. Denn dieses Wissen, so Schütz weiter, sei »erstens inkohärent, zweitens nur teilweise klar und drittens nicht frei von Widersprüchen«.[4] Zudem herrscht ein dialektisches Verhältnis zwischen dem Selbst- und Fremdverstehen, und dies trotz der inneren Dynamik der beiden Verstehensarten. Das Selbstverstehen von A wird zum Gegenstand eines hermeneutischen Verstehens von B. Analoges gilt für das Selbstverstehen von B. In diesem Prozess ist ein Konflikt der Interpretationen unvermeidbar. Die bekannte *homo duplex*-These hält die Insider-Outsider-Spannung letztlich für nicht ganz überwindbar und rät dazu, sie zu minimieren und auszuhalten. Daher muss sich eine Betrachtung von Kulturen, Philosophien und Religionen aus dem Geist einer interkulturellen philosophischen Orientierung vor jeder voreiligen und willkürlichen Einheitsvorstellung hüten und jede Selbstverabsolutierung zu vermeiden. Zwar wird für Einheit plädiert, aber zugleich von der Idee einer Einheitlichkeit Abstand genommen.

So ist das hermeneutische Unternehmen weder eine kontinuierliche Verlängerung des Selbstverstehens noch ein völliger Bruch mit diesem, sondern führt zur beharrlichen Suche nach *Überlappungen*, mögen diese noch so minimal sein, und nur darin bestehen, dass man Gegenpositionen nur das Recht, Positionen zu sein, zugesteht. Zwischen dem Anspruch auf absolut gültige Interpretation einerseits und dem interkulturell-philosophischen Ansatz des Philosophierens andererseits muss daher gewählt werden.

Philosophie im Vergleich der Kulturen lässt ein Dilemma sichtbar werden. Wenn wir z. B. indisches Denken in westliche Kategorien und Konzepte übersetzen, um es zu verstehen, dann ist die Gefahr einer Verdrehung nicht auszuschließen; sieht man indessen davon ab, so fürchtet man, es nicht verstehen zu können. Es stellt sich die Frage, ob

---

[4] Schütz, A.: Das Fremde; in: Ders., Gesammelte Aufsätze, Bd. 2, Den Haag 1972, S. 61.

2. Hermeneutik

die Denkweisen unterschiedlicher Kulturen derart radikal verschieden seien, dass wir sie erst in unsere eigenen transponieren müssten. Aber wie könnte dies geschehen, wenn die Unterschiede als derart radikal empfunden werden, dass sie nicht einmal artikuliert werden können? Oder ist von einer globalen anthropologischen Konstante auszugehen, die die Voraussetzung dafür bildet, dass wir Kulturen, die nicht unsere eigenen sind, verstehen können? Dass Kulturen einander seit Menschengedenken über die eigenen Grenzen hinweg interpretiert und auch verstanden, mitunter auch missverstanden haben, ist ein Faktum. Wenn etwa ein Philosoph aus der europäischen Tradition die Feststellung macht, chinesische Denker beschäftigten sich hauptsächlich mit den Verifikationsimplikationen einer Aussage, während europäische Denker die Frage nach der Wahrheit oder Falschheit einer Aussage ins Zentrum stellen, so beweist er, dass er einige Merkmale der chinesischen Philosophie schon verstanden hat, denn wie sonst hätte er zu einer solchen Aussage gelangen können.

Helmuth Plessner warnt vor der Unifizierung eines bestimmten Denk- und Kategoriensystems, durch das je eigene geschichtliche, kontextuelle und transzendentale Bedingungen auf andere Denkstrukturen übertragen werden. Daher die Notwendigkeit einer »Durchrelativierung« des je eigenen Weltverständnisses: »In dem Verzicht auf die Vormachtstellung des europäischen Wert- und Kategoriensystems gibt sich der europäische Geist erst den Horizont auf die ursprüngliche Mannigfaltigkeit der geschichtlich gewordenen Kulturen und ihrer Weltaspekte frei. In dem Verzicht auf die Absolutheit der Voraussetzungen, welche diese Freilegung selbst erst möglich machen, werden diese Voraussetzungen zum Siege geführt. Europa siegt, indem es entbindet.«[5]

Keine philosophische Tradition, auch die westliche nicht, darf ihre eigenen Denk- und Verhaltensmuster verabsolutieren. Das *Tertium Comparationis* muss erarbeitet und nicht per definitionem im Sinne einer apriorischen Methode fixiert werden. Eine alternative Denkweise ist nicht unbedingt eine falsche, es sei denn, es handle sich um eine Denkweise, die neben sich keine andere zulässt. Dies wäre Dogmatismus, ein Feind aller Kommunikation und Verständigung, ob inter- oder intrakulturell. Wer in der Kategorie der Ausschließlichkeit denkt, argumentiert und philosophiert, verhindert offene und tolerante Diskurse.

---

[5] Plessner, H.: Zwischen Philosophie und Gesellschaft, Frankfurt a. M. 1979. S. 299.

Was heißt interkulturelles Philosophieren?

Interkulturelle Philosophie geht von dem Faktum der Pluralität von Philosophien aus. Das Präfix »Inter« (zwischen) suggeriert, dass diese je eigengeprägt und somit verschieden sind, aber nicht *radikal* verschieden. Diese logische Analyse gibt die Handhabe, interkulturelle Hermeneutik als eine *analogische* zu definieren. Diese unterscheidet sich von einer gattungsmäßigen Hermeneutik, bei der es um einen allgemeinen Oberbegriff des Verstehens geht und bei der alle Fälle als bloße Sonderfälle subsumiert werden. Bei der analogischen Hermeneutik geht es hingegen um verschiedene Verhaltensmuster, und der Maßstab des Vergleichs ist in einem »Zwischen« der Kulturen verankert.

Analogische Hermeneutik in interkulturellem Verständnis visiert eine Verfeinerung der Sensibilität für Differenzen an, zugleich eine Verstärkung der Fähigkeit, das Kommensurable zu bejahen, das Inkommensurable frei von Ängsten und Argwohn zu tragen und zu ertragen. Die Annahmen vollständiger Identität oder aber radikaler Divergenz werden als Hypothesen zurückgewiesen. Analogische Hermeneutik könnte sich auf diese Weise als konstitutiv für den Entwurf eines Ethos der multikulturellen Gesellschaft erweisen. Im Weltkontext des Denkens wird erwartet, dass eine Philosophie der Hermeneutik ausgearbeitet wird, welche philosophische Wahrheit orthaft ortlos sein lässt und sie nicht in einer ganz bestimmten philosophischen Tradition exklusiv manifestiert sieht (vgl. unten Kapitel 3).

Die hier vorgeschlagene *analogische Hermeneutik* soll interkulturelle Diskurse theoretisch-methodisch ermöglichen. Identitätshermeneutik könnte dies nicht leisten. Diese läuft darauf hinaus, dass das eigene Selbstverständnis zum archimedischen Punkt aller Verstehensvorgänge schlechthin auserkoren wird. Unter dem Einfluss einer solchen Hermeneutik hat man oft behauptet, nur ein Buddhist könne den Buddhismus, nur ein Christ das Christentum, nur ein Moslem den Islam, nur ein Platoniker Platon, nur ein Hegelianer Hegel verstehen. In diesem Geiste haben auch Missionare gehandelt: Da nur ein Christenmensch das Christentum verstehen könne, müsse ein Indianer Christ werden, um das Christentum überhaupt begreifen zu können. Die Kunst besteht jedoch darin, wechselseitiges Verstehen zwischen Dialogpartnern unterschiedlicher kultureller Provenienz zu ermöglichen. Es kommt somit auf den ernsten Versuch an, auch solche philosophischen Herangehensweisen, Anschauungen und Erkenntnisse verstehen zu wollen, die sich außerhalb des eigenen Denkhorizontes situieren. Demgegenüber macht eine Hermeneutik der totalen Differenz Verstehen unmöglich, weil radikale Differenzen sich sprachlich gar nicht artikulieren lassen. Eine *überlappend-analogische Hermeneutik* dagegen ermöglicht das Verstehen trotz bestehender Differenz.

Man denke beispielsweise an den welthistorisch und kulturell so bedeutsamen Vorgang, dass der Buddhismus von dem Land seiner Entstehung z. B. nach China, Korea und Japan gegangen ist. Dies bedeutete Kulturbegegnungen im größten Maßstab. Dennoch sind zerstörerische Kulturkämpfe ausgeblieben. Es ist eine spannende Frage, warum aus manchen Kulturbegegnungen ein gedeihliches Miteinander erwächst, andere wiederum Assimilationen unterschiedlicher Grade zeitigen, dritte auf Ausrottung von Vorgefundenem hinauslaufen. Bei Letzteren könnte doch die Verabsolutierung selbsteigener Maßstäbe als gefährliche Ideologie am Werke gewesen sein. Wenn Globalisierung nicht nur auf ökonomischem, sondern auch auf geistigem Gebiet erkennbar eine Frage des Überlebens der Menschheit ist, müssen wir negative Begleiterscheinungen solcher Prozesse zu minimieren, Nutzen stiftende hingegen zu maximieren suchen. Die Universalisierung der Menschenrechte nicht minder als das Bestreben, die Menschenpflichten in das Bewusstsein zu heben, stellen positive Entwicklungen in Ost und West dar und führen zu einer wechselseitigen Bereicherung. Es geht dabei nicht um eine Ontologisierung von Menschenrechten oder -pflichten, sondern um ethisch-moralische Sollensvorstellungen.

Analogische Hermeneutik ermöglicht Toleranz, den Aufbau von wechselseitigem Respekt und Konsensbildung im Horizont von Überlappungen. Das Subjekt der analogischen Hermeneutik ist dabei kein ontologisch-hypostasiertes, sondern es bleibt stets das seinem jeweils gegebenen kulturellen Bezugsrahmen real verhaftete, aber sich selbst transzendierende Subjekt.

3. »Orthafte Ortlosigkeit« der philosophia perennis

Der 1540 von A. Steuchus[6] eingeführte Ausdruck *de perenni philosophia* bezieht sich auf Grundwahrheiten, die jenseits aller Begrenzungen durch Raum und Zeit bei allen Völkern vorhanden sein sollen. *Philosophia perennis* ist niemandes alleiniger Besitz, und sie ist keiner willkür-

---

[6] Steuchus, A.: De perenni philosophia. With a New Introduction by C. B. Schmitt, London 1972.

lich herausgehobenen Kultur als »Entelechie eingeboren« (Husserl). Aus der Sicht der interkulturellen Philosophie von heute scheint diese Bestimmung der philosophia perennis zu Recht zu bestehen, insofern sie die Möglichkeit des Vorhandenseins der einen immerwährenden Philosophie in mehreren Traditionen und Kulturen zulässt. Die Rede von einer philosophia perennis im Geiste der interkulturellen philosophischen Orientierung bedeutet keine Ontologisierung, Hypostasierung und Verabsolutierung eines bestimmten Philosophiebegriffs, wie er in einer bestimmten Tradition enstanden ist. Eher deutet sie auf eine nicht-essentialistische, der Familienähnlichkeitsthese Wittgensteins verwandte, anthropologisch verankerte philosophische Fragestellung hin. Eine jede andere Bestimmung liefe auf eine unzulässige Verengung und unbegründete Privilegierung eines bestimmten Philosophiebegriffs hinaus.

Das Metonymische von philosophia perennis besteht gerade darin, dass sie einer Sprache bedarf und sich ihrer bedient, in dieser aber nicht ganz verfügbar ist. Philosophia perennis, so verstanden, kann sich nicht exklusivistisch »verkörpern«. Jaspers[7] hatte daher zu Recht die dem Geist der philosophia perennis entsprechende These von der »Achsenzeit« in China, Indien und Griechenland um ca. 600 v. Chr. vertreten. Seine interkulturell-philosophisch anmutende Neudeutung der philosophia perennis öffnet gleichsam den Blick auf einen ursprünglichen Denkraum, in dem alle Traditionen potentiell gleichrangig betrachtet werden können.

Die mögliche Kritik, dass dem hier vertretenen Verständnis von philosophia perennis eine Unbestimmtheit anhafte, würde die Tendenz zu einer Hypostasierung der Idee verraten. Darüber hinaus würde sich eine solche Kritik einer erkenntnistheoretischen Voraussetzungslosigkeit schuldig machen. Wir wollen die Idee der philosophia perennis selbst nicht ontologisieren, auch nicht in einer bestimmten Tradition aufgehen lassen. Immer dort, wo diese Idee konkrete Gestalt annimmt, ist sie orthaft; da sie jedoch nicht mit dieser einzigen Gestalt identifiziert werden kann, ist sie zugleich ortlos.

Die heutige interkulturell-philosophische Sichtweise billigt keiner Kultur, Religion oder philosophischen Konvention zu, philosophia perennis exklusiv jeweils für sich allein beanspruchen zu können. Dies wäre, von uns Philosophierenden her gesehen, anmaßend. Die interkul-

---

[7] Jaspers, K.: Vom Ursprung und Ziel der Geschichte, München 1983, S. 19 f.

3. »Orthafte Ortlosigkeit« der philosophia perennis

turell-philosophische Einstellung zielt vielmehr auf eine erkenntnistheoretische und metaphysische Bescheidung, insofern sie die philosophia perennis zwar *ortlos* sein lässt, nicht exklusiv an einen Ort bindet, sie jedoch in ihren Erscheinungsformen insofern als *orthaft* begreift, als sie den Menschen in seiner *Geschichtlichkeit* sieht, ihn nicht spekulativ-idealistisch, transzendental-philosophisch oder gar offenbarungstheologisch in eine vollendete Geschichte postiert, wo dann die Rede von einer philosophia perennis und ihren geschichtlichen Erscheinungsformen jeden Sinn verlöre.

So wie alle anderen Entwürfe des menschlichen Geistes verraten auch die hermeneutischen Modelle hinsichtlich der philosophia perennis ihre lokale Bodenständigkeit und ihren Sedimentationscharakter. Diese Modelle jedoch, ob europäischer oder außereuropäischer Herkunft, hinken dem heutigen weltphilosophischen Gespräch, das sie zu verstehen und zu erklären vorgeben, hinterher. Eine philosophische Tradition, die beanspruchte, mit philosophia perennis zu koinzidieren, wäre mit einem Vorurteil behaftet. Bei unserem zeitgemäßen Verständnis der philosophia perennis geht es vielmehr um eine Hermeneutik, die radikal und offen genug ist, um die jeweilige Traditionsgebundenheit der philosophia perennis einzusehen, jedoch deren Vorhandensein auch in anderen philosophischen Traditionen zu unterstellen. »Es ist die philosophia perennis«, heißt es bei Jaspers, »welche die Gemeinsamkeit schafft, in der die Fernsten miteinander verbunden sind, die Chinesen mit den Abendländern, die Denker vor 2500 Jahren mit der Gegenwart ...«[8] Der An-

---

[8] Jaspers, K.: Weltgeschichte der Philosophie. Einleitung, aus dem Nachlaß hg. v. H. Saner, München 1982, S. 56.
In seiner kritischen Deutung des griechischen Logos schreibt der lateinamerikanische Philosoph Leopoldo Zea: »Die europäische Philosophie – und dessen werden sich europäische Philosophen bewußt – ist eine magistrale Philosophie gewesen, wie die Franzosen sagen. Das Instrument der Philosophie ist der Logos ... In Lateinamerika versucht die Philosophie, den alten Sinn des Logos als Vernunft und Wort wiederzugewinnen, d. h. als die Fähigkeit, zu verstehen und sich verständlich zu machen, d. h. als Dia-Logos. Philosophie der Befreiung hat aus ihrer Sorge (um den Dialog) hier ihre Problemstellung festgemacht: Bruch mit dem Logos als Herrschaft, mit dem Ziel, einen Logos zu erarbeiten, in und mit dem die Menschen in ihren unterschiedlichen Ausdrucksformen sich verstehen und verständlich machen.« (Signale aus dem Abseits – Eine lateinamerikanische Philosophie der Geschichte, München 1989, S. 19). – Die griechische und in der Folge die europäische Philosophie hat den Logos zu einer exklusiven griechisch-europäischen Angelegenheit gemacht. Der Logos wurde zu einem universalen Paradigma erhoben und gebar ein Rationalitätsverständnis, das außerhalb der europäischen Philosophie und Kultur nur stammelnde, des Logos unfähige Völker am Werk sah.

sicht Jaspers', der wir zustimmen, steht Heidegger[9] diametral entgegen: Er meint in dem Ausdruck »europäische Philosophie« eine Tautologie entdecken (besser: erfinden oder hineinprojizieren) zu können. Die tragische Folge der Heidegger'schen Ansicht braucht im Weltkontext der Philosophie nicht eigens hervorgehoben zu werden.

4. Überlappung

Jenseits der Fiktion einer totalen Kommensurabilität bzw. einer völligen Inkommensurabilität steht die These der *Überlappung von Gemeinsamkeiten,* die aus unterschiedlichen Gründen zwischen den Kulturen zu finden sind. Diese These ist jedoch nicht mit einem idealisierten Konsens und dessen transzendental-pragmatischen und kommunikationstheoretischen Zügen gleichzusetzen. Sie deutet auf einen phänomenologisch-empirisch aufweisbaren dynamischen Prozess hin. Habermas' Theorie der Kommunikation mit ihren nachmetaphysischen Reflexionen will zwar keine alte Metaphysik der einen absoluten Vernunft, plädiert aber dennoch für eine starke Version des Kosensualismus, denn sie sieht im Konsens nicht nur ein regulatives Ideal rationaler Diskurse, sondern auch die konstitutive Vorbedingung für die Möglichkeit der Kommunikation.[10] Die Theorie der Überlappung plädiert für eine schwache Version des Konsensualismus und lässt Diskurse auch ohne Konsens zustande kommen. Nicht die Wünschbarkeit des Konsenses wird hier in Abrede gestellt, sondern vielmehr dessen essentialistischer und absoluter Status. Die hier vertretene Überlappungstheorie kommt der Auffassung von Rawls nahe, wenn er von einem überlappenden Konsensus *(overlapping consensus)* spricht.[11]

Im Gegensatz zu den Konsenstheoretikern – Apel, Habermas und anderen –, zu den Kontextualisten Rorty und MacIntyre und zu einem Kontrakttheoretiker wie Rawls nimmt die Überlappungstheorie den weltanschaulichen Pluralismus und den vernünftigerweise zu erwartenden Dissens ernst und befürwortet eine interkulturelle Verständi-

---

[9] Heidegger, M.: Was ist das – die Philosophie? Pfullingen 1963, S. 13.
[10] Vgl. Mall, R. A.: Interkulturelle Verständigung. Primat der Kommunikation vor dem Konsens?, in: Ethik und Sozialwissenschaften, hg. v. F. Benseler et al., Jg. 11/2000, H. 3, S. 337–350.
[11] Rawls, J.: The Idea of Overlapping Consensus, in: Oxford Journal of Legal Studies, 7/1987, S. 1–25.

4. Überlappung

gung im Geiste reziproker Einwilligung. Diese gründet nicht so sehr im Konsens, sondern in der Bereitschaft, den Diskurs auch ohne Konsens zu realisieren. Wer nur auf den Konsens wartet, um Diskurse zu führen, wartet entweder vergebens, oder er wird enttäuscht.[12] Konsens bedeutet nicht Kompromiss, er macht diesen sogar überflüssig. Der Kompromiss ist nur dann notwendig, wenn der Wert der Vielfalt anerkannt und respektiert wird und wenn demzufolge Überlappungen gesucht und gefunden werden. Unsere interkulturelle philosophische Einstellung plädiert für eine neue Bewertung von Vielfalt. Deren Vorhandensein wurde und wird immer bedauert, heute geht es jedoch darum, dass wir Vielfalt nicht nur bejahen, sondern sie als einen Wert begreifen, weil – selbst auf der Ebene der Theorie – Einheitsvorstellungen die Vielfalt negieren und damit repressiv werden. Ein System, eine Gesellschaft, die trotz bestehenden Dissenses funktionsfähig bleibt, ist theoretisch adäquat und praktisch wertvoll.[13]

Die Konsenstheoretiker übersehen in ihrer Vorliebe für eine absolute Vernunft, die zwischen konkurrierenden Ansprüchen verbindlich vermitteln kann und soll, dass es selbst unter den besten Überzeugungen und Lebenszielen keine prästabilierte Harmonie gibt. In einer Welt der radikalen Bedingtheiten, in der nichts aus sich heraus allein entsteht, besteht und vergeht, sind Allmachtsansprüche der Vernunft suspekt, denn diese lösen keine Probleme, sondern unterdrücken sie eher. Eine Anwendung der buddhistischen Lehre vom »abhängigen Entstehen« *(pratityasamutpada)* macht dies deutlich.

Wenn es stimmt, dass wir zum Dissens verurteilt sind, was die Erfahrung zu bestätigen scheint, dann liegen die Gründe nicht so sehr in einer willkürlichen Verweigerung des Konsenses, sondern in dem Pluralismus der Prinzipien, der Werte, der philosophischen Dispositionen, der Sozialisationen, der Interessen und nicht zuletzt der philosophischen Präferenzen, wobei Präferenzen und Argumente sich gegenseitig bedingen und unterstützen. Dass aber dennoch Konsens zustande kommt, verdanken wir nicht so sehr der zwingenden Macht philosophischer Argumente, sondern den überlappenden Anlagen und Bedürfnissen der Menschheit. Konsens wurzelt in einem »Zwischen« unterschiedlicher Lebenswelten.

Dass das menschliche Denken in seinen kulturspezifischen Gestal-

---

[12] Berlin, I.: Freiheit. Vier Versuche, Frankfurt a. M. 1995.
[13] Vgl. Barnett, E. J.: Structuralism and the Logic of Dissent, London 1989.

ten das Welträtsel unterschiedlich buchstabiert, scheint eine anthropologische Konstante zu sein. »Es ist wichtig«, schreibt Ricoeur, »den Konfliktcharakter einer entwickelten Gesellschaft ernst zu nehmen. Wir können uns nicht damit bescheiden, auf einen Konsens zu hoffen. Die Idee des Konsenses ist wie die Idee des ewigen Friedens, auf den Diskurs übertragen.«[14] In einem ähnlichen Geist stellt Geertz die Frage nach der Möglichkeit einer Kommunikation auch ohne den Konsens. Er schreibt: »Nicht um den Konsens geht es, sondern um einen gangbaren Weg, ohne ihn auszukommen.«[15] Unsere Überlappungsthese der Kommunikation könnte eine mögliche Antwort sein.

Der interkulturelle Diskurs auf jedwedem Gebiet sieht sich heute mit der Frage konfrontiert: Wie ist eine Verständigung möglich – auch ohne Konsens? Meine Hauptthese lautet: Die Kanonisierung des Konsenses schadet mehr, als sie nützt, und dies philosophisch, religiös, kulturell und politisch. Die Idee von der absoluten Wahrheit einer philosophia oder einer religio perennis ist niemandes alleiniger Besitz, und sie steht eher für eine Limesgestalt. Wer einen absoluten und letztbegründenden Anspruch auf sie erhebt, macht den Konsens zur Voraussetzung der Wahrheit und verbindet ihn mit der Rationalität. Fast alle Konsenstheoretiker machen eine potentiell monistisch-methodische Übereinstimmung zur Vorbedingung von Wahrheit und des Diskurses über sie.[16] Mit Recht spricht Ricoeur von einer ersten »Fehltat«, einer ersten »Gewaltsamkeit«, die in dem Wunsch der Vernunft bestehe, »die Unifizierung des Wahren« zu vollziehen.[17] Konsenstheoretiker unterschätzen die Wichtigkeit und Richtigkeit des Geistes der Empirie in dem Errichten der normativen und idealen Ordnung der Dinge. Ferner lassen sie die Kontrollfunktion der Empirie außer Acht und messen der Vernunft eine zu große Rolle zu.[18] Darüber hinaus ignorieren sie die Reichweite eines Prinzipienpluralismus, der nicht nur das Inhaltliche, son-

---

[14] Ricoeur, P.: »Die Geschichte ist kein Friedhof«, in: DIE ZEIT, Nr. 42, 8. Oktober 1998.
[15] Geertz, C.: Welt in Stücken, Wien 1995, S. 82.
[16] Vgl. Habermas, J.: Wahrheitstheorien, in: H. Fahrenbach (Hg.): Wirklichkeit und Reflexion. Fs. für Walter Schultz, Pfullingen 197, S. 219. – Apel, K.-O.: Fallibilismus, Konsenstheorie der Wahrheit und Letztbegründung, in: W. R. Köhler et al (Hgg.): Philosophie und Begründung, Frankfurt a. M. 1987.
[17] Ricoeur, P.: Geschichte und Wahrheit, München 1974, S. 152.
[18] Vgl. Mall, R. A.: Zur interkulturellen Theorie der Vernunft – Ein Paradigmenwechsel, in: Vernunftbegriffe in der Moderne, hg. v. H. F. Fulda u. R.-P. Horstmann, Stuttgart 1994, S. 750–774.

dern sogar auch das Formale des Konsenses betrifft. Den Anspruch auf Universalität erheben alle Seiten, und eine jede Konsenstheorie der Wahrheit ist in der jeweiligen prinzipiellen Position sedimentiert.[19] Der Wunsch nach einer Einheit der Wahrheiten ist nicht per se unbegründet; die Gefahr besteht darin, dass wir Wahrheit nicht nur formal definieren, sondern diese Definition auch in Philosophie, Religion, Kultur und Politik anwenden wollen. »Die verwirklichte Einheit des Wahren«, so Ricoeur, »ist gerade die Ur-Lüge.«[20] Wird hier über die Möglichkeit einer interkulturellen Verständigung unter Voranstellung der Kommunikation vor den Konsens nachgedacht, so wird Letzterer keineswegs als solcher verworfen. Der regulative Charakter der Konsensidee bleibt erhalten.

5. Zum Primat der Vorsilbe »inter-« – vor »intra-« und »trans-«

Zunächst ist die interkulturelle Sicht nicht anders als die *intra*kulturelle Sicht; denn innerhalb der gleichen Kultur gibt es auch unterschiedliche erkenntnistheoretische, ethische und politische Modelle. Die interkulturelle Sicht macht die Palette der Modelle jedoch bunter, reicher und weist unter ihnen grundsätzliche Ähnlichkeiten und erhellende, kulturspezifische Differenzen auf. Daher wirkt die interkulturelle Sicht befreiend von der Enge der kulturellen Sicht. Sie kann aber auch beängstigend sein, wenn man fälschlicherweise die interkulturelle Begegnung mit Selbstverlust in Verbindung bringt. Unterschiedliche Kulturen sind unterschiedlich, weil sie die anthropologisch-menschliche Gleichartigkeit unterschiedlich entwickeln. Verständigungsprobleme innerhalb der gleichen Kultur, also die sogenannten intra-kulturellen Verständigungsprobleme, sind genauer besehen inter-kultureller Natur, weil das Gefühl, die Wahrnehmung der Fremdheit mit Gradunterschieden nie ganz verschwindet.

Zur Grundposition der interkulturellen Philosophie gehört wesentlich die Einsicht in das geschichtliche Gewordensein der konkreten Gestalten der Philosophie. Ferner aber auch die Überzeugung, dass Phi-

---

[19] Vgl. Apel, K.-O.: Fallibilismus, Konsenstheorie der Wahrheit und Letztbegründung, in: W.-R. Köhler et al. (Hgg.): Philosophie und Begründung, Frankfurt a. M. 1987.
[20] Ricoeur, P.: a.a.O., S. 165.

losophie und Anthropologie sich gegenseitig bedingen und in der Regel ineinander verflochten sind. Daher ist und bleibt die Frage nach dem Primat der einen vor der anderen offen.

Die unterschiedlichen Gestalten der Philosophie, ob inter- oder intrakulturell, können konträr und manchmal sogar kontradiktorisch sein, aber eine interkulturelle philosophische Orientierung gesteht ihnen allen das Prädikat Philosophie zu und rettet so eine überlappend-universelle Verbindlichkeit, mag diese noch so inhaltsarm sein. So gehört der Protest gegen Zentrismen aller Art zum Wesenszug der interkulturellen Philosophie. Daher ist interkulturelle Philosophie auch gegen alle Nivellierungsversuche, die die Kategorie der Differenz stiefmütterlich und reduktiv behandeln, die regulative Idee der Einheit metaphysisch-ontologisch, spekulativ-ideologisch und aprioristisch als Einheitlichkeit *ab ovo* bestimmen und die in der Regel mit irgendeiner Form der Gewalt einhergehen.

Die Vorsilbe »inter-« steht für ein »Zwischen«, das sich bemerkbar macht auch auf der Ebene der sogenannten intra-kulturellen Vergleiche. Die ›Kugelgestalt‹ der Kulturen wird in dieser Schrift infrage gestellt, denn Kulturen sind keine fensterlosen Monaden. Die Metapher von der Kugelgestalt, die auf Herder zurückgeht, trennt die Kulturen radikal voneinander, und demzufolge wirkt sie negativ-separierend. Eine solche Sicht der Kulturen ist einer interkulturell orientierten Betrachtungsweise diametral entgegengesetzt. Dies wird deutlich, wenn wir philosophische Auseinandersetzungen in den unterschiedlichen kulturellen Traditionen beobachten. So scheint die Vorsilbe »intra-« sich in der Vorsilbe »inter-« aufzuheben, weil ein »Zwischen« nicht aufhört, sich bemerkbar zu machen, auch in den sogenannten intrakulturellen philosophischen Diskursen.

Treffen zwei philosophische Traditionen wie z. B. die der Sophisten und die der Platoniker aufeinander, so begegnen sich eigentlich zwei Kulturen der Philosophie im Sinne einer interkulturellen philosophischen Begegnung, auch wenn die beiden der gleichen griechischen Tradition angehören. Das Analoge gilt auf dem Boden der indischen philosophischen Tradition in der Begegnung der hinduistischen mit der buddhistischen Tradition. Goethe kontextuell variierend, könnte man sagen, dass es doch zwei Seelen in der gleichen Brust gibt, die in einem Verhältnis zueinander stehen.

Wenn Philosophie als Philosophie vor den Adjektiven wie z. B. indisch, chinesisch, europäisch ausschließlich trans-kulturell sein soll, dann stellt sich die Frage erstens nach dem Fixpunkt eines *Tertium Comparationis*, der nicht in einer bestimmten Tradition festgemacht werden darf, zweitens nach einer möglichen transkulturellen, fast platonischen Verankerung der Philosophie und drittens nach einer fast apriorischen, bloß analytischen und nominalistischen Bestimmung der Philosophie. Alle diese drei Möglichkeiten belasten die Vorsilbe »trans-« in einer Weise, die einer interkulturellen Verständigung nicht dienlich ist. Die Universalisierungstendenz der Vorsilbe »trans-«, die sich der kulturellen Gestalten der Philosophie verweigert, endet im Leeren, weil die trans-philosophische Bestimmung das Zwischen im voraus festlegt.

Die Vorsilbe »inter-« ist frei von diesen Mängeln, denn sie impliziert ein im Gespräch, im Diskurs stattfindendes Erlebnis eines *Zwischen*, wenn philosophische Fragen und Lösungsansätze im Vergleich der weltphilosophischen Traditionen aufeinander treffen. In Abwesenheit eines alle Kulturen transzendierenden Legitimationsgrundes für die Bestimmung der Philosophie bietet eine interkulturelle Orientierung die notwendige Verbindlichkeit, die unparteiisch genug ist, der Gegenposition das gleiche Recht einzuräumen, das sie selbst in Anspruch nimmt. Als Fazit gilt dann: Was letzten Endes standhält, ist die Vorsilbe »inter-«, denn die Vorsilbe »intra-« mündet in die Vorsilbe »inter-«. Die theologisch und philosophisch so belastete Vorsilbe »trans-« liebäugelt mit einem allbestimmenden archimedischen Punkt und träumt von einer allverbindlichen Instanz der Letztbegründung. Keine interkulturelle Verständigung, die Differenzen nicht reduktiv traktiert, kann auf einem solchen Boden gedeihen. Recht verstanden, könnte die Vorsilbe »trans-« für eine Einstellung stehen, die alle konkreten Gestalten und Orte der Philosophie wie ein Schatten begleitet und verhindert, dass irgendeine bestimmte Gestalt oder irgendein bestimmter Ort der Philosophie sich in den absoluten Stand setzt.

6. Der Beitrag der interkulturellen Philosophie im weltphilosophischen Kontext

Bei der Idee einer *interkulturellen Welt* treten Spannungsmomente zu Tage, da es stets unausweichlich um die Kenntnisnahme von Konvergenzen und Divergenzen gehen wird. Diese Spannung kann durch keinen Konsensualismus restlos beseitigt werden, da sie sich jeder monistischen Vereinnahmung entzieht. Eine interkulturelle Einstellung, die jenseits des konsenstheoretischen Ansatzes angesiedelt ist, zeichnet sich durch eine kritische bis ablehnende Haltung gegenüber Denkweisen aus, die von vornherein Einheitlichkeit, Homogenität, Gesinnungsgleichheit postulieren. Durch eine interkulturelle philosophische Einstellung werden vielmehr Anderssein, Abweichung und Vielfalt ernst genommen. Dadurch wird überhaupt erst der Boden bereitet, auf dem die Suche nach Gemeinsamkeiten, Konzessionen, nach Kooperation und anderen Formen dissensarmer Konfliktlösungen stattfinden kann. Konsens soll sein, Dissens ist da. Kompromiss ist, was oft angestrebt wird.

Die Wahrnehmung der Differenz ist zumindest gleich ursprünglich wie die Selbstwahrnehmung. Jede Ordnung angesichts von Vielfalt kann daher nur eine auf Differenz bezügliche sein. Der Ethnologe Clifford Geertz schreibt: »Angesichts der Stückhaftigkeit unserer Welt scheint die Auffassung von Kultur – einer *bestimmten* Kultur, *dieser* Kultur – als Konsens über grundlegende gemeinsame Vorstellungen, gemeinsame Gefühle und gemeinsame Werte kaum noch haltbar […] Was immer eine Identität […] im globalen Dorf definiert, es ist nicht die tiefgreifende Einmütigkeit über tiefgreifende Angelegenheiten. Eher ist es so etwas wie die Wiederkehr vertrauter Unterscheidungen, die Hartnäckigkeit von Auseinandersetzungen und die bleibende Präsenz von Bedrohungen – die Überzeugung, daß, was immer passieren mag, die Ordnung der Differenzen aufrechterhalten bleiben muß.«[21]

Visiert man eine *interkulturelle Welt* an, so erscheint sie zunächst im Bilde einer unauflösbaren Verknotung von Unterschieden und Ähnlichkeiten, und alle Kulturwissenschaften sind seit jeher damit beschäftigt, diese Komplexität zu entwirren. Nur maßlose Selbstüberschätzung und Hypostasierung haben in manchen Weltanschauungen dazu geführt, alles, was dem Eigenen nicht ähnlich ist, entweder dem Eigenen mehr oder minder gewaltsam anpassen zu wollen oder aber es zu ignorieren, ja sogar zu beseitigen.

Die interkulturelle Sicht macht deutlich, dass es den absoluten Anspruch des Einen nicht gibt, es sei denn, man hebt aufgrund von Vorurteilen und/oder unzureichenden Kenntnissen einen Ort, eine Zeit, eine Sprache, eine Religion oder eine Philosophie verabsolutierend heraus.

Das soteriologische Interesse aller Buddhisten am *Nirvana* – um ein Beispiel zu wählen – lässt sich durch keine in der westlichen

---

[21] Geertz, C.: a.a.O., S. 74f. (Hervorhebungen v. Autor.).

6. Der Beitrag der interkulturellen Philosophie im weltphilosophischen Kontext

Buddhismusforschung entwickelten Kategorien adäquat beschreiben. So wird Nirvana oft entweder mit einem bloßen Nichts oder mit Erlösung im theistischen Sinne gleichgesetzt. Auch die Diskussionen über Leerheit *(shunyata)* nehmen kein Ende; die westliche Forschung bemüht sich auch vergeblich, die philosophische Lehre von dem *pratityasamutapada* theologisch zu begreifen. Ähnlich verfahren einige Sinologen, indem sie dem Begriff Tao eine theologische Konnotation verleihen. Dabei handelt es sich um eine unzulässige Übertragung von Kategorien und Strukturen aus einer Kulturanthropologie, die mit universalistischem Anspruch auftritt. Indische Philosophien und Religionen, ausgenommen die Carvaka-Schule, kennen die strenge westliche Zweiteilung in Wissen und Glauben nicht, sondern halten an einer soteriologischen Dimension von Erlösung, Befreiung, Moksha, Nirvana fest. Es sollte nicht übersehen werden, dass Philosophie als ein Lebensweg, als ein Weg zur Seelenruhe (Ataraxia), zur Befreiung, ein konstitutiver Bestandteil auch des griechischen und römischen philosophischen Denkens ist. Nur wenn man bereit ist, den Begriff Struktur paradigmatisch nicht auf eine ganz bestimmte Philosophie, Religion oder Kultur einzuengen, kommt eine interkulturelle Herangehensweise zum Tragen.

Die begriffliche und inhaltliche Klärung der Interkulturellen Philosophie zeigt zudem, dass die Philosophiegeschichte selber ein unendliches Reservoir unterschiedlicher Interpretationen bildet. Philosophiegeschichte ist selbst ein hermeneutischer Ort. Hieraus folgt, dass es keine apriorische, *per definitionem* festgelegte Bestimmung von Philosophie und Kultur geben kann.

Interkulturelle Philosophie ist somit auch eine notwendige Korrektur des – nicht nur, aber hauptsächlich in Europa praktizierten – Projekts der komparativen Philosophie, die ihre kolonialistischen, eurozentrischen, ja mitunter sogar rassistischen Wurzeln nicht verleugnen kann.

Der japanische Philosoph Kitaro Nishida spricht von einer »Eingebildetheit« der europäischen Kultur: »Die Europäer neigen dazu, ihre eigene bisherige Kultur für die [...] beste zu halten. Sie tendieren dazu zu meinen, andere Völker müssten, wenn sie einen Entwicklungsfortschritt machen, genauso wie sie selber werden. Ich halte dies für eine kleinliche Eingebildetheit. Die ursprüngliche Gestalt der geschichtlichen Kulturen ist meines Erachtens reicher.«[22]

---

[22] Nishida, K.: Werke. Gesamtausgabe, Bd. 12/5; zit. in: R. Elberfeld: Kitaro Nishida und

Was heißt interkulturelles Philosophieren?

Interkulturelle Orientierung erkennt unterschiedliche Menschen- und Weltbilder an. Eine solche Einstellung ermöglicht einen interkulturellen Diskurs ohne die Angst, sich in dem anderen zu verlieren, und ohne den Versuch, sich das andere einzuverleiben. »Die abendländische Philosophie«, schreibt Lévinas, »fällt mit der Enthüllung des Anderen zusammen; dabei verliert das Andere, das sich als Sein manifestiert, seine Andersheit. Von ihrem Beginn an ist die Philosophie vom Entsetzen vor dem Anderen, das Anderes bleibt, ergriffen, von einer unüberwindbaren Allergie.«[23]

Vor aller Komparatistik auf jedwedem Gebiet gilt daher, sich die Tugend der Interkulturalität zu eigen zu machen, um so die Vorbedingungen für die Möglichkeit eines in gegenseitiger Achtung und Toleranz durchgeführten philosophischen Gespräches zu schaffen. Eine geläufige Wendung kontextuell variierend, könnte man sagen: Vergleichende Philosophie ist ohne die interkulturelle philosophische Orientierung blind; Interkulturelle Philosophie ist ohne die vergleichende Philosophie leer.

Eine interkulturelle philosophische Orientierung, die als eine grundsätzliche Einstellung das Philosophieren stets begleiten sollte, ist ein Prolegomenon zur Weltphilosophie, zum weltphilosophischen Denken in seinen kulturspezifischen Ausprägungen, die grundsätzliche Gemeinsamkeiten wie auch Unterschiede aufweisen. Eine solche Einstellung weist einen mittleren Weg zwischen der zu starken Fixierung der Moderne auf die Vernunft einerseits und der zu stark ausgeprägten Tendenz der Postmoderne auf Pluralität andererseits. So besteht das Ziel einer interkulturell orientierten philosophischen Hermeneutik darin, im anderen weder nur sich selbst, gleichsam in Verdoppelung, zu sehen, noch das Nichtvorhandensein von Eigenem im Gegenüber als Mangel zu deuten. Vielmehr geht es hier um anthropologisch-hermeneutisch verankerte, unterschiedliche Verstehens- und Kommunikationsstrategien. Diese implizieren nicht nur unterschiedliche Fragestellungen und Antwortmuster, sondern eröffnen darüber hinaus den Blick auf grundsätzlich andere Denkweisen. Zwischen Anthropologie, Philosophie und Hermeneutik bestehen Beziehungen, die in einem Be-

---

die Frage nach der Interkulturalität (Diss. Würzburg 1994). – Vgl. auch Waldenfels, B.: In den Netzen der Lebenswelt, Frankfurt a.M. 1985.
[23] Lévinas, E.: Die Spur des Anderen, Freiburg i.Br. 1983, S. 211.

6. Der Beitrag der interkulturellen Philosophie im weltphilosophischen Kontext

dingungszusammenhang stehen. Interkulturelle Hermeneutik ist diesem anthropologischen Reichtum zutiefst verpflichtet.

Trotz aller Parallelitäten mit unterschiedlichen Nuancen grundsätzlicher Ähnlichkeiten und erhellender Differenzen stellen z. B. Buddhismus und Christentum alternative Wege dar, ebenso wie die Philosophie der Rationalisten und jene der Empiristen. Im Endergebnis kann die größte Einsicht darin liegen, die Abwesenheit aller konkreten Gemeinsamkeiten zu erkennen, ohne doch jemals die Legitimität unterschiedlicher philosophischer Wege im Vergleich der Kulturen in Frage zu stellen.

Als Fazit gilt dann hinsichtlich der Standortbestimmung der interkulturellen Philosophie Folgendes: Sie ist nicht eine neue Disziplin der Philosophie zusätzlich zu den bestehenden Disziplinen, sondern eine grundsätzlich neue Orientierung, eine neue Wahrnehmung *aller* philosophischer Disziplinen im weltphilosophischen Kontext und im Vergleich der Kulturen. Sie fragt nach den kulturspezifischen Zugangsweisen und Lösungsansätzen in universell geltenden, offenen Fragestellungen. Somit bedeutet Interkulturelle Philosophie als Projekt die heute unerlässlich gewordene Erweiterung eines zu eng gefassten Philosophiebegriffs angesichts kultureller Besonderheiten, die als solche nicht in Frage gestellt, sondern vielmehr rekontextualisiert werden.

II.

INDISCHE PHILOSOPHIE

Übergreifende Aspekte

7. Kurzer historischer Überblick

Zunächst werden im Folgenden abschnittsweise Entwicklungsstadien und Interpretationen besprochen, wie etwa die vedische, die upanishadische Tradition, die orthodoxen und heterodoxen Schulen der indischen Philosophie, darüber hinaus in Indien entwickelte soziale und politische Vorstellungen.

Betrachtet man die Entstehung der klassischen Texten und Schulen indischer Philosophie, so lässt sich ihre Geschichte in drei Epochen unterteilen: die vedische, epische und scholastische Epoche. Aus der vedischen Epoche (ca. 1500–600 v. Chr.) stammen die Quellentexte des indischen philosophischen Denkens, die Veden – Sammlungen der Weisheiten und Ansichten der *rishis* (Seher) – und die Upanishaden, die philosophisch-spekulativen Kommentare und Weiterführungen der Veden. Mit den Veden im zweiten Jahrtausend v. Chr. beginnt das philosophische Denken in Indien. Zum ersten Mal werden Fragen gestellt wie diese: Sind die Götter nur verschiedene Namen des einen wahren Seins *(ekam sad)*? Oder: Ist das Sein oder das Nichtsein das Ursprünglichere? Die Veden widerspiegeln die Ansicht, dass die These der *creatio ex nihilo* nicht gilt. Die Upanishaden (ab ca. 700 v. Chr.), als philosophische Reflexionen über die Veden, umkreisen die zentrale These von der Einheit zwischen »brahman« (dem Höchsten und Größten als Quelle aller Dinge) und »atman« (dem wahren Selbst einer jeden Person). Auch wenn das indische philosophische Denken das soteriologische Ziel von Erlösung, Befreiung, *moksha*, Nirvana nie aus den Augen verliert, bewahrt das analytische, reflexive Denken seine Unabhängigkeit.

In der klassischen oder epischen Epoche (ca. 600–200 v. Chr.) entstehen die Grundwerke der klassischen Schulen, wie die Yoga- und die Nyaya-Schule. Das intellektuelle Leben ist – gerade zur Zeit Buddhas –

Übergreifende Aspekte

sehr rege und zeichnet sich durch philosophische, ethische und religiöse Debatten und Dispute aus, bei denen Meinungsverschiedenheiten ausgetragen werden. Es gibt zwei Traditionen, die sich miteinander streiten: die vedisch-upanishadisch-brahmanische Hindu-Tradition einerseits, die Gruppe der Freidenker, Materialisten, Skeptiker, Agnostiker, Naturalisten und Atheisten andererseits. Der terminus technicus für die letztere Tradition ist *shramana*, bestehend aus Mönchen, Wanderpredigern, Weltentsagern. Auch Buddha gehört anfänglich dieser Gruppe an.[1] In Abgrenzung zur brahmanischen Hindu-Tradition bilden sich neben dem Buddhismus auch der Jainismus heraus. In der Zeit von ca. 300 und 100 v. Chr. entstehen die bekannten Epen »Mahabharata« und »Ramayana«. Das Hindu-Denken geht von einer hierarchisch angelegten Vierteilung der Lebensziele aus: *artha* (Geld, weltliche Güter), *kama* (Sinnesfreude), *dharma* (das Ethische, Moralische) und *moksha* (Befreiung vom Leid). Entsprechend diesen vier Zielen gibt es eine Vielzahl von wissenschaftlichen Traktaten *(shastras)*. Die bekannten Schriften über Ökonomie, Politik und Staatskunst sind »Arthashastra« von Kautilya, »Kamasutra« von Vatsyayana, »Dharmashastra« von Manu und »Mokshashastras«. Die Schriften über Ästhetik heißen »Rasashastra«. Auch die Schrift über Grammatik von Panini gehört hierher.

Eine Eigenart der philosophischen Systembildung in Indien beginnt mit den *Sutren*, d. h. mit der systematisch-kompositorischen, wissenschaftlichen aphoristischen Literatur, die formelhafte, leicht memorisierbare, aber stellenweise doch ohne weitere Kommentare und Erklärungen nicht leicht zugängliche Sätze beinhalten. In der Sutra- oder scholastischen Epoche (ca. 200 v. Chr. bis 1700) entstehen die Sutra-Werke der jeweiligen philosophischen Schulen, zugleich bildet sich eine Kommentarliteratur mit dem Namen *Bhashya* heraus, die den philosophisch tiefsinnigen und ambiguosen Charakter der Sutren zu erhellen suchen. Hier werden nicht nur neue Kommentare geschrieben, sondern es werden neue Bedeutungshorizonte und eine Vielzahl interpretativer Möglichkeiten sichtbar gemacht. Die verschiedenen klassischen Schulen der indischen Philosophie stellen dann weitere Systematisierungen dieser Bhashya-Literatur mit Betonung der vedischen und upanishadischen Texte dar.

---

[1] Unzulässigerweise hat Max Weber diese weltentsagende Haltung zu sehr essentialistisch generalisiert und dem indischen Geist eine prinzipiell asketische und weltverneinende Haltung zugeschrieben.

7. Kurzer historischer Überblick

Zu einer anderen Einteilung der indischen Philosophiegeschichte gelangt Dasgupta, einer der großen indischen Philosophen des 20. Jahrhunderts.[2] Er bringt die Geschichte der indischen Philosophie mit der religiösen, sozial-politischen Geschichte des Landes in Verbindung und unterscheidet

1. die vor-logische Periode von den Anfängen bis zur christlichen Zeitrechnung,
2. die logische Periode etwa bis zum 11. Jh. n. Chr. und
3. die ultra-logische Periode vom 11. bis 18. Jahrhundert.

Die *vor-logische Periode* ist durch Konfrontation und Verschmelzung der arischen und vor-arischen Elemente gekennzeichnet. Die indische Anschauung zeigt sowohl weltbejahende als auch weltverneinende Tendenzen. Es entwickeln sich verschiedene Ansichten und Glaubensrichtungen: Askese, Skeptizismus, Determinismus, Naturalismus, Indeterminismus u. a. Buddhismus und Jainismus etablieren sich als Revolte gegen die vedische Orthodoxie. Eine weitere Reaktion ist eine Neubelebung der brahmanischen Tradition. In der upanishadischen und buddhistischen Zeit entsteht eine reiche Palette von Philosophien.

Die indische Geschichte kannte kaum eine Phase der Ruhe. Der arischen Einwanderung folgte jene der Griechen, Sakas, Hunnen, Mughals (Muslime) und anderer. Dieses Geschehen erzeugte ein chaotisches intellektuelles Klima. Den Sophisten in der abendländischen Philosophie vergleichbar, traten Skeptiker, die die Erkenntnis in Frage stellten, Materialisten, Naturalisten und Akzidentalisten auf.

Dem Buddha (Mitte des 6. Jh. v. Chr.) müssen diese verschiedenen Richtungen bekannt gewesen sein. In dieser verwirrenden Vielfalt zeigte er einen neuen, freilich nicht ganz neuen Weg auf, der für das damalige spirituelle und intellektuelle Klima etwas Umwälzendes darstellte. Buddha lehrte die »Vier edlen Wahrheiten«: 1. *duhkha*, das Leid, womit nicht nur das Leid im allgemeinen Sprachgebrauch gemeint ist, sondern auch das Lustvolle, was leidvoll ist, weil es vergänglich ist. 2. *duhkha-samudaya*, die Entstehung des Leides durch Gier, Unwissen, Empfindung, Haften-Bleiben. 3. *duhkha-nirodha*, die Überwindung des Leides durch Befolgen des »Achtfachen Pfades«: rechte Anschauung, rechte Gesinnung, rechtes Reden, rechtes Handeln, rechtes Leben, rechtes Streben, rechtes Nachdenken und rechtes Sich-Versenken. 4. *duhkha-*

---

[2] Vgl. Dasgupta, S. N.: A History of Indian Philosophy, 5 Vols., Cambridge 1922–1955; Delhi 1975.

nirodha-marga, der Weg zum Nirvana dessen positive und negative Beschreibung in den Reden Buddhas zu finden ist.

In dieser Zeit versuchten einige Philosophen, ihre Gedanken systematisch zu kodifizieren. Sie leiteten die Tradition der philosophischen Sutren ein. Diese Schriften sind mit der vorsokratischen philosophischen Literatur vergleichbar. Die Sutren der meisten kleineren Schulen wurden bereits zwischen dem 6. und 3. Jh. v. Chr. geschrieben. Die Mimamsa-Sutren entstanden ca. 400 v. Chr., die Vedanta-Sutren ca. 500–200 v. Chr. Die griechische Besetzung wurde von der Maurya-Dynastie abgelöst. In dieser Zeit entstanden die Epen und andere Sutras: Mahabharata, Ramayana, Dharmasastra von Manu, Arthasastra von Kautilya, Yogasastra von Patanjali. In dieser Zeit wurde ebenfalls die Hindu-Trinität von Brahma, Vishnu und Siva entwickelt.

Während der *logischen Periode* wirkten der legendäre Seher Gautama, auch Aksapada (der Fußäugige) genannt, und Vatsyayana als Begründer der Nyaya-Schule. Etwa um 200 n. Chr. entstand die Schule der Leerheit *(sunyavada)* von Nagarjuna. Damit kam es zur Teilung des Buddhismus in zwei große Schulen: das Große und Kleine Fahrzeug. In dieser Zeit lebten ebenfalls die buddhistischen Philosophen und Logiker Asanga, sein Bruder Vasubandhu und Dignaga. Von Letzterem stammt das »Kompendium der Mittel der wahren Erkenntnis« *(Pramanasamuccayah).* In der post-Gupta-Periode (7.–10. Jh.) war der Buddhismus im Rückzug begriffen. In dieser Zeit lebten viele große indische Philosophen wie z. B. Shankara.

Die *ultra-logische Periode* der indischen Philosophie beginnt im 11. Jahrhundert. Zu dieser Zeit hat sich die islamische Herrschaft konsolidiert. Der Buddhismus ist fast von indischem Boden verschwunden oder vom Hinduismus absorbiert. Der Jaina-Philosoph Devasuri, der vedantische Philosoph Ramanuja und Madhava schreiben in dieser Zeit ihre Werke. Am Ende des 12. Jahrhunderts entsteht Gangesas Werk, das »Juwel des Denkens über die Natur der Dinge« *(Tattvacintamani),* welches zum Fundament der neuen Nyaya-Schule wurde. Auf dem Gebiet des religiösen Lebens gibt es neue Bewegungen mit mystischen Elementen, die jenseits aller religiösen Streitereien den Weg der Gottes- und Menschenliebe predigen: Ramananda, Kabir, Guru Nanak, um nur einige zu nennen.

Die indische Philosophie unter der britischen Herrschaft besinnt sich auf die eigene Tradition in der Begegnung mit dem europäischen Denken. In dieser Zeit wird Indien von den Europäern »entdeckt«. Man denke nur an die Gründung der Theosophischen Gesellschaft und an die Romantiker, die ein viel zu idealisiertes Bild von Indien entwerfen. Auf diese romantische Rezeption des indischen Denkens reagiert Hegel. Im 19. Jh. gibt es in Indien kaum große philosophische Persönlichkeiten. Dennoch ist es eine Zeit vielfältiger religiöser und politischer Aktivitäten. An den neugegründeten indischen Universitäten werden die verschiedenen philosophischen Systeme der abendländischen Philosophie gelehrt.

8. Merkmale der indischen Philosophie

Die indische philosophische Literatur kennt zwei Ausdrücke, die sich mit dem, was im Westen »Philosophie« genannt wird, übersetzen lassen: *Philosophie als spirituelle Wissenschaft (adhyatmavidya)* und *Philosophie als analytisch-kritische Grundlegung (anvikshikividya)*. Auch der im Westen oft gebräuchliche Begriff *darshana* lässt sich mit *Philosophie* übersetzen, trotz einiger erhellender Unterschiede: Darshana, etymologisch abgeleitet von dem Verb *drish* (sehen), steht für Ansicht, Einsicht, Vision, System und Spekulation. Eine zu enge etymologisch-philologische Deutung hat zu dem bekannten Missverständnis geführt, dass indische Philosophie mit Intuition, mit einer bloß spirituellen, nicht-intellektuellen, nicht-analytischen Sicht gleichgesetzt wurde. Leider wurde und wird stellenweise immer noch diese einseitige Deutung auch in fachphilosophischen Kreisen vertreten. Der streng materialistischen, skeptischen und agnostischen Tradition und auch der rein philosophisch spekulativen und analytisch-logisch-dialektischen Tradition wird selten oder kaum Beachtung geschenkt.[3] Keine Historiographie vermag den Philosophiebegriff endgültig festzulegen, es sei denn, sie täte es mit willkürlicher Definitionsgewalt. Der Philosophie haftet etwas Unscharfes, Überlappendes, Metonymisches an, was in der Kontexterweiterung und Horizontverschmelzung über Traditionen, Kultur- und Sprachgrenzen hinweg spürbar ist. Philosophen aller Traditionen

---

[3] »... and also to convince skeptical Westerners that much of Indian philosophy is philosophy not only in its unique Indian forms but also in accordance with the strictest standards of open-mindedness, critical analysis, and rational investigation.« Radhakrishnan, S./Moore, C. A. (eds.): A Source Book in Indian Philosophy, Princeton, New Jersey 1973, IX.

verbindet nicht so sehr die Gleichartigkeit der Antworten, sondern vielmehr die der Fragestellungen. Eine Asymmetrie zwischen Fragen und Antworten, freilich zugunsten der Fragen, scheint die eigentliche Geburtsstätte allen Denkens, auch des philosophischen, zu sein. Dies dokumentiert sich in philosophischen Fragen, die auch die indische Philosophie stellt, z. B. nach Sein *(sat)*, Bewusstsein *(cit)*, Welt, Kausalität, Ursprung usw. Geht man jedoch ins Detail, dann entdeckt man eine besondere, unverwechselbare indische Art und Weise, mit diesen Fragen umzugehen.

Das Unverwechselbare scheint im Folgenden zu bestehen: Auch als einer streng analytischen und kritischen Disziplin wird der indischen Philosophie die Möglichkeit und Fähigkeit einer Transformation des Philosophierenden zugetraut. Indische philosophische Denker sind davon beseelt, letztendlich eine spirituellen Einsicht, einen mystischen Kognitivismus zu erreichen. Das Suchen mündet in *moksha*, *nirvana* und *ananda* (Wonne). Indische Philosophie erfüllt eine befreiende Funktion und zielt auf die Möglichkeit einer Transformation.

Im Gegensatz zur europäischen legt die indische Philosophie größeren Wert auf die intuitive Erkenntnis. Die indischen Philosophen bemühen sich, die Möglichkeit einer solchen Erkenntnis logisch, systematisch und epistemologisch aufzuweisen. An dieser Stelle endet auch die Aufgabe der Philosophie. Es geht nicht darum, die Religion zu verteidigen; die philosophische Weisheit nimmt selbst die Stelle einer religiösen Wahrheit ein. Damit ist der Gegensatz zwischen Wissen und Glauben aufgehoben, und *Philosophie wird für die Inder sowohl zu einem Denk- als auch zu einem Lebensweg.* Jaspers kommt einer solchen Auffassung der Philosophie als einem *Lebensweg* am nächsten, wenn er meint, Philosophie leite nicht ab, sondern sie verändere. Das Selbst *(atman)*, die Taten *(karma)* und die Erlösung *(moksha)* sind die drei Eckpfeiler der indischen Philosophie. Alle Schulen, bis auf die materialistischen und die skeptischen, beschäftigen sich mit diesen drei Themen.

Im Hinblick auf die Welt der Empirie geht das indische philosophische Denken vom Primat der Wahrnehmung aus und kennt nicht die strenge westliche Unterscheidung zwischen Erfahrung und Vernunft. Daher erhält die Frage nach einer »reinen Möglichkeit« in ihrem Verhältnis zur Wirklichkeit einen anderen Stellenwert. Die Idee der »reinen Möglichkeit«, die der Wirklichkeit vorausgeht, ist im Ganzen ein Markenzeichen der westlichen Metaphysik und Logik. In der jüdisch-christlichen Vorstellung von einer Schöpfung aus dem Nichts scheint

8. Merkmale der indischen Philosophie

auch die Konzeption einer »linearen Zeit« Pate gestanden zu haben. Die Neigung zu einem rein axiomatischen Denken kann auf einem solchen Boden gedeihen. Auch für Leibniz geht die Möglichkeit der Wirklichkeit voraus. Das indische Denken kennt die Idee einer Schöpfung aus dem Nichts nicht. Und hinsichtlich der Zeit neigt es zu einer im Ganzen zirkulären Auffassung. Um genauer zu sein, müsste man hier zwei Formen der Möglichkeit *(yogyata)* unterscheiden: eine »reale« und eine »freie«. Eine freie Möglichkeit ist eine bloß logische, reine Möglichkeit, und der Gang der Erfahrung scheint hier kaum eine Rolle zu spielen. Auf eine solche freie Möglichkeit muss Hume bedacht gewesen sein, als er auf die Frage, ob er an die Unsterblichkeit der Seele nach dem Tod glaube, sagte, es sei denkbar, dass ein Stück trockenes Holz, ins Feuer geworfen, nicht brenne. Reale Möglichkeit ist eine von der Erfahrung motivierte, antizipierte. Das indische Denken lässt sich mehr von der zweiten Form der Möglichkeit leiten. Auch hierin könnte der Grund für die skeptische Distanz der indischen Logik gegenüber einer zu extensionalen Logik liegen. Es ist ein grobes Missverständnis zu meinen, indische Logik leugne den Satz vom Widerspruch und den vom ausgeschlossenen Dritten. Was stimmt, ist Folgendes: Diese Sätze erhalten einen anderen Sinn, weil es um eine Einstellungsänderung geht. Eine gewisse Nähe zur intuitionistischen und dreiwertigen bzw. mehrwertigen Logik lässt sich nicht leugnen.[4]

Der Begriff »Karma[n]«[5] bezeichnet die ethisch-moralische Wirkung der menschlichen Handlungen. Unsere Taten hinterlassen Tendenzen, die in ursächlichem Zusammenhang mit weiteren Taten stehen. Sie bilden eine Kette, die den physischen Tod überdauert. *Atman* bezeichnet das transzendentale Selbst, das absolute Ego wie in der westlichen Philosophie; obwohl es gewisse Unterschiede gibt. In der indischen Philosophie ist das Selbst im Wesentlichen das zu realisierende eine Wahre. Sobald es intuitiv, unmittelbar erlebt wird, ist die Grund-

---

[4] Vgl. Kutschera, F. v.: Der Satz vom ausgeschlossenen Dritten, Berlin 1985; Conze, E.: Der Satz vom Widerspruch, Frankfurt/M. 1976; Lukasiewicz, J.: Über den Satz des Widerspruchs bei Aristoteles, Hildesheim 1993. Für Lukasiewicz (S. 124) besitzt der Satz vom Widerspruch keine unbedingte Universalität. Er findet die Argumente von Aristoteles nicht überzeugend. »Die Argumente sind unzureichend, daher bleibt der Satz vom Widerspruch ein unbegründeter Grundsatz, an den wir blind glauben ... Der Grundsatz ist nicht universell, weil ihn offenbar Aristoteles selbst auf die substanziellen Seinsweisen beschränkt.«; Blau, U.: Dreiwertige Sprachanalyse und Logik, München 1974.
[5] Dieses Sanskrit-Wort hat Eingang in die deutsche Sprache gefunden.

lage allen Wissens entdeckt. Freilich wird in der indischen Philosophie das Konzept des Subjekts mehr betont als das der Person, und ein integrales Selbstverständnis des Menschen pendelt zwischen den beiden Polen eines personalistischen und eines nicht-personalistischen Denkens. Nicht die Reduktion des einen auf das andere, sondern das Anerkennen des Oszillierens ist der Weg zu einer umfassenderen philosophischen Anthropologie. Der Begriff der Erlösung spielt in der indischen Philosophie die zentrale Rolle. In der westlichen Philosophie fehlt er nicht ganz, so tritt er z. B. in der christlich geprägten Philosophie des Mittelalters auf. Die meisten indischen Schulen gehen von der realen Möglichkeit der Erlösung aus, und auf die Erfahrung der Erlösung wird mehr Wert gelegt als auf den Akt des Glaubens.

Oft wurde und wird seitens der westlichen Philosophie Differenz mit Defizienz gleichgesetzt, wenn es um vergleichende Philosophie geht. So hat man diesen Bezug des indischen philosophischen Denkens zur Erlösung zu voreilig als rein spiritualistisch gedeutet. In fachphilosophischen Kreisen wird oft die Frage gestellt: Warum haben die Inder keine rein formale Logik entwickelt, obwohl sie sehr früh die Null und das Dezimalsystem entdeckten? Eine mögliche Antwort scheint in der Grundüberzeugung des indischen Geistes zu liegen, dass eine strenge Abstraktion dem Geist der Empirie widerspreche und dem Lebensziel einer Befreiung nicht dienlich sei. Ferner geht das indische Denken von der Überzeugung aus, dass Logik und Psychologie sich nur »künstlich« völlig voneinander trennen lassen. Dies hat im Westen stellenweise dazu geführt, dass man voreilig dem indischen logischen Denken »Psychologismus« vorwarf. Auch wenn es wahr ist, dass das indische Denken Logik und Psychologie nicht so streng voneinander trennt, wie es das westliche Denken tut, trifft es nicht zu, dass das indische Denken reduktiv verfahre und Logik »psychologisiere«. Die Abwesenheit einer strengen Trennung zwischen Logik und Psychologie bedeutet nicht, indisches Denken »psychologisiere« die Logik oder »logifiziere« die Psychologie. Logik ist und bleibt eine Teildisziplin der Epistemologie für das indische philosophische Denken. Die indische Theorie des fünfgliedrigen Syllogismus ist ein Beleg hierfür.

Ein weiteres Markenzeichen des indischen Geistes ist die *Erfahrung des Leides*. Oft wird der indischen Philosophie daher ein grundsätzlicher Pessimismus vorgeworfen. Dieser kann in einer düsteren Ansicht des Lebens in seiner Leidhaftigkeit, in Gleichgültigkeit, Hoffnungslosigkeit, Ungenügen bestehen. Buddhas Lehre beginnt mit der

8. Merkmale der indischen Philosophie

Feststellung: *sarvam duhkham*, d. h. alles ist Leiden. Die gesamte indische Philosophie und auch Buddha verwenden den Begriff des Pessimismus in einem metaphysisch-ontologischen Sinne nicht. Man muss sich die indische hermeneutische Situation vergegenwärtigen, um zu verstehen, dass hier Leiden eine nicht-ontologische, deskriptive, heuristische Funktion besitzt. Selbst Unwissenheit ist eine Leidensform, deren Überwindung durch wahre Erkenntnis erfolgt. Nicht so sehr das Staunen, sondern das Leiden macht den Menschen zum Philosophen. Die Mischung aus Behagen und Unbehagen ist die Urquelle der Unzufriedenheit, die erst eine auf Veränderung zielende gesellschaftliche Praxis möglich macht. Fasst man den Pessimismus in dieser Weise, dann ist er in nahezu jeder Philosophie enthalten. Freilich geht der indische Geist weiter und verlangt eine Weltüberwindung, was in den metaphysischen Ansichten begründet ist.

Horkheimer, einer der Begründer der kritischen Theorie, sieht im Pessimismus sogar etwas Tröstliches. Er sagt: »Pessimistisch ist meine Vorstellung in der Tat über die Schuld des Menschengeschlechts, pessimistisch in Bezug auf die Vorstellung, wohin die Geschichte läuft ... Der große und notwendige Sinn des Denkens ist es, sich selber überflüssig zu machen. Worin besteht aber Optimismus ... ? Darin, daß man versuchen muss, trotz alledem das zu tun und durchzusetzen, was man für das Wahre und Gute hält. Und so war unser Grundsatz (auch Adornos): theoretischer Pessimist zu sein und praktischer Optimist!«[6] Die indischen Denker sind pessimistisch, da sie auf die Weltordnung als einen Übelstand blicken. Sie sind optimistisch, indem sie stets auf die Überwindung der Welt aus sind.[7] Die Griechen neigten dazu, Religion zu Philosophie zu machen, während die Inder Philosophie in Religion kulminieren lassen möchten.

Selbst heute noch hört und liest man in fachphilosophischen und fachtheologischen Kreisen bzw. Publikationen zwei Vorwürfe seitens der westlichen Philosophie und Religion bezogen auf die Philosophie und Religion Asiens, besonders Indiens: Der westliche Fachphilosoph

---

[6] Horkheimer, M.: Gesellschaft im Übergang, Frankfurt a. M. 1981, 175.
[7] »Dem ungeschichtlichen indischen Weltbild steht hier also ein geschichtliches gegenüber, welches das ganze Weltgeschehen als ein einmaliges Drama auffaßt und deshalb das Leben jedes Menschen nicht als ein Glied in einer endlosen Kette von Existenzen ansieht, sondern annimmt, daß es ein für allemal über die ewige Seligkeit oder über die Verurteilung zu ewigen Höllenstrafen entscheidet.« Glasenapp, H. v.: Die Philosophie der Inder, Stuttgart 1974, 15.

meint, die indische Philosophie sei zu religiös und verwechsle Philosophie mit Religion; der christlich-westliche Theologe dagegen ist der Ansicht, indische Religion sei zu philosophisch und verwechsele Religion mit Philosophie. Beide irren, und ein Nebenprodukt meiner Ausführungen sollte eine Kritik und Korrektur dieser langlebigen Vorurteile sein. Dass hier fast paradigmatisch, aprioristisch und vor allem Vergleich das *Tertium Comparationis* an der je eigenen philosophischen und theologischen Tradition mit einem universalistischen Geltungsanspruch dingfest gemacht wird, braucht nicht weiter begründet und erläutert zu werden. Auf die Frage, wie Fachphilosophen und Fachtheologen zu diesem seltsamen Urteil kommen, könnte die Antwort lauten: Der Philosoph kommt zu seinem (Fehl-)Urteil, weil er eine bestimmte Gestalt der Philosophie, nämlich die der griechisch-europäischen, in den absoluten Stand setzt. Der Theologe kommt zu seinem (Fehl-)Urteil, weil er eine bestimmte Religion, nämlich die christliche, verabsolutiert. Beide begehen den logischen Fehler *pars pro toto*, denn Philosophie ist nicht *nur* griechisch-europäisch, sondern *auch* griechisch-europäisch, und Religion ist nicht *nur* die christliche oder die islamische, sondern *auch die* christliche und die islamische. Diese kurze Darstellung der indischen Philosophie mag auch als eine Kritik und Korrektur des oben geschilderten Vorurteils gelesen werden.

Zu Missverständnissen hat die Schwierigkeit der Übersetzung der Termini *darshana* und *dharma* geführt. Der erste ist mit Philosophie, der letzte mit Religion übersetzt worden. Darshana jedoch bedeutet ein Sehen, nicht in einem passivischen Verständnis, sondern Sehen-Lernen. Das Sehen ist auch nicht bloße Intuition, sondern vielmehr Begreifen und Nachdenken. Es endet nicht mit einer intellektuellen, diskursiven Tätigkeit, sondern schließt das Realisieren, das Sich-zu-eigen-Machen ein. Daher sind die verschiedenen Systeme der indischen Philosophie nicht nur philosophische Schulen im europäischen Sinne, sondern zugleich geistig-seelisch realisierbare *Lebenswege*. Philosophie ist für die Inder nicht nur eine Lösung; sie ist erlösende Tat. Dharma ist das, was wir tun sollen. Die Kantische Frage »Was soll ich tun?« bezieht sich bereits auf das Dharma. Dieser Begriff beschreibt in manchen Systemen das Eigentliche, das Wesen. Alles im Kosmos hat ein Dharma. Damit ist die Trennung von Philosophie und Religion nicht so scharf wie in der europäischen Philosophie. Jede philosophische Richtung soll zu einer Praxis im Sinne des Dharmas führen. Wissen und Glauben sind nicht entgegengesetzt, sondern komplementär. Philosophie be-

8. Merkmale der indischen Philosophie

gnügt sich nicht damit, ein Weg des Denkens zu sein. Sie ist auch ein Weg des Lebens.

Wie wir später näherhin sehen werden, unterscheidet sich die indische Philosophie von der westlichen auch durch ihr geringeres Interesse an dem Mathematischen, Formalen, Historischen. Der Vorwurf der Ungeschichtlichkeit ist nur von seiten des christlich-europäischen Denkens verständlich.[8] »Eine Geschichtsphilosophie im Sinne von Augustin oder Hegel«, schreibt Glasenapp, »konnten die Inder schon deswegen nicht ausbilden, weil ihnen ebenso wie den Denkern des klassischen Altertums [...] die Vorstellung von einem einmaligen Entwicklungsprozeß [...] fremd war.«[9] Die spekulative Wiedergeburtstheorie ist eine logische Konsequenz aus der Endlosigkeit des Weltprozesses. Es gibt keine Einmaligkeit, und der Kreislauf von Leben und Tod ist für das indische Denken ein ewiger Fortgang, dem alles unterworfen ist.

Dies mag auch der Grund dafür sein, dass die Inder keine rein formale Logik (Quantoren) entwickelt haben. Dennoch, so stellt Bochenski fest, haben die Inder eine Logik ohne jeden Einfluss der griechischen entwickelt.[10] Im Gegensatz zum griechischen dreigliedrigen Syllogismus kennt die indische Logik den fünfgliedrigen:
1) Der Berg ist feurig (*pratijna*, das zu Beweisende).
2) Weil er rauchig ist (*hetu*, der Grund).
3) Alles Rauchige ist auch feurig wie in der Küche (*udaharana*, Darstellung einer allgemeinen Regel, unterstützt von einem Beispiel).
4) So ist auch dieser Berg (*upanaya*, Anwendung dieser Regel).
5) Daher ist der Berg feurig (*nigamana*, Erschließen, Ableiten).

Hierbei wird deutlich, dass die indische Logik auf Erwähnen des Beispiels besteht und damit neben der formalen Gültigkeit auch die materiale Richtigkeit betont. Eine Theorie des Syllogismus ist also in der indischen Philosophie vorhanden. Es muss jedoch angemerkt werden, dass die indische Logik sich nie völlig von der Psychologie und der Epistemologie gelöst hat, weil sie von dem instrumentalen Charakter der Logik, die Natur der Welt zu ergründen, ausgeht. Dies mag der Grund dafür sein, dass die indische Philosophie die Psychologismus-Angst der europäischen Logiker nicht kennt. Die indische Philosophie unterscheidet sich von der westlichen auch durch die Eigenart der Ar-

---

[8] Vgl. Hiriyanna, H.: Outlines of Indian Philosophy, London 1958, 26.
[9] Glasenapp, H. v.: Die Philosophie der Inder, Stuttgart 1974, 9.
[10] Vgl. Bochenski, J. M.: Formale Logik, 3. Aufl., München 1970, 516.

Übergreifende Aspekte

gumente und deren Darstellung. Abgesehen von den vedischen Hymnen, den upanishadischen Spekulationen und einigen anderen Denkrichtungen im vorbuddhistischen Indien, gibt es eine sehr klare Einteilung der philosophischen Denksysteme *(darshanas)*, die auf den Sutras, den aphoristischen Zusammenfassungen der wesentlichen Ideen eines Systems, basieren. Alle später entstandenen Denkrichtungen gesellten sich zu der einen oder anderen klassischen Schule. Dieser nur äußerliche Konformismus, eher aus dem Respekt der Tradition gegenüber entstanden, hemmt die Entwicklung kritischer Denkrichtung jedoch nicht. Vielmehr besetzt das indische philosophische Denken Pluralität positiv und rät uns, die Tugend des Verzichtes auf einen Absolutheitsanspruch zu entwickeln, um so eine jede Form der Gewalt, ob theoretischer oder praktischer Natur, auf dem Wege einer schicksalhaften interkulturellen Kommunikation und Verständigung zu vermeiden. Dem indischen Denken scheint die unausgesprochene Voraussetzung zugrunde zu liegen, dass kein Individuum mit dem Anspruch auftreten darf, die Wahrheit zum ersten Mal und für alle Zeit vernommen zu haben. Es wird vielmehr von der Überzeugung ausgegangen, dass die Wahrheit in irgendeiner ihrer mannigfaltigen Gestalten von unzähligen Menschen vorher bereits entdeckt wurde. Hinzu kommt, dass die Wahrheit wichtiger als die Person ist. Gandhi pflegte zu sagen, Wahrheit sei Gott, nicht umgekehrt. Die erste Aussage kann auch von Atheisten bejaht werden.

Es sind mehrere Hürden, die ein Student der indischen Philosophie in Europa zu nehmen hat. Zunächst besteht die Sprachbarriere. Das Studium erfordert nicht nur Kenntnisse des Sanskrit und anderer indischer Sprachen, sondern auch die Kenntnis der speziellen Terminologie. In diesem Kontext ist auf Wörterbücher wenig Verlass. Der Sachverstand geht in vielen Fällen dem Sprachverstand voraus. Das Paradebeispiel ist Thomas von Aquin, der ein guter Kenner der griechischen Philosophie war, aber nicht der griechischen Sprache. Die wesentlichen Gebiete des philosophischen Denkens sind die Welt der Natur (Kosmologie), die Natur der Realität (Metaphysik), die Natur der Erkenntnis (Logik/Epistemologie), Ethik und Religion. Die indische Philosophie hat im Gegensatz zur chinesischen – und eher im Einklang mit der europäischen – die Probleme systematisch-spekulativ zu lösen versucht. Jede philosophische Spekulation dient jedoch dem Zweck der Realisation von Wahrheit. Vergleicht man die indische Philosophie mit der europäischen, so stellt man sowohl Ähnlichkeiten als auch Unterschiede

8. Merkmale der indischen Philosophie

fest. Die Ähnlichkeiten bestehen in dem Befassen mit Grundfragen, wie jenen nach Seele, Immanenz, Transzendenz u. a. Zum Teil werden auch ähnliche Lösungsmöglichkeiten bzw. Theorien vorgeschlagen, freilich mit anderer Akzentuierung, unterschiedlicher Formulierung und Argumentation.

Differenzen treten bei Fragen auf, die für die indischen Philosophen von fundamentaler Bedeutung, für die europäischen Philosophen jedoch nicht von Rang sind. Dies betrifft z. B. die Genesis *(utpatti)* und das Erfassen bzw. Gewahrwerden *(jnapti)* der Wahrheit *(pramanya)*. Auch hier erkennt man den Brückenschlag zur Religion; das Intuitive, Unmittelbare, Spirituelle darf nicht außer Acht gelassen werden. Andererseits haben die indischen Philosophen einige für die europäische Philosophie sehr wichtige Fragen gar nicht gestellt oder nur oberflächlich behandelt: Erkenntnis in Bezug auf Vernunft und Erfahrung, die Unterscheidung zwischen synthetischen und analytischen Urteilen, zwischen kontingenten und unbedingten Wahrheiten. Dies führt uns zu der Überzeugung, dass das Studium der europäischen Philosophie für die indische und das Studium der indischen für die europäische nützlich ist. Wir vertreten eine Komplementaritätsthese hinsichtlich beider Philosophien.[11]

Jenseits aller Illusionen einer exklusiven Rationalität sieht die indische Philosophie die Wahrheit weder als nur rational noch bloß irrational sondern als a- oder transrational an. Der Geist der indischen Philosophie ist ein nicht-absolutistischer. Schon in den Veden heißt es, dass es *eine* Wahrheit ist, von der die Weisen verschieden sprächen.[12] Damit ist gemeint, dass die philosophia perennis in verschiedenen Gewändern auftritt und keine ihrer konkreten Gestalten mit ihr gleichgesetzt werden darf. Hierin steckt ein metaphysischer, monistisch orientierter Pluralismus oder ein pluralistisch orientierter Monismus.

Abgesehen von den Themen der Metaphysik, Epistemologie, Logik usw., die die indische Philosophie mit der europäischen gemein hat, unterscheidet sie sich von der Letzteren dennoch durch ihre eigene Einstellung. Diese besteht nicht nur in der Feststellung einer intellektuellen, reflexiven, objektiven Gewissheit über die Wahrheit, sondern in dem

---

[11] Vgl. Radhakrishnan, S.: History of Philosophy Eastern and Western, 2 Vols., London 1952, 1953.
[12] Radhakrishnan/Moore: a. a. O., 21.

Übergreifende Aspekte

Gewahrwerden der philosophischen Wahrheit als *summum bonum*. Dies bedeutet wiederum, dass Sein, Wissen, Erkennen und Werden miteinander vernetzt sind.[13]

9. Vedische und upanishadische Tradition

Mit den Veden, den heiligen Texten und Hymnen aus dem zweiten Jahrtausend v. Chr., beginnt die philosophische Spekulation in Indien mit den Fragen: Ist die Vielheit der Götter ein Ausdruck einer Einheit, eines einzigen höchsten Wesens? Sind die Götter nur verschiedene Namen eines Seins, Urgrundes? Ist das Sein oder das Nichtsein das Ursprünglichere? Eine erste metaphysische, kosmologische Spekulation finden wir in dem Schöpfungshymnus des Rig-Veda.[14] Dieses Lied enthält zwei für das philosophische Denken sehr bezeichnende Momente: die tiefe metaphysische Sehnsucht nach dem Urgrund allen Seins und den radikalen Zweifel, ob das von uns Gewusste auch das von uns Gesuchte ist. Das Ureine ist jedoch jenseits aller Begriffsdialektik von Sein und Nichtsein. Selbst die logisch bzw. metaphysisch begründete Gewissheit des aristotelischen ersten Bewegers vermag die auf intuitive Erkenntnis zielende Sehnsucht dieses Schöpfungsliedes nicht zu befriedigen.

Nach der Überlieferung der Hindus sind die Veden von keiner Person geschrieben worden. Sie sind nicht-entstandene, *ewige Wahrheiten*, die immer wieder von den Weisen der Welt den Menschen geoffenbart werden. Die Vedanta-Schule steht dieser vedischen Tradition sehr nahe. Die Mimamsa-Schule beschäftigt sich im Wesentlichen mit der Interpretation der heiligen Texte.

Nach Sayana (14. Jh. n. Chr.), dem bekannten vedischen Kommentator, sind die Veden ohne Anfang und Ende. Die vedischen Hymnen zeugen von der Einheit der Götter in der Vielheit. Der Begriff des Rita – gemeint ist die kosmische Ordnung, die natürliche Gesetzmäßigkeit – weist auf einen Monismus. Der Begriff der Wiedergeburt fehlt noch in den Hymnen, obwohl die Ideen von der Transmigration als Wege des Guten und Bösen bereits vorhanden sind.

---

[13] Vgl. The Cultural Heritage of India, III. Vol., Calcutta 1975, besonders die Einleitung.
[14] Vgl. Radhakrishnan/Moore: a. a. O., 23 f.

9. Vedische und upanishadische Tradition

Die Upanishaden, die eigentlichen philosophischen Traktate der Hindus, stellen eine Art philosophischer Reflexionen über die Veden dar und enthalten die Begriffe einer universalen, allumfassenden, spirituellen Realität, die auf deren radikalen Monismus hinweist. Die Upanishaden beantworten die Frage nach dem einen Sein, indem sie zwischen Atman und Brahman, d.h. zwischen dem innersten Selbst und der allumfassenden absoluten Wahrheit, eine Wesensgleichheit, eine »Unzweiheit« erblicken. Dabei wird eine negative und eine positive Beschreibung dieser absoluten Realität gegeben. Die negative Beschreibung ist das bekannte *neti-neti*–Prinzip (»dies nicht, dies nicht ...«). In dem Erlangten stellen wir die Abwesenheit des Gesuchten fest.

Daneben enthalten die Upanishaden Spekulationen über Welt, Geist, Seele, Leben, Materie, Ethik und Sozialphilosophie. Auch wenn die Auslegung des Problems *moksha* (Erlösung) in den verschiedenen Systemen unterschiedlich ist, so bleibt es dennoch ein Hauptproblem des philosophischen Denkens, das jenseits rein diskursiver Ziele angesiedelt ist. Die hauptsächlich logisch-epistemologisch orientierten Schulen wie die Nyaya-Vaisheshika-Schule betrachten das Ideal der Erlösung unabhängig von dem Religiösen.

Hier ist ein Hinweis auf das Epos Mahabharata, dessen Herzstück die Bhagavadgita ist, angezeigt. Denn diese oft als Bibel der Hindus bezeichnete Schrift führt die Tradition der unterschiedlichen Erlösungswege fort. In Mahabharata werden arische und nicht-arische Elemente in einen harmonischen Zusammenhang gebracht. Zwei Aspekte bezüglich des Ursprungs der Monarchie werden geschildert: Erstens gab es vor der Herrschaft der Könige keine Sicherheit für die Schwachen; die Starken besaßen alle Macht. Zweitens wurde diese Zeit als die des Friedens und der Harmonie angesehen. In diesem Ansatz wird die These von einem sozial-politischen Prozess des ständigen Schlechterwerdens deutlich. Der erste Ansatz schreibt dem König einen quasi-göttlichen Ursprung zu, aber auch er bleibt dem dharma, d.h. den moralischen Gesetzen, unterworfen. Bhagavadgita, das Kernstück des Epos, behandelt die drei Wege zur Erlösung: den vedischen der Taten *(karma)*, den upanishadischen der Entsagung, der Erkenntnis, und den der Liebe *(bhakti)*. Wenn die Erlösung, die Freiheit, das letzte Ziel sein soll, so ist der Weg der Handlung einzuschlagen. Dabei soll eine Haltung des Gleichmuts, ohne an die Früchte der Handlung zu denken, den Menschen leiten. Eine Parallele finden wir in der kantischen Pflichtethik. Ferner werden drei Yoga-Wege beschrieben: der Weg der Handlung, der der Erkenntnis und jener der Hingabe. Diese verschiedenen Wege können von den einzelnen Personen je nach ihrem Temperament eingeschlagen werden. Das Ziel ist stets das *summum bonum*.

Um die Rolle der Tradition bzw. der sogenannten heiligen Texte, Mythologien und theistischen Gedanken zu verdeutlichen, sei hier das Beispiel des Philosophen Shankara (ca. 788–820?) genannt. Er geht von einem fundamentalen Prinzip aus: Die menschliche Vernunft soll sich frei betätigen können; dieser freien Betätigung sind jedoch Grenzen gesetzt, welche von der Vernunft selbst nicht festlegbar sind. Immer wenn die menschliche Vernunft in Widerspruch zu den intuitiven Erfahrungen der Seher und Weisen der indischen Tradition gerät, soll sie der intuitiven Erfahrung Raum geben. In Bezug auf die transzendentale bzw. transzendente Realität vermag uns die Vernunft keine Sicherheit zu bieten. Shankara begründet dies so: Jede These, festgestellt durch die Vernunft, begegnet unweigerlich einer ihr widersprechenden Gegenthese, welche wiederum mit ähnlich starken, ja sogar noch stärkeren Argumenten der Vernunft unterstützt wird. Um diese Vernunftdialektik zu überwinden, soll man – so Shankara – die Autorität der intuitiven Erfahrung annehmen. In diesem Zusammenhang spricht er von der Unterordnung der Vernunft unter die Autorität der spirituellen Erfahrung.

10. Orthodoxe und heterodoxe Schulen

Wie oben (Kapitel 8) ausgeführt, kann man in der indischen Philosophie von zwei Traditionen sprechen. Die eine sieht in der Philosophie eine spirituelle Disziplin *(adhyatmavidya)*, während die andere Philosophie zu einer analytischen, reflexiv-kritischen und exegetisch-hermeneutischen Disziplin *(anviksiki)* macht. Diesen Denkrichtungen können auch die klassischen orthodoxen Schulen zugeordnet werden: Zur ersten gehören im Wesentlichen die Systeme der Schulen Samkhya, Yoga, Vedanta, zur zweiten die der Schulen Mimamsa, Nyaya, Vaisheshika. Die erste Gruppe der Schulen bleibt mehr oder minder der vedischen Tradition verpflichtet und weist einen vornehmlich weltanschaulichen Charakter auf. Die Schulen der zweiten Gruppe dagegen neigen zu einer wissenschaftlichen Philosophie, indem sie Sprachphilosophie, Erkenntnistheorie und Logik im Sinne von verbindlichen Disziplinen zur Erforschung philosophischer Probleme entwickeln.

10. Orthodoxe und heterodoxe Schulen

Diese verschiedenen Systeme der indischen Philosophie sind weniger an Personen gebunden wie beispielsweise die Systeme Aristoteles' oder Kants. Die Namen der Schulen lassen vielmehr auf ihre jeweilige Arbeitsweise schließen. So steht die Bezeichnung Samkhya für »Zahl«, da die Samkhya-Schule versucht, die Hauptprinzipien der Welt zu zählen. Yoga ist eine besondere Meditionspraxis und Vedanta bezeichnet die am Ende der vedischen Periode auftretende Richtung, die ihren Ausgangspunkt von den Upanishaden nimmt. Mimamsa steht für die Erörterung der Veda-Texte, die Nyaya-Schule beschäftigt sich mit den logischen Prinzipien, welche die Erkenntnis der Wahrheit zum Ziel haben, und das Vaisheshika-System (*vishesh*, Unterschied) versucht, die Wirklichkeit in Kategorien zu fassen.

Die Systeme der indischen Philosophie werden eingeteilt nach ihrer Haltung den Veden gegenüber bzw. der vedischen Tradition.[15] Dabei reicht die Skala von der totalen Ablehnung der Veden bis zur völligen Annahme. Die oben genannten sechs Schulen werden die *orthodoxen* genannt, da sie der Sympathie für und dem Respekt vor der Veda-Tradition verpflichtet bleiben, auch wenn sie ihre eigenen Wege entwickeln. Die drei *heterodoxen* Schulen – Buddhismus, Jainismus und Carvaka – fühlen sich hingegen der vedischen Tradition nicht verpflichtet; ihre Haltung ist kritisch und ablehnend.

Die orthodoxen Schulen werden oft paarweise aufgezählt, denn die beiden so kombinierten Schulen verkörpern jeweils die theoretische bzw. praktische Seite einer im Großen und Ganzen einheitlichen Lehre.

Heterodoxe Schulen:
Carvaka
Buddhismus
Jainismus

Orthodoxe Schulen:
Samkhya-Yoga
Mimamsa-Vedanta
Nyaya-Vaisheshika

Die Schulen, die die Veden bejahen, werden oft als theistisch bezeichnet, die anderen als atheistisch. Allerdings erhalten diese Termini in der indischen Tradition einen anderen Sinn. Die orthodoxen Anhänger werden auch *astika*, die heterodoxen *nastika* genannt. Die Auslegung des Grammatikers Panini (5. Jh. v. Chr.) lautet: *astika* ist jemand, der an

---

[15] Eine andere Einteilung schlägt K. H. Potter vor. Vgl. Presuppositions of India's Philosophy, Westport, Connecticut 1963, 98–100; Potter, K. H. (Hg.): Bibliography of Indian Philosophies (The Encyclopedia of Indian Philosophy), Delhi 1970. – Müller, F. M.: The Six Systems of Indian Philosophy, repr. London 1928.

die transzendente Welt glaubt *(asti parlokah)*; *nastika* ist der, der an eine solche Welt nicht glaubt *(nasti parlokah)*. Hierbei ist also nicht der Gottesglaube entscheidend, sondern der Glaube an die Transzendenz. Insofern sind diese beiden Begriffe schwerlich mit theistisch bzw. atheistisch zu übersetzen.

a)   Carvaka

Leider ist die Originalliteratur der Materialisten, Skeptiker und Agnostiker fast ganz verloren gegangen. Als Quelle bleibt uns daher nur die Literatur ihrer Gegner, der orthodoxen Hindus und der Buddhisten, die freilich mit Kritik durchsetzt ist. Der Materialismus wird auf Brihaspati Lankya (ca. 500 v. Chr.) zurückgeführt. Dieser vertrat die These, dass am Anfang Sein aus dem Nichtsein komme.[16] Seine Lehre kann als Protestreaktion gegen die Priesterherrschaft der vedischen Orthodoxie, gegen den Ritualismus, gegen den einseitigen Idealismus der Upanishaden und gegen die ökonomische und politische Unterdrückung der Massen verstanden werden. Carvaka ist eine weltbejahende Schule, die ausschließlich auf das Diesseits gerichtet ist und den indischen Hedonismus verkörpert.

Alleiniges Mittel der Erkenntnis ist die Perzeption. Alles, was sinnlich wahrgenommen werden kann, ist wahr. Umgekehrt ist was außerhalb des sinnlich Wahrnehmbaren liegt fraglich. Inferenz ist kein Mittel der Erkenntnisgewinnung, weil sie die universale Relation voraussetzt, welche nicht wahrnehmbar ist.[17] Beispielsweise kann die bloße Wahrnehmung des Nacheinanders zweier Dinge nicht die universale Relation der Kausalität herstellen. Wir sehen den Rauch und schließen auf das Feuer. Wie können wir – so die Carvakas – von einer Ursache zwischen Rauch und Feuer sprechen? Für die Carvakas ist eine Erkenntnis mit Wahrscheinlichkeit behaftet ausreichend für alle praktischen Zwecke. Die Carvakas[18] sind sich der Nützlichkeit der logischen Schlussfolgerung in Dingen, die die Erfahrung betreffen, wohl bewusst. Schlussfol-

---

[16] Vgl. Rig-Veda, X, 72.2.
[17] Die Erkenntnislehre der Carvakas lässt sich gut vergleichen mit der Condillacs, denn auch er sieht in der Wahrnehmung die einzige Erkenntnisquelle. Er radikalisiert die Position Lockes und vertritt einen Sensualismus anstelle des Empirismus.
[18] Vgl. Shastri, D. A.: A Short History of Indian Materialism, Sensationalism and Hedonism, Calcutta 1930.

10. Orthodoxe und heterodoxe Schulen

gerungen auf Gott, Seele, Unsterblichkeit, Jenseits usw. lehnen sie jedoch ab. Für die Carvakas ist jedes Ereignis entweder spontan oder zufällig. Es gibt keinen Grund, einen Schöpfergott zu postulieren. Das Universum verdankt sein Dasein dem Zufall. Die gemäßigten Carvakas bekennen sich zum Naturalismus. Für sie ist die Natur die einzige treibende Kraft in allen Phänomenen; die Annahme einer übernatürlichen Kraft ist überflüssig. Die Materie ist für sie das Urstoffliche. Auch das Geistige lässt sich darauf zurückführen. Aus den vier Elementen Erde, Feuer, Luft und Wasser entstehen durch Permutation und Kombination alle Phänomene. Das Bewusstsein ist ein Resultat der physischen Zustände. Eine kausale Verknüpfung zwischen den Phänomenen kann entweder durch die »Mitgegenwart« des Bewusstseins im Körper gezeigt werden oder durch die »Mitabwesenheit« des Bewusstseins, dort wo es keinen Körper gibt. Das Bewusstsein wird in Analogie zur Auswirkung von Drogen erläutert. In der Philosophie der Carvakas werden die Begriffe Wiedergeburt, Unsterblichkeit, Strafe, Gericht, Belohnung usw. als sinnlos erachtet. Gott ist für sie eine Erfindung. Nur der irdische Herrscher setzt Maßstäbe. Ihre Rechtsphilosophie ähnelt in vielen Punkten jener von Hobbes. Die Erlösung sehen sie in der Unabhängigkeit, der uneingeschränkten Macht oder in der Auflösung des Körpers. Sie sind scharfe Kritiker der Weltentsagungslehre. Das Ziel ist die Vermehrung der Freude. Sie verfechten die Gleichheit aller Menschen und halten das Kastenwesen für eine Erfindung.

Die Carvakas haben in der langen Geistesgeschichte Indiens keinen nachhaltigen Einfluss ausgeübt. Ihre Philosophie der reinen Diesseitigkeit steht in krassem Gegensatz zur spirituellen Tradition. Der Vorwurf, der indische Materialismus sei ein Negativismus, wäre allerdings verfehlt. Dies zeigt eine genauere Betrachtung der Dialektik und Methodologie, die dem Materialismus zugrunde liegt. Unbedingte Voraussetzung für die philosophische Reflexion ist der Zweifel, die Vorbedingung des Zweifels wiederum die offene Konfrontation von These und Antithese. Daher verfährt der indische Philosoph so, dass er zuerst die Antithese seiner These negiert. Deshalb sehen die kritisierten Antithesen eher negativ aus. Gewiss können Thesen und Antithesen auch an sich negativ sein. Vom indischen Materialismus, dessen Schriften fast alle verloren sind, besitzen wir hauptsächlich die Antithesen. Dies führte dazu, dem indischen Materialismus einen Negativismus zuzuschreiben.

Übergreifende Aspekte

b) Buddhismus

So wie Jesus, als Jude geboren, zum ersten »Christen« wurde, war Buddha – Siddhartha Gautama – als Hindu geboren und wurde zum ersten »Buddhisten«. In einer Hinsicht ist Buddha der erste bekannte Häretiker gegen die Hindu-Orthodoxie, insofern er einige deren Lehren wie z. B. die Existenz einer ewigen Seele (Atman) und die Autorität der Veden ablehnte. Das zentrale Anliegen zur Zeit Buddhas war die Befreiung aus dem als leidvoll empfundenen Daseinskreislauf (Samsara). Die Grundeinsicht des Buddhismus ist: Alles ist Leiden. Die Lehre des Buddhismus wird daher meistens als pessimistisch angesehen. In den oben umrissenen »Vier edlen Wahrheiten« lehrt der Buddha den Weg zur Überwindung des Leidens, insofern ist die buddhistische Lehre aber auch eine pragmatische. Dabei ist sie vergleichbar mit einem Boot, das man nicht mehr benötigt, sobald das andere Ufer eines Flusses, das Ziel, erreicht ist. Der ursprüngliche Buddhismus ist außerdem positivistisch, denn er vermeidet metaphysische Betrachtungen; die theoretische Neugier wird dem praktischen Ideal des Nirvana untergeordnet.

Für Buddha gibt es keine bleibende Identität als Träger der Vorstellungen und Wahrnehmungen. Die Seele ist ein Bündel. Alles befindet sich im Fluss. Der Dualismus von Sein und Nichtsein ist für Buddha ein falscher. Wahr ist vielmehr weder das Sein noch das Nichtsein, sondern das Werden. Alles Entstehen ist von Bedingungen abhängig. Diese Kausalitätslehre scheint das logische Gesetz vom zureichenden Grunde vorweggenommen zu haben. Wesentlich ist allein das Erkennen der Vier edlen Wahrheiten.

Der Begriff *dharma* im Sinne von Daseinsfaktor hat im Buddhismus sowohl eine religiös-metaphysische als auch eine ethische Dimension. Dharma ist Ding und Eigenschaft, Objekt und Subjekt zugleich. Das Ethische ist für Buddha eine Einstellung, die Liebe, Barmherzigkeit, Sympathie und Unparteilichkeit beinhaltet. Wünsche sind die Quelle aller Verblendungen. Das Böse wird zuerst im Geist geboren. Daher ist die Kontrolle der Gedanken der erste Schritt auf dem ethischen Weg der Liebe zu allen Lebewesen. Man soll sich so weit reinigen, dass das Gute spontan hervorströmt. Eine solche spontane Ethik ist jenseits von Gut und Böse angesiedelt und kennt weder Sieg noch Verlust. Verlieren kann man nur etwas, an dem man haftet; gewinnen kann man nur etwas, was man begehrt. Der Buddhismus verlangt, dass man sich aller Spekulationen enthält und sich keinem Gotteskult hingibt. Das Gute

10. Orthodoxe und heterodoxe Schulen

soll stets die Antwort auf das Böse sein. Hierin steckt die universalistische Lehre des Buddhismus; sie weist Parallelen zu Laotse und Christus auf. Im Mahayana-Buddhismus, einer der großen, späteren Richtungen des Buddhismus, findet man den Begriff der leidenden Liebe. Darin ist enthalten, dass man das Leiden anderer auf sich nimmt. Die buddhistische Ethik ist rein humanistisch ausgerichtet. Es gibt keine Gebote Gottes, sondern es geht nur um die reine Haltung und Gesinnung. Eine solche Geisteshaltung überwindet jeden ethischen Relativismus, denn sie erkennt keine Trennungen nach Familie, Rasse usw. an. Nur der Charakter zählt, nicht die Kastenzugehörigkeit, auch nicht das Beten im Tempel oder Opferriten. Das Ziel des Denkens besteht darin, das Nichthaften an den Dharmas zu üben. Obwohl alle Dharmas wesenlos sind, stellen die Menschen sie sich als seiend vor, was wiederum zum Anhaften verleitet.

Auch im Buddhismus bilden sich verschiedene Schulen, die sich vor allem in ihren erkenntnistheoretischen Grundannahmen unterscheiden:
1. Für die *Sarvastivadins* ist die Außenwelt wirklich und in der Wahrnehmung direkt gegeben.
2. Die *Sautrantikas* meinen, dass uns die Außenwelt in der Wahrnehmung nicht direkt gegeben ist, sondern dass deren Existenz nur vermittelt durch die Sinne erschlossen werden könne.
3. Mit Gewissheit allein gegeben ist das Bewusstsein, real nur die Innenwelt, sagen die *Yogacara*.
4. Weder das eine noch das andere ist uns gegeben; denn alles entsteht und vergeht in Abhängigkeit und besitzt daher keine eigene Natur. Alles ist wesensleer. Dies ist die Position der *Madhyamikas*, der bekanntesten metaphysischen Schule des Buddhismus. Logik, Methodologie und Dialektik werden in dem Kapitel über Nagarjuna ausführlich dargestellt.

Nagarjunas Methode der »reductio ad absurdum« (vgl. Kapitel 24) geht eine Diskussion über das Zustandekommen des dialektischen Bewusstseins voraus. Erst die Madhyamika-Schule zeigt den Ursprung des dialektischen Bewusstseins auf. Es entsteht durch das Vorhandensein von mindestens zwei entgegengesetzten Gesichtspunkten *(drishtis)*, von These und Antithese. Diese Opposition stellt einen Konflikt der Vernunft, des Denkens dar, und die Überwindung der Dialektik bedeutet die Überwindung des Denkens. Als These und Antithese bieten sich für die Madhyamika-Dialektik die Substanz-These der brahmanischen

Übergreifende Aspekte

Schulen und die modale These des frühen Buddhismus an. Diese bilden die Alternative: die affirmative (*sat:* ist) und die negative (*a-sat:* nicht-ist). Wenn man beide konjunktivisch bejaht oder verneint, dann ergeben sich noch abgeleitete Alternativen der Form: Beides ist und nichts ist *(sadasat)* und weder ist noch nicht-ist *(na sat naivasat)*. Bei der Jainistischen (und Hegelschen) Art, Konflikte beizulegen, werden die Alternativen synthetisch verbunden. Bei der Madhyamika-Philosophie wird die Lösung durch Verwerfen der Alternativen, einzeln oder zusammen, herbeigeführt, was konsequent zu einer Position führt, die keine mehr ist. Jede These wird durch die Methode der *reductio ad absurdum* gegen sich selbst gewandt. Die Madhyamika-Philosophen führen selbst jedoch keine eigenen Thesen an, mit der Begründung, dass jeder, der eine These aufstelle, Argumente für deren Beweis anführen müsse. Indem sie keine eigenen Thesen aufstellen, sind sie der Beweislast enthoben. Ihre einzige Aufgabe besteht dann darin, die Thesen der anderen mit den Prinzipien des dialektischen Bewusstseins zu widerlegen. Diese Art der Dialektik wird beim Verwerfen verschiedener Kategorien, wie z. B. Kausalität, Qualität, Substanz, Relation usw., angewandt. Die Samkhya-Philosophie spricht von der Identität von Ursache und Wirkung. Die Madhyamikas halten eine Verdoppelung der Ursache für sinnlos. Sind Wirkung und Ursache voneinander verschieden, so kann irgend etwas die Ursache und etwas ganz anderes die Wirkung sein. Eine dritte These hat zum Inhalt, Ursache und Wirkung seien sowohl identisch als auch verschieden. Eine vierte These, vertreten etwa von den Ajivikas im 7. Jh. v. Chr., weist die Kausalität zurück und vertritt eine Theorie des Zufalls. Alle diese Positionen werden von den Buddhisten abgelehnt. Die eigentliche Kritik besteht darin, dass diese Thesen entweder a) die Existenz oder b) die Nicht-Existenz oder c) beides oder aber d) keines von beiden voraussetzen. Da alles Geschehen in einem relationalen, anfangs- und endlosen Kausalnexus entsteht, besteht und vergeht, sind die Ablehnung oder Annahme eines substantiellen Etwas, einer unveränderlichen, beharrenden Substanz, gleicherweise sinnlos.

Die Kritik ist nie selbst eine Theorie. Ihre Aufgabe ist lediglich, die Konstitutionsweise der Gesichtspunkte und deren Ansprüche bloßzulegen. Eine Theorie dagegen ist gekennzeichnet durch das Aufstellen einer These und das Bewusstsein, diese verteidigen zu müssen. Alles Denken ist dieser Dialektik unterworfen. Ihre erste Stufe ist der Konflikt zwischen verschiedenen Ansichten. Die zweite besteht in der reductio ad absurdum. Auf der dritten Stufe schließlich wird durch die

10. Orthodoxe und heterodoxe Schulen

völlige Negation des Denkens die Intuition des Realen, frei von aller Dualität, erreicht. Dem Realen werden alle Prädikate, negative und positive, abgesprochen. Es ist das dem Denken Transzendente, Nicht-Duale, in sich Ruhende. Es ist das, was essentiell an den Phänomenen wahr ist, und dem Absoluten gleichzusetzen. So gibt es zwei Stufen des Seins, die Erscheinung, das Konventionelle *(samvritti)* und die absolute Wahrheit *(paramartha)*. Die Madhyamika-Dialektik kulminiert in einer intellektuellen Intuition *(prajna)*. Es ist eine Anschauung ohne Bruch zwischen Theorie und Praxis. Das Grundübel, die Unwissenheit, verzerrt das Reale in ihren Denkformen. Mit der Erkenntnis der Leerheit gipfelt die Dialektik in einer Art Freiheit vom Leiden, ja sie ist die Freiheit selbst *(nirvana)*.

Die Vijnanavadins, die die sog. »Nur-Bewusstseins-Lehre« vertreten, insofern sie Bewusstsein als letzte Realität deuten, wenden sich gegen den dialektischen Absolutismus der Madhyamikas. Die reductio ad absurdum bedarf des Bewusstseins, ohne dieses kann keine Konstruktion stattfinden. Die Leerheit *(shunyata)* wird als das reine Bewusstsein angesehen, das frei von aller Dualität ist. Das Objekt kann ohne das Bewusstsein nicht sein, aber das Bewusstsein ohne das Objekt. Alle Realisation ist innerhalb des Bewusstseins. Wäre das Objekt außerhalb, dann könnte die Relation der Identität, die in der Kognition eines Gegenstandes angenommen wird, gar nicht erkannt und verifiziert werden. Die Tatsache, dass die Kognition und ihr Gegenstand untrennbar sind, wird als idealistisches Argument betrachtet. Illusionen oder Träume – damit sind Denkformen ohne die dazugehörenden Objekte gemeint – zeigen, dass das Bewusstsein seinen Inhalt selbst hervorbringt. Nur das Bewusstsein *(vijnana)* ist real. Es werden drei Zustände unterschieden: das Speicherbewusstsein, das dem Unbewussten Freuds ähnelt, das Bewusstsein voller psychischer Prozesse und das Objektbewusstsein. Es könnte scheinen, dass die Vijnanavadins ähnlich wie Berkeley die Welt der Ideen als das absolute Reale ansähen. Dies ist jedoch nicht der Fall. Ist das Objekt nicht mehr da, so verschwindet der eigentliche Charakter der Idee als subjektives Gebilde. Es handelt sich hierbei um abhängige Modifikationen. Sie sind nicht real, weil eine bestimmte Idee des Objekts bedarf. Sie sind jedoch real, weil sie wesentlich den Charakter des Bewusstseins tragen. Die subjektive Ideenwelt ist also weder mit dem Absoluten identisch noch ihm wesensfremd. Absolutes Bewusstsein *(dharmata* oder *tathata)* wird im transzendentalen Bewusstsein realisiert. Das Absolute ist das reine, nicht-duale Bewusst-

Übergreifende Aspekte

sein. Sein Zustand ist die völlige Abwesenheit aller Kognitionen bestimmter Gegenstände. Sein Zustand ist unbeschreibbar. Das Absolute wird zu einer radikal transzendentalen Einstellungsänderung, die die Welt in keiner Weise in ihrer Existenz ändert, sondern sie ganz anders begreift. Von einer ähnlich tiefen Einstellungsänderung hat Husserl in seiner Phänomenologie gesprochen. Der Vergleich mit der transzendentalen Reduktion Husserls ist nicht ganz abwegig. Das Vorhandensein der Antinomien, Aporien usw. gibt der Madhyamika-Schule in gewisser Weise recht und bestärkt sie in ihrer Urteilsenthaltung bezüglich jeder Ontologie. Das Absolute wird nicht negiert, sondern das sprachliche Denken wird an seine Grenze geführt, um so dem Mystischen in der Philosophie die Tür zu öffnen. Matilal spricht von »cognitive mysticism«. Diese ungewöhnliche Kombination beinhaltet nichts Abwertendes. Damit soll auf die Idee des Unausdrückbaren hingewiesen werden. Auf der einen Seite will diese Schule einen bloßen akademischen Skeptizismus umgehen, der dann aufkommt, wenn man des Absoluten logisch-sprachlich habhaft werden will. Auf der anderen Seite soll eine naiv-dogmatische Festsetzung vermieden werden.[19]

Negation gehört nicht zum Bereich der Wahrnehmung. Ein negatives Urteil ist bloß die Negation eines Urteils und nicht selbst ein Urteil. Negation impliziert nicht die Position einer entsprechenden Affirmation.[20] Die Dialektik der universellen Negation ist keine interessierte Kritik an der gegnerischen Position. Sie ist eine desinteressierte Analyse der Vernunft durch sich selbst.[21] Dabei ist es weder legitim noch durchführbar, eine bestimmte Metaphysik zu verabsolutieren. Die Unzulänglichkeit der konventionellen Sprache ist ein weiterer Beleg für die absolute Wahrheit, welche freilich auch nicht gelehrt werden kann. Nagarjuna, der bedeutende Philosoph der Madhyamika-Schule im 2. Jh. n. Chr., warnt vor einem dilettantischen Verständnis seiner Lehre. Wird die Leerheit begriffen, so werden alle Ansichten verständlich, wird sie aber nicht verstanden, so bleiben die Ansichten unvereinbar. Die Theorie der vierfachen Negation macht die Unprädizierbarkeit deutlich, will

---

[19] Vgl. Matilal, B. K.: Epistemology, Logic, and Grammar in Indian Philosophical Analysis, The Hague 1971, 147; Barua, B.: Prolegomena to a History of Buddhist Philosophy, Calcutta 1918. Murti, T. R. V.: The Central Philosophy of Buddhism, London 1955.
[20] Vgl. ebd. 161 und vgl. Nagarjuna: V V, 62–63 und R. A. Mall: On Reflection and Negation, in: Philosophy and Phenomenological Research, Vol. 35, No 1, 1974, 79–92.
[21] Vgl. Matilal, B. K.: Epistemology, Logic, and Grammar in Indian Philosophical Analysis, 148.

diese aber nicht als Prädikation verstanden wissen. Sie bedeutet nur die Unmöglichkeit, das Scheitern des prädikativen Denkens. Auch hier wird der Weg zum kognitiven Mystizismus beschritten.

c) Jainismus

Die Jaina-Lehre beinhaltet nicht nur Philosophie, sondern die ethisch-religiöse Lehre von *ahimsa* (Gewaltlosigkeit), welche in der positiven Doktrin der universellen Liebe gründet. Die Jaina-Philosophie ist gekennzeichnet durch die Lehre von den verschiedenen Gesichtspunkten *(anekanta-vada)*. Damit ist gemeint, dass die Realität von verschiedenen Gesichtspunkten aus gesehen, erklärt und verstanden werden kann. Keine absolute Prädikation der Realität ist gültig. Die Überbetonung einer bestimmten Eigenschaft mit der Absicht, sie zum absoluten Paradigma der Wahrheit zu erheben, bedeutet, die Wahheit zu limitieren und damit ein einseitiges Bild herzustellen. Die Lehre vom Vorhandensein verschiedener Gesichtspunkte stellt eine erwünschte Synthese dar zwischen der Lehre der Einheit durch Identität und der Lehre der Veränderung, des einseitigen Momentarismus.[22] Auch eine völlig formalisierte Logik bleibt für die Jaina-Lehre an einen bestimmten Gesichtspunkt gebunden, der ihr Legitimität und Zweckmäßigkeit verleiht. Die Einseitigkeit wird nicht so sehr kritisiert, sondern vielmehr der Anspruch einer exklusiven Methodenlehre. Perspektivismus und Methodenmonopolismus sind unvereinbar.

Für die Jaina-Philosophen besitzt die Realität drei Merkmale: Entstehen, Bestehen und Vergehen. Alles Seiende besitzt diesen dreifachen Aspekt. Jedes Objekt ist permanent, wenn man es unter dem Gesichtspunkt der Substanz betrachtet; es ist veränderlich, wenn man seine Modi in Betracht zieht. Diese Betrachtungen münden in die Ist-und-ist-nicht-Lehre *(asti-nasti-vada)* der Jaina-Logik. Jedem Objekt wird Sein und Nicht-Sein zugesprochen, wodurch das Kontradiktionsgesetz relativiert wird. Man kann ein Objekt von einem Standpunkt aus als seiend und von einem anderen aus als nicht-seiend betrachten. Die Anwen-

---

[22] Die Jaina-Philosophie würde auch die Lehren des Parmenides und Heraklit als Einseitigkeitslehre (ekanta-vada) bezeichnen, denn in beiden Theorien liegt eine unerlaubte Verabsolutierung vor. Vgl. Desai, M. D. (tr.): The Nyaya-Karmika, Arrha 1915; Barodia, U. K.: History and Literature of Jainism, Bombay 1909.

Übergreifende Aspekte

dung dieser Lehre führt zu der siebenstufigen Prädikationslehre, auf die in Abschnitt III, 70 im Zusammenhang mit Theorien von Vernunft und Logik detailliert eingegangen werden soll.

Die Jaina-Philosophie bietet einen detaillierten Plan zur Erlösung. Dabei nehmen die Prinzipien Wahrheitsliebe und Gewaltlosigkeit eine zentrale Stelle ein. Letztere bezieht sich nicht nur auf die Menschenwelt, sondern schließt die Tier- und Pflanzenwelt ein. Alle Menschen sind gleich geboren und jeder soll seinen eigenen Weg einschlagen. Gandhi war von dieser Lehre sehr beeinflusst. Seine Lehre stellt ein Experiment mit der Gewaltlosigkeit dar.

Für die Jainas gibt es keine theistische Erklärung für die Welt. Sie wird als etwas Ungeschaffenes, seit Ewigkeit Existierendes betrachtet. Der Jaina-Lehrer Jinasena schreibt über einige dumme Menschen, die behaupten, Gott habe die Welt geschaffen. Eine solche Lehre ist jedoch falsch und muss daher zurückgewiesen werden. Angenommen, Gott habe die Welt geschaffen, wo war er dann vor der Schöpfung? Auch auf die Fragen nach dem Warum und Wozu der Schöpfung gibt es keine befriedigende Antworten. Hat Gott aus Liebe zu den Menschen die Welt geschaffen, warum hat er dann nicht eine Welt voller Wonne und ohne Unglück geschaffen (die Theodizee-Frage)? Das, was ist – gemeint sind die Naturdinge – braucht nicht anthropomorph gedeutet zu werden. Auch eine theologische Rationalisierung der eigenen Missetaten ist verfehlt, weil nicht Gottes Wille, sondern menschliches Tun auf der Suche nach Wahrheit mit der Einstellung der Toleranz unser Weg zur Erlösung ist. Will man den Jainismus dennoch als Religion betrachten, dann nur wegen seines ethischen Kerns.

d) Samkhya

Die Samkhya-Schule gehört zu den ältesten der indischen Philosophie. Sie geht von den beiden Kategorien des Ursubjekts *(purusha)* und der Urmaterie *(prakriti)* aus. Das Ursubjekt stellt die ewige, unveränderbare geistige Entität dar. Die Urmaterie ist die Ursache für alles physische und psychische Geschehen. Die Samkhya-Philosophie ist daher dualistisch.[23] Interessant ist die Kausalitätslehre dieser Schule. Sie geht von

---

[23] Vgl. Banerjee, S. C. (tr.): The Samkhya Philosophy: Samkhya-karika with Gaudapada's Scolia and Narayana's Gloss, Calcutta 1909.

10. Orthodoxe und heterodoxe Schulen

der Präexistenz der Wirkung in der Ursache aus *(satkaryavada)*. Dafür werden folgende Argumente angegeben:
1. Was nicht existiert, kann nicht produziert werden.
2. Die Wirkung unterscheidet sich nicht von dem Material ihrer Zusammensetzung.
3. Wäre die Wirkung nicht in der Ursache latent vorhanden, dann könnte aus allem alles werden.
4. Die kausale Kraft gehört zur notwendigen Produktionskraft.
5. Wirkung und Ursache sind von gleicher Art. Das Gewand ist dem Wesen nach den Fäden ähnlich. So ist alles Entstehen und Vergehen ein unaufhörliches Spiel von Potentialität und Aktualität.

Für die Annahme einer Urmaterie werden folgende Gründe angegeben:
1. Alles Begrenzte kann sich nicht selbst begrenzen.
2. Die Merkmale aller Dinge weisen auf eine gemeinsame Quelle hin.
3. Die Einheit des Weltalls impliziert eine letzte Ursache.

Die Welt ist letztlich eine Transformation der Urmaterie.

Der Urmaterie werden drei Eigenschaften *(guna)* zugeschrieben, welche aus ihren Wirkungen gefolgert werden: gut, tätig und träge. Vor der Schöpfung bestand ein Gleichgewicht aller Kräfte. Die Urmaterie befand sich in Ruhe. Es gab daher kein Tun. Die Entfaltung der Urmaterie wird nicht rein mechanisch gedeutet, denn die Evolution ist teleologischer Natur. Gemeint ist die Emanzipation des Ursubjekts von der Urmaterie. Das Ursubjekt *(purusha)* bleibt das Unveränderliche im Menschen und existiert, ohne Ursache oder Wirkung zu sein, während die Urmaterie *(prakrti)* ein Aggregat der drei Eigenschaften ist. Purusha als das reine Bewusstsein ohne Aktivität verfängt sich in den Gestalten der prakriti und vergisst dabei seine wahre Natur. Wann und wie dies geschah, bleibt ein Geheimnis. Die Disziplin der Yoga-Philosophie soll hier Abhilfe schaffen.

e) Yoga

Die Yoga-Philosophie umfasst eine Methode, eine Theorie und eine Praxis, Metaphysik, Psychologie und Ethik. Yoga wird definiert als Beherrschung gedanklicher Bewegungen.[24] Man spricht von acht Gliedern des Yoga.

---

[24] Vgl. Jha, G. (tr.): The Yoga-darsana. The Sutras of Patanjali with the Bhashya of Vyasa, Bombay 1907.

Übergreifende Aspekte

1. Die Zucht *(yama)*, die in der Beachtung der fünf moralischen Gebote besteht: Nichtschädigen *(ahimsa)*, Wahrhaftigkeit, Nichtstehlen, Selbstzucht und das Freisein von Gier.
2. Das Befolgen von fünf Regeln zur ethischen Vorbereitung: Reinheit, Genügsamkeit, Enthaltsamkeit, Studium und Ergebenheit.
3. Das Üben der Körperbeherrschung und der Konzentration.
4. Das Regulieren des Atems, um geistige Ruhe zu erlangen.
5. Das Zurückziehen der Sinnesorgane, was dem Prozess der Introversion der modernen Psychologie entspricht.
6. Das Hinlenken des Denkens auf einen bestimmten Gegenstand.
7. Die Meditation als ausschließliche Konzentration auf das zu Meditierende.
8. Die Versenkung als Kulmination der Meditation.

Neue archäologische Ausgrabungen haben zweifelsfrei den vor-arischen Ursprung der Yoga-Technik bewiesen. Über eine Zeitspanne von ca. 5000 Jahren begleitet die Yoga-Praxis das indische Denken. Der Yoga-Praxis liegt stets eine Unterscheidung zwischen dem Ewigen, dem individuellen Selbst und dem psycho-physischen Organismus zugrunde. Der Bewohner des Hauses ist grundsätzlich zu unterscheiden von dem Haus, in dem er wohnt. Das Ziel aller Yoga-Praktiken ist das Erlangen einer höchsten Bewusstseinsstufe, auf der die normalen mentalen Aktivitäten suspendiert sind. Die meditativen Übungen sollen uns helfen, die unbewussten Triebkräfte und Willensregungen zum Bewusstsein zu bringen. Neuere naturwissenschaftlich orientierte Untersuchungen haben einen Teil der Yoga-Lehre bestätigt. Der Adept vermag eine Art Winterschlaf zu erreichen und dabei in einem erstaunlichen Grad das vegetative Nervensystem zu kontrollieren, z. B. die Lunge, den Herzschlag und den Blutdruck.

Psychologisch und therapeutisch stellen die körperlich-geistigen Übungen Experimente dar. Eine bloße Intellektualisierung verfehlt das Wesen des Yoga. Es handelt sich nicht um eine selbst herbeigeführte hypnotische Ekstase. Yoga ist asketisch im Sinne der Selbstbeherrschung und nicht Selbstkasteiung. Das Sich-zurück-ziehen verleiht Ruhe und Kraft. Es ist daher von hohem pädagogischem Wert. Die Yoga-Philosophie rät dem Adepten, Unruhe und Verstimmungen durch die Entwicklung der geistigen Ruhe zu überwinden. Dabei geht es um die Realisierung einer Haltung des losgelösten Handelns (wie bei dem taoistischen wu-wei). Man schlüpft in die Rolle des unbeteiligten Beobachters, der das Weltdrama aus einer anderen Perspektive sieht. Die Yoga-

10. Orthodoxe und heterodoxe Schulen

Übungen sollen eine stufenweise Befreiung des Ich von falschen Identifizierungen herbeiführen.

Gemäß dem Yoga gibt es vier Bewusstseinsstadien: Der Wachzustand ist gekennzeichnet durch das wache Bewusstsein. Der Traumzustand lässt uns die Subjekt-Objekt-Spaltung erleben ohne den Realitätsbezug des ersten Zustandes. Beim traumlosen Schlafzustand fehlt das Bewusstsein. Dabei wird der ruhige Schlaf erschlossen. Der letzte Zustand ist *turiya*; in ihm wird die Ruhe des Tiefschlafs erreicht, verbunden mit einem Bewusstsein jenseits aller Subjekt-Objekt-Spaltung. Das Erreichen dieses Zustands ist das Ziel aller Yoga-Pfade.

f) Mimamsa

Die Mimamsa-Schule beschäftigt sich mit den Veden im Sinne einer philosophischen Deutungslehre. Mimamsa bedeutet Denken, Reflexion, Überlegung, Betrachtung und Auslegung.[25] Mimamsa bezeichnet im Grunde zwei Schulen der Hindu-Philosophie: Die ältere ist Purva-Mimamsa und beschäftigt sich mit dem vedischen Ritual. Die jüngere heißt Uttara-Mimamsa und befasst sich mit der Erkenntnis der Wahrheit. Die Veden sind nach dieser Schule die ewigen Wahrheiten ohne einen menschlichen oder göttlichen Verfasser *(apaurusheya)*. Daher wird die Mimamsa-Schule oft als atheistisch bezeichnet.

Sie sind selbst-evident, und ihre Gültigkeit bedarf keines Beweises. Diese Schule lehnt die von vielen anderen Schulen vertretene Lehre von der Schöpfung und Zerstörung ab. Der Schöpfungs- und Zerstörungszyklus würde bedeuten, dass auch die Veden ihm unterworfen wären, was deren Ewigkeit widersprechen würde. Die Mimamsa-Schule definiert die Veden als ein Corpus von heiligen Mantras, d.h. mystischen Silben, Wörtern, Geboten. In dieser Schule wird eine bestimmte Philosophie des Logos entworfen, um die ewige Natur der vedischen Worte zu belegen. Jedes Wort, sogar jeder Ton ist ewig. Das Wort besteht in einer latenten Form seit Ewigkeit. Es wird lediglich ausgesprochen, wenn es aus dem potentiellen Zustand in den aktuellen eintritt. Ferner besteht zwischen dem Wort und seiner Bedeutung eine anfangslose, ewige Verbindung. Das Wort ist mit seiner Bedeutung nicht zufällig verknüpft. Darüber hinaus bezeichnen Worte etwas Gattungsmäßiges

---

[25] Vgl. Sastri, P.: Introduction to the Purva-Mimamsa, Calcutta 1923.

(akriti). Das Transzendente gehört konstitutiv zu den Worten. In dem Klang, dem Wort *(shabda)* wohnt das Sein *(sat)*.

Diese Schule ist gleichsam ein Lehrbuch der Hermeneutik mit Regeln für die Interpretation der heiligen Texte. Jede Erörterung einer Topik *(adhikarana)* gliedert sich nach dieser Methode in fünf Teile *(avayava)*: a) die Feststellung des zu behandelnden Gegenstandes *(vishaya)*, b) die Äußerung des Zweifels daran *(samshaya)*, c) die Darstellung der Ansicht des Geners *(purvapaksha)*, d) die Antwort darauf *(uttara-paksha)*, e) die Beziehung des so gesicherten Ergebnisses zu anderen Textteilen *(samghati)*.

g) Vedanta

Die Vedanta-Philosophie – *vedanta* bedeutet Ende der Veden – geht zurück auf die Upanishaden und enthält die kritischen Schlussbetrachtungen zu den Veden.[26] Die folgenden drei Varianten der Vedanta-Lehre sind für die indische Philosophie besonders wichtig: 1. die nicht-dualistische Lehre von Shankara *(a-dvaita)*, 2. die dualistische von Madhava *(dvaita)* und 3. die eingeschränkte nicht-dualistische von Ramanuja *(vishishtadvaita)*. Atman und Brahman sind die Hauptthemen der Vedanta-Philosophie. Brahman ist nach Shankara nicht ein Gegenstand der Wahrnehmung, der Inferenz, der Analogie oder dergleichen, sondern es ist nur der Intuition, der unmittelbaren Erfahrung zugänglich. Sein nicht-empirischer Charakter wird herausgestellt durch die nur negative Beschreibung »nicht dies, nicht dies« *(neti, neti)*. Zur Identifikation fehlen uns alle Ähnlichkeiten. Brahman transzendiert den Bereich der Empirie so vollkommen, dass es schon eine Reifikation bedeuten würde, wenn man es als eine Einheit definieren wollte. Daher wird es »nicht-zwei« *(a-dvaita)* genannt. Atman ist der unbeteiligte Zuschauer, das unsterbliche Selbst des Menschen. Als absolutes Bewusstsein ist es identisch mit Brahman. Das Brahman erfährt zwei Deutungen, einmal als personaler Gott mit Eigenschaften *(saguna)* und das andere Mal als das Absolute ohne jede Eigenschaft *(nirguna)*. Nach Shankara werden drei Seinsstufen unterschieden: die empirisch-pragmatische, die traumhafte und die absolute. Der Vorwurf, Shankara leugne die Realität der Welt, trifft nicht zu. Die Welt wird erst dann

---

[26] Vgl. Mahadevan, T. M. P.: Gaudapada. A Study in Early Vedanta, Madras 1952.

10. Orthodoxe und heterodoxe Schulen

zur Illusion, wenn wir das absolute Wissen haben. Die Schlange, die wir wahrnehmen und die wir bei näherem Hinsehen als Seil erkennen, bleibt wahr vor dieser Erkenntnis.

Eine zentrale Rolle in Shankaras Advaita-Vedanta nimmt der Begriff *maya* ein, dessen Funktion es ist, diese Welt zu erklären. Dabei erfährt er verschiedene Deutungen: 1. Die Welt enthält nicht ihr eigenes Erklärungsprinzip. Maya deutet auf ihren phänomenalen Charakter hin. 2. Die Absolutheit Brahmans ist nur der Intuition gegeben. Die phänomenale Welt dagegen ist dem logisch-diskursiven Denken zugänglich. Diese beiden Welten sind heterogen. Sie in Einklang zu bringen, scheint zum Scheitern verurteilt zu sein. Diese Inkomprehensibilität wird mit dem Begriff maya belegt. 3. Brahman ist als Ursache der Welt von ihr in keiner Weise berührt. Diese einseitige Abhängigkeit wird ebenfalls maya genannt. 4. Auch ist maya das Erklärungsprinzip, das postuliert wird, um die Welt als Erscheinung des Brahman zu deuten. 5. Maya ist auch die Kraft des Schöpfergottes. 6. Maya beschreibt den Charakter der Unaussprechbarkeit der Welt, die uns weder als ganz wahr noch als ganz traumhaft erscheint.

Wenn von dem Erlangen der Erlösung die Rede ist, dann ist damit die Überwindung der Unwissenheit *(a-vidya)* gemeint. Das Ziel der wahren Erkenntnis ist zugleich das *summum bonum* des Lebens, welches in der Unzweiheit von Atman und Brahman besteht. Eine dreistufige Methode soll uns zu diesem Ziel führen. Zunächst geht es um das Hören, Studieren und Erlernen der vedischen Wahrheit. Das Gelernte soll kritisch reflektiert werden und zu einer intellektuellen Überzeugung führen. Schließlich soll die Meditation die Unzweiheit von Atman und Brahman realisieren helfen.

h) Nyaya

Die Nyaya-Schule ist logisch-methodisch orientiert und untersucht kritisch die Objekte der Erkenntnis.[27] Zwischen den Buddhisten und den Nyaya-Anhängern gibt es eine sehr lebhafte Diskussion. Letztere lehnen den Momentarismus der Buddhisten ab. Mit der Kausalitätslehre verhält es sich ebenso. Wenn jeder Zusammenhang von Ursache und

---

[27] Vgl. Holmes Ingalls, D. H.: Materials for the Study of Navya-Nyaya Logic, Cambridge, Mass. 1951.

Übergreifende Aspekte

Wirkung, wie die Buddhisten meinen, eine Serie momentaner Veränderungen darstellt, wie kann dann eine Ursache, so fragen die Nyaya-Anhänger, in demselben Moment ihres Zustandekommens auch die Wirkung hervorbringen? Mit anderen Worten muss also die Ursache mindestens für zwei Momente existieren. Auch die Identitätsthese von Ursache und Wirkung – von den Samkhya-Philosophen vertreten – wird mit der Begründung zurückgewiesen, dass die Aktualität nicht bloß eine andere Form der Potentialität darstellt, sondern sie war vorher nicht existent. Die Existenz eines Kruges kann nicht die des Tones sein. Die Nyaya-Philosophie vertritt im Gegensatz zum buddhistischen Idealismus einen Realismus. Gut ausgearbeitet sind die Erkenntnislehre und die Lehre vom Schließen.

Erkenntnis wird als Attribut des Geistes gesehen. Erkenntnismittel sind: Wahrnehmung, Inferenz, Vergleich und verbale Testimonie. Nicht gültige Erkenntnismittel sind: Gedächtnis, Zweifel, Irrtum und das hypothetische Argument. Das Kriterium der Erkenntnis besteht in der Übereinstimmung mit dem Erkannten. Um jedoch die Wahrheit bzw. Falschheit der Erkenntnis testen zu können, müssen wir Erfolg oder Misserfolg der von der Erkenntnis geleiteten Praxis berücksichtigen.

Die Nyaya-Schule entwirft eine sehr interessante Theorie der Negation. Für den Leser, der mit der indischen Philosophie nicht vertraut ist, wimmelt sie von negativen Ausdrücken. Der Begriff der Negation wird auf zwei Ebenen herausgearbeitet, auf der Ebene der Metaphysik und auf jener der Logik und Erkenntnistheorie. Auf die Frage, ob die Negation zur Wahrnehmung gehöre oder nur indirekt erschlossen werde, antwortet die Nyaya-Schule im Gegensatz zu den Buddhisten, dass die Kategorie der Negation real sei und damit zur Wahrnehmung gehöre. Dass eine Sache an einem bestimmten Platz in einer bestimmten Zeit nicht existiert, ist genauso wahr wie die Existenz einer Sache dort und dann. Es werden vier Arten der Negation unterschieden: 1. Das priore Nicht-Sein, womit die Nicht-Existenz einer Sache vor ihrer Produktion gemeint ist. Eine solche Negation ist ohne Anfang, hat jedoch ein Ende, sobald die Produktion abgeschlossen ist. 2. Das posteriore Nicht-Sein. Damit ist die Nicht-Existenz einer Sache gemeint, nachdem sie nach der Produktion zerstört wurde. Ein Krug, der zerbrochen wurde, hat eine solche Nicht-Existenz. Diese Negation hat zwar einen Anfang, jedoch kein Ende. 3. Die totale Negation. Sie bedeutet die Abwesenheit einer Relation zwischen zwei Dingen für alle Zeiten wie z. B. die

10. Orthodoxe und heterodoxe Schulen

Nicht-Existenz von Farbe in der Luft. 4. Die reziproke Negation. Wenn zwei Dinge sich gegenseitig negieren, dann ergibt sich die Nicht-Existenz des einen in Bezug auf das andere. In dem Urteil: Der Krug ist dadurch abwesend, sagen die Buddhisten, dass die direkte Kognition durch den leeren Ort hervorgerufen wird. Der abwesende Krug ist eine Repräsentation, hervorgerufen durch Erinnerungsvermögen und konstruiert durch den Intellekt. Für die Nyaya-Schule jedoch ist der abwesende Krug mit dem leeren Ort real verbunden; denn die Abwesenheit des Kruges ist unverwechselbar mit der des Feuers. Für die Realisten gilt daher: die Abwesenheit ist anwesend.

Die Neo-Nyaya-Schule erarbeitet eine subtile Lehre der Inferenz. Die Inferenz ist diejenige Klasse der Erkenntnis, in der wir von der invariablen Begleitung des Zeichens, wie Rauch, durch das Bezeichnete, wie Feuer, ausgehen. Auf diese Weise wird das Bewusstsein dieser Begleitung zum eigentlichen Grund der Schlussfolgerung. Deshalb muss das Subjekt, das auf etwas schließt, ausgerüstet sein mit
1. dem Bewusstsein der invariablen Begleitung,
2. dem Bewusstsein des Zieles und der Mittel,
3. dem Verlangen nach der Realisation des Zieles,
4. dem Willen zur Förderung dieser Realisation,
5. der Kenntnis nicht nur des Zeichens selbst, sondern auch seiner Präsenz in der Sache,
6. der Wiedererinnerung der invariablen Begleitung und
7. der Kenntnis, dass das Zeichen das Bezeichnete beinhaltet.

Die sieben Schritte der Schlussfolgerung werden an dem bekannten Beispiel von Rauch und Feuer erläutert: 1. Wo es Rauch gibt, dort gibt es Feuer. 2. Man hat das Wissen vom Feuer und kennt die Mittel. 3. und 4. Das Verlangen und der Wille werden ausgedrückt in der Form: Mag es dort auch Feuer geben. 5. Die Kenntnis des Rauches nicht nur als Zeichen, sondern als etwas, das es am Hügel gibt. 6. Man erinnert sich an die invariable Begleitung. 7. Die Kenntnis vom Rauch am Hügel als ein Zeichen mit der Implikation seiner invariablen Begleitung mit dem Feuer dort am Hügel. Die invariable Begleitung ist der wesentliche Faktor bei aller Schlussfolgerung. Sie wird definiert als die Abwesenheit des Zeichens wie des Rauches an all den Orten, an denen das Bezeichnete wie das Feuer abwesend ist, und als Kopräsenz des Zeichens mit dem Bezeichneten.

Übergreifende Aspekte

i) Vaisheshika

Die Kategorie der »Besonderheit« *(vishesa)* gab dieser Schule ihren Namen. Es geht um eine nicht weiter reduzierbare Anerkennung der Kategorie der Differenz. Dieser liegt eine Theorie der Unterscheidung zugrunde. So unterstreicht diese Schule die Wichtigkeit des Partikularen, des Individuellen. Die wahre Individualität wohnt der Besonderheit inne. Besonderheiten sind daher letzte Gegebenheiten.

Oft wird diese Schule zusammen mit der Nyaya-Schule genannt. Der Grund liegt darin, dass sie in ihren wesentlichen philosophischen Ansichten übereinstimmen. Daher werden im Folgenden nur einige charakteristische Züge des Vaisheshika hervorgehoben.

Das Grundwerk dieser Schule ist das Vaisheshika-Sutra, das Kanada Kashyapa (? ca. 250 v. Chr.) zugeschrieben wird. »Besonderheiten« sind die sechs Hauptkategorien *(padartha)*:

Substanz *(dravya)*, Eigenschaft *(guna)*, Tätigkeit *(karman)* und die drei Beziehungen Allgemeinheit (das Universelle, *samanya*), Besonderheit in ihrer relationalen Bedeutung *(vishesa)* und Inhärenz *(samavaya)*. Substanz wird wiederum geschieden einerseits in vier atomare Elemente (Erde, Feuer, Wasser, Luft), andererseits in fünf weitere nichtatomare (Äther, Zeit, Raum, Selbst und innerer Sinn).

Die Existenz der Seele wird insofern erschlossen, als das Bewusstsein nicht eine Eigenschaft des Körperlichen oder der Sinnesorgane sein kann. Die Seele ist zwar allumfassend, aber die Fähigkeiten des Erkennens, Fühlens und Wollens setzen das Körperliche voraus. So wird auch Seelenpluralität aufgrund der Individualität *(vishesa)* einer jeden Seele erschlossen.

In ihren ethischen Anschauungen unterscheidet diese Schule zwei Formen des Handelns, freiwilliges und unfreiwilliges. Die moralischen Unterscheidungen erfolgen freiwillig. Zu den allgemeinverbindlichen Pflichten gehören u. a.: Nichtverletzung von Lebendem *(ahimsa)*, Wohlwollen gegenüber allen Wesen *(bhutahitatva)*, Wahrhaftigkeit *(satyavacana)*, Reinheit des Geistes *(anupadha-bhavashuddhi)*, Verzicht auf den Zorn *(krodhavarjana)*. Die Erfüllung dieser Pflichten führt zur Tugend.

Die erkenntnistheoretische Position dieser Schule unterscheidet sich kaum von jener der Nyaya-Schule. Es werden zwei Hauptkenntnismittel unterschieden: Wahrnehmung *(pratyaksha)* und Schlussfolgerung *(anumana)*. Wahrnehmung befähigt den Menschen, Substanzen, Qualitäten, Handlungen und Universalien zu erkennen. Das Sein als solches steht zugleich für das Universelle. Das Nicht-Sein *(abhava)* ist zunächst eine logische Kategorie, ihm wird aber zugleich ein ontologischer Status gegeben. Es gibt vier Formen ungültiger Erkenntnis: Zweifel, *(samshaya)*, Missverständnis *(viparayaya)*, unbestimmte Erkenntnis *(andhyavasaya)* und Traum *(svapna)*.

Befreiung *(moksha)* wird als ein Zustand der Freiheit von allen Bindungen an Qualitäten definiert. Dieser Zustand ist nicht mit Lust verbunden. Es handelt sich vielmehr um Befreiung *(apavarga)* durch Kultivieren ethischer Tugenden; sie ist begleitet von der Einsicht in das Wesen der Kategorien.

Es gibt sowohl theistische als auch nicht-theistische Interpretationen des Vaisheshika. Gott ist Wirkursache der Welt, nicht absolut frei; er ordnet die Atome, die die materielle Ursache darstellen. Nur unter diesem Aspekt hält diese Schule ein göttliches Wesen für denknotwendig.

11. Das soziale und politische Denken der Hindus

Von den Veden über die Upanishaden bis zu den klassischen orthodoxen und heterodoxen Schulen der indischen Philosophie entwickelten sich Denkansätze, Ansichten und Einsichten, die die soziale und politische, ebenso die ethisch-moralische Praxis der Hindus stark beeinflussten.

Aus der Zeit um 2000 v. Chr. stammt die älteste indische Literatur, die *Veden*, die zu den Offenbarungsschriften der Hindus gehören und *Shruti* (gehört) heißen. Um 1500 v. Chr. hat diese Literatur vermutlich ihre kanonische Form erhalten. Die *Upanishaden* als Kommentare und hermeneutisch-kritische Fortführungen der Veden entstehen um 800– 600 v. Chr. Diesen folgen *Sutren*, die aphoristische Zusammenfassungen der wesentlichen Gedanken eines Lehrsystems darstellen. Nach der weltbejahenden Einstellung der vedischen Zeit erleben wir eher eine weltabgewandte Einstellung zur Zeit der Upanishaden, denn diese gehen von einem Erlösungskonzept aus, welches im Jenseits angesiedelt ist. Freilich bleibt der diesseitige Bezug im Hintergrund erhalten. Das *Gesetzbuch von Manu*, das zwischen 200 v. und 200 n. Chr. datiert wird, bezieht sich auf die beiden Dimensionen des Religiösen: die jenseitige und die diesseitige.[28]

---

[28] Vgl. Bühler, G. (tr.): The Law of Manu with Extracts from Seven Commentries. The

Übergreifende Aspekte

Das Sozialsystem der Hindus geht teilweise auf die Arier zurück, die um 2000 v. Chr. aus Zentralasien nach Indien eingewandert waren. Sie kannten eine Dreiteilung der Gesellschaft in Priester, Krieger und Ackerbautreibende. Als Herrscher, Angehörige der Kriegerkaste, hießen sie Rajas und hatten die Opferpriester (Brahmanen) als spirituelle Berater in Angelegenheiten von Krieg und Frieden. Es wäre viel zu idealtypisch gedacht, wollte man den einen Stand dem anderen unterordnen, obwohl Indien eine Trennung zwischen der diesweltlichen und jenseitigen Macht sehr wohl kennt. Das Unwesen des Kastensystems verbindet die beiden Mächte in einer raffinierten Weise miteinander.

Die kleinste soziale und politische Einheit war das Dorf *(grama)*, das von einem Rat (meistens Fünferrat, *panchayat)* verwaltet wurde. Dabei geht es um eine dezentrale Regierungsform, eine Selbstverwaltung durch gewählte Räte. Mahatma Gandhi, ein Verfechter der Idee einer dezentralen Regierungsform, befürwortete diese kommunale Selbstverwaltung *(gram svaraj)* vorbehaltlos. Seit 1993 genießt diese Regierungsform Verfassungsrang.

Es gab Bürgervereine, die *samiti* hießen, welche dem König mit Rat und Tat zur Seite standen.[29] Man kann von einer priesterlichen Legitimierung des Königtums sprechen, auch wenn die Könige ihre eigene Autorität besaßen. Gerade die heterodoxen Schulen des Jainismus und Buddhismus, auch andere, stellten Revolten gegen die priesterliche Macht dar. Neben der vedischen Literatur gibt es eine weitere reiche, für den hier angesprochenen Kontext sehr wichtige Literatur, die die indische Tradition *smriti* (das Erinnerte) nennt. Zu ihr gehören die Puranas, das Manusmriti, die Dharmashastras, Dharmasutras, Mahabharata, Arthashastra u. a.[30]

Idealtypisch gesehen teilt die indische Gesellschaft das Leben in vier Bereiche: *dharma* (das Ethos, die Moral, die Religion, die Pflicht, die kosmische Ordnung), *artha* (Reichtum, das sozial-politische und weltliche Handeln), *kama* (Liebe, Glück, das Sinnliche) und *moksha*

Sacred Books of the East Series No. XXV, Oxford 1886; Jha, G. (tr.): Manu Smrti, Calcutta 1920–26.

[29] Vgl. Sarkar, B. N.: The Political Institution and Theories of the Hindus: A Study in Comparative Politics, Calcutta 1939; Jayaswal, K. P.: Hindu Polity, 2 Vols., Bangalore 1955.

[30] Vgl. Dutt, M. N. (tr.): The Dharma Sutras, Calcutta 1908; Hopkins, E. W.: The Great Epic of India, New Haven 1928; Kane, P. V.: History of Dharmasastra, 4 Vols., Bombay 1930–53. Jolly, J./Schmidt, R. (tr.): Arthasastra of Kautilya, Lahore 1923.

11. Das soziale und politische Denken der Hindus

(das Heil, die Erlösung, Befreiung). Sie werden die vier Lebensziele *(purusartha)* genannt, welche aber nur in einem integralen Sinne zu realisieren sind. Schon in den Veden ist von *rita*, d. h. von einem Ordnungsgesetz im Kosmos, die Rede wie beim Tao. Die Ordnung sowohl im menschlichen als auch im gesellschaftlichen Leben soll dieser kosmischen Harmonie folgen. Etymologisch bedeutet dharma das, was alle Phänomene materieller oder geistiger Art zusammenhält. Das dharma nach Mahabharata hilft den Menschen, seine Pflichten artha und kama gegenüber so zu erfüllen, dass das Ziel moksha erlangt werden kann. Dharma wird im Allgemeinen mit Religion wiedergegeben. Diese Wiedergabe entspricht aber nicht dem Sachverhalt, besonders wenn man den Terminus Religion im jüdisch-christlichen Sinne nimmt. Religion kann als Rückbindung an eine übermenschliche Kraft entweder durch Gnade Gottes oder durch die edle Praxis des dharma verstanden werden. Dharma steht auch für die Verwirklichung der *einen höchsten Wahrheit* dergestalt, dass eine solche Realisation keine Konflikte verursacht. Von den vier Lebenszielen ist das zweite in unserem Zusammenhang das wichtigste. Das Arthasastra des Kautilya, des Ministers des großen Königs Chandragupta (4. Jh. v. Chr.) enthält sozial-politische Handlungsanweisungen für den Herrscher und den Politiker. Man hat zu Recht Kautilya den indischen Machiavelli genannt, denn auch er rät dem Herrscher, das Prinzip des Doppelspiels *(dvaidibhava)* zu beherrschen. Selbst geschlossene Verträge können gebrochen werden. Nicht so sehr die Anwendung der offenen Gewalt, sondern vielmehr raffinierte Mittel zur Erreichung politischer Ziele sollen angewandt werden: Klugheit, geheime Anschläge, Spionage in ihren vielen Varianten u. a. m. Auf der anderen Seite sieht Kautilya in der Erfüllung des dharma die Aufgabe der politischen Kunst.

Im Ganzen muss man feststellen, dass das politische Handeln und der weltliche Genuss nur dann ihren Zweck erfüllen, wenn sie dem dharma gehorchen. Die Aufgabe des dharma ist, das politische Handeln zu moralisieren. Geschieht dieses ohne Leitung und Lenkung durch dharma, artet es in totale Selbstsucht aus und führt zur Anarchie. Es herrschen dann das Gesetz des Dschungels und die Logik der Fische *(matsya-Nyaya)*, bei der die großen die kleinen fressen.

Um die Dharma-Ordnung aufrechtzuerhalten, wird auch *danda* (Strafe, Stock, Stab) als Mittel empfohlen. Die kluge Sanktionsgewalt gehört nach Kautilya zum richtigen Regieren. Die politische, die ökonomische und die militärische Macht besitzen instrumentalen Charak-

Übergreifende Aspekte

ter. Dass der König gerecht nur durch die Aufrechterhaltung und Befolgung des dharma regieren kann, geht daraus hervor, dass der gerechte König der Eroberer des dharma *(Dharmavijaya)* heißt. Theoretisch wird sogar die Verbindung von dharma und artha gefordert. Sind Politik und weltlicher Genuss die Zweige und Früchte des Lebensbaumes, so ist dharma die Wurzel.

Um die vier Lebensziele integral zu realisieren, teilt die indische Tradition die verschiedenen gesellschaftlichen Gruppen in vier Teile: die Priester, die Krieger, die Händler und die Arbeiter.[31] Sie entsprechen dem universalen kosmischen Organismus, dessen Haupt die erste, dessen Arme die zweite, dessen Hände die dritte und dessen Füße die vierte Gruppe darstellen. Diese Einteilung folgt weder der Ideologie des »homo aequalis« noch der des »homo inaequalis«, sondern der des »homo hierarchicus« und stellt im Grunde genommen eine Arbeitsteilung im gesellschaftlichen Organismus dar. Diese Einteilung wurde in Indien immer wieder viel zu strukturell bis zur Festschreibung durch die Geburt im Kastenwesen missverstanden. Es geht eigentlich um eine funktionale, aber auch idealtypisch-symbolische Orientierung, welche zugleich auch noch mystisch, mythologisch und allegorisch ist. Ursprünglich gehörte nach Mahabharata die gesamte Menschheit der ersten Gruppe an.

In dem Gesetzbuch von Manu *(Manu-Smriti)*, einer der wichtigsten Schriften der Hindu-Gesellschaft, wird eine fast psycho-physische Typisierung vorgenommen: Weisheit, Mut, Geschäftssinn und manuelle Arbeit. Freilich liegt hier ein idealisiertes Bild der menschlichen Existenz vor und es enthält eine Rationalisierung der Ungleichheit. Aber im Sinne von Charakteranlagen entsprechen die verschiedenen Typen der Klarheit, der Begierde oder der Trägheit. In Wirklichkeit gibt es aber Mischtypen. Neben der Einteilung der organischen Gesellschaft in vier Typen gibt es im Leben eines jeden Menschen die vier Lebensstadien: die des Schülers *(brahmacarin)*, des Hausvaters *(grihastha)*, des Waldeinsiedlers *(vanaprastha)* und des Wanderasketen *(parivrajaka)*. Das zweite Stadium stellt die Phase des sozial-politischen und weltlichen Lebens dar.

---

[31] Vgl. Dumont, L.: Homo Hierarchicus. The Caste System and its Implications, London 1970; Ghurye, G. S.: Caste, Class and Occupation, Bombay 1961; Prabhau, P. H.: Hindu Social Organisation, Bombay 1963; Mall, R. A.: Studien zur indischen Philosophie und Soziologie. Zur vergleichenden Philosophie und Soziologie, Meisenheim/Glan 1974.

11. Das soziale und politische Denken der Hindus

Der König ist nur so lange König, solange er dharma befolgt. Daher ist dharma eigentlich der Herrscher über alle Herrscher. Hieraus leitete der moderne neo-hinduistische Denker Gokhale (1866–1915) das Recht zur Revolution ab. So lässt sich sagen, dass die klassische sozial-politische Lehre der Hindus von einer idealtypisch gedachten Vorstellung einer Verklammerung von sozialem, politischem und religiösem Handeln ausgeht. Dabei gilt es zu beachten, dass Askese eine Tugend des Herrschers darstellt. Denn von ihm wird gefordert, dass er Selbstdisziplin besitze, seine fünf Sinne beherrsche und die für die Regierungskunst tödlichen Sünden vermeide, nämlich Leidenschaft, Zorn und Gier. In diesem alten Gedankengut der Selbstzucht und inneren Beherrschung *(svaraja)* erblickt Gandhi später die eigene politische Praxis. Ein guter Herrscher, so heißt es in den sozial-politischen Schriften der Hindus, muss Herr über sich selbst sein, und er muss Sklave seiner Untertanen sein, denn es ist seine Pflicht, durch Selbstaufopferung das Wohl des Volkes zu sichern.

Die Abfolge der Fremdherrschaften von kurzer oder langer Dauer nimmt ihren Anfang mit Alexander dem Großen im Jahre 326 v. Chr. und endet mit den Briten am Tage der Unabhängigkeit im Jahre 1947. Auch wenn es einige verblüffende Ähnlichkeiten zwischen der Staatslehre Platons und der Kautilyas gibt, kann von einer gegenseitigen Beeinflussung nicht die Rede sein. So viel scheint aber sicher zu sein, dass einige Philosophen und griechische Denker auf dem Alexanderzug nach Indien gekommen und mit indischen Weisen in Kontakt getreten sind: Onesikritos, Pyrrhon und andere. Dass Nordindien für eine kurze Zeit eine griechische Kolonie gewesen ist, ist durch die Herrschaft des Griechen Mendandros um 150 v. Chr. belegt. Auch Megasthenes, der Gesandte des Königs Seleukos (302 v. Chr.) berichtete. Chandragupta, der Mauryakönig (321–296 v. Chr.), soll eine syrische Prinzessin geheiratet haben. Der tolerante buddhistische König Ashoka (272–231) ragt unter den indischen Herrschern hervor, denn er versuchte, die Lehre Buddhas sozial, politisch und ethisch-moralisch in die Praxis zu überführen. Die Königsideologie der Nach-Maurya-Dynastie enthält freilich griechische Ideen. Im Mittelalter bricht die Verbindung aus vielerlei Gründen mehr oder minder ab, obwohl die Vorstellung von Indien als einem Traumland noch vorhanden ist. Sowohl der Anspruch der mittelalterlichen Theologie, im alleinigen Besitz der absoluten Wahrheit zu sein, als auch der indische Islam standen einer echten Begegnung im Weg. Der Dichter Dante war weiser als viele

Übergreifende Aspekte

Theologen, als er die Frage stellte: Wie kann ein tugendhafter Inder verdammt werden?

Vasco da Gama entdeckt im Jahre 1498 den Seeweg nach Indien. Diese Entdeckung leitet die religiös-politische Eroberung Indiens durch Portugiesen, Franzosen, Holländer und Engländer ein. Lange vor Vasco da Gama, ca. um 1000 n. Chr., überfällt der türkisch-arabische General Mahmud von Ghazni Nordindien und wiederholt diese Überfälle siebzehnmal. Die Zigeuner – die sich auch Roma nennen und sich als Anhänger des indischen Gottes Rama ansehen, oder auch Sinti, d. h. aus der indischen Provinz Sindh stammend – sollen als gute Sänger von den Soldaten Mahmuds mitgenommen und an Königshöfe verkauft worden sein. Später kommen dann die Araber, die Perser, die Mughals, deren Herrschaft schließlich von den Briten abgelöst wird.

Einem sozial-politisch Interessierten stellt sich die Frage, wie es wohl kommt, dass Indien trotz dieser langen Kette von Fremdherrschaften seine Identität im Ganzen behalten konnte. Lag es wohl doch an der fast dreitausendjährigen sozial-politischen Geschichte Indiens? Denn andere Kulturbegegnungen, wie z. B. jene zwischen Europäern und Indianern, sind bedauerlicherweise anders ausgegangen. Auch auf dem europäischen Kontinent sieht man, dass die germanische, die römische, die griechische Kultur mehr oder minder ihre ursprüngliche Gestalt verloren haben. Nicht viel anders erging es der urpersischen Kultur in der Begegnung mit dem Islam. Eine mögliche Antwort auf den Sonderfall Indiens in seiner Begegnung mit fremden Kulturen könnte in der alten indischen Überzeugung zu suchen sein, dass es viele Wege sowohl zur religiösen als auch zur sozial-politischen Seligkeit gibt. Auch die idealtypische Einteilung der vier Lebensziele bzw. -stadien muss dabei den Hindus geholfen haben. Die sozial-politischen Reformer Indiens von Buddha bis Gandhi haben in diesem historischen Gedankengut Indiens die ideale Grundlage einer Philosophie der sozialen Schichtenbildung gefunden. Das Kastenwesen ist etwas Künstliches, entspricht aber einem weltweit anzutreffenden, funktional-orientierten Gesetz, das den oben genannten Einteilungen zugrunde liegt.

Wir haben in der Idealkonstruktion der vier Lebensziele den idealen Nexus der sozial-politischen und religiösen Kontinuität in der Geistesgeschichte Indiens festgestellt. Heute erleben wir in der erneuten Begegnung Indiens mit Europa eine Rückbesinnung auf die eigene Tradition, verbunden mit gleichzeitiger Nachahmung wie Ablehnung des

11. Das soziale und politische Denken der Hindus

Europäischen. Der ursprüngliche Dorf-Charakter der indischen Gesellschaft wandelt sich, eine Verstädterung ist in vollem Gange. Was es in Indien immer gab und was geblieben ist, ist die Dharma-Vorstellung. Das Reich Ashokas hatte eine solche Vorstellung zum größten Teil realisiert. Ashoka hatte z. B. im Sinne des buddhistischen »großen Mitgefühls« *(maha-karuna)* allen Wesen gegenüber Krankenhäuser und sogar Tierhospitäler errichten lassen. Seine in mehreren Sprachen (darunter Griechisch und Aramäisch) eingemeißelten Felsenedikte legen Zeugnis davon ab. Eine der frühesten, heute so bezeichneten Menschenrechte war in seinem Reich Religionsfreiheit. In den Edikten ist von Toleranz und Respekt anderen Religionen gegenüber die Rede. Darüber hinaus sprach Ashoka in den Edikten von Menschenpflichten, wie z. B. der Pflicht jedes Gläubigen, den Glauben des anderen anzuerkennen.

Die Wiederentdeckung des indischen Geistes in der Begegnung mit dem abendländischen hat mehrere Ursachen: Im 19. Jh. wurde die indische Kultur und Religion von den Europäern selbst entdeckt. Man denke an die Romantiker und Indologen in Europa. Auf indischer Seite sei etwa an Dayananda Sarsvati, den Begründer der hinduistischen Reformbewegung »Vereinigung der Arier« *(Arya-Samaja),* an Lala Lajpat Rai, Kämpfer für die Unabhängigkeit, an Bal Gangadhar Tilak, den Hauptideologen des sozial-politischen Hinduismus, und an Pandit Madan Mohan Malviya, den Begründer der Benaras Hindu University erinnert. Diesen eher konservativen Hindudenkern standen gemäßigte Kräfte gegenüber wie z. B. Dadabhai Naoroji, Gopal Krishna Gokhale, Mahatma Gandhi u. a. Daneben haben wir eine mystisch-religiöse Erneuerung durch Ramakrishna Paramhamsa und seinen weltbekannten Schüler Vivekananda. Letzterer vertritt im Namen des Neo-Hinduismus eine egalitäre, individualistische und religiös-pluralistische Lehre. Im 19. Jh. wird durch die Initiative von Raja Ram Mohan Roy (1772–1833) der alte Brauch der Witwenverbrennung von der Regierung verboten. Roy wendet sich aber auch gegen die islamische Polygamie. Auch wenn er gegen die christliche Missionierung ist, lobt er das Erziehungssystem der Europäer. Als sozial-politischer Reformator gründete er »Brahmo Samaj«. Seine Originalität besteht darin, dass er das europäische Gedankengut annimmt, ohne dabei der eigenen indischen Tradition untreu zu werden. Er versucht, diese interkulturelle hermeneutische Situation zur Basis seines Denkens zu machen. Die Mehrsprachigkeit ist für sein Denken ein konstitutives Element. Eng-

85

Übergreifende Aspekte

lisch ist für ihn nicht nur ein Mittel der Kommunikation, sondern auch das Medium der Selbstdarstellung und des Selbst- und Weltverständnisses. In seiner Religionsphilosophie akzeptiert er die christliche Offenbarung. Zur Enttäuschung der Missionare lehnt er deren Einmaligkeit jedoch ab. Sein Denken ist gekennzeichnet durch Begegnung und Versöhnung, Rezeptivität und Offenheit. Er ist für Einheit ohne Einförmigkeit.

Gandhi (1869–1948) nennt sein Leben »die Geschichte meiner Experimente mit der Wahrheit«.[32] Sein Weg führt von Indien nach England, von England kurz nach Indien, dann von dort nach Südafrika und schließlich zurück nach Indien, wo er im Jahre 1947 die Unabhängigkeit als Frucht seiner Bemühungen erlebt, freilich mit dem sehr bitteren Beigeschmack der gewaltsamen Teilung des Landes in zwei Staaten – das theokratische Pakistan und das säkulare Indien. Wegen der Religion geht er in die Politik und wird ironischerweise wegen der Religion von einem Hindufanatiker ermordet.

Der alten klassischen Politik, die den Herrscher und den Asketen zusammenbringt, fügt Gandhi eine neue Dimension hinzu: bei jedem Handeln soll man innerlich unbeteiligt bleiben, seine Pflicht erfüllen, Gott dienen, ohne an der Frucht des Handelns zu haften. Gandhi gesteht freimütig, dass er vom Westen viel gelernt habe. An erster Stelle steht die Heilige Schrift; die Bergpredigt zählt er zu den Juwelen der Weltreligionen. Jesus in seiner Gewaltlosigkeit will er folgen, aber den christlich-kirchlichen Anspruch auf die alleinigen Sohnschaft Gottes Jesu kann er nicht akzeptieren. Weitere Einflüsse empfängt er von Tolstoj, Ruskin, Thoreau. Auch von Platons Einfluss soll Gandhi gesprochen haben; dessen Apologie übersetzte er ins Hindi. Von der ethisch-politischen Botschaft des Sokratischen Lebens und Sterbens ist er tief überzeugt. Die religiöse und sozial-politische Genialität Gandhis besteht in seiner Harmonisierung der westlichen Ideen mit der indischen Tradition des Dharmadenkens, des ewigen Gesetzes der Wahrheit. Gandhi ist Mönch und Revolutionär in einem.

---

[32] Vgl. Gandhi, M. K.: The Story of my Experiment with Truth, Washington 1960; My Philosophy of Life and All Religions are True (ed. by A. T. Hingorani), Bombay 1961–62.

12. Zur modernen indischen Philosophie

Im Folgenden sei auf ausgewählte Denker des modernen Indiens eingegangen. Das 19. Jh. in Indien bringt kaum Bewegung auf dem Gebiet der Philosophie. Es ist vielmehr eine Zeit sozialer, politischer und religiöser Reformen.[33] An den neu gegründeten Universitäten des Landes studieren indische Intellektuelle die europäische Philosophie, europäische politische Traditionen. Sie befassen sich mit Empirismus, Utilitarismus, Skeptizismus und später mit Existentialismus, Logischen Positivismus, Phänomenologie usw. In dieser Zeit lebte und wirkte auch der Dichter und Philosoph Rabindranath Tagore (1861–1941).[34] Hinsichtlich der beiden indischen Grundeinstellungen, Realisierung weltlicher Werte und Streben nach spirituellen Werten, neigte Tagore eher zur ersten. Die Upanishaden und die Lehre Buddhas sind für ihn unerschöpfliche Quellen.

Das Verhältnis zu Gott realisiert sich in von Liebe geprägten zwischenmenschlichen Beziehungen. Seine Religionsphilosophie zielt auf eine Vergöttlichung des Menschen und eine Vermenschlichung Gottes. Für den Dichter-Philosophen Tagore ist Gott das Lebensziel. Gott erschafft die Welt aus freiem Willen, um der Einsamkeit zu entrinnen. Freilich ist es eine Limitation Gottes, wenn neben ihm seine Kreation steht, aber diese ist ja selbstgewollt. Für Tagore besteht das Göttliche in der Harmonie zwischen dem Wahren *(satyam)*, Guten *(sivam)* und Schönen *(sundaram)*. Das Böse, das Übel ist nicht einfach eine Illusion, sondern existent.

Für Tagore entsteht das Übel nicht durch die sündhafte Natur des Menschen. Das Leiden, das Kreuz auf sich zu nehmen, interpretierte er als ein gesundes Korrektiv im Leben des Menschen. Für ihn ist die Beziehung zwischen Gott und Mensch ein Liebesverhältnis, und er singt vom göttlichen Feuer des Leidens, das ihm willkommen sei: Wie sonst könnte Weihrauch seinen Duft verbreiten als im Verbrennen? Das Prinzip Liebe ist für ihn von höherem Rang als die Erkenntnis. So stellt er auch den Begriff Gesellschaft über den der modernen National-

---

[33] Vgl. Vyas, K. C.: Social Remaissance in India, Bombay 1957. Wolpert, B. A.: Tilak and Gokhale, Revolution and Reform in the Making of modern India, Berkeley 1962.
[34] Vgl. Tagore, R.: The Religion of Man, New York 1931; Sadhana: The Realisation of Life, New York 1915; Ray, B. G.: The Philosophy of Rabindranath Tagore, Calcutta 1970.

Übergreifende Aspekte

staaten. Die soziale und politische Situation der modernen technischen Zivilisation thematisierte der Dichter ebenfalls. Er war kein Verächter der modernen Wissenschaften und der Technik, sondern er kritisierte – wie er es nannte – die generelle Trunkenheit naturwissenschaftlicher Einstellung. Er sieht das Grundübel in der schicksalhaften Übertragung der wissenschaftlichen Attitüde auf Natur und Menschen. Man darf Tagore keinen Anthropozentrismus vorwerfen, denn sein Standpunkt ist ein theozentrischer.

Seine dichterisch vorgetragene, jedoch sozial-politisch und auch weltanschaulich offene Philosophie sieht im Pluralismus ein gottgewolltes und nicht von Menschen erfundenes Gebot. Weder ein farbloser Kosmopolitismus noch ein übertriebener Nationalismus oder Ethnozentrismus kann das Ziel der menschlichen Geschichte sein. Für Tagore besteht das Hauptproblem nicht darin, wie wir die Welt vereinheitlichen können durch Ausrottung aller Unterschiede, sondern wie wir eine harmonische Einheit innerhalb der bunten Vielfalt erreichen können. Anlässlich des Kongresses der Weltreligionen in Kalkutta 1937 sagte er: »Wenn je eine solche Katastrophe über die Menschheit hereinbrechen sollte, dass eine einzige Religion alles überschwemmte, dann müsste Gott für eine zweite Arche Noah sorgen, um seine Geschöpfe vor seelischer Vernichtung zu retten.«[35]

Aurobindo (1872–1950) wurde im Alter von sieben Jahren von seinem anglisierten Vater nach Großbritannien geschickt. Dort besuchte er die Schule und schloss die Universitätsausbildung mit der Qualifikation für den Indian Civil Service erfolgreich ab. Da er jedoch zur Reiterprüfung nicht erschien, wurde er von der Kommission disqualifiziert. Aurobindo lernte zuerst das europäische Denken kennen. Er entwickelt eine Philosophie mit einem theoretisch-intellektuellen, aber auch praktisch-yogischen Rahmen.[36] In seiner Methode mischen sich logische, intuitionistische und auch mystische Elemente. Philosophie ist für Aurobindo ebenso wie Dichtung der menschlichen Natur zu eigen. Sein zweibändiges Hauptwerk »Life Divine« (Pondicherry 1955) stellt die Prozesse der Involution und Evolution dar, wobei Involution

---

[35] Zitiert in: Mensching, G.: Toleranz und Wahrheit in der Religion, München 1966, 178.
[36] Vgl. Sri Aurobindo: The Life Divine, 2 Vols., Calcutta 1947; The Human Cycle, Pondicherry 1949; Maitra, S. K.: An Introduction to the Philsopy of Sri Aurobindo, Benares 1945.

12. Zur modernen indischen Philosophie

die Bewegung vom Höheren zum Niederen, die Evolution das Umgekehrte beschreibt. In der Natur postuliert er einen Drang zur Vollendung durch den Menschen. Im Geiste Buddhas lehnt er sowohl den reinen Materialismus als auch das extrem asketische Ideal ab. Aurobindo vertritt eine dynamische Philosophie. Die unbewusste Materie und der höchste bewusste Geist stellen zwei Pole dar. Die verschiedenen Stufen sind: Sein, Bewusstsein, Wonne, Supra-Geist, Seele, Leben, Materie. Die Abfolge verdeutlicht die Involution. Der Mensch ist in der glücklichen Lage, die Geo-, Bio- und Psychosphäre zu transzendieren und die höchste Stufe, eine echte Transformation, ja Transmutation des Geistes zu erreichen.

Das Absolute ist jenseits der Materie und des Geistes. Er lehnt die Lehre vom Illusionismus ab und vertritt, ähnlich wie Teilhard de Chardin, eine spirituelle Evolutionstheorie. Es ist der Zweck des menschlichen Lebens, die gegenwärtige Form des Bewusstseins zu transzendieren.

Aurobindos Theorie des Integralen Yoga dient dem Erlangen dieses Zieles. Dabei wird Yoga nicht als eine Technik mit dem Ziel der persönlichen Befreiung angesehen, sondern mit dem evolutionären Drang der Natur in ein Verhältnis zu setzen, um die höchste Stufe des kosmischen Bewusstseins zu erlangen. In seinem Werk »The Human Cycle« legt er eine Theorie der Geschichte vor. Diese entspricht seiner Theorie der kosmischen Evolution, verbunden mit der persönlichen Befreiung, dem Erlangen eines supra-geistigen Bewusstseins.

K. C. Bhattacharya (1875–1949) ist ein hervorragender Kenner der indischen und europäischen, insbesondere der Kantischen Philosophie.[37] Er meint, die Philosophie dürfe nicht Zuflucht zu den sakrosankten, tradierten Texten nehmen. Sie solle sich auch nicht in der Kritik gegnerische Systeme erschöpfen. Ihre Aufgabe sei vielmehr, erstens eine phänomenologische Beschreibung zu liefern, zweitens Kritik an der mundanen Erfahrung zu üben und drittens die eigentliche Natur des meditativen reinen Selbst als Freiheit zu realisieren. Bhattacharya bemühte sich um eine Definition der Philosophie als eines reflexiven Bewusstseins, welches weder dem religiösen Glauben noch der wissenschaftlichen Erkenntnis gleiche, sondern eher eine direkte Intuition darstelle. Sein Hauptanliegen ist die Beschreibung der verschiedenen Grade der Subjektivität auf der Ebene des Physischen, des Psychischen und

---

[37] Vgl. Bhattacharya, K. C.: Studies in Philosophy, 2 Vols., Calcutta 1955–57.

des Spirituellen. Der Wertbegriff ist für ihn kein Adjektiv, das einem Gegenstand zukommt. Es ist umgekehrt: der Wert ist ein absolutes Gefühl, dem die Objekte als Adjektive gelten.

S. Radhakrishnan (1888–1975) steht als Vertreter der Vedanta-Philosophie in der idealistisch-metaphysischen Tradition und gilt als einer der besten Interpreten indischer Philosophie. Zu beachten ist jedoch, dass er deren Rekonstruktion vom idealistischen Standpunkt aus betreibt. Für ihn ist *maya* – ein vieldeutiger Begriff, etwa Prinzip der Erscheinung, schöpferische Kraft des Göttlichen, aber auch Synonym für Unwissenheit *(avidya)* – nicht einfach Illusion. Als Methode der Philosophie vertritt er wie Bergson den Intuitionismus, ohne dabei die Rolle der Vernunft zu vernachlässigen.[38] So wie Aurobindo glaubt auch er an eine aufstrebende Evolution mit dem Ziel der Erlösung der gesamten Menschheit.

Als Vertreter des Neo-Hinduismus steht er in der Tradition von Roy, Aurobindo, Gandhi u.a. Seine Auseinandersetzung mit dem Westen, insbesondere mit dem Christentum, gipfelt in der Feststellung einer Harmonie zwischen den Weltreligionen. Nach Radhakrishnan ist Philosophie von ihrer Zielsetzung her spirituell. Die Philosophie der Religion ist für ihn eine zu sich selbst gelangte Religion. Das Fundament alles Religiösen ist die Erfahrung. Auch Philosophie beginnt mit der Erfahrung und kehrt schließlich zu ihr zurück, wobei Philosophie als *darshana* eine spirituelle Erfahrung ist. Der Glaube als solcher ist wichtig, die Erfahrung des Geglaubten jedoch noch wichtiger. In der Explikation seiner philosophischen und religiösen Begriffe knüpft er an Denker wie James, Bergson, Bradley, Otto u.a. an. Radhakrishnan gibt eine fast universalistisch anmutende, auf die gesamte Menschheit zutreffende Deutung des Kastensystems. Bei diesem gehe es nicht um eine legalistische oder hereditäre Ordnung, sondern wesentlich um eine Einteilung nach natürlichen Fähigkeiten und Charakteranlagen. Er geht davon aus, dass jeder Mensch sein eigenes Dharma habe. Es ist die Aufgabe jedes Einzelnen, dieses zu kultivieren, um so die umfassende Weltharmonie zu realisieren. Hier ist kritisch anzumerken, dass der Neo-Hindu Radhakrishnan den traditionellen Hinduismus, der Indien als Ort des Dharma voraussetzt, universalisiert. Radhakrishnan sieht den anfänglich ethnozentrischen arischen Charakter des indischen Weltbil-

---

[38] Vgl. Radhakrishnan, S.: Indian Philosophy, London, Vol. I: 1923, Vol. II: 1927; The Philosophy of the Upanisads, London 1935; The Religion We Need, London 1928.

des, er versucht jedoch zu zeigen, dass Indien sehr bald diesen Ethnozentrismus überwunden und einen menschheitlichen Kodex entwickelt habe. Im Sinne des *Sanatana dharma* (der ewigen Religion) meint Radhakrishnan, dass alle positiven Religionen nur Ausdrucksformen einer absoluten Religion sind. Hier wird deutlich, dass er den assimilativen, offenen Geist des Hinduismus auf die ganze Welt auszudehnen versucht.[39]

Jenseits der Illusionen von Materialität und Rationalität legt das indische philosophische Denken den Hauptwert auf die unmittelbare, intuitive Erfahrung. Es herrscht eine Gleichzeitigkeit verschiedener Stufen und eine Wiederkehr zur Gleichzeitigkeit. So wie das chinesische vertritt auch das indische Denken die Ansicht des kosmischen Eingebundenseins des Menschen. Dem nicht-absolutistischen, nicht monistischen Denken bleibt die indische Philosophie verpflichtet. Auch wenn es konkret immer wieder unterschiedliche Standpunkte gibt und wir in einer bestimmten Lebenswelt leben, rät das indische Denken zur Kultivierung einer Haltung der Standpunktlosigkeit, welche Standpunkthaftigkeit nicht negiert, sondern nur relativiert.

13. Reflexion – Meditation – Lebensführung[40]

Auf dem weiten Gebiet der indischen Philosophie finden sich deutlich voneinander unterschiedene Denksysteme, die traditionell allerdings nach religiösen Kriterien klassifiziert sind. So spricht man von der Ausdifferenzierung in die sechs orthodoxen hinduistischen Schulen – Samkhya, Yoga, Vaisheshika, Nyaya, Purva Mimamsa, Uttara Mimamsa und Vedanta – und die drei heterodoxen Richtungen, Materialismus (die Carvaka-Schule), Buddhismus (mit den Schulen des Hinayana, Mahayana und Vajrayana) sowie Jainismus (mit den Hauptgruppen der Digambara und der Svetambara). Diese Schulen entwickelten im Mit- und Gegeneinander ausgefeilte Disziplinen der Logik, der Erkenntnistheorie, der Sprachtheorie und der Metaphysik. Mit Ausnahme des Ma-

---

[39] Zu erwähnen sind noch Philosophen wie S. N. Dasgupta, B. N. Seal, H. Haldar, M. Iqbal. Sie haben nicht nur durch ihre Intellektualität, sondern auch durch ihre originellen Interpretationen wesentlich zum modernen philosophischen Denken beigetragen.
[40] Im Folgenden werden einige Stellen aus der Einleitung zu Mall, R. A./Soni, J.: »Lexikon der indischen Philosophie« (Freiburg/München 2009) für Zwecke der vorliegenden Schrift rekontextualisiert.

terialismus jedoch lässt sich ein allen gemeinsamer Grundzug beschreiben: Sie befassen sich mehr oder weniger zentral mit der Erkenntnis des Selbst, des eigentlichen Wesens des Menschen, mit dem Ziel, Befreiung von Leid verursachender Unwissenheit zu erlangen. Insofern kennt die indische Philosophie zwei Hauptfunktionen der Erkenntnis: eine theoretische, reflexive, die die Existenz und Natur des Erkenntnisgegenstandes zum Vorschein bringt, und eine praktische, welche uns hilft, Ziele des Lebens zu erreichen. *Philosophie im indischen Verständnis ist nicht nur ein Denkweg, sondern auch ein Lebensweg.*

Es ist schwierig, die Begriffe »Philosophie« und »Mystik« vollständig zu definieren, aber folgende Überlegung scheint im indischen Kontext angebracht zu sein: wenn die Philosophie, grob gesagt, die Lehre vom Denken überhaupt und vom Argumentieren ist, und die Mystik, noch gröber gesagt, sich mit dem Unaussprechlichen und dem Unbeschreibbaren beschäftigt, könnte man auf den ersten Blick Philosophie und Mystik als gegensätzlich ansehen. Wenn man aber über Mystik überhaupt spricht, braucht man eine sichere Basis, nicht nur um deren Grenze zur Philosophie zu erkennen, sondern auch um zu begreifen, dass man die Begrenztheit seiner Vorstellungen, Ideen und überhaupt seines Denkens übersteigen kann. Jemand, der tatsächlich diese Grenze überschritten hat, erreicht, so sagen die Inder, Befreiung – einen Zustand, der nicht minder in Reichweite der menschlichen Erfahrung liegt als jeder andere. Diese Erfahrung kann mystisch genannt werden, denn sie hat einen qualitativ anderen Stellenwert und eine andere Wirkung auf den Menschen als alltägliche Erfahrungen. Sie ist etwas Tieferes und wird als eine *intuitive* oder *mystische* Erfahrung beschrieben. Sie bewirkt eine völlige Transformation der Person und umfasst alle Bereiche des Lebens. Echte Mystik wird von einer unmittelbaren Gewissheit gespeist und wartet nicht auf eine allgemeine Bestätigung.

Man kann sagen, dass im indischen Kontext die Philosophie ein Tor zum Bereich der Mystik ist. Für denjenigen, der (zur Befreiung) den Weg des Denkens und der Meditation beschreitet, ist die Philosophie das Sprungbrett, das den Sprung hinaus aus dem begrifflichen Denken ermöglicht. Vom Standpunkt der Mystik ist die Philosophie wie eine Leiter, die man im Bereich der Sprache und der Diskussion zurücklässt, einem Bereich, zu dem der Denker auch immer wieder zurückkehrt. Wenn nun Philosophie als Basis für Mystik dienen kann, so ist die Basis für die Philosophie, unter anderem, eine Analyse des Menschen in der Welt. Angenommen wird jedoch, dass der Mensch ein

13. Reflexion – Meditation – Lebensführung

Wesen ist, das trotz seiner begrenzten Fähigkeiten Wissen um die Wirklichkeit erlangen und damit aus Unwissenheit befreit werden kann.

Zwei gegensätzliche Hauptströmungen sind in der philosophischen Tätigkeit der Inder erkennbar und beide haben ihre eigene Art von Mystik, insofern ihr letztes Ziel die Befreiung ist. Eine besagt, dass die Wirklichkeit begreifbar ist, dass es möglich ist, sie in Sprache auszudrücken, weil nämlich die Kategorien des Denkens zureichen, die Wirklichkeit befriedigend zu beschreiben. Diese Ansicht wird hauptsächlich von der Nyaya-Vaisheshika-Schule vertreten, deren Schwerpunkt die Logik und die Naturphilosophie ist. Die andere Richtung behauptet im Gegenteil, dass die Wirklichkeit jenseits der Sprache und des diskursiven Denkens liege. Das heißt, was Begriffe betrifft, sei die wirkliche Welt letztlich unaussprechlich. Die Beschreibungen, die man trotzdem zu geben versucht, haben die Rolle eines Spiegels: Die Sprache, d. h. die Beschreibung, reflektiert eine Wirklichkeit, die sie selbst nicht ist und somit weist sie auf das hin, was wirklich zu erkennen ist. Hier könnte man das deutliche Zeichen einer Mystik sehen, wenn die Rede darüber ist, worüber man eigentlich *nicht* reden kann. Diese Ansicht wird z. B. von der hinduistischen Advaita-Vedanta-Schule und der Madhyamika-Schule des Buddhismus vertreten.

Die Philosophie beschreibt und diskutiert, wie die Wirklichkeit zu verstehen und zu sehen ist, und der Weg der Mystik ermöglicht die Verwirklichung, die Erfahrung, ja die Vollendung dieses Wissens. Es scheint, dass man in dieser Erfahrung durch die Dualität hindurch jenseits der Polarität gelangt, man übersteigt die Subjekt-Objekt-Spaltung der normalen Erkenntnis, man gibt sie auf. Diese Erfahrung wird durch gezieltes Meditationstraining erreicht und bedeutet das Aufgeben, das Übersteigen irdischer Regeln oder Normen. Das Aufgeben von allem, was mit Denken zu tun hat, scheint gleichzeitig der Schlüssel zu dieser Erfahrung und ihres mystischen Charakters zu sein. Es geht um ein Aufgeben sowohl von materiellem als auch von geistigem Besitz. In diesem Zusammenhang ist der Sanskrit-Spruch zutreffend: »Gib auf die Tugend und die Untugend; gib auf die Wahrheit und die Unwahrheit; nachdem du beides, die Wahrheit und die Unwahrheit aufgegeben hast, gib noch das auf, womit du aufgibst.«

Trotz vieler Ähnlichkeiten in den Grundzügen der verschiedenen Schulen Indiens werden die philosophischen Voraussetzungen unter jeweils eigenen Perspektiven unterschiedlich interpretiert. Insofern ist

Übergreifende Aspekte

die Bezeichnung »Indische Philosophie« etwas irreführend, denn man muss jeden philosophischen Begriff je nach Schule spezifisch behandeln. Nichtsdestotrotz können im Folgenden einige allgemeine Grundsätze der Inhalten und Methoden dargestellt werden, die die indische Philosophie als Denkweg und Lebensweg auszeichnen.

Einer der wichtigsten Grundsätze des indischen Denkens ist die klare Unterscheidung zwischen dem Wesen des Leblosen und dem Wesen des Lebendigen. Das erstere ist materiell und damit empirisch beweisbar. Auch der Mensch hat einen Anteil an der Materie, und das ist es, was ihn mit den Dingen der Welt verbindet und ihn zu einem Teil der physischen Welt werden lässt. Wesentlich jedoch ist er mit Bewusstsein begabt, welches das Prinzip des Lebendigen ist. Gerade durch das Prinzip des Bewusstseins kann der Mensch beider gewahr werden, sowohl der physischen Welt als auch seiner selbst als immaterieller Existenz. Alle indischen Denker stimmen darin überein, dass dieses Prinzip des Bewusstseins es uns erlaubt, das menschliche Wesen mit dem bewusstlosen Sein der Dinge zu kontrastieren. Außerdem unterscheidet sich der Mensch durch den Grad der Manifestation des Bewusstseins von anderem Lebendigen, von Pflanzen und von Tieren.

Wir können über das Bewusstsein nicht in derselben Weise sprechen, in der wir über die Dinge der Welt sprechen. Die Manifestation des Bewusstseins ist in unserem Reden über die Dinge der Welt enthalten und vorausgesetzt. Die Frage ist, ob das Bewusstsein selbst über das Bewusstsein sprechen kann. Wenn das möglich ist, müssen wir zugeben, dass es dafür ein anderes Kommunikationsmittel geben muss als das, welches wir im Sprechen über die Dinge der Welt benützen. Diese Frage muss im Kontext des indischen Strebens nach Befreiung *(moksha* oder *nirvana)* behandelt werden, zu dem jede Schule ihre eigene Interpretation anbietet.

Ein zweiter Grundsatz, der mit der Manifestation des Bewusstseins im Menschen zusammenhängt, ist der, dass wir begrenzte Wesen sind, und zwar bezüglich der Kapazität der Instrumente der Erfahrung, die uns zur Verfügung stehen. Dass die Kategorien unseres Denkens die Begrenztheit unseres Daseins erfassen, setzt ein Prinzip voraus, das nicht so begrenzt ist, nämlich das Bewusstsein. Dieses animiert die Instrumente der Erfahrung, die uns zur Verfügung stehen, die Augen, die Ohren usw. Das Bewusstsein selbst jedoch ist nicht in der Weise begrenzt, wie es die Instrumente sind. Es verleiht den Sinnen erst die Fähigkeit, überhaupt zu funktionieren. Dass wir von der tatsächlichen

13. Reflexion – Meditation – Lebensführung

Existenz des Bewusstseins sprechen, beruht nach Auffassung der Inder auf Erfahrung und auf glaubwürdigen Mitteilungen, z. B. von Weisen, von Sehern, von erleuchteten Menschen. Die Inder sagen weiter, dass die Begrenzung des Bewusstseins sein wahres Wesen nicht wiedergibt. Sein Wesen wird vielmehr offenbar, wenn man es mit dem Wesen der Dinge der Welt kontrastiert. Damit gelangt man zu einem Prinzip, das sich der Dinge bewusst ist und daher wesentlich anders ist.

Ein Nachdenken über die begrenzte Manifestation des Bewusstseins und seine Abhängigkeit vom Körper impliziert wenigstens zweierlei: (1) die Gebundenheit oder Unfreiheit des Bewusstseins und (2) die Frage nach der Möglichkeit unbegrenzter Manifestation des Bewusstseins. Vom Standpunkt der indischen Philosophie bedeutet ein gebundenes oder unfreies Bewusstsein, also eine gebundene Existenz, dass das Leben in der Welt im Grunde im Leidhaften befangen ist. Durch die Wirkung des *karman* setzt sich diese Befangenheit von einer Existenz in die folgende fort. Jede Schule des indischen Denkens beschäftigte sich auf ihre Art mit dem Problem, wie das Leidhafte zu überwinden sei. Während diese Problemstellung dieselbe blieb, stellten sich die Lösungen verschieden dar, je nach philosophischer Grundstruktur und metaphysischen Annahmen der jeweiligen Schule. Für den Ursprung der indischen Philosophie gilt nicht so sehr die Tatsache, dass der Mensch staunt und nach Erkenntnis strebt, sondern die Tatsache von dem leidhaften Charakter des Daseins, verbunden mit dem Streben nach Überwindung. Hierbei gilt die Unwissenheit selbst als die Hauptquelle des Leidens, ja sie ist selbst eine Form des Leidens.

Ein dritter Grundsatz ist die gerade erwähnte Karmatheorie. Es ist Karma *(karman)*, das das Leben in der Welt verursacht und fortsetzt, durch eine Serie von Sterben und Wiedergeburt, ohne dass ein Ende abzusehen wäre. Die Karmatheorie ist eine Theorie von Ursache und Wirkung: Durch unsere Handlungen und Verhaltensweisen häufen wir Ursachen an, die wie Samen irgendwann in dieser oder in einer anderen Existenz Früchte tragen. Unser gegenwärtiges Leben ist die Frucht vergangener Taten, und der Zyklus von Ursache und Wirkung scheint endlos zu sein. Diese Theorie betrachtet das Leben als leidvoll, und dies fordert auch wieder einen Weg heraus aus dieser Lage.

Die Genialität der Theorie von Karma und Wiedergeburt liegt darin, dass die Möglichkeit ihrer Vernichtung in die Theorie selbst integriert ist. In diesem Sinne ist das Pessimistische in der Karmatheorie lediglich ein Ausgangspunkt hin zu der positiven Anschauung, dass

Übergreifende Aspekte

Befreiung gesucht und gefunden werden kann. Karma kann unwirksam gemacht werden, nachdem der Nährstoff oder die treibende Kraft des Karma bewusst zum Versiegen gebracht wird. Die Hindus nennen den Nährstoff Leidenschaft *(raga)*. Leidenschaft äußert sich in Zuneigung und Abneigung. Die Buddhisten sprechen von Begierde oder Durst *(trishna)* als jener Kraft, die die Kette der Wiedergeburt in Bewegung setzt und in Gang hält. Für den Jainismus ist es die Gewalt *(himsa)*, die den höchsten Grad bzw. die höchste Menge von Karma verursacht. Es ist bemerkenswert, dass Hindus, Buddhisten und Jainas trotz unterschiedlicher Weltanschauungen die Begrenztheit des Menschen als Tatsache akzeptieren, und dass diese Begrenztheit, direkt oder indirekt, Karma als Grund hat.

Die Möglichkeit, diese Begrenztheit, nämlich das Leid, zu überwinden, ist der vierte Grundsatz. Damit verbunden ist die Annahme, dass für die Befreiung das Leben in der Welt notwendig, ja absolut notwendig sei. Das bedeutet, dass der Mensch – anders als z. B. ein Tier oder eine Pflanze – in der besonderen Lage ist, die Gelegenheit zur Befreiung zu ergreifen. Damit muss das Leben in der Welt positiv bewertet werden, insofern als wir, obwohl in Leid befangen, nach der Verwirklichung unseres eigentlichen Wesens streben können.

Alle diese Grundsätze implizieren die Annahme, dass der Mensch dank seinen Möglichkeiten und Fähigkeiten zu einem befreiten Wesen werden und ein Leben nur in Gebundenheit überschreiten kann. Wenn sich die Beschreibung des Lebens darin erschöpfte, dass es leidhaft genannt wird, dann könnte man das in der Tat eine weltverneinende Haltung nennen. Doch muss man dieses weitverbreitete Urteil über das indische Denken revidieren: Das Leben in der Welt ist ein Erfahrungsfeld für den Menschen, in dem er trotz seiner Gebundenheit die Freiheit hat, zur Selbsterkenntnis zu gelangen. Gerade die Grundannahme vom Leiden verleiht dem Streben nach Befreiung von eben dieser Leidhaftigkeit Sinn und Bedeutung.

Worte, die üblicherweise zur Beschreibung des eigentlichen Wesens des Menschen verwendet werden, sind *atman*, *jiva* oder *purusha*, unterschiedlich übersetzt als Essenz, Natur, Charakter, das Selbst, oder die individuelle Seele. In allen Fällen konstituiert es das belebende Prinzip im Menschen, das uns erlaubt, vom Menschen als einem mit Denken, Fühlen und Wollen begabten Wesen zu sprechen. *Atman* oder *jiva* hat die Natur von *cit* oder *caitanya*, wofür »Bewusstsein« die beste Übersetzung zu sein scheint.

13. Reflexion – Meditation – Lebensführung

Die indische Philosophie ist seit ihrem Anfang durch das Zwiegespräch charakterisiert. Diskussionen und Debatten, schriftlich oder in der Öffentlichkeit geführt, waren Merkmale der meisten Schulen, denn sie haben zuerst andere Ansichten und Meinungen erwogen, bevor sie ihre eigenen sogenannt endgültigen Anschauung darstellten. Die beiden Termini technici hierfür sind *purva-paksha* – die »erste Ansicht«, nämlich jene des Gegners, und *uttara-paksha* – die Antwort darauf, d. h. die eigene Ansicht. In der Regel fangen die Schulen mit *purva-paksha* an, bevor sie ihre eigenen Ansichten darstellen. Dieses methodische Merkmal der indischen Philosophie hat viele nicht-indische Leser anfänglich ein wenig verwirrt. Die Schulen entwickelten ihre Philosophie jeweils auf der Basis eines fundamentalen Werkes, das die grundsätzlichen Kategorien und Ideen eines jeweiligen Systems festlegte. Alle diese Grundwerke, sind in knappen Lehrsätzen verfasst, damit sie auswendig gelernt werden können, und in ihrer Kürze oft kryptisch. Sie sind in den Jahrhunderten kurz vor und nach unserer Zeitrechnung (bis ungefähr 300 n. Chr.) entstanden und setzen eine vorhergehende Stufe der Entwicklung voraus. Kommentatoren haben die Grundideen innerhalb ihrer eigenen Tradition ausgearbeitet, um die Gedanken den Uneingeweihten verständlich zu machen. Sie haben gleichzeitig die Gelegenheit genützt, ihre Traditionen gegen Angriffe zu verteidigen. Oft wurden auch Kommentare zu den Kommentaren nötig, um neue Erklärungen zu geben und die Tradition weiterhin zu verteidigen.

Die Entwicklung der Debatte in Indien, sowohl in den Kommentaren als auch in den organisierten öffentlichen Redewettbewerben, führte zu einer Schärfung des philosophischen Instrumentariums und zu Regeln der Debatten, die meist auf Versammlungen an den Höfen stattfanden, streng eingehalten werden mussten. Dass in diesen Wettbewerben auch wichtige philosophische und erkenntnistheoretische Kategorien vorkommen, ist aus einem alten Werk der indischen Medizin klar ersichtlich. Ein Arzt namens Caraka (ca. 1. Jhdt. n. Chr.) gibt in *Carakasamhita* (»Sammlung des Caraka«) Ratschläge, wie eine Debatte zu führen sei und wie der Einzelne bei der Disputation vorgehen sollte. Caraka unterscheidet zwischen einer freundschaftlichen Unterredung und einem Streitgespräch, gibt Hinweise über die Zuhörerschaft *(parishat)* und darüber wie man sich gegenüber dem Gegner verhält, je nachdem ob er überlegen, ebenbürtig oder schwach ist. Wichtig für die Philosophie sind Carakas Aufzählungen und Erklärungen dialektischer Kategorien, die ein Arzt beherrschen sollte, bevor er an einer Unterredung teilnimmt. Seine Liste beinhaltet 44 Begriffe, und die folgenden Kategorien heben die Verbindung zwischen der Debattierkunst und der Entwicklung der Philosophie hervor: die Substanz *(dravya)*, die Eigenschaft *(guna)*, die Gemeinsamkeit *(samanya)*, die Besonderheit *(vishesha)*, die Inhärenz *(samavaya)*, die Behauptung *(pratijna)*, die Beweisführung *(sthapana)* für die vorgebrachte Behauptung, die Gegenaufstellung des Gegners *(pratipaksha)*, die Begründung *(hetu)*, das Beispiel *(drishtanta)*, die Wahrnehmung *(pratyaksha)* und die Schlussfolgerung *(anumana)*.

In der indischen Philosophie, besonders in der Upanishad-Literatur und in der Vedanta-Schule, ist von einer dreistufigen reflexiv-meditativen Methodologie die Rede: *shravana*, *manana* und *nididhyasana*. Die erste Stufe besteht in Hören und Lernen der heiligen Schriften. Heute würde man sagen: im Sich-Informieren, Lesen usw. Die zweite Stufe besteht im Nachdenken, im kritischen Reflektieren über das Gehörte bzw. Gelesene. Die dritte Stufe besteht schließlich im meditativen Sich-Aneignen des Gehörten und Reflektierten. Ob diese dritte Stufe noch zur Philosophie gehört oder nicht, wird selbst in Indien kontrovers diskutiert. Auch hier sieht man, dass die indische Philosophie, mit ganz wenigen Ausnahmen, doch zwischen Wissen *(jnana)* und Weisheit *(prajna)* angesiedelt ist.

Die Eigenart der indischen philosophischen Überlegungen, die oft sehr theoretisch, komplex und subtil sind, liegt darin, dass das Band zwischen dem kritischen Denken und dem Ziel der Befreiung sehr eng ist.

Epistemologie (Pramana Shastra)

14. Erkenntnis (Prama)

Früh in der Geschichte der indischen Philosophie wurden erkenntnistheoretische Fragen in konsequenter Weise beachtet. Durch die epistemologische Ausrichtung wurde versucht, mit Bezug auf Themen alltäglicher Erfahrung die Basis für einen intelligiblen Diskurs zu liefern. Letztlich diente sie – indirekt – dem Zweck, die alltägliche Erfahrung von dem zu unterscheiden, was das Wissen um die Wirklichkeit ausmacht, oder aufzuzeigen, wie die Beschäftigung mit der Epistemologie zu einem Wissen um die eigentliche Natur des Menschen führt. In diesem Sinne stellt die indische Epistemologie eine Philosophie des Seins und des Wissens dar. Sie impliziert dort einen metaphysischen Anteil, wo die empirische Subjekt-Objekt-Unterscheidung aufgehoben wird. Drei Sanskrit-Termini aus der indischen philosophischen Literatur sollen hier unterschieden werden: *jnana* (Erkenntnis), *prama* (wahre Erkenntnis) und *aprama* (falsche Erkenntnis). Erkenntnisse werden in der Regel in zwei Typen geteilt: *prama*, d. h. die wahren, und *aprama*, die nicht-wahren. *Pramana* steht für die Methode, durch die wahre Erkenntnis erlangt wird. Es geht hier um eine kausale Erklärung, wobei Letztere – und dies ist eine Besonderheit der indischen Epistemologie – zugleich eine Rechtfertigung liefert. Denn wahre Erkenntnis wird durch richtige Erkenntnismittel gewonnen, d. h. fehlerfreie Ableitung und Schlussfolgerung.

Sehr kontrovers wurde die Frage diskutiert, ob Bewusstsein *(cit)* und Erkenntnis *(jnana)* dasselbe seien oder nicht. Bewusstsein ist jedoch stets beteiligt, wenn es um Erkenntnis geht, mögen Erkenntnisse wahr oder falsch sein. Während für die Vedanta-Schule Erkenntnis und Bewusstsein auseinander gehalten werden müssen, sind sie für die realistische Nyaya-Schule gleich. In diesem Zusammenhang wurde eine weitere Frage sehr kontrovers diskutiert: Wie wird Erkenntnis selbst erkannt? Manifestiert sich das Bewusstsein selbst oder wird es in einem weiteren reflexiven Prozess erkannt? Während die spiritualistisch orientierten Philosophien *(adhyatmika-shastras)* eine Selbstmanifestationsthese vertreten, sind die logisch-analytischen, reflexiv-methodologischen Philosophien *(anviksiki-vidya)* der Ansicht, dass die Erkenntnis der Erkenntnis eines weiteren Prozesses bedarf, um erkannt zu werden. Die Nyaya-Schule vertritt die Ansicht, eine Erkenntnis bringe das Erkannte, ihr Objekt, zum Vorschein. Will sie aber selbst erkannt werden, müsse sie zum Objekt eines weiteren Erkenntnisaktes gemacht werden. Dieser mehrstufige Erkenntnisprozess, so die Kritiker, führt zu einem *regressus ad infinitum*. Die Nyaya-Philosophen weisen diese Kritik zurück, indem sie feststellen: Für die Erkenntnis E1 brauchen wir E2, für E2 brauchen wir E3 und so weiter. Aber E2 braucht nicht unbedingt E3 hervorzurufen, weil ihre eigentliche Aufgabe darin besteht, dass E1 durch E2 erkannt wird. Wird dennoch auf E3, E4 usw. insistiert, dann muss es dafür besondere Gründe, besondere Wünsche geben.

Die eigentliche Schwierigkeit besteht jedoch darin, dass die Annahme eines prä-reflexiven Gewahrwerdens fehlt. In der Mimamsa Schule wird in diesem Zusammenhang von einer dreifachen Wahrnehmung *(triputi-pratyaksha)* gesprochen: Wenn ich ein Objekt A erkenne, so erkenne ich es als ein Objekt, erfahre (erlebe) mich als ein Subjekt und zugleich die Relation zwischen dem Erkannten und Erkennenden. Alle diese drei Faktoren sind gleichzeitig und zusammen gegeben. Die Vedanta-Schule Shankaras stellt in diesem Zusammenhang eine interessante Frage: Welche Rolle kommt dem Erkenntnisbewusstsein zu, wenn es um Erkenntnisse diverser Art geht? Denn Bewusstsein begleitet nicht nur unser wahres Wissen, sondern ebenso unsere Unwissenheit, wenn gesagt wird, man wisse etwas nicht. Hier entwickelt diese Schule die bekannte Lehre von *sakshi-caitanya*, d. h. von einem reinen Zeuge-Bewusstsein, von einem unbeteiligten Zuschauer-Bewusstsein. Während eine schwache Version eines intentionalen Bewusstseins in vielen Schulen anerkannt wird, ist das Bewusstsein *(cit)* in der Vedanta-Schule Shankaras nicht intentional. Was intentional ist, ist das »innere Sinnesorgan« *(antah-karana)*.

15. Erkenntnismittel (Pramana)

Die Grundfragen der Epistemologie der Inder sind: Was sind die Objekte der Erkenntnis? Welche sind die Erkenntnismittel, die eine verlässliche Erkenntnis liefern? Wie wird der Erkenntnisvorgang zwischen dem Subjekt, dem Objekt und dem Erkenntnismittel erklärt? Jedes der indischen Denksysteme erkennt eine eigene Art und Anzahl von Erkenntnismitteln an und rechtfertigt diese mittels detaillierter logischer Argumente. Die Hauptschulen der indischen Philosophie lassen ein bis sechs Erkenntnismittel gelten: die Carvaka-Schule erkennt nur die Verlässlichkeit der Wahrnehmung an; Buddhismus und die Vaisheshika-Schule akzeptieren zwei, die Wahrnehmung und die Schlussfolgerung; die Samkhya-Schule zusätzlich die Mitteilung einer glaubwürdigen Person oder eines autoritativen Textes; die Nyaya-Schule erkennt vier Erkenntnismittel an und fügt zu den vorhergehenden noch den Vergleich oder die Analogie hinzu. Andere Schulen akzeptieren zusätzlich noch die Vermutung oder Annahme einer Tatsache und das Wahrnehmen vom Nicht-Sein eines Dinges. Die genannten Erkenntnismittel werden in den nachfolgenden Abschnitten ausführlicher dargestellt.

Was immer ihre Gründe sein mögen, bestimmte Arten und eine bestimmte Anzahl der Erkenntnismittel zu akzeptieren – alle Schulen stimmen ohne Ausnahme darin überein, dass gewisse Bedingungen erfüllt werden müssen, damit die anerkannten Erkenntnismittel ihre je besondere Funktion aufrechterhalten. Diese Bedingungen können in vier Punkten zusammengefasst werden: 1. Die Erkenntnis, die jedes einzelne Mittel liefert, muss neu und nicht durch irgendwelche anderen Mittel erlangbar sein. 2. Ein Mittel kann einem anderen helfen, Erkenntnis zu ermöglichen, doch das Mittel, um das es sich handelt soll nicht auf andere zurückführbar sein – z.B. kann eine Wahrnehmung von Rauch zur Erkenntnis oder zum Schluss auf Feuer führen, ohne dass das Feuer gesehen wird; somit ist die Schlussfolgerung nicht auf die Wahrnehmung zurückführbar. 3. Die Erkenntnis, zu der man mit bestimmten Mitteln gelangt, sollte nicht durch ein anderes Erkenntnismittel widerlegt werden können. 4. Die akzeptierten Erkenntnismittel sollten sich auf Vernunft berufen können, was die Autorität der geoffenbarten Schriften angeht, so muss die geoffenbarte Wahrheit wahrscheinlich erscheinen und mit Bezug auf menschliche Erfahrung verständlich gemacht werden können. Ansonsten wäre die geoffenbarte Wahrheit nutzlos.

Epistemologie (Pramana Shastra)

a) Wahrnehmung (Pratyaksha)

Im Sinne einer kausalen Beschreibung wird Wahrnehmung in der Regel definiert als Kontakt, als Verbindung zwischen den Sinnesorganen und ihren jeweiligen entsprechenden Objekten. Hinsichtlich der Natur der Wahrnehmung definiert der buddhistische Logiker Dignaga (ca. 480–540 n. Chr.), Vertreter der Yogacara-Schule, Wahrnehmung als eine Erkenntnis, die frei von jeder Konzeptualisierung *(kalpanapodham)* ist. Dharmakirti (7. Jh.), ebenfalls ein Vertreter dieser Schule, fügt hinzu, dass eine Wahrnehmung auch frei von Irrtum *(abhrantam)* sei, um darauf hinzuweisen, dass wir in der reinen Wahrnehmung in direktem Kontakt mit der letzten Realität sind. Jaina-Epistemologen unterstreichen die Eigenschaft der Klarheit des Gegenstandes im Akt der Wahrnehmung. Im Gegensatz zu den Buddhisten akzeptieren sie auch den universellen Charakter der Wahrnehmung. Die Mehrheit der hinduistischen Schulen der Philosophie unterscheiden zwei Stufen der Wahrnehmung: eine vor-prädikative, nicht-konzeptuelle, vor-sprachliche sowie eine sprachliche, konzeptuelle Stufe. Die erste Stufe wird *nirvikalpa* und die zweite *savikalpa* genannt. Buddhistische Denker lehnen die zweite Stufe ab. Die Nyaya-Epistemologen unterscheiden darüber hinaus zwischen gewöhnlicher *(laukika)* und außergewöhnlicher *(alaukika)* Wahrnehmung. Die zweite Form der Wahrnehmung wird nicht in der gewöhnlichen Weise eines Kontakts zwischen dem Objekt und dem Sinnesorgan verursacht. Es werden hier drei Arten unterschieden: erstens die Wahrnehmung der Yogis, der Seher. Hier kommt eine spezielle Fähigkeit zum Tragen. Die zweite Form besteht darin, dass man neben dem Individuellen auch das Universelle wahrnimmt. Sehe ich eine bestimmte Kuh, so nehme ich nicht nur diese bestimmte Kuh wahr, sondern ebenso und zugleich die universelle Eigenschaft der »Kuhheit« *(gotva)*. Zur dritten Form der außergewöhnlichen Wahrnehmung gehört diejenige einer weiteren Eigenschaft, die direkt mit der Wahrnehmung nicht gegeben ist. Sehe ich Eis, so nehme ich auch die Kälte wahr. Nicht alle Schulen akzeptieren diese Einteilung. Sie geben zwar zu, dass es solche Erfahrungen gibt, erklären sie aber mit Hilfe der Vorstellungskraft, der Konzeptualisierung, des Gedächtnisses oder der Schlussfolgerung.

b) Schlussfolgerung (Anumana)

Das zweite wichtige Erkenntnismittel ist das der Schlussfolgerung *(anumana).* Der Sanskrit-Terminus bedeutet seiner Etymologie nach eine Erkenntnis, die einer anderen Erkenntnis folgt (anu = nach; mana = Erkenntnis). Das bekannte Schulbeispiel in der indischen Logik lautet: Sehe ich Rauch auf dem Berg, so erschließe ich dort Feuer. Anumana ist Folgerung, Schlussfolgerung, Inferenz, Syllogismus. Dieser Begriff bezeichnet die Hauptform von mittelbarer Erkenntnis, die zwischen den Sinnesorganen und dem zu erkennenden Gegenstand stattfindet. Während die Wahrnehmung unmittelbar ist und eine direkte Erkenntnis von Gegenständen mit sich bringt, wie »Das ist ein Topf«, ist die Schlussfolgerung mittelbar bei dem Beispiel von Rauch und Feuer. So ist die Schlussfolgerung nicht nur von der Wahrnehmung abhängig, sondern sie ist im indischen Kontext immer mit einer Umfassung oder Verallgemeinerung *(vyapti)* eng verbunden.

Die technische Definition von Verallgemeinerung ist die Koexistenz des Hauptterminus (Feuer) mit dem Mittelterminus (Rauch) in allen Fällen, in denen der Mittelterminus vorhanden ist. In dem Beispiel: »Feuer ist auf dem Berg, weil dort Rauch ist – und wo Rauch ist, ist auch Feuer«, ist Letzteres die Verallgemeinerung. Das Feuer ist der »unveränderliche Gefährte« *(vyapaka)* und der Rauch »das unveränderlich damit Verbunde« *(vyapya).* Die beiden Termini in diesem Beispiel gleichen sich allerdings nicht bezüglich ihres Umfangs. Das heißt, sie können in ihrer Anwendung hier nicht ausgetauscht werden, da Rauch immer auf Feuer hinweist, eine rotglühende Eisenkugel jedoch ein Beispiel für Feuer ohne Rauch wäre. Es gibt allerdings Fälle, in denen sie ausgetauscht werden können, z.B. wo immer Feuer brennt, das mit feuchtem Brennstoff geschürt ist, da ist auch Rauch

Die Ansicht der Nyaya-Schule, dass Verallgemeinerung eine universale Regel sei, die für den Menschen zur Erlangung von Erkenntnis eine wichtige Funktion habe, wird allerdings von den indischen Materialisten *(Carvakas)* nicht anerkannt. Diese sind gegen Verallgemeinerung, da nicht jeder Fall geprüft werden könne. Für die Advaita-Schule würde eine einzige Beobachtung der Verbindung vom Feuer und Rauch, oder sogar eine innere Beobachtung im Akt der Versenkung, genügen, um eine Verallgemeinerung *(vyapti)* zu ermöglichen, doch nur dann, wenn keine Ausnahme bekannt ist. Die Schlussfolgerung ist kein bloßes Wiederaufleben von Eindrücken. Es bedarf dazu noch des

Epistemologie (Pramana Shastra)

Wissens um die Beziehung zwischen der vergangenen Erfahrung und dem gegenwärtigen Fall. Dieser psychologische Akt wird *paramarsha* genannt, d. h. Sich-etwas-Vergegenwärtigen, und ist in der indischen Schlussfolgerung unerlässlich. Erinnerung allein genügt nicht zu einer Folgerung. Eine Schlussfolgerung kann zweierlei Art sein; eine, die für sich selbst angewendet wird *(svarthanumana)* und eine, um anderen etwas zu beweisen *(pararthanumana)*. Für die Advaita-Schule ist es der Schluss, der einem zuerst einfällt, und dann erst müssen die Prämissen gefunden werden, die ihn rechtfertigen. Diese sind in den fünf Stufen des indischen Syllogismus angeordnet. Für die Advaita-Schule findet eine Folgerung statt, entweder im Fall eines Zweifels oder wenigstens im Fall von fehlendem Wissen bezüglich dessen, worauf geschlossen wird. Für die Nyaya-Schule findet sie so unwillkürlich wie eine plötzliche Wahrnehmung statt. Die fünf Glieder *(avayava)* der indischen Schlussfolgerung sind: 1. die Behauptung *(pratijna)* z. B. auf dem Berg ist Feuer; 2. die Begründung *(hetu)* z. B. weil dort Rauch ist; 3. das Beispiel *(drishanta)* oder der Beleg *(udaharana)* zusammen mit der Verallgemeinerung, z. B. wo immer es Rauch gibt, gibt es auch Feuer, so wie in der Küche – der Beleg kann auch negativ sein, z. B. dort, wo kein Feuer ist, ist auch kein Rauch, wie in einem See; 4. die Anwendung *(upanaya)*, in dem man sagt »es verhält sich so oder nicht so« (d. h. auch dort gibt es, oder gibt es nicht Rauch); 5. der Schluss oder die Folgerung *(nigamana)*, die eine Wiederholung der Behauptung ist unter Hinweis auf die Begründung: deshalb ist dort Feuer, oder kein Feuer.

Die Argumentationslogik, die der Theorie des indischen Syllogismus zugrunde liegt, weist bei den philosophischen Schulen grundsätzliche Gemeinsamkeiten und erhellende Differenzen auf. Logik ist erstens eine Lehre des Schließens, zweitens der theoretischen Untersuchung und drittens der Begründung dieses Schließens. Das Gemeinsame ist, dass für die Schlussfolgerungen Argumente gegeben werden sollen und müssen. Diese Argumentationsmuster können jedoch unterschiedlich sein. Der fünfgliederige indische Syllogismus mag im Gegensatz zu dem dreigliedrigen aristotelischen unnötig lang, logisch ein wenig schwerfällig und nicht formalisiert genug sein, aber er besitzt didaktisch-pädagogisch große Vorteile. Das psychologisch-empirische Element bleibt in der indischen Logik erhalten, auch wenn es möglich ist, die indische Logik zu formalisieren. Es mag sein, dass die indischen Logiker der Kategorie der reinen formalen Gültigkeit gegenüber zurückhaltender sind als die Logiker der westlichen Philosophie. Eine

15. Erkenntnismittel (Pramana)

strenge Trennung zwischen Logik auf der einen Seite und Psychologie und Erkenntnistheorie auf der anderen vollzieht die indische Logik im Gegensatz zur europäischen nicht. Bis auf die Materialisten *(Carvakas, Lokayatas)* erkennen alle anderen Schulen der indischen Philosophie Schlussfolgerung als ein wahres Mittel der Erkenntnisgewinnung an. Die Carvakas akzeptieren als das einzige wahre Erkenntnismittel nur die Wahrnehmung. Die Schlussfolgerung lehnen sie mit der Begründung ab, man könne nicht mit Sicherheit von einer universellen Relation zwischen Rauch und Feuer ausgehen. Auch die beobachteten Fälle dieser Verbindung (Feuer mit Rauch) in der Vergangenheit sind keine sichere Garantie für eine Schlussfolgerung. Einige Carvakas sprechen allerdings von einer Wahrscheinlichkeit solcher Schlussfolgerungen, und dies unter dem Druck der Lebenspraxis, die ohne Schlussfolgerungen kaum möglich ist.

c) Wort – Rede *(Shabda)*

Äußerungen in der Sprache sind für die meisten Schulen der indischen Philosophie (außer für Materialisten und Buddhisten) ein wahres Erkenntnismittel. Zu den Äußerungen gehört nicht nur das Gesprochene, sondern in einem legitim erweiterten Sinne auch das Geschriebene. Dieser Kategorie gehört alle unsere Erkenntnisgewinnung aus den heiligen Schriften an. Die indische Epistemologie vertritt nicht nur die schwache Version, dass die Äußerungen kompetenter Redner überzeugen, sondern auch die starke Version, dass hier Erkenntnisse hervorgebracht werden, die durch kein anderes Erkenntnismittel zu erlangen sind.

Es müssen jedoch einige Bedingungen erfüllt sein, wenn eine solche Erkenntnis stattfinden soll: (a) Bedingungen, die den Redner betreffen, (b) Bedingungen, die die Sprache betreffen und (c) solche, die den Verstehenskontext betreffen. (a) Ein Hörer, der den sprachlichen Äußerungen des Redners folgt, muss davon ausgehen können, dass der Redner eine kompetente *(apta)* Person ist. Die Kompetenz beinhaltet nicht nur eine intellektuelle Konnotation, sondern auch eine moralische, was Redlichkeit und Wahrhaftigkeit einschließt. (b) Hinsichtlich der linguistischen Bedingungen sprechen die indischen Philosophen von drei Erfordernissen: Nähe bzw. Nachbarschaft *(asatti)*, syntaktische Vernetzung oder Intention *(akanksha)* und semantische Eignung *(yogyata)*.

Unter der Nachbarschaft der Wörter in einer Äußerung wird eine strenge zeitliche Aufeinanderfolge verstanden. Diese Bedingung kann ebenso auf das Geschriebene übertragen werden. Die syntaktische Bedingung zielt auf eine geeignete Sequenz der Wörter, so dass sie eine zusammenhängende Bedeutung ergeben. Zum Beispiel gibt die syntaktische Zusammensetzung »öffne das Buch« einen Sinn, aber »öffne das« entbehrt eines Sinnes. Die dritte Forderung geht über das syntaktisch Richtige hinaus und zielt auf eine semantische Korrektheit. »Hamburg ist in Italien« ist zwar syntaktisch richtig, aber semantisch falsch. Eine große Nähe zu den drei Dimensionen in der europäischen Semiotik – syntaktisch, semantisch und pragmatisch – ist offensichtlich. (c) Die kontextuellen Bedingungen, die das Verstehen erleichtern, beinhalten, dass der Hörer in der Lage sein muss, die Bedeutung der Wörter und der Äußerungen zu verstehen. Dies setzt voraus, dass das Medium dem Hörer bekannt ist. Außerdem sollte aus dem Kontext heraus die Intention des Sprechers *(tatparya)* erkennbar sein.

In der indischen Erkenntnislehre werden die sprachlichen Äußerungen *(shabda)* in zwei Arten unterteilt: in gewöhnliche und außergewöhnliche Äußerungen. Die heiligen Schriften aller Traditionen stellen Erkenntnisquellen außergewöhnlicher Art dar. Wichtiger aber noch ist die gewöhnliche Seite, denn hier geht es darum, dass Philosophen mit ihren Argumenten einen überzeugenden Fall darstellen. Freilich gibt es Philosophen, die eine solche Quelle zu einer Form der Schlussfolgerung umwandeln. Was aber dennoch von Bedeutung ist und bleibt, ist Folgendes: Unsere Erkenntnis dessen, was wir tun sollen und was nicht, entstammt sprachlichen Äußerungen.

d) Vergleich (Upamana)

Vergleichen führt zur Erkenntnis. Wenn wir wissen wollen, was das Wort *gavaya* bedeutet, so lernen wir von anderen, dass gavaya der Kuh ähnelt. Sehen wir später ein Tier, das der Kuh ähnlich ist, so erinnern wir uns an das Gelernte. Dies führt dann zu der Erkenntnis, dass dieses Tier, das ich jetzt sehe, ein gavaya ist. So hat der Vergleichsakt drei Stufen: eine verbale, eine wahrnehmungs- und eine erinnerungsmäßige.

15. Erkenntnismittel (Pramana)

e) Nicht-Wahrnehmung (Anupalabdhi)

Einige indische Epistemologen haben immer wieder die Frage gestellt, wie wir Urteile fällen wie z. B. »Es liegt kein Buch auf dem Tisch«. Die Frage ist: Wie nehmen wir Abwesenheit wahr? Die Nyaya-Philosophie ist der Ansicht, dass die gleichen Sinnesorgane, die die Anwesenheit einer Farbe bei einer Sache wahrnehmen, auch die Abwesenheit wahrnehmen. Freilich sind die Nyaya-Philosophen Realisten genug und wenden diese Lösung nur in Bezug auf die positiven Entitäten an. Während für die Buddhisten die tatsächliche Abwesenheit des Buches auf dem Tisch die Anwesenheit des Buches in der Vorstellung bedeutet, wird die Abwesenheit nach der Ansicht der Nyaya-Schule von uns unmittelbar wahrgenommen. Wir erschließen die Abwesenheit nicht, sondern wir sehen sie, nehmen sie wahr, fühlen sie. Freilich spielt hier die jeweilige kontextuelle Erwartung eine Rolle, wenn man beispielsweise die Abwesenheit des Buches und nicht des Kruges auf dem Tisch wahrnimmt.

f) Annahme, Hypothese (Arthapatti)

Wenn das Verstehen von A nur dann möglich ist, wenn B angenommen wird, kann B als eine Quelle der Erkenntnis angesehen werden. Die Vedanta-Philosophen belegen dies mit folgendem bekannten Beispiel: Devadatta nimmt stetig an Gewicht zu und wird von Tag zu Tag dicker, aber er isst nie am Tage. Diese beiden Erkenntnisse können nur dann einen Sinn machen, wenn wir annehmen, dass Devadatta nachts isst. Dieses Argument ähnelt einem transzendentalen Argument, denn auch dort wird von der Feststellung einer Tatsache ausgegangen und argumentiert, dass dies nur dann einen Sinn ergebe, wenn wir etwas anderes als Vorbedingung voraussetzen.

Unter den verschiedenen Schulen der indischen Philosophie hat es stets eine sehr lebhafte und kontroverse Diskussion hinsichtlich des erkenntnistheoretischen Apparats gegeben, denn eine bestimmte Epistemologie führte zu einer bestimmten Ontologie, Ethik und philosophischen Anthropologie. Umgekehrt setzt eine bestimmte Ontologie eine ihr entsprechende Epistemologie voraus. Selbst die Mimamsa-Schule, die eine hermeneutische Exegese der vedischen Texte liefert, basiert auf einer Erkenntnistheorie. Daher ist die oft zu hörende Kritik, die

Epistemologie (Pramana Shastra)

indische Philosophie sei unkritisch und zu traditionell, oberflächlich und klischeehaft. Der *pramanyavada*, die Lehre von der wahren Erkenntnis, zeigt das Gegenteil. Selbst die sogenannten heiligen Texte der Tradition haben sehr unterschiedliche Interpretationen erfahren. Der Vorwurf der bloßen Orthodoxie ist der indischen Philosophie gegenüber nicht begründet, denn es gibt nicht *die eine* Bedeutung eines Textes. Die eigentliche philosophische Reflexion besteht nicht darin, dass man etwas behauptet, sondern darin, dass man für die These Argumente liefert. Und diese Argumente sind die Hauptbeschäftigung des philosophischen Unternehmens.

16. Theorien des Irrtums (Khyati-Vada)

In der Epistemologie wird nicht nur die Frage nach der wahren Erkenntnis, sondern ebenso nach der falschen gestellt. Hier geht es um eine theoretische Erklärung der Tatsache des Irrtums. Theorien der falschen Erkenntnis werden unter dem Sanskrit-Terminus *khyati-vada* zusammengefasst. In einer wahren Erkenntnis *(prama)* erkennen wir die Dinge so, wie sie sind, und schreiben ihnen keine Prädikate zu, die ihnen nicht zukommen. Genau dies geschieht aber, wenn es um eine falsche Erkenntnis *(aprama)* geht. Das bekannte Beispiel aus der indischen philosophischen Literatur ist das einer illusionären Schlange: Es liegt ein Seil auf der Erde, wir nehmen fälschlicherweise eine Schlange wahr und verhalten uns demgemäß. Während die Idealisten in der Philosophie es leichter haben, die Verwechslung des Seils mit der Schlange zu erklären, indem sie hier von einer mentalen Konstruktion sprechen, sind die Realisten in einer schwierigeren Lage, weil sie an vom Geist unabhängige Entitäten glauben.

Interessant in diesem Zusammenhang ist die Ansicht der Vedanta-Schule: Eine wahre Erkenntnis *(prama)* ist eine noch nicht als unwahr *(aprama)* erkannte. Die illusionäre Wahrnehmung der vermeintlichen Schlange im Seil (eine Erkenntnis, die wohlgemerkt nach der Korrektur zustande kommt) ist anfänglich genauso eine Wahrnehmung, wie diejenige einer wirklichen Schlange. Diese Erfahrung hat nicht nur eine theoretische, sondern ebenso eine praktische Seite, denn wir laufen weg, schreien oder wollen die Schlange töten.

Verschiedene Theorien der illusionären Erkenntnis versuchen auch von einer reflexiv interpretativen Ebene her, diese Erfahrung zu

16. Theorien des Irrtums (Khyati-Vada)

erklären: wie sie entsteht, sich entwickelt, sich verändert und schließlich als falsch zurückgewiesen wird. Es sind hauptsächlich sieben Theorien falscher Erkenntnisse zu nennen:

a) *akhyati-vada*, die Theorie, dass der Irrtum ein Mangel des Wissens ist, dass der Irrtum partielles oder unvollständiges Wissen ist. Hier sind zwei Erkenntnisformen am Werke: Wahrnehmung und Gedächtnis. Diese Theorie wird hauptsächlich von der Prabhakara Mimamsa-Schule vertreten;

b) *anyatha-khyati-vada*, die Theorie, dass der Irrtum eine Wahrnehmung eines Gegenstandes als etwas »anderes« *(anyatha)* ist, nämlich anders als er tatsächlich ist. Der Hauptvertreter dieser Ansicht ist die Bhatta Mimamsa-Schule.

c) *atma-khyati-vada*, die Theorie, dass jede Erfahrung, die vergegenständlicht wird, als solche illusorisch ist und dementsprechend jeder alltägliche Irrtum ein »Doppel-Irrtum«. Die Yogacara- oder Vijnanavada-Schule des Buddhismus vertritt diese Theorie.

d) *asat-khyati-vada*, die Theorie, dass ein Irrtum eine Wahrnehmung von etwas ist, was nicht existiert *(asat)*. Sie wird vertreten von der Madhyamika-Schule des Buddhismus, wie auch von der Madhva-Schule des Vedanta und von Carvakas.

e) *anirvacaniya-khyati-vada*, die Theorie, dass etwas unbeschreibbar ist, nämlich, dass ein zu erkennender Gegenstand unbestimmbar ist, wie im Fall von *maya* in der Advaita-Vedanta-Schule. Die illusionäre Schlange ist weder existent *(sat)*, denn diese Wahrnehmung wird später korrigiert, noch nicht existent *(asat)*, denn sie wird in der Tat wahrgenommen. Daher ihre Unbeschreibbarkeit.

f) *sat-khyati-vada* wird von Ramanuja *(vishishtadvaitavada)* vertreten. Das, was wahrgenommen wird, existiert in Wirklichkeit. Der Irrtum besteht darin, dass ein Teil für das Ganze genommen wird. Es handelt sich um den logischen Fehler des »pars pro toto«.

g) *viparita-khyati-vada* wird von der Bhatta Mimamsa-Schule vertreten und ähnelt der Position der Prabhakara Mimamsa-Schule. Sehen wir in dem Seil eine Schlange, so sind hier zwei Wahrnehmungen am Werke: Was ich wahrnehme, ist ein Seil; die Erinnerung daran spiegelt mir jedoch fälschlicherweise die Vorstellung einer Schlange vor. Die Verwechslung von Wahrgenommenem und Erinnertem führt zu falscher Erkenntnis.

Diese Theorien beschäftigen sich mit dem Problem der Entstehung des Irrtums, der das Wissen verdeckt. Das indische philosophische Denken scheint in diesem Punkt von der Vorstellung beseelt zu sein, dass es bei der Suche nach der Wahrheit eher um das Vermeiden von Irrtümern gehe.

17. Status der Unwissenheit (Avidya)

Welchen erkenntnistheoretischen Status hat die Unwissenheit *(avidya)*? Selbst der philosophische Akt des Staunens setzt in letzter Konsequenz Unwissenheit, Unkenntnis voraus. Gott als das allwissende Wesen kann nicht staunen. Alle Schulen der indischen Philosophie vertreten die Ansicht, Erkenntnis manifestiere ihr Objekt. Wenn wir eine neue Erkenntnis gewinnen, so stellen wir auch fest, dass wir sie vorher nicht besaßen. Mit anderen Worten, wir sind uns unserer Unwissenheit bewusst. So scheinen Wissen und Unwissenheit in einem interaktiven Prozess zu stehen. Fast im Sinne einer »Privationstheorie« wird sowohl im Westen als auch im indischen Denken oft die Ansicht vertreten, Unwissenheit sei eigentlich die Abwesenheit vom Wissen.

Im Advaita-Vedanta ist Shankara anderer Ansicht. Unwissenheit ist nicht bloß die Abwesenheit vom Wissen oder einfach die Negation vom Wissen, sondern sie stellt eine positive Erfahrung dar, ist eine positive Entität *(bhavarupa)*. Der Vedanta-Philosoph lehrt: Bin ich unwissend, was X ist, so besitze ich ein Bewusstsein von meiner Unwissenheit, ähnlich wie wenn ich weiß, was X. ist. Beide Fälle, Wissen und Nichtwissen, sind von einem Bewusstsein begleitet. Alles, was es gibt, ob gewusst oder nicht gewusst, stellt ein Objekt des Bewusstseins dar. Das unparteiische, unbeteiligte Zuschauerbewusstsein *(saksicaitanya)* ist stets da. Shankara macht eine für seine Theorie fundamental wichtige Unterscheidung zwischen Bewusstsein und Erkenntnis. Es gibt keine Erkenntnis der Unwissenheit, denn dies würde widersprüchlich werden und die Unwissenheit beseitigen. Aber es gibt ein Bewusstsein von Unwissenheit; dieses nennen die Vedantins *saksicaitanya* (Zuschauerbewusstsein). Dieses Bewusstsein steht nicht im Gegensatz zur Unwissenheit. Es manifestiert sogar die Unwissenheit. Was Unwissenheit also überwindet, ist Erkenntnis. Empirisch gesehen gibt es reale Dinge, von deren Existenz wir noch nicht wissen *(ajnata-satta)*. Das Haus, in dem niemand wohnt, kann da sein, es ist da. Es gibt jedoch Dinge, die von ihrem Wesen her keine unerkannte Existenz besitzen. Nach den Vedantins sind hier unsere Gefühle von Schmerz und Freude zu nennen. Hier hat Berkeley Recht mit seinem Prinzip: »esse est percipi«. Wo aber Berkeley Unrecht hat, ist das Feld der empirisch realen materiellen Objekte wie Tisch, Haus usw. Freilich räumt Berkeley aber auch ein, dass die Abwesenheit der menschlichen Wahrnehmung nicht gleichzusetzen ist mit der Abwesenheit der Wahrnehmung an sich, denn wenn ich den Tisch in einem anderen Raum nicht wahrnehme, so wird der Tisch doch weiterhin von Gott wahrgenommen.

18. Kriteriologie der wahren und falschen Erkenntnis

Sind Wahrheit oder Falschheit einer Erkenntnis dieser extrinsisch oder intrinsich? Diese Frage wurde in der indischen Philosophie sehr lebhaft und ebenso kontrovers diskutiert. So scheint eine weitere Besonderheit der indischen Epistemologie ihre kriteriologische Betrachtung der wahren und falschen Erkenntnis zu sein. Die Frage, die im Zentrum steht, ist die folgende: Ist Wahrheit *(pramanya)* der Erkenntnis immanent (intrinsisch, *svatah*) oder ist sie etwas, was ihr von außen *(paratah)* zukommt? Die gleiche Frage wird gestellt in Bezug auf die Falschheit *(apramanya)*. Es geht hier eigentlich um den Ursprung und um das Verstehen der beiden Prädikate. Die kausalen Bedingungen, die eine Erkenntnis zustande bringen, legen auch die Wahrheit dieser fest. Eine solche Theorie ist eine intrinsische Theorie der Wahrheit. Wenn aber neben den die Erkenntnis hervorbringenden Faktoren zusätzliche Faktoren für die Festlegung der Wahrheit der Erkenntnis erforderlich sind, handelt es sich um eine extrinsische Theorie der Wahrheit.

Vier theoretische Positionen können hier auseinandergehalten werden. 1. Kenne ich A, so kenne ich auch die Wahrheit von A. Nur die Falschheit von A wird mittels äußerer Faktoren festgestellt. Das Phänomen »Fata Morgana« ist ein Beispiel. Die Mimamsa-Schule der indischen Philosophie vertritt eine solche Kombination einer intrinsischen Theorie der Wahrheit mit einer extrinsischen Theorie der Falschheit. 2. Meine Erkenntnis von A ist weder wahr noch falsch. Wahrheit und Falschheit hängen von der erfolgreichen oder erfolglosen Anwendung der Erkenntnis ab. Eine solche Theorie in der Kombination von intrinsischer und extrinsischer Wahrheit und Falschheit der Erkenntnis wird von der realistischen Nyaya-Schule vertreten. 3. Die Buddhisten lassen eine intrinsische Theorie der Falschheit mit einer extrinsischen Theorie der Wahrheit zusammengehen. Erkenne ich A, so ist diese Erkenntnis als falsch zu betrachten, bis eine erfolgreiche Anwendung ihre Wahrheit bezeugt. 4. Die Schulen der Samkhya-Philosophie und z. T. auch die der Jaina-Philosophie vertreten die Ansicht, dass sowohl Wahrheit als auch Falschhheit der Erkenntnis intrinsisch seien. Die Erkenntnis kann in einer Hinsicht wahr, in einer anderen falsch sein.

Unverkennbar legt die indische Philosophie einen großen Wert auf die Anwendung der Erkenntnis. Dies ist ein weiterer Ausdruck davon, dass indische Philosophie sich als *Denk- und Lebensweg* zugleich begreift.

Verortung der indischen Logik zwischen Epistemologie und Psychologie

19. Vorbemerkungen

Ziel der folgenden Ausführungen ist der Versuch einer Standortbestimmung. Zunächst aber sollte der Hintergrund angeleuchtet werden, vor dem sich die indische Logik wesenhaft situiert.

Die Grundüberzeugung dieser Untersuchung lässt sich kurz wie folgt formulieren: Eine Logik, die Angst hat, psychologisiert zu werden, fürchtet sich *eigentlich* vor ihrer Anwendung in Verbindung mit einer geläuterten Psychologie; und eine Logik, die sich fürchtet, ein Teil der Epistemologie zu werden, scheut sich, neben ihrer Funktion der Erkenntnisgewinnung auch die Aufgabe der Erkenntniserfüllung mit zu bedenken. Drei Vorbemerkungen seien daher der eigentlichen Behandlung des Themas vorangestellt:

1. Selbst heute noch vernimmt man in fachphilosophischen und fachtheologischen Kreisen zwei Vorwürfe hinsichtlich der Philosophie und Religion Indiens: Der westliche Fachphilosoph meint, die indische Philosophie sei zu religiös und verwechsle Philosophie mit Religion; der christlich-westliche Theologe dagegen ist der Ansicht, die indische Religion sei zu philosophisch und verwechsle Religion mit Philosophie. Das Besondere daran ist, dass sie widersprüchlicher Natur sind. Dass hier fast paradigmatisch, aprioristisch und vor allem Vergleich das *Tertium Comparationis* in der je eigenen philosophischen und theologischen Tradition mit einem universalistischen Geltungsanspruch dingfest gemacht wird, liegt auf der Hand.

2. Es ist eine allgemeine, nicht unberechtigte Feststellung, dass einige Merkmale einer bestimmten Denktradition in einigen anderen »fehlen«. Dies betrifft sowohl Fragestellungen als auch Lösungsansätze. Nicht unerwähnt bleiben darf jedoch, dass dies auch intrakulturell gilt. Daher scheint die Vorsilbe *intra* auf die Vorsilbe *inter* rückführbar zu sein (vgl. Kapitel 5). Leider gehört es zu den festgefahrenen »Dogmen

des Orientalismus« (Matilal)[1], dass das europäisch-westliche Denken dieses »Fehlen« mit einem »Mangel« gleichsetzte und es stellenweise heute noch tut. Wer aber das Fehlen mit einem Mangel gleichsetzt, traktiert die Kategorie der Differenz reduktiv, weil er eine »Unifizierung des Wahren« *ab ovo* vornimmt und, um es mit Paul Ricoeur zu sagen, eine »erste Gewaltsamkeit«, eine »erste Fehltat«[2] begeht. Das Vorhandensein oder Nichtvorhandensein einiger Merkmale und Unterscheidungen deutet auf die prinzipielle kreative Möglichkeit des autonomen menschlichen Geistes hin und lehrt uns, dass solche Unterscheidungen nicht essentialistisch für Philosophie oder Logik missdeutet werden dürfen.[3]

3. Die Situierung des logischen Denkens in den interkulturellen weltphilosophischen Kontext bringt mit sich, dass die Universalität des logischen Denkens die lokalen Differenzen transzendiert, aber diese zugleich auch umfasst und begreift. Die logische Rationalität lebt in und durch diese Differenzen. Nur auf diesem Wege können wir die beiden Positionen eines extremen Relativismus und eines monistischen Essentialismus vermeiden.

Philosophisch interessant ist nicht so sehr die Feststellung des Fehlens mancher Fragestellungen in dieser oder jener Tradition, sondern vielmehr die Begründung dafür. Ferner ist das Fehlen nie ein vollständiges, weil – kontextuelle Variationen zugestanden – ähnliche Fragen

---

[1] Vgl. Matilal, B. K.: Philosophy, Culture and Religion. Mind, Language and World, ed. by J. Ganeri, Delhi 2002, pp. 370 ff. In einem Gespräch mit dem indischen Philosophen und Phänomenologen J. N. Mohanty bemerkte einmal Donald Davidson, warum man indische Philosophie studieren sollte, wenn die indischen Philosophen gleiche Antworten auf gleich geartete Fragen gegeben haben wie die westlichen Philosophen? Freilich wäre eine »vergleichende Philosophie« im Sinne eines bloß Nebeneinanderstellens gleichartiger Positionen ein unfruchtbares Unternehmen. Unsere interkulturelle philosophische Orientierung hier zielt aber auf neue, kreative Möglichkeiten hin sowohl im Hinblick auf die philosophischen Fragestellungen als auch auf die Lösungsansätze. Nur so kann eine »globale Philosophie« als ein Menschheitsdiskurs zustande kommen, jenseits der Provinzialismen nationaler, geographischer und geschichtlich-gewordener Kulturen. Der interkulturell verankerte Sinn einer »orthaft-ortlosen« Philosophie lässt sich nicht restlos kulturell vereinnahmen. Interkulturalität und Kulturspezifität sind kompatibel.

[2] Vgl. Ricoeur, P.: Geschichte und Wahrheit, München 1974, S. 152.

[3] J. N. Mohanty schreibt: »It needs, however, to be emphasized that the talk of ›lacks‹ here must not be construed as defects, but rather as pointing to another possibility, from which we may learn the lesson that none of these distinctions is essential for philosophy.« Classical Indian Philosophy, New York/Oxford 2000, S. 151.

gestellt und Antworten gesucht werden. Differenz darf nicht sogleich als Defizienz ausgelegt werden.

Im Geiste der obigen Bemerkungen seien hier die Universalität (Ortlosigkeit) und Partikularität (Orthaftigkeit) der logischen Rationalität in einen interkulturellen philosophischen Kontext gestellt und – unter besonderer Berücksichtigung der indischen Logik, besonders auch der buddhistischen – die Konzeption einer interkulturellen Logik entworfen.

20. Logik im interkulturellen Kontext

Üblicherweise werden vom Standpunkt der westlichen Philosophie nicht ganz zu Unrecht folgende Feststellungen hinsichtlich der indischen Logik getroffen: Erstens, sie unterscheide nicht klar und deutlich zwischen Logik und Psychologie der Erkenntnis. So begehe sie zweitens den Fehler, der im Westen als »Psychologismus« bezeichnet werde. Drittens wird, ebenfalls nicht ganz zu Unrecht, die indische Logik als eine »intensionale« bezeichnet – im Gegensatz zu der in der Regel »extensionalen« Logik des Westens. Damit verbunden wird viertens festgestellt, die indische Logik habe sich nicht richtig formalisieren, quantifizieren können. Die indische Theorie des Syllogismus ist ein Beispiel dafür.

Vor einer Auseinandersetzung mit dieser Sicht auf die indische Logik sei grundsätzlich auf die Möglichkeit einer logischen Universalität sowie auf die tatsächliche Partikularität von Logik in verschiedenen philosophischen Traditionen eingegangen. Hierfür unterscheide ich zwischen der Logik »erster« und jener »zweiter« Ordnung. Das Logische qua Logische in seiner Universalität besteht in unserem Versuch, für unsere Erkenntnisse, Werte, Überzeugungen und für Begriffe wie Wahrheit, Gerechtigkeit, Freiheit etc. Argumente zu geben, diese zu verteidigen, zu kritisieren oder sogar abzulehnen. Alle philosophischen Traditionen kennen Logik in dieser allgemeingültigen Form. Diese Logik erster Ordnung verbindet uns. Die Logik zweiter Ordnung stellt die unterschiedliche Art und Weise dieser Begründungswege dar. Und diese Unterschiede haben in der Tat ihre kulturspezifischen, schulmäßigen und systemabhängigen Merkmale. Wer dann aber diese Logik zweiter Ordnung in den absoluten Stand setzt und zum paradigmatischen *Tertium Comparationis* erhebt, begeht eine Art Kategorienfehler.

Verortung der indischen Logik zwischen Epistemologie und Psychologie

Es ist wahr, die indische Logik grenzt sich nicht so streng von der Psychologie ab, wie dies bei der Mehrheit der Autoren im Westen der Fall ist (Frege, Russell, Husserl u. a.). Es trifft aber nicht zu, dass die indische Logik eine psychologische Erklärung für eine logische halte, Logik »psychologisiere« oder Psychologie »logifiziere«. Es kommt gerade bei einem interkulturellen philosophischen Diskurs über Logik auf die besonderen Argumente an, die das indische Denken dafür beibringt.

Erkenntnis *(jnana/prama)* hat für das indische Denken zwei Grundfunktionen: Erstens dient sie dem Zweck der Erkenntnisgewinnung *(jnanaprapti)*, zweitens dem der Zielrealisierung *(artha-/phalaprapti)*. Logik als eine Theorie der Schlussfolgerung *(anumana)* ist daher ein Teilgebiet der Epistemologie. Als Logik der Erkenntnisgewinnung bleibt die indische Logik in Nachbarschaft zu einer Psychologie der Schlussfolgerung. Dies führt aber nicht zu einer Verwechselung von Logik und Psychologie, d. h. zu »Psychologismus«, weil die indische Logik klarstellt, dass durch das Vermeiden der besonderen Fehlerquellen *(doshas)* der psychologische Denkprozess tatsächlich zu gültigen logischen Schlussfolgerungen führt.

Am Beispiel des Verhältnisses von Logik und Psychologie im westlichen und indischen Denken möchte ich diesen Sachverhalt kurz verdeutlichen. Das westliche philosophische Denken – zumindest in seinem »main-stream« – ist hin- und hergerissen zwischen den sehr oft unversöhnlichen Ansprüchen der Erfahrung und der Vernunft, ferner auch von dem Dualismus zwischen dem Subjektiven und Objektiven, zwischen dem Universellen und Partikulären, ja zwischen dem Privaten und dem Öffentlichen. Das Problem des Psychologismus in der Epistemologie und in der Theorie der Logik im westlichen Denken ist hieraus entstanden. Die Philosophen haben – in der Regel – die Angst vor dem Psychologismus zu überwinden versucht, indem sie ihre logische Theorie von jedem Bezug zu inneren, mentalen Zuständen befreit haben. Dies hatte entweder einen Objektivismus platonischer oder rein physikalistischer Art zur Folge. Demgegenüber waren die indischen mentalen Diskurse stets ein Bestandteil der indischen Epistemologie und der logischen Theorie. Und es gab kein beunruhigendes Problem des Psychologismus. Der Grund hierfür mag darin zu suchen sein, dass der indische Terminus *manas*, gewöhnlich übersetzt mit Geist (mind), für ein inneres Sinnesorgan steht und nicht zu verwechseln ist mit einem reinen Subjektivismus. Es gehört zu der Besonderheit des indischen Denkens, dass die Sinnesorgane die Erkenntnis der Sinnesobjekte lie-

20. Logik im interkulturellen Kontext

fern; und zusätzlich gibt es jenes innere feinstoffliche Sinnesorgan *(manas)*, das uns die Erkenntnis von Selbst, Freude, Leid, Gefühl liefert. Die klassischen britischen Empiristen Locke, Berkeley, Hume sprechen ihrerseits zwar auch von einer solchen wahrnehmenden Instanz (inner sense), unterscheiden jedoch nicht genau zwischen Selbst (self) und Geist (mind). Darin sieht Mohanty auch den Grund, »why Indian logicians, while they are concerned with inner cognitions, could still develop a very sophisticated logic which was entirely independent of psychology«.[4]

Am Beispiel des Syllogismus in der indischen und westlichen logischen Tradition wird das oben Gesagte verdeutlicht. In der syllogistischen Theorie der Schlussfolgerung geht es bei beiden Traditionen um Erkenntnisgewinnung und -begründung, auch wenn der indische Syllogismus im Gegensatz zum aristotelisch-europäischen fünf Sätze kennt und großen Wert auf den Beispielsatz legt. Das wurde oben (S. 104) am bekannten Schulbeispiel vom Feuer auf dem Berg vorgeführt. Mohanty spricht von zwei Logiken (»logic 1 and logic 2«) in seinem Buch, das für eine jede zukünftige Diskussion der indischen und europäischen Philosophie im Weltkontext unentbehrlich ist.[5] Logik 1 (die europäische) und Logik 2 (die indische) verdienen ihren Namen zu Recht und lassen sich dem Oberbegriff Logik unterordnen. Dennoch gibt es erhellende Unterschiede. Im Gegensatz zur Logik 1, die eine Klassenlogik ist, den Psychologismus als einen völligen Irrweg betrachtet und entweder zum Formalismus oder Platonismus neigt, ist die Logik 2 eher eine intensionalistische und versucht eine Synthese zwischen Psychologie und Logik. Die Kategorie der Gültigkeit behält in der Logik 2 den Kontakt mit dem kognitiv-disputativen Kontext, während in der Logik 1 sich diese Kategorie formalisiert.[6] Die Rede von »logic 1« und »logic 2« (Mohanty) sollte nicht verwechselt werden mit der Rede des Autors von »Logik erster Ordnung« und »Logik zweiter Ordnung«:

---

[4] Mohanty, J. N.: Explorations in Philosophy – Indian Philosophy, hg. v. B. Gupta, New Delhi 2001, S. 9.
[5] Vgl. Mohanty, J. N.: Reason and Tradition in Indian Thought, Oxford 1992, Kap. 4; Matilal, B. K.: Logic, Language and Reality, Delhi 1985; Mall/Hülsmann: Die drei Geburtsorte der Philosophie. China, Indien, Europa, Bonn 1989.
[6] Mary Henle hat überzeugend klargemacht, dass man die beiden Sackgassen eines Psychologismus und einer radikalen Trennung der Logik von der Psychologie vermeiden muss: Henle, M.: On the Relation between Logic and Thinking, in: Psychological Review, 69, 1962, S. 366–378.

117

Verortung der indischen Logik zwischen Epistemologie und Psychologie

Während Mohantys Unterscheidung sich auf europäische bzw. indische Logik bezieht, wird hier nach Logik in ihrer universalen, oberbegrifflichen Allgemeinheit versus Logik in kulturspezifischen und schulmäßigen Partikularitäten unterschieden.

Die Rationalität des indischen und die des griechisch-europäischen philosophischen Denkens sind nicht zwei radikal verschiedene Rationalitäten. Sie zeigen Überlappungen mit Differenzen. Die Trennung zwischen der rein theoretischen und der rein praktischen Vernunft, die als ein unterscheidendes Merkmal der europäischen Vernunft im Gegensatz zu der mehr praktischen Rationalität des indischen Denkens angesehen wird, ist weniger griechischen als modernen Ursprungs. Die kantische Kritik des Vernunftbegriffs kennt jedoch beide Seiten.

In der Diskussion um eine Philosophie der Logik im weltphilosophischen Kontext wird oft zwischen der extensionalen und intensionalen Logik unterschieden, je nach dem ob die Kategorie der Klasse oder die der Eigenschaften die zentrale Rolle spielt. Nicht zu Unrecht wird die westliche Logik in der Regel als eine extensionale, d.h. Klassenlogik, und die indische eine intensionale, d.h. eine Logik der Eigenschaften, Abstraktionen genannt. Auch wenn es stimmt, dass es hier grundsätzliche Inkompatibilitäten geben kann, bleibt die Tatsache unbestreitbar, dass es hier um zwei alternative Denkmodelle des logischen Denkens geht. Freilich kennen die Differenzen und Gemeinsamkeiten unterschiedliche Grade. Eine der bekannten Prämissen des indischen Syllogismus lautet: »Immer wo es Rauch gibt, dort gibt es Feuer.« Extensional logisch ausgedrückt würde dies lauten: »Alle Fälle des Rauches sind Fälle des Feuers.« Es ist wahr, dass der extensionale Charakter z.B. in der Navya-Nyaya Logik nicht ganz abwesend ist, aber der Klassenbegriff spielt nicht die zentrale Rolle. Die indische Logik würde eher sagen: Der Berg besitzt das Ereignis, das Vorkommen des Feuers, anstatt zu sagen: Der Berg ist ein Glied der Klasse der Rauchorte.

Der Logiker Quine weist auf eine Verwirrung hinsichtlich der modalen Konzepte hin, wenn konträre Eigenschaften dem gleichen Subjekt zugeschrieben werden sollen. Sein Beispiel ist das eines radfahrenden Mathematikers, den man wie folgt betrachten kann: 1. Als Mathematiker ist sein Rationalsein eine notwendige Bedingung, aber nicht sein Zweibeinigsein. 2. Als Radfahrer ist das Zweibeinigsein eine notwendige Bedingung, aber nicht unbedingt das Rationalsein. 3. Was, so die Frage Quines, wenn es um eine Person geht, die zugleich ein Mathematiker sowie ein Radfahrer ist? Welche Eigenschaft hat hier den Vorrang, welche ist die eigentlich notwendige?[7] Mohanty schlägt folgende Lösung im Geiste der indischen intensionalen Logik vor: Die intensionale Logik würde hier den Begriff des Kontextes, der Intension, der Eigenschaft einführen, um zu entscheiden, durch welche Eigenschaft die Person in erster Linie sich definiert. Denn Person definiert sich stets kontextuell und je nach den unterschiedlichen Eigenschaften, die sie besitzt oder nicht besitzt. Intensionale Logik ist daher weniger quantifizierend und abstrahierend als extensionale.

Es ist wahr, indische Logik hat sich nicht zu einer ausgesprochenen »Klassenlogik« entwickelt, aber die »extensionalen« Elemente sind in ihr nicht ganz abwesend. Freilich ist und bleibt die indische Logik intensional, insofern als sie auf eine zweckgebundene Erkenntnisgewinnung den Hauptwert legt und eine Sprache der Eigenschaften und der Bedingtheiten gebraucht anstelle der einer Quantifizierung und Formalisierung. Aber das indische logische Denken ist hinsichtlich der Bedeutungstheorien stets referentiell und hat demzufolge auch extensionalen Charakter. (Das buddhistische logische Denken bildet allerdings eine Ausnahme, denn hier wird die Bedeutung eines Wortes durch Exklusion, durch Negation *(apoha)* bestimmt.) Ferner scheut die indische Logik eine totale Formalisierung, weil sie dadurch die empirische Zweckdienlichkeit gefährdet sieht. Denn wer könnte rein formal folgende Schlussfolgerung widerlegen: X ist Y, weil X Z ist (Feuer ist kalt, weil es ein Produkt ist)? Daher versucht die indische Logik in der Regel, den Boden der Wahrnehmung und der Erfahrung nicht ganz zu verlassen, und immer, wo sie dies tut, nimmt sie direkt oder indirekt Erfahrungserkenntnisse in Anspruch.

Der bekannte buddhistische Logiker Dignaga entwickelt in seiner bemerkenswerten Schrift »Hetuchakra« (Das Rad der Gründe) eine besondere Erklärung für die universale Relation zwischen z. B. »X und Y«. Das »Rauchigsein« wird universell begleitet vom »Feurigsein«, ebenso das »Menschsein« vom »Sterblichsein«. Indische Logiker sowohl der buddhistischen als auch der Hindu-Tradition wollen die Gründe für diese universale Relation ausfindig machen. Sollte diese Relation eine rein analytische, formale, ja sogar axiomatische sein, so könnte man die Feststellung auch umdrehen, die Relation wäre eine wechselseitige.

Die Verbindung zwischen Rauch, d. h. dem »Zeichen«, dem Grund *(hetu)*, und dem erschlossenen Feuer *(sadhya)* bildet das Jahrhunderte

---

[7] Vgl. Quine, W. V. O.: Word and Object. Cambridge 1970, S. 199.

lang zwischen der buddhistischen und der Nyaya-Schule heiß debattierte Thema der indischen Logik und Erkenntnistheorie. Die universelle Begleitung des Feuers durch Rauch, die Verbindung zwischen X und Y, wird *vyapti* genannt. Der Logiker Dignaga ist der Ansicht, dass alle Fälle von X (des Rauches) auch Fälle von Y (des Feuers) sind. Sein bedeutender Schüler Dharmakirti geht noch weiter in seiner Analyse dieser Relation und spricht von zwei Arten dieser Verbindung: In einem Falle besitzt Y eine Eigennatur, die auch die Essenz von X ist, oder es besteht eine Identität von X mit einem Teilbereich von Y. Dies macht die Relation völlig analytisch. Als Beispiel wird gegeben: »Dies ist ein Baum, weil er ein ›Simsapbaum‹ ist« (analog: Dies ist ein Pferd, weil es ein ›Schimmel‹ ist). War in der Ansicht Dignagas die Relation von X und Y eher eine kausale (immer wo Rauch, dort Feuer), ist hier die Relation eine synthetische. Die Frage ist allerdings, wie sich diese synthetische Relation begründen lässt? Denn eine strenge Trennung zwischen den synthetischen und analytischen Urteilen kennt die indische Logik nicht und ist daher skeptisch gegenüber der Möglichkeit der kantischen synthetischen Urteile a priori.

Die Nyaya-Logiker versuchen hier eine extensionale Definition. Setzen wir voraus, immer wo es Rauch gibt, gibt es Feuer, dann ist die Schlussfolgerung »auf dem Berg gibt es Feuer, weil es dort Rauch gibt«, logisch einwandfrei. Die eher psychologische Begründung der Naiyayikas sieht so aus: Sieht ein Mensch auf dem Berg Rauch, so erinnert er sich an das Gesetz: immer wo Rauch, dort Feuer. Dies hat er schon gelernt, indem er das Beispiel der Küche zu Hilfe nahm, wo Rauch immer mit Feuer einherging. Diese Erinnerung führt ihn dazu, dass er die neuerliche Wahrnehmung des Rauches auf dem Berg notwendigerweise mit Feuer in Verbindung bringt. Diesen Schritt nennt die Nyaya-Logik *paramarsha* (Überlegung). »This psychological sequence«, schreibt Mohanty, »also corresponds to logical sequence. Logic and psychology coincide; or, rather, if the logic appears to be psychological, psychology of reasoning is also logicized. The logical structure represents not how we ought to infer, but how, as a matter of fact, we do infer.«[8]

---

[8] Mohanty, J. N.: Classical Indian Philosophy, a. a. O., S. 23.

21. Die Jaina-Lehre vom »Standpunkt« (Nayavada)

Neben der buddhistischen und der Nyaya-Tradition der Logik darf man den großartigen Beitrag der Jaina-Logik für das indische philosophische Denken nicht vergessen. Die Jaina-Logik unter dem Terminus *nayavada* (Lehre vom Standpunkt) ist ein rein logischer Versuch, um der Problematik des philosophischen und auch des religiösen Pluralismus methodologisch-argumentativ zu begegnen. Die Totalität der philosophischen Diskurse enthält Positionen, »Standpunkte«, die, global gesehen, untereinander eher inkonsistent, inkommensurabel und inkompatibel sind, aber lokal gesehen, d. h. systemimmanent betrachtet, können sie völlig konsistent und in sich selbst widerspruchsfrei sein. Die interkulturelle Orientierung im weltphilosophischen Kontext lässt uns eine solche Diskurssituation hautnah spüren.

Auf eine solche Situation kann es eine dreifache Reaktion geben. Die erste Reaktion ist die, welche der indische Logiker Ganeri »doctrinalism« nennt. Diese theoretische Position hält einen Ausweg prinzipiell für möglich, um die wahre von der falschen Alternative zu unterscheiden. Dies geschieht jedoch oft durch Reduzierung von Alternativen zu Sub-Alternativen des eigenen allumfassenden Systems. Die anderen Alternativen werden in einer unangemessenen Weise auf die eigene Alternative verpflichtet, innerhalb deren dann Raum für Verschiedenheit sein soll. Eine solche Position mag möglich sein, aber der Preis einer solchen schon theoretisch gewaltsamen Uniformierung ist zu hoch. Selten sind wir in einer Situation, in der sich unterschiedliche Standpunkte *(naya)* ohne Selbstprivilegierung eines bestimmten Denkmusters miteinander vereinigen lassen.[9]

Die zweite Reaktion besteht in dem Standpunkt, dass es zum Wesen eines Arguments gehört, Gründe für die Behauptung und für die Ablehnung eines Sachverhalts, einer Aussage bereit zu haben. Aber jede Argumentation bedarf weiterer argumentativer Begründungen, um sich selbst zu untermauern. Da dieser Prozess ad infinitum weitergehen kann, meldet sich eine skeptische Haltung hinsichtlich einer ka-

---

[9] Vgl. Ganeri, J.: Indian Logic, in: Handbook of the History of Logic, vol. 1: Greek, Indian and Arabic Logic, hg. v. M. Gabbay und J. Woods, New York/London 2004, S. 355 f. Vgl. Loh, W.: Widerlegung der klassischen Aussagenlogik als Förderung einer Logik des Erwägens, in: Alternativer Umgang mit Alternativen, hg. v. F. Benseler et al., Opladen 1994, S. 241–259. Vgl. Wood, T. E.: Nagarjunian Disputations: A Philosophical Journey through an Indian Looking-Glass, New Delhi 1994.

tegorialen Anwendung der Argumente. Die pyrrhonischen Skeptiker in der Antike und der indische buddhistische Logiker Nagarjuna neigen zu einer solchen skeptischen Haltung. Nagarjuna als ein Dekonstruktivist par excellence dekonstruiert nicht nur Texte, Kulturen und Denkmuster, sondern weist eine legitime Anwendbarkeit allen kategorialen und konzeptuellen Denkens zurück. Ein begriffliches System, das Bedingtheiten ablehnt, braucht wiederum ein ähnlich geartetes System, um sich zu legitimieren. Und dieser Prozess kann endlos weitergehen.

Die dritte Reaktion – und diese wird von den Jaina-Logikern vertreten – ist die eines verbindlichen Pluralismus. Da die Jaina-Philosophen den Streit der Standpunkte nicht per Vorentscheidung beseitigen wollen, finden sie immer Bedingungen, unter denen eine Behauptung bzw. die Ablehnung einer Behauptung möglich sind. Freilich gehen sie von der Überzeugung aus, die Rechtfertigung eines Sachverhalts sei dem Standpunkt immanent. Sobald Aussagen über Sachverhalte gemacht werden, ist die Wirksamkeit einer bestimmten Perspektive am Werke. Damit ist aber die Möglichkeit anderer Standpunkte immer schon inbegriffen.

Von sieben solchen Standpunkten ist hier grundsätzlich die Rede: 1. *naigamanaya* (der unbestimmte Standpunkt) zieht die besonderen Merkmale eines Gegenstandes noch nicht in Betracht; 2. *sangrahanaya* (der kollektive Standpunkt) bezieht sich auf die ganze Klasse, Gruppe, wie z. B. alle Bäume im Allgemeinen; 3. *vyavaharanaya* (der praktische, pragmatische Standpunkt) zieht die spezifischen Merkmale in Betracht; 4. *rajusutranaya* (der momentane, geradlinige Standpunkt) ignoriert die vergangenen und zukünftigen Aspekte einer Sache und konzentriert sich auf das Gegenwärtige; 5. *shabdanaya* (der wortgetreue Standpunkt) stellt die syntaktischen Beziehungen zwischen den Wörtern ins Zentrum; 6. *samabhirudhanaya* (der subtile Standpunkt) geht von der tieferliegenden Semantik aus und macht einen Unterschied zwischen den Wörtern und 7. *evambhutanay* (der so beschaffene Standpunkt) entspricht im Ganzen der pragmatischen Dimension in der Semiotik und stellt die Verwendung der Bedeutung eines Wortes dar.

Von diesen verschiedenen Standpunkten aus können über einen Sachverhalt sieben Aussagen getroffen werden, die dann jeweils von dem Zusatz »kann sein« *(syad)* begleitet sind, der meint: »von einem bestimmten Standpunkt aus«, »innerhalb einer bestimmten philosophischen Perspektive«. Es gibt Logiker, wie z. B. Bharucha und Kamat, die

die Jaina-Logik eine »para-konsistente Logik« nennen, weil sie Widersprüche logisch für möglich, vertretbar und verstehbar hält.[10] Der größte Beitrag der Jaina-Logik zum weltphilosophischen Diskurs heute besteht in Folgendem: Erstens gibt sie uns ein logisches und erkenntnistheoretisches Fundament für einen philosophischen Pluralismus, zweitens lehnt sie auch eine theoretische Selbstverabsolutierung eines bestimmten Standpunkts ab, drittens vermeidet sie auf diese Weise eine jede theoretische und intellektuelle Gewalt unter den Standpunkten und viertens führt sie auch auf der ethisch-moralischen Ebene zur Gewaltlosigkeit. Eine streng binäre Logik dagegen, die nur ein ausschließendes Entweder/Oder kennt, ein *tertium non datur* vertritt und alle Zwischenpositionen ablehnt oder reduktiv traktiert, verbaut die Wege einer möglichen Verständigung unter den Positionen.

In ihrem Versuch, einen jeden einseitigen *(ekanta)* Dogmatismus zu vermeiden, entwickeln die Jaina-Logiker eine Theorie der Nicht-Einseitigkeit der Standpunkte *(anekantavada)*. Diese Nichteinseitigkeitslehre führt sie zu ihrer »siebenwertigen Logik« *(saptabhanginaya)*, auf die in Abschnitt III, Kap. 55, noch einmal näher eingegangen wird.

22. Interkulturelle Logik jenseits einer Logik der Identität und Differenz

Immer wenn die Kategorien der Identität und Differenz verabsolutiert werden, ist ein offener und unvoreingenommener Dialog undurchführbar. Identitätslogiker sind im Grunde Essentialisten, Differenzlogiker eher Relativisten. Interkulturelle Logik versucht, eine Zwischenposition zu besetzen und gesteht jedem Standpunkt seine Berechtigung zu.

Indische Erkenntnistheoretiker betrachten die Erkenntnis auch als eine voluntative Tätigkeit. Erkenntnis verfolgt, wie oben kurz dargestellt, zwei Ziele: Erkenntnisgewinnung und Hinführung zur Realisation eines Zieles. Ferner sind fast alle Erkenntnistheoretiker der Ansicht, dass Bedeutung stets referentieller Natur ist. Die einzige Ausnahme bilden die Buddhisten, welche die Bedeutung eines Wortes durch die Negation festlegen. Durch Exklusion *(apoha)* wird die eigent-

---

[10] Vgl. Bharucha, F./Kamat, R. V.: Syadvada-Theory of Jainism in Terms of Deviant Logic, in: Indian Philosophical Quarterly, 9 (1984), S. 181–187; Bremer, M.: Wahre Widersprüche: Einführung in die parakonsistente Logik, St. Augustin 1998.

liche Bedeutung der Einzeldinge bestimmt. Wegen des referentiellen Charakters der indischen Bedeutungstheorien bleiben die Ausdrücke wie »Himmelsblume«, »Sohn einer unfruchtbaren Frau« oder falsche Aussagen problematisch. Logik als eine Theorie der Schlussfolgerung ist ein Teilbereich der Erkenntnistheorie. Schlussfolgerung ist in erster Linie ein Modus der Erkenntnisgewinnung. Dies ist auch der Grund, warum indische Logik sich nicht von der Psychologie trennte, wie bereits ausgeführt. Es gibt keine der europäischen Epistemologie entsprechend strenge Unterscheidung zwischen dem bloß »Apriorischen« und dem »Aposteriorischen«. Dass sich die indische Logik nicht sehr stark formalisiert hat, liegt auch daran, dass sie reine formale Bestimmungen für die Erreichung der Ziele als nicht so wichtig ansieht. Sehr oft hat man im Westen das »Fehlen« einiger Merkmale in der indischen Logik als »Mangel« gedeutet. Dies ist ein Ergebnis der Verabsolutierung eines bestimmten Denkmusters.

Interkulturelle Logik versucht die Universalität des kulturunabhängigen, anthropologisch verankerten logischen Denkens mit der Partikularität der kultur- und systemspezifischen Differenzen der unterschiedlichen Denkmuster zu vereinbaren. So ist interkulturelle Logik nicht eine »transzendentale Logik«, wenn damit ein bestimmtes Denkmuster sich in den absoluten Stand setzt. Eine solche Selbstverabsolutierung neigt zu einer Logik der Identität, die vor dem Vergleich unterschiedlicher Denkmuster das *Tertium Comparationis* in dem eigenen Denkmuster dingfest macht.

Die Logik erster Ordnung geht von der universellen Applizierbarkeit des logischen Denkens aus, das in dem Versuch besteht, für Erkenntnisse, Wahrheitstheorien, Werte u. a. Argumente zu liefern. Die Logik zweiter Ordnung besteht in einer vergleichenden Untersuchung der unterschiedlichen konkreten kulturspezifischen und systemabhängigen Gestalten der Logik. Interkulturelle Logik verlangt die Selbstbescheidung und Rücknahme der Verabsolutierungstendenz einer bestimmten Logik. Dies heißt nicht, dass das interkulturelle Denken dem Skeptizismus und Relativismus das Wort redet. Sie stimmt mit den methodologischen und erkenntnistheoretischen Ansichten Helmuth Plessners überein, wenn er hinsichtlich solcher Tendenzen im europäischen Denken schreibt: »In dem Verzicht auf die Vormachtstellung des europäischen Wert- und Kategoriensystems gibt sich der europäische Geist erst den Horizont auf die ursprüngliche Mannigfaltigkeit der geschichtlich gewordenen Kulturen und ihrer Weltaspekte ganz frei. In dem Verzicht auf die Absolutheit der Voraussetzungen, welche diese Freistellung selbst erst möglich machen, werden diese Voraussetzungen zum Siege geführt.«[11]

23. Nagarjunas Lehre von der Leerheit (Shunyata)

Der buddhistische Philosoph Nagarjuna ist ein Anti-Essentialist und seine grundsätzliche Kritik der logischen Kategorien belegt dies. Sein Dekonstruktivismus erstreckt sich nicht bloß auf Texte mit einer pluralistischen Lesart, sondern er demonstriert die logische Inkohärenz und Unanwendbarkeit aller philosophisch-konzeptuellen kategorialen Projekte. Seine grundlegende Mahayana-Schrift *Madhyamika-Karika* (Traktat über die Philosophie des mittleren Pfades) schrieb Nagarjuna, um die grundsätzliche konditionale Natur aller Dinge, aller *dharmas*, aufzuzeigen. Die Einsicht in die wesenhafte Bedingtheit aller *dharmas* betrifft ausnahmslos alles, worüber gesprochen oder geschrieben wird. Sie betrifft Wahrheit, Wirklichkeit, philosophische Theorien und diverse Formen geistiger Konstruktionen. Nagarjuna weist im Gegensatz zu dem Vedanta-Philosophen Shankara eine jede Dualität zurück, ohne irgendeine weitere Entität in Anspruch zu nehmen. Hieraus ergeben sich einige Ähnlichkeiten zwischen Nagarjuna und Wittgenstein. Nach Nagarjuna darf keine Aussage Buddhas als Wesensaussage aufgefasst werden. Dies gilt *auch* für die Lehre von der Leerheit, denn das Ziel ist letzten Endes auch die Leerheit von der Leerheit *(shunyatashunyata)*. Eine falsch verstandene Leerheit ist gefährlich, so wie eine Schlange, die man nicht richtig anpackt.[12] »Alles ist leer« heißt nur, dass nichts sui generis da ist. Aus Nagarjunas Sicht widerspricht nämlich die Annahme, die Dinge seien sui generis da und besäßen ihre unabhängige Natur, nicht nur empirischen Evidenzen, sondern ebenso vernünftigen Argumenten. Nagarjuna ist ein Erfahrungsphilosoph und weist aus dieser Haltung heraus die ontologisch belastete Theorie von der Eigennatur der Dinge zurück. Indische Logik kreist um die These von der Eigennatur der Dinge, sie entweder bejahend, kritisierend oder ablehnend. Während die Philosophen der realistischen Nyaya-Schule die Eigenna-

---

[11] Plessner, H.: Zwischen Philosophie und Gesellschaft, Frankfurt/M. 1979, S. 299.
[12] Vgl. Nagarjuna: Mulamadhyamakakarika, übers. u. hrsg. von D. T. Kaluphana, Delhi 1991 (24.11.).

tur bejahen, lehnen die Buddhisten, vor allen Nagarjuna und Chandrakirti, diese ab.

Die Lehre vom »abhängigen Entstehen« *(pratityasamutpada)* aller Dinge meint die Leerheit der Eigennatur *(svabhava)* aller Dinge und mündet recht verstanden in der Vorstellung vom Nirvana. Nagarjuna spricht sogar von einer Identität zwischen »Samsara« und »Nirvana« (Welt und Nirvana). Bekannte Buddhologen wie Stcherbatsky und Murti sehen hier eine monistische Lehre. Karl Jaspers verbindet in seiner Studie über Nagarjuna diese Lehre von der Unsagbarkeit der Leerheit mit seiner zentralen Lehre vom »Umgreifenden«: »Die Selbstvernichtung allen Denkens soll freimachen für etwas anderes.«[13] Ob Nagarjuna mit seiner Negation jemals die Leerheit selbst zu einer positiven Kategorie machen wollte, ist mehr als fraglich. Denn sein bekannter Schüler und Kommentator Chandrakirti weist gerade eine solche Tendenz bei Vasubandhu, dem bekannten Vertreter der Yogacara-Schule, zurück. Für Nagarjuna ist die eigentliche Aufgabe der Philosophie nicht das Vertreten einer These. Philosophie soll uns helfen, uns von allen Theorien und Positionen zu befreien, um uns so in die Lage zu versetzen, die unsagbare Erleuchtungserfahrung machen zu können.[14]

Die Lehre von der der menschlichen Natur innewohnenden Buddha-Natur darf nicht als eine metaphysisch-ontologische Lehre verstanden werden, denn dann ist die Lehre von der Leerheit eine vorletzte Stufe auf dem Wege des soteriologischen Ziels »Nirvana«. Die Buddha-Natur ist gleichsam die Urnatur aller Wesen. Daher ist Erleuchtung eine Möglichkeit, die allen Wesen offen steht. Diese Lehre von der ewigen Buddha-Natur wird nur von den Anhängern der Mahayana-Schule vertreten. Höchstens kann man die allgegenwärtige Buddha-Natur als eine Potentialität verstehen, die uns gelingen kann, an der wir aber auch scheitern können. Es wäre eine große Naivität zu glauben, die uns eigene Buddha-Natur habe uns schon erlöst. Man muss sich hier vor der

---

[13] Jaspers, K.: Aus dem Ursprung denkende Metaphysiker, Stuttgart 1957, S. 342. Vgl. auch Edelglass, W.: Emptiness appraised: A Critical Study of Nagarjuna's Philosophy, in: Philosophy East & West, Okt. 2003, 502–506.

[14] Vgl. Brodbeck, K.-H.: Buddhismus – interkulturell gelesen, Nordhausen 2005, S. 101 ff. Vergleiche in diesem Zusammenhang das bahnbrechende Werk von Hans P. Sturm über vergleichende Philosophie, Logik, Erkenntnistheorie und Metaphysik im Geiste einer interkulturellen philosophischen Orientierung mit dem Titel: Weder Sein noch Nichtsein. Der Urteilsvierkant (Catuskoti) und seine Korollarien im östlichen und westlichen Denken, Würzburg 1996.

Annahme eines Automatismus hüten. Meditative und spirituelle Praxis ist für das Realisieren der eigenen potentiellen Buddha-Natur unerlässlich.

24. Nagarjunas Methode der »reductio ad absurdum«

Um die eigene Position glaubwürdig darzulegen, ist es in der philosophischen Literatur methodologisch üblich, als erstes die Position des Gegners *(purvapaksha)* möglichst getreu darzustellen. Auch Nagarjunas Argumentation zielt darauf ab, ausgehend von den logischen Prämissen des Gegners die gegnerischen Positionen *(prasanga)* zu dekonstruieren. Diese bekannte Methode Nagarjunas und seiner Anhänger kennt folgende Schritte: 1. Die These des Gegners wird namhaft gemacht. 2. Es werden aus dieser These logische Konsequenzen abgeleitet. 3. Diese Konsequenzen stehen entweder im Widerspruch zu der ursprünglichen Position des Gegners, oder sie sind absurd und unglaubwürdig. 4. So erweist sich die ursprüngliche These, d. h. die Position des Gegners, als sinnlos. Gilbert Ryle nennt diese Methode »reductio ad absurdum«.[15]

Nagarjuna versetzt sich beispielsweise in die Position eines Nyaya-Philosophen und stellt folgende Überlegung an: Ist alles leer, einschließlich dieser Aussage, so ist die Aussage »alles ist leer« selbst leer. Ist dem so, dann verliert diese Aussage ihren Wahrheitsanspruch. Ist aber die Feststellung nicht leer, dann muss man Gründe angeben.[16] Die Position des Nyaya-Philosophen ist nicht die Position Nagarjunas. Nach ihm besitzt nichts eine Eigennatur. Die Frage des Gegners, nämlich des Nyaya-Philosophen, ist: Hat die Negation eine Eigennatur oder nicht? Wenn ja, dann ist die Aussage doch nicht ganz leer; wenn nein, dann ist die Aussage »alles ist leer« nicht zutreffend. Nagarjuna trifft aber in Wirklichkeit gar keine »Aussage«, sondern gibt einer Einsicht Ausdruck, die *keine* propositionale Aussage impliziert.

Unweigerlich fühlt man sich an das Lügner-Paradoxon des Epimenides erinnert. Danach soll Epimenides, selbst ein Kreter, gesagt haben: »Alle Kreter lügen.« Diese eine mögliche Version des Paradoxons

---

[15] Vgl. Ryle, G.: Philosophical Arguments, Oxford 1945, S. 6.
[16] Vgl. Nagarjuna: Vigrahavyavartani, hg. v. E. H. Johnston und A. Kunst, Melanges chinois et bouddhiques, vol. IX, 1948–51, S. 108.

ist ähnlich geartet wie die Aussage Nagarjunas. Beiden, Epimenides und Nagarjuna, wurde vorgeworfen, inkonsequent zu sein. Versucht man das Paradoxon aufzulösen, indem man sagt, dass keine Feststellung wahr ist bis auf eine, so löst man die aus der Selbstreferenz-Problematik entstandene Frage nur scheinbar. Denn der Gegner kann immer noch sagen, dass dies eine Rücknahme der Aussage bedeutet und nur heißen kann: *einige* Feststellungen sind wahr. Die Wahrheit der Allaussage aber ist in Gefahr. Ferner wird der Gegner, nämlich der Nyaya-Logiker, in der indischen Tradition von Nagarjuna eine tatsächliche Begründung, eine faktische Grundlage für diese Ausnahme verlangen.

Es gibt einen entscheidenden Unterschied zwischen dem Kreter Epimenides und Nagarjuna. Dieser besteht darin, dass Letzterer in der Tat zugibt, keine eigene These aufzustellen, die er dann zu verteidigen hätte, während nach einer bestimmten Lesart seiner Position Epimenides eine eigene These vertritt, und zwar: Alle Kreter lügen bis auf ihn. Nagarjuna ist der denkbar radikalste Dekonstruktivist, denn er macht nirgends Halt, seine eigene Position eingeschlossen. Er möchte durch seine Feststellung: »Keine Feststellung ist wahr« selbst keine weitere These aufstellen, die entweder bewiesen oder widerlegt werden könnte. Daher kann er behaupten, dass die Kritik der Gegner in die Leere gehe, weil er (Nagarjuna) weder eine Position vertrete noch verpflichtet ist, sie zu verteidigen.[17] Nagarjuna ist der Ansicht, nur eine Aussage könne die Wahrheitswerte »wahr« oder »falsch« besitzen. Dagegen sei die Feststellung: Keine Feststellung ist wahr, selbst keine Aussage, sondern höchstens ein illokutionärer Sprechakt, der die Grenze der Sprache kennt und eine Einsicht formuliert, die einem widerfährt, wenn man die Bedingtheit aller *dharmas* erkennt. Nagarjunas Gegner im philosophischen Disput lässt ihn aber nicht so leicht davonkommen. Er stellt weiterhin die Frage: Wenn Nagarjuna keine These, keine Position zu vertreten und zu verteidigen beansprucht, warum tritt er dann mit anderen in einen Diskurs ein? Nagarjuna hat hier zwei Antworten. Erstens sagt er, dass ohne einen Bezug zur konventionellen Welt des Verhaltens keine Feststellung, keine Äußerung gemacht werden kann.[18] Daher die Notwendigkeit, Feststellungen zu treffen. Zweitens ist er der Ansicht, dass die absolute Wahrheit *(paramartha satya)* »alle Dinge sind leer« der konventionellen *(samvritti)* Sprache bedarf.

---

[17] Vgl. Nagarjuna: Vigrahavyavatani, S. 127 und Vers 30.
[18] Ebenda, S. 127.

24. Nagarjunas Methode der »reductio ad absurdum«

Noch weiter in die Enge getrieben, kann Nagarjuna als ein »kognitiver Mystiker« (Matilal) zu Buddhas Schweigen Zuflucht suchen. Er tut dies auch. Nagarjuna ist aber ein Lehrer, ein Pädagoge, und muss seine Lehre dem gemeinen Volk verständlich machen. Da ein totales Schweigen hier nicht die geeignete Methode sein kann, greift Nagarjuna, trotz der Mängel und Gefahren eines Missverständnisses, zur Sprache und trifft eine Feststellung, die bloß eine Kommunikationsfunktion hat und nicht den Anspruch erhebt, wahr oder falsch zu sein. Die Macht der konventionellen Verhaltens- und Kommunikationsweisen wird anerkannt und die Sprache »in the absence of any better alternative«[19] als das zwar nicht ganz geeignete, aber unvermeidbare Mittel der Verständigung gewählt. Nur in dem Ausgesprochenen, meint Wittgenstein, kann das Unausgesprochene sich zeigen.

Nagarjuna, hier Buddha folgend, stellt auf die Frage des Gegners eine Gegenfrage: Wird eine Erkenntnis gewonnen mit Hilfe von Erkenntnismitteln, so stellt sich die Frage, wie die Erkenntnis dieser Erkenntnismittel gewonnen wird? Brauchen wir doch dann weitere Erkenntnismittel, um die Erkenntnis von den Erkenntnismitteln zu gewinnen, so resultiert hier ein regressus ad infinitum. Freilich kann der Gegner hierauf unter Zuhilfenahme einer Selbstevidenz der Erkenntnismittel antworten. Nagarjuna wird hier aber sicherlich die Frage stellen: Warum genießen manche Erkenntnismittel einen Sonderstatus und bedürfen keiner weiteren Begründung? Nagarjuna ist der Ansicht, dass Erkenntnismittel und die Wahrheit, die sie bestätigen, Hand in Hand gehen. Er meint daher, hier einen circulus vitiosus entdecken zu können. Uns allen ist die alte Geschichte vom Ei und dem Huhn bekannt … Nagarjunas Kritik verlässt diese triviale Ebene und lässt die beiden Glieder voneinander abhängig sein. Das bekannte Gleichnis, das Nagarjuna hier als Erläuterung für seine Ansicht heranzieht, ist das von Vater und Sohn. Ohne Vater kein Sohn, aber ebenso ohne Sohn kein Vater.[20] Die Relationen sind gleichwertig mit den »Relata« zu behandeln.

Die Madhyamika-Philosophen entwerfen ein Modell der Logik im Dienste der Leerheit, deren Realisation gleichzusetzen ist mit »Nirvana«. Allgemein anerkannt ist unter den buddhistischen Erkenntnistheoretikern die Bedeutungslehre von *apoha*, d. h. eine Theorie der Bedeutung der Wörter durch den Ausschluss, durch eine Exklusion. Was

---

[19] Matilal, B. K.: Philosophy, Culture and Religion, New Delhi, S. 46.
[20] Nagarjuna: Vigrahavyavatabi, Vers 49, 50.

eine Sache ist, lässt sich nicht sagen, ja lässt sich nicht einmal fragen, denn es gibt keine Sache an sich, keine Sache aus sich heraus. Daher definiert die buddhistische Logik eine Sache A, indem sie sagt, A ist nicht B.[21]

Für die Madhyamikas ist die Leerheit die Kritik aller Ansichten über die Realität. Dies bedeutet nicht, dass dann die Madhyamikas selbst hiermit eine neue Ansicht den anderen Ansichten hinzufügen. Es geht vielmehr um eine Einsicht, die weder eine Bestätigung noch eine Widerlegung braucht.

25. Entwurf einer interkulturellen Logik[22]

Dem logischen Denken als einem Erklärungs-, Begründungs- und Rechtfertigungsverfahren kommt eine Universalität und Partikularität zugleich zu. Dies deutet auf ein überlappendes, interkulturelles »Zwischen« hin, was uns erlaubt, dass wir den allgemeinen Begriff Logik mit unterschiedlichen Adjektiven belegen, wie z. B. klassische, moderne, zweiwertige, mehrwertige, para-konsistente, indische, chinesische, buddhistische Logik u. a. Dies führt dazu, dass eine interkulturelle Logik zunächst einmal eine theoretisch-methodologische Grundlage des *de facto* philosophischen Pluralismus liefert. Es geht eigentlich um eine interkulturelle »culture of formalism«, um einen Ausdruck von Martti Koskenniemi, kontextuell variierend, zu gebrauchen.[23] Diese interkul-

---

[21] Vgl. Hsueh-li-cheng: Empty Logic. Madhyamika Buddhism from Chinese Sources, New Delhi 1991; Wood, Thomas E.: Nagarjunian Disputations. A Philosophical journey through an Indian Looking-Glass, New Delhi 1994; Huntington, C. W.: The Emptiness of Emptiness, Honolulu 1989.

[22] Danken möchte ich hier besonders den Kollegen Werner Loh (Universität Paderborn) und Rainer Zimmermann (Universität Kassel) für die für mich sehr anregenden, weiterführenden und sympathisch-kritisch-konstruktiven Gespräche. Beide haben in ihren einschlägigen Schriften das logische Denken interkulturell philosophisch thematisiert und die Universalität der Logik mit ihrer Partikularität und Geschichtlichkeit zusammengedacht. Loh, Werner: Kombinatorische Systemtheorie: Evolution, Geschichte und logisch-mathematischer Grundlagenstreit, Frankfurt/M. 1980; »Logik der Geschichte als Geschichtlichkeit der Logik«, in: Orthafte Ortlosigkeit der Philosophie. Eine interkulturelle Orientierung, hrsg. von Hamid R. Yousefi et al., Nordhausen 2007; Zimmermann, Rainer: Kritik der interkulturellen Vernunft, Paderborn 2004.

[23] Vgl. Koskenniemi, Martti: From Apology to Utopia. The Structure of International legal Argument. Reissue with New Epilogue, Cambridge 2005.

25. Entwurf einer interkulturellen Logik

turelle logische Kultur gestattet uns, die Universalität des Logischen aufrechtzuerhalten, ohne ihre partikulären, kulturellen Gestalten zu ignorieren. Die reiche Palette der rational-logischen Entwürfe ist selbst intrakulturell nicht immer homogen, und dies im interkulturellen weltphilosophischen Kontext noch weniger. Rationalität und Konsistenz können, brauchen jedoch nicht immer zusammenzugehen. Interkulturelle Logik plädiert für eine Kontinuität rationaler Diskurse auch unter den sonst manchmal inkonsistenten Denkmodellen. Denn ein »alternatives Denkmodell« ist ebenso erwägenswert. Es gehört ferner zur Eigenart der interkulturellen Logik, dass sie selbst nicht eine bestimmte, konkrete Gestalt von Logik darstellt, sondern der *Name einer logischen Denkeinstellung* ist. Diese stellt nicht etwa die Gültigkeit der klassischen logischen Sätze von der Identität, vom Widerspruch und dem ausgeschlossenen Dritten in Frage. Sie benennt eher die Bedingungen, Voraussetzungen, unter denen sie gelten. Ferner weist sie einen bedingungslosen universalistischen Geltungsanspruch zurück. Denn der Satz vom Widerspruch gilt, wenn wir die Wahrheitswerte von vorneherein in zwei, und *nur* in zwei sich widersprechende Eigenschaften teilen. Diese logische Einstellung darf selbst nicht wiederum als ein »archimedischer Punkt« missverstanden werden, denn es geht um eine Selbstbescheidung und Selbstbegrenzung aller logischen Systeme. Daher ist es ein Missverständnis zu meinen, interkulturelle Logik befürworte mehrere unverbindliche Logiken und erschwere den Zusammenhalt des logischen Denkens und Handelns. Hier ist zu sagen, dass es in der Tat verschiedene Logiken gibt, dass dieser Sachverhalt sich aber sehr wohl mit der Konzeption einer übergreifenden Logik verträgt. Daher ist die Angst mancher Logiker unbegründet, wenn sie der Ansicht sind: Gäbe es verschiedene Logiken, so müsste die Gesellschaft auseinanderfallen.[24]

Nagarjuna begreift seine vierfache Negationslogik *(chatuskoti)* eben als eine solche hier beschriebene Einstellung, die alle Positionen in ihrem Entstandensein *(pratityasamutpada)* bloßlegt, ohne selbst eine irgendwie geartete transzendentale Position zu beziehen. Im Geis-

---

[24] Klaus, Georg: Moderne Logik, Berlin 1966, S. 17. Vgl. hier auch Lukasiewicz, J.: Über den Satz des Widerspruchs bei Aristoteles, Hildesheim 1993. Hier meint Lukasiewicz, die Argumente für den Satz vom Widerspruch seien nicht überzeugend, und der Satz vom Widerspruch sei nicht universell. Ferner vgl. Blau, U.: Dreiwertige Sprachanalyse und Logik, München 1974.

te einer solchen interkulturellen Logik sind unterschiedliche Logik-Auffassungen nicht »radikal« voneinander verschieden, denn alle wollen Argumente liefern, mögen diese noch so konträr oder gar kontradiktorisch sein. Wer eine solche interkulturelle logische Einstellung einnimmt, bekommt mehr Zutrauen in die Möglichkeit der Kommunikation und Verständigung unter den unterschiedlichen Logik-Auffassungen.

Kritisch und zu Recht wird manchmal die Frage gestellt: Wie sollte der interkulturelle logische Ansatz beschaffen sein, um erstens die Absolutheits- und Exklusivitätsansprüche erfassen und erklären zu können, zweitens solche Ansprüche als unbegründet zurückzuweisen und drittens solche Ansprüche selbst nicht auf sich zu beziehen? Eine mögliche Antwort seitens der hier entworfenen interkulturellen Logik wäre die Konzeption einer Logik der Identität und Differenz, die anti-essentialistisch angelegt ist und die zentralen Kategorien und Großphänomene der Philosophie, wie z.B. Geschichte, Gerechtigkeit, Vernunft, Wahrheit, Erkenntnis, Moral usw., nicht ihrer Kontextualität und Sedimentiertheit beraubt. Ferner ist der interkulturelle logische Ansatz durch seine schon theoretische »Gewaltlosigkeit« gekennzeichnet, weil er die Universalität der Logik im Plural dekliniert. Dies hat zur Folge, dass man andere Standpunkte nicht von vornherein als unwahr oder ungültig abstempelt. Mit Helmuth Plessner ist hier zu sagen, dass man die Tugend der »Verzichtleistung auf den Absolutheitsanspruch« ausüben solle.[25] Die siebenfache Prädikationslogik der Jainas *(saptbh angi-naya)* unterstreicht einen solchen Ansatz, indem sie für eine »mehrwertige Logik« eintritt, die uns aus der Sackgasse einer nur »zweiwertigen Entweder-Oder-Logik« hilft.[26]

Husserls Gedanke von »überlappenden Inhalten« ist hier sehr hilfreich, weil er weder den Relativismus noch den Absolutismus extrem werden lässt. Interkulturelle Logik führt fast zu einem »Paradigmenwechsel« auf dem Gebiete der Vernunft- und Logikdiskussion im weltphilosophischen Kontext.[27] Sie hat keine Berührungsängste mit der

---

[25] Vgl. Plessner, H.: Zwischen Philosophie und Gesellschaft, 1979, S. 318f.
[26] Vgl. Matilal, B. K.: The Central Philosophy of Jainism (Anekant-vada), Ahmedabad 1981; Baxi, M.: Theory of Many-sidedness (Anekantvada) and Culture of Tolerance, in: Journal of Asiatic Society of Mumbai, vols. 77–78, 2002/2003; Mohanty, J. N: The Self and its Other. Philosophical Essays, New Delhi 2000.
[27] Vgl. Mall, R. A.: Zur interkulturellen Theorie der Vernunft. Ein Paradigmenwechsel, in: Vernunftbegriffe in der Moderne, hrsg. von H. F. Fulda und R.-P Horstmann, Stutt-

25. Entwurf einer interkulturellen Logik

Psychologie und trennt nicht a priori und abstrakt das Erkenntnistheoretische von dem Psychologischen. Ein wenig plakativ, aber nicht unzutreffend, wird mit Recht gelegentlich darauf hingewiesen, dass, während die (moderne) europäische Logik eine »propositionale« ist, mit Abstraktionen arbeitet und sich stets von der Psychologie aus Angst vor einem Subjektivismus und Psychologismus fern hält, indische Logik eher eine intensionale ist, die sich letzten Endes empirisch verankert und den Zusammenhang von Logik und Psychologie hervorhebt. Logik, so unser Fazit, kann aufgrund ihrer Zwischenstellung zwischen Epistemologie und Psychologie ihren beiden Verpflichtungen gerecht werden: Erkenntnisgewinnung *(jnanaprapti)* und Erkenntniserfüllung *(phalaprapti).*

---

gart, 1994. Das im Verlag Karl Alber erscheinende »Jahrbuch für Psychotherapie, Philosophie und Kultur« unter dem Titel »Psycho-Logik« hat erfreulicherweise ein verwandtes Ziel, die Universalität und Partikularität des Anthropologischen und Philosophischen interkulturell und interdisziplinär zum Tragen zu bringen.

Metaphysik (Prameya Shastra)

26. Idee der Metaphysik

Der Philosoph Max Scheler schwankte oft zwischen Anthropologie und Metaphysik. Er neigte zu der Überzeugung, dass Anthropologie doch letzten Endes den Primat besitze. Sein Aufsatz »Philosophische Weltanschauung«, der einige Tage vor seinem Tod erschien, kann als programmatische Schrift für seine Metaphysik gelten. In seiner Skizze der Metaphysik sind die diesbezüglichen Manuskripte[1] erschienen. Sein bekannter Aufsatz »Der Mensch im Weltalter des Ausgleichs« zielt auf eine Neubegründung der Metaphysik zwischen Ost und West. Scheler begreift jetzt Metaphysik nicht bloß als eine reine akademische Angelegenheit, sondern vielmehr als eine weltphilosophische, weltgeschichtliche und wissenschaftliche Notwendigkeit. Metaphysik kann ihre Sehnsucht nach dem einen Weltgrund nicht aufgeben. Erschwerend kommt hier hinzu, dass kein Denken jenseits der Kontingenzen angesiedelt sein kann. Die Frage ist, was zu tun sei, wenn es mehrere metaphysische Absoluta gibt, die im Raume stehen und von ihrem jeweiligen absolutistischen Geltungsanspruch erfüllt sind. Dem späten Scheler ist eine theologische Metaphysik abhanden gekommen, und seine bekannte Rede von einem »werdenden Gott« kann dafür als Beleg gelten. In diesem Zusammenhang spricht er von einem »postulatorischen Atheismus des Ernstes und der Verantwortung«. Fast im Geiste des buddhistischen anti-metaphysischen Denkens meint Scheler, dass die Suche nach etwas Unwandelbarem hinter den Dingen ein Wunschdenken des menschlichen Geists sei, geboren aus seiner Gebrechlichkeit, Schwäche und Sterblichkeit.

Für unsere Diskussion der indischen Metaphysik im weltphilosophischen Kontext sind folgende Worte Schelers von wegweisender Be-

---
[1] Gesammelte Werke, Bd. 11, 1979.

26. Idee der Metaphysik

deutung: »Als ich wagte, Metaphysiker zu werden. Ich trug das Allerweltskleid; es passte mir nicht … Ich sah, dass in Asien die Metaphysik der Religion vorhergegangen war; dass Religionen auch aus Metaphysik entspringen können. Ich sah auch den Grund, dass im Abendland die Religion der Metaphysik vorherging.«[2] Was Scheler hinsichtlich des asiatischen metaphysischen Denkens sagt, gilt nicht nur für das Hindu-Denken, sondern ebenso für atheistische, aber spirituelle Systeme wie z. B. den Buddhismus oder den Jainismus. Auch wenn das indische philosophische Denken seinen analytischen, reflexiven und kritischen Geist selbstständig beibehalten kann, ist das soteriologische Ziel stets eine dieses Denken begleitende Dimension.

Metaphysik hat den Ruf, eine Wissenschaft von dem Übersinnlichen zu sein. Dies mag dazu beigetragen haben, dass in der Metaphysik oft eine spekulative Vorgehensweise vorgezogen wird. Unsere Darstellung der indischen Metaphysik im weltphilosophischen Kontext hat weniger mit dem Wort, dem Begriff Metaphysik zu tun als vielmehr mit der inhaltlichen Seite. In der Einleitung seines viel gelesenen Buches »Individuals. An Essay in Descriptive Metaphysics« unterscheidet Strawson zwischen deskriptiver und revisionärer Metaphysik. Freilich sind sehr viele metaphysische Systeme eine Mischung aus beiden.[3] Mich überzeugt die Konzeption einer deskriptiven Metaphysik mehr als die einer konservativen, weil die Letztere den absolutistischen Geltungsanspruch nicht aufgeben kann – und dies angesichts mehrerer Absoluta. Während eine revisionäre Metaphysik a priori spekulativ Strukturen festlegt, denen die Erfahrung zu genügen hat, versucht die deskriptive Metaphysik, die unserem Denken durch Erfahrung aufgeprägten Strukturen zu beschreiben. Auch hier zeigt sich das Primat der Wahrnehmung, dem das indische philosophische Denken verpflichtet ist.

Unter dem Einfluss der traditionellen Konzeption der Metaphysik stehend, schuf Kant keine deskriptive Metaphysik. So schreibt er in seinem preisgekrönten Aufsatz zu der 1791 von der Königlichen Akademie der Wissenschaften zu Berlin ausgesetzten Preisfrage, welches

---

[2] Nachlass Max Scheler Ana 315 CC V, 29, zit. in: Mader, W.: W. Scheler, Reinbek bei Hamburg 1995, S. 132.
[3] Strawson, P. F.: Individuals. An Essay in Descriptive Metaphysics, Introduction, London 1959; vgl. auch: Mohanty, J. N.: Essays on Indian Philosophy. Traditional and Modern, hg. v. P. Bilimoria, Calcutta 1993, S. 17 ff.; Mall, R. A.: Der operative Begriff des Geistes. Locke, Berkeley, Hume, Freiburg i. Br. und München 1984, S. 225 ff.

Metaphysik (Prameya Shastra)

die wirklichen Fortschritte der Metaphysik seit Leibniz und Wolff seien, Metaphysik sei »die Wissenschaft, von der Erkenntnis des Sinnlichen zu der des Übersinnlichen durch die Vernunft fortzuschreiten«[4]. Will die Metaphysik nicht zu spekulativ, zu theologisch sein, so darf sie den Kontakt mit der Erfahrung nicht ganz verlieren. Die Hervorhebung des Übersinnlichen im Geschäft der Metaphysik mag auch auf einem historischen Missverständnis beruhen. Heidegger vertritt den Standpunkt, dass das griechische Wort »physis« nicht das Physische und das Psychische auseinander dividiert. Metaphysik sei demnach vielmehr die Wissenschaft vom Sein qua Sein. Auch eine solche Deutung der Metaphysik ist zu spekulativ, ontologisch belastet und für die logischen Positivisten ohne kognitive Bedeutung.

Die Idee des Seins *(sat)* als höchste, allumfassende Kategorie wird in der klassischen Metaphysik nicht aus den Erfahrungen des Seienden gewonnen, sondern a priori, spekulativ, ontologisch gesetzt. Eine deskriptive Metaphysik kann hier nur von einem analogischen Begriff des Seins reden, der fast aus dem Geist der Familienähnlichkeitsthese Wittgensteins zu verstehen ist. Metaphysik kann in unterschiedlichen Gestalten auftreten: als Wissenschaft von der Gesamtheit alles Seienden; als die Wissenschaft von dem höchsten Sein, d. h. von Gott; als die Wissenschaft von dem Urgrund; als die Wissenschaft von den essentiellen Merkmalen verschiedener Regionen des Seins; als eine kategoriale Klassifikation und Darstellung der unterschiedlichen Bereiche des Lebens. Systeme Platons, Hegels, Shankaras belegen dies. Während die spekulativen Systeme alles von einem obersten Prinzip her erklären, begnügen sich die deskriptiven Darstellungen mit einer Beschreibung dessen, was in irgendeiner Weise der Erfahrung gegeben ist. Die indischen philosophischen Systeme basieren in der Regel auf einer solchen Erfahrung. Die westlichen metaphysischen Systeme gehen eher von einer transzendenten oder transzendentalen Instanz aus, eine Instanz, die auch die Funktion der Konstitution übernimmt.

Wenn man so will, haben die großen metaphysischen Systeme im Grunde alle Probleme der Welt in der Theorie schon längst gelöst. Dennoch kann keine Reflexion die prä-reflexiven Momente des Lebens restlos erklären. Hierin liegt die tragische Note aller deskriptiven Metaphysiken, während die spekulativen Metaphysiken sehr optimistisch sind. Der Geist der Empirie erlebt eine Art von Widersetzlichkeit der Dinge

---

[4] Kant, I.: Werke, hrsg. von E. Cassirer, Berlin 1923, Bd. 8, S. 238.

gegenüber einem Denken, dass ihnen a priori vorschreibt, wie sie zu sein hätten. Die Präferenz für ein bestimmtes spekulativ-metaphysisches Modell mit einem universellen Geltungsanspruch kann nur tautologisch sein, weil ein solches Modell sich wiederum durch einen universellen Geltungsanspruch definiert. Da es nicht die eine allverbindliche Weltsicht gibt und da nichts jenseits des geschichtlich-kulturellen Gewordenseins steht, bleibt Philosophie nichts anders übrig, als sich zu bescheiden. Es war Hume, der den spekulativ gesinnten Philosophen den Ratschlag gab: »Be a philosopher; but amidst all your philosophy, be still a man.«[5]

Da die Philosophen die Welt sehr unterschiedlich deuten, ist es anmaßend, eine bestimmte »Buchstabierung« in den absoluten Stand zu setzen. Philosophiegeschichte als ein überquellendes Reservoir von Buchstabierungen warnt uns vor einer solchen Anmassung. Ebenso mahnt sie uns, Relativismus in toto abzulehnen. Sehr zu Recht heißt es bei Plessner: »Eine neue Verantwortung ist dem Menschen zugefallen, nachdem ihm die Durchrelativierung seiner geistigen Welt den Rekurs auf ein Absolutes wissensmäßig abgeschnitten hat: das Wirkliche gerade in seiner Relativierbarkeit als trotzdem Wirkliches sein zu lassen.«[6]

27. Kategorien (Padarthas)

Indische Metaphysiker haben in der Regel Realität mit Hilfe von grundlegenden *Padarthas* zu verstehen und erklären versucht. Der Begriff *padartha* weist zunächst auf eine Wortbedeutung und wird, auf Philosophie bezogen, mit Kategorie übersetzt. Es gibt eine Vielzahl unterschiedlicher Klassifikationen.

Die realistische *Nyaya-Vaisheshika* Schule der indischen Philosophie gibt uns eine Liste von sieben Kategorien: Diese sind: *dravya* (Substanz), *guna* (Qualität, Eigenschaft), *karma* (Handlung, Tat), *samanya* (das Allgemeine), *vishesha* (das Individuelle, das Besondere), *samvaya* (Inhärenz) und *abhava* (Negation).

Die *Nyaya-Schule* spricht sogar von sechzehn Kategorien. Diese Liste ist eine eigenartige Mischung von logischen, epistemologischen und deskriptiven Merkmalen: *pramana, prameya* (Erkenntnisgegen-

---

[5] Hume, D.: Enquiries, hrsg. von L. A. Selby-Bigge, Oxford 1966, S. 9.
[6] Plessner, H.: Zwischen Philosophie und Gesellschaft, Frankfurt/M., 1979, S. 298.

stände), *sanshaya* (Zweifel), *prayojan* (Ziel), *drishtanta* (Beispiel), *siddhanta* (Prinzip, Doktrin), *avayava* (Glieder des Syllogismus), *tarka* (Argument), *nirnaya* (Entscheidung), *vada* (Diskussion), *jalpa* (Disputation), *vitanda* (Spitzfindigkeit), *hetvabhasa* (Trugschluss), *chala* (Wortspielerei), *jati* (fehlerhaftes Argument) und *nigrahasthana* (Scheitern einer Debatte). Diese nicht sehr saubere Klassifikation stellt eigentlich die Themenbereiche des Philosophierens überhaupt dar.

Die *Mimamsa-Schule* spricht z. B. von *paratantrya* (Abhängigkeitsrelation), *shakti* (Kraft), *niyoga* (Pflicht), *samkhya* (Zahl), *sadrishya* (Ähnlichkeit).

Die Liste der Jaina-Philosophen enthält z. B.: *jiva* (individuelle Seele), *ajiva* (Bereich des Nicht-Selbst), *asrava* (Verunreinigung), *sambhara* (Vorbeugung), *nirjara* (Zerstörung), *bandha* (Verblendung), *moksha* (Befreiung) und *paryaya* (sich ändernde Zustände).

Die zwei Hauptkategorien der Samkhya-Philosophie sind: *purusha* (das Selbst) und *prakriti* (die Urnatur).

Die Kategorienliste der Carvakas ist folgende: *karana* (Instrument, Ursache, Grund), *karya-yoni* (materielle Ursache), *karya* (Wirkung), *karya-phala* (das, was der Handelnde als Wirkung intendiert), *anubandha* (Resultat), *desha* (Raum), *kala* (Zeit), *pravritti* (Anstrengung) und *upaya* (Mittel).

Die unterschiedlichen Listen der Kategorien und anderer Klassifikationen, ob philosophisch intrakulturell oder interkulturell betrachtet, lassen erkennen, dass die eigentliche philosophische Tätigkeit zwar »orthaft«, aber letzten Endes doch »ortlos« ist. Unterschiedliche kategoriale Darstellungen im Philosophieren der Völker deuten auf die jeweiligen kulturellen Sedimentierungen dieser Kategorien hin und realisieren dabei alternative philosophische Entwürfe, die den Entwurfscharakter als das überlappend Gemeinsame haben, mögen sie sonst in ihren Ausführungen noch so unterschiedlich sein.

Exemplarisch sollen hier die sieben Kategorien der realistischen Nyaya-Vaisheshika-Schule dargestellt werden, obwohl nicht alle Schulen der indischen Philosophie diesen zustimmen.

a)   *Substanz (Dravya)*

Substanz wird als das Substrat der Qualitäten und Handlungen verstanden. Die buddhistische Schule z. B. akzeptiert die Kategorie einer ewi-

27. Kategorien (Padarthas)

gen Substanz nicht. Oft wird behauptet, dass es die Sprachstruktur sei, die zu einer Metaphysik der Substanz führe. Eine solche Sicht ist jedoch nicht sakrosankt, denn das buddhistische Denken in Indien und die Sanskrit-Sprache gehen Hand in Hand. Es gibt aber auch Sprachen wie z. B. die der Hopis, die nicht Substanz, sondern Ereignisse ins Zentrum stellen. Als Ort der Qualitäten und Handlungen ist die indische Kategorie der Substanz nicht ganz gleichzusetzen mit der Kategorie der Substanz in der Lehre von Aristoteles. Die Theorie der Substanz wird weiter differenziert; es wird von neun Substanzen gesprochen. Diese sind: Erde *(prithvi)*, Wasser *(jala)*, Feuer *(tejas)*, Luft *(vayu)*, Äther *(akasha)*, Raum *(dik)*, Zeit *(kala)*, Seele *(atman)* und Geist *(manas)*. Dass Raum und Zeit Kategorien sind, erinnert an europäische philosophische Systeme. Es gibt jedoch Systeme in der indischen Philosophie, die Substanz selbst als veränderlich ansehen. Die indischen Philosophen haben zwischen einer reinen Kategorienlehre und einer empirischen Theorie ihrer Explikationen keine strenge Trennung vorgenommen.

b) Qualität (Guna)

Unter Guna wird in erster Linie eine Qualität verstanden, deren Träger nur eine Substanz sein kann. Guna ist auch das, was nicht unabhängig existiert *(a-pradhana)*. Die Universalien sind Gunas, wie z. B. die universelle Eigenschaft der »Kuhheit«, die sich in den individuellen Kühen widerspiegelt. Es gibt, ähnlich wie im Falle der Substanz, auch eine große Liste der Gunas. Es wird von 24 Gunas gesprochen. Diese sind: Farbe, Gestalt *(rupa)*, Geruch *(gandha)*, Geschmack *(rasa)*, Kontakt *(sparsha)*, Laut *(habda)*, Zahl *(samkhya)*, Größe *(parimana)*, Andersheit *(prithakatva)*, Verbindung, Konjunktion *(samyoga)*, Disjunktion *(vibhaga)*, Weite, Ferne *(paratva)*, Nähe *(a-paratva)*, Erlebnis *(buddhi)*, Freude *(sukha)*, Trauer *(duhkha)*, Wollen *(iccha)*, Aversion *(dvesha)*, Mühe *(prayatna)*, Schwere *(gurutva)*, Fluidum *(dravatva)*, Zähflüssigkeit *(neha)*, dispositionale Tendenz *(samskara)*, Wert *(dharma)* und Unwert *(adharma)*. Diese wenig systematisch wirkende Liste scheint ein Versuch zu sein, die reiche Vielfalt der Ansichten im indischen Denken zusammenzubringen. Freilich wird diese Liste nicht von allen Schulen und Philosophen übernommen.

Metaphysik (Prameya Shastra)

c)   Handlung (Karma)

Handlung im Sinne von Bewegung gehört der Substanz an, stellt aber eine Veränderung dar, die der Substanz nicht innewohnt. Es wird von fünf Arten von Karma gesprochen. Diese sind: Aufwärtsbewegung *(utkshepana)*, Abwärtsbewegung *(avakshepana)*, Kontraktion *(akuncana)*, Expansion *(prasarana)*, Ortsveränderung *(gamana)* und Inhärenz *(samavaya)*. Ferner steht Karma in unterschiedlichen Kontexten z. B. für Handlung, Prozess, vergangene Taten in ihren potentiellen Formen und Zuständen mit ihren moralischen Konnotationen.

d)   Inhärenz (Samavaya)

Inhärenz steht für eine Relation, die unterschiedliche Entitäten miteinander verbindet und so einen Zusammenhang ermöglicht. Samavaya fasst die unterschiedlichen Dinge zu einer Einheit zusammen und unterscheidet sich von der Relation der Konjunktion *(samyoga)*, die zeitweilig ist. So existiert das Ganze in seinen Teilen, das Allgemeine in seinen Exemplaren.

e)   Das Universelle (Samanya)

Samanya ist das Allgemeine und allen Individuen einer Klasse gemein. Es gibt drei Arten des Allgemeinen: das höchste Allgemeine *(para)*, was nur ein Genus und keine Spezies sein kann, wie z. B. das Sein als solche Kategorie; ferner das niedrigste Allgemeine, wie z. B. die »Kuhheit« aller Kühe, und das Allgemeine mittleren Umfangs *(parapara)*, wie z. B. die Substantialität unterschiedlicher Substanzen.

f)   Das Partikulare (Vishesha)

Diese Kategorie wird nur von der Vaisheshika-Schule anerkannt. Hier geht es um die Möglichkeit einer Unterscheidung z. B. zwischen den individuellen Kühen. So muss es letzten Endes das Unterscheidende geben, das sich nicht mehr weiter reduzieren lässt. Diese Kategorie steht für das »Besondere«, das weder das Individuelle noch das Universelle ist, sondern für das eigentlich unterscheidende Merkmal steht.

g) Negation (Abhava)

Es gibt nicht nur negative Urteile, sondern auch negative Entitäten. In der Nyaya-Vaisheshika-Schule gibt es unterschiedliche Formen der Negation: »X ist nicht in Y«, ist eine Form der Negation im Sinne der Abwesenheit des einen in dem anderen. »X ist nicht Y«, meint eine Differenz. Diese Negation kann die Zeitdimensionen des Noch-nicht und Nicht-mehr betreffen.

Lässt man diese hier selektiv vorgetragene Kategorienlehre im indischen Denken Revue passieren, so stellt man fest, dass Kategorien sowohl ontologische als auch konzeptuelle Dimensionen aufweisen. Da das indische philosophische Denken Theorie und Praxis nicht so streng voneinander trennt, sind die Kategorien sowohl theoretisch als auch praktisch Wegweiser für philosophische Weisheit, die neben der kategorial-konzeptuellen Bedeutung auch psychologisch, ethisch-moralisch, meditativ und spirituell dazu beitragen, dass das soteriologische Ziel erreicht wird. Die indischen Denker haben jedoch explizit die Frage nach der Methode, wie die Kategorien entdeckt werden, nicht gestellt. Dies ist z. B. in der Philosophie Kants ganz anders. Falls man von einer Methode im indischen Denken in diesem Zusammenhang sprechen kann, so kann dies nicht eine apriorische sein, denn der Primat der Wahrnehmung, der Erfahrung steht im Vordergrund.

28. Metaphysik im Buddhismus

Ab Mitte des 4. Jh. v. Chr. zeichnete sich im Buddhismus die Tendenz ab, die Lehre Buddhas unterschiedlich auszulegen. Dennoch lassen sich allgemein verbindliche Grundzüge des Buddhismus kurz so zusammenfassen: Alles, was es gibt, ist unbeständig (Pali: anicca), ohne Substanz (Pali: anatta) und voller Leiden (Pali: dukkha). Im Gegensatz zu der mächtigen Atman-Tradition der Hindu-Philosophie ist die buddhistische Metaphysik durch drei untereinander verbundene Thesen gekennzeichnet. Diese sind die Lehre vom Momentarismus *(kshanikavada)*, Substanzlosigkeit *(anatmavada)* und Einzigartigkeit *(svalakshana)*.

Metaphysik (Prameya Shastra)

Das, was real existiert, zeichnet sich durch die Fähigkeit aus, stets Wirkungen hervorbringen zu können *(arthakriyakaritva)*. Diese Auffassung des Realen steht in einem untrennbaren Zusammenhang mit der Kausalitätslehre des Buddhismus. Alles, was es gibt, d. h. alle Dharmas, verändern sich permanent, und die Rede von Substanz und Akzidenzien steht für beide Dinge. So ist für die buddhistische Metaphysik die Zeitdifferenz eigentlich Dingdifferenz. Im Gegensatz zur Hindu-Metaphysik der Atman-Tradition und auch im Gegensatz z. B. zur aristotelischen Substanzmetaphysik postulieren die buddhistischen Denker in der Regel keine ewige Substanz. An den Beispielen von Strom, Fluss und Flamme wird diese Ansicht verdeutlicht. Ein weiteres Merkmal der buddhistischen Metaphysik in diesem Zusammenhang ist die nominalistische Position bezüglich des Universalienstreits. Alle Existenz ist partikularer Natur und die Universalien *(samanya)* sind Denk-Konstruktionen *(kalpana)*.

Wie auch in der Hindu-Philosophie ist die buddhistische Metaphysik innerhalb der verschiedenen Schulen weiter differenziert. Vaibhashika basiert hauptsächlich auf den Kommentaren zu den Abhidharma-Schriften – Kompendium buddhistischer Philosophie und Psychologie in systematischer Anordnung –, Sautrantika betont im Gegensatz zur Vaibhashika-Schule das Sutra-Pitaka – Korb der Lehrreden Buddhas – und lehnt die grob realistische Position der Vaibhashikas ab. Die Yogacara-Schule, auch Vijnanavada genannt, sieht im Geist, im Bewusstsein das eigentliche Wahre. Alles andere stellt nur Erkenntnisvorgänge dar. Die Madhyamika-Schule vertritt den mittleren Weg zwischen den extremen Positionen: Alles ist und Nichts ist. Die ersten beiden Schulen werden dem Hinayana-Buddhismus, die letzteren dem Mahayana-Buddhismus zugerechnet.

Im Folgenden seien die vier metaphysische Schulen des indischen Buddhismus kurz behandelt.

a)   Vaibhashika (Sarvastivada)

Die zentrale Lehre der Vaibhashika-Schule besagt, dass alles existiert und real ist, ob es um mentale oder um nicht-mentale Dharmas geht. Dharmas als die einfachsten letzten Elemente sind nicht zusammengesetzt. Aber Dinge wie ein Haus, ein Baum sind Aggregate der einfachen Dharmas, stellen aber keine weiteren Entitäten dar. Es handelt sich in

28. Metaphysik im Buddhismus

solchen Fällen um zusammengesetzte Dharmas *(gunasamghata)*. So gibt es keine Substanz – ob materieller oder geistiger Natur –, die ewig wäre. Die Seele als ewige Substanz wird geleugnet, sie stellt nur eine Art Aggregat dar. Man erinnert sich an die »Bündeltheorie der Seele« in der Philosophie Humes. Auch kann man hier von einer »Psychologie ohne Seele« sprechen. Diese Schule vertritt einen radikalen Pluralismus. Von 75 Dharmas wird als den letzten unteilbaren Realitäten gesprochen. Die Dharmas werden ferner in Gruppen *(skandha)*, die unterschiedlichen Sinnesbereiche als Tore *(ayatana)* und Regionen des Bewusstseins *(dhatu)* eingeteilt. Die fünf Skandhas sind: *rupa* (körperliche Faktoren), *vedana* (Empfindungen), *samjna* (Wahrnehmung), *samskara* (Wille, Dispositionen, psychische Kräfte) und *vijnana* (Bewusstsein). Zu Skandhas gehören z. B. Geburt, Alter, Tod, Veränderung, Dauer. Skandhas sind wesenlos *(anatman)*, unbeständig *(anitya)*, leer *(shunya)* und leidvoll *(duhkha)*. Zu den zwölf *ayatanas* zählen: die sechs Sinnesorgane (einschließlich des Geistes, *manas*, der als ein »inneres Sinnesorgan« angesehen wird) und die sechs ihnen entsprechenden Sinnes- und Denkobjekte.

b) Sautrantika

Quellen der Sautrantikas sind die Sutren, Diskussionen, Reden, Gespräche Buddhas. Die Behauptung der Vaibhashikas, alle drei Zeitformen – Vergangenheit, Gegenwart und Zukunft – existierten in gleichem Sinne, wird von dieser Schule zurückgewiesen. Denn wäre dem so, bräuchte man keine Unterscheidung zwischen den drei Formen zu treffen. Der naive Realismus, so der Vorwurf der Sautrantika-Schule an die Sarvastivadins, begeht den Fehler, zwischen der Existenz der Dinge und der Subsistenz der Denkformen nicht zu unterscheiden. Die besondere Leistung dieser Schule liegt auf dem Felde der Epistemologie, die von einer entsprechenden Metaphysik unterstützt wird. Hier werden die subjektiven, ja die transzendentalen Bedingungen entdeckt, die das Zustandekommen von Erkenntnis erklären. Dignaga (5. Jh.) und Dharmakirti (7. Jh.) entwerfen eine Erkenntnislehre, die der kantischen sehr ähnelt trotz Differenzen, die aus einem grundsätzlich abweichenden Verständnis von Philosophie resultieren. Es geht dabei nicht etwa um ein falsches, sondern lediglich um ein *anderes* Verständnis. Diese Auffassung ist konstitutiv für *Philosophie im Vergleich der Kulturen*.

Metaphysik (Prameya Shastra)

Wahrnehmung spielt eine zentrale Rolle und ist von Natur aus wahr, weil sie eine präreflexive, uns vor allen Urteilen gegebene Stufe darstellt. Eine solche Wahrnehmung wird *nirvikalpa* genannt, d. h. ohne jeden Einfluss seitens des Denkens. Die Nyaya-Vaisheshika-Lehre von einer auch vom Denken geleiteten Wahrnehmung *(savikalpa)* lehnen die Sautrantikas ab. Denn eine Wahrnehmung, die Denkkonstrukte *(kalpanas)* in Anspruch nimmt, ist nicht rein und kann nicht das »dies« in dem Urteil »dies ist ein Buch« wahrnehmen. Die Sautrantikas gehen von einem kontinuierlichen, sich immer weiter verpflanzenden Bewusstsein aus. Dieses ist der Träger des Kreislaufs von Leben und Tod. Eine solche Vorstellung von Bewusstsein hat auch die Yogacara-Schule beeinflusst; die Lehre von der Augenblicklichkeit alles Existierenden wird von dieser Schule am stärksten vertreten. Selbst die Auffassung, Dinge seien eine pausenlose Abfolge von Momenten, wird zurückgewiesen. Denn die Vorstellung von Dauer ist für die Sautrantikas eine Illusion und kommt nur zustande, weil wir eine schnelle und dichte Abfolge als dauerhaft missverstehen.

Am radikalsten scheint die sehr negative Auffassung von Nirvana zu sein. Nirvana ist zwar ein spirituelles Ereignis, steht aber für eine Erfahrung: Es ist nicht. Der Erlöste *erfährt* das Nichtsein. Bei den verschiedenen Arten der Wahrnehmung, wie z. B. der sinnlichen *(indrinimittam)*, der geistigen *(manas-pratyaksha)* und der direkten Intuition *(sva-samvedana)*, gibt es eine vierte Form mit der Bezeichnung *yogi-pratyaksha*, d. h. eine nicht-sinnliche, ja sogar übersinnliche (intellektuelle) Wahrnehmung. Hier werden wir der Dinge, wie sie an sich sind, gewahr. Dies steht freilich im Gegensatz zu der kantischen Ansicht, intellektuelle Intuition sei dem Menschen verwehrt. Mag sein, dass das Anliegen der indischen Philosophie, auch eine soteriologische Dimension aufrecht zu erhalten, dazu führt, dass sie den Übergang vom Sinnlichen zum Übersinnlichen nicht so abrupt abbricht. Kant gesteht nur Gott die Möglichkeit einer intellektuellen Intuition zu. Indische Philosophie gesteht sie auch dem Menschen zu. Dies liegt vielleicht doch daran, dass der Weg der religiösen Befreiung ein Weg unter vielen ist. Der Weg Buddhas ist zwar kein streng religiöser, aber doch ein befreiender.

28. Metaphysik im Buddhismus

c) *Yogacara (Vijnanavada)*

Lässt man die Entwicklung der Schulen Revue passieren, so stellt man einen Trend vom Realismus zum Idealismus fest. Die Yogacara-Schule verwirft die Annahme eines »Dinges an sich« (Sautrantika-Schule) und stellt ins Zentrum ihrer Lehre den Geist, d. h. das Bewusstsein, mit seinen Erkenntnisvorgängen. Fast meint man hier an Hegels Reaktion auf Kant erinnert zu werden. Der eigentliche Begründer dieser Schule ist Maitreyanatha (ca. 270–350 n. Chr.). Asanga (4. Jhdt. n. Chr.) und sein Bruder Vasubandhu entwickeln diese Schule weiter und machen sie zu einer der bedeutendsten des Mahayana-Buddhismus. Die Vijnanavadins argumentieren folgendermaßen: Bewusstsein *(vijnana)* allein ist wahr, nicht die Erscheinung; diese besitzt außerhalb der Erkenntnisvorgänge keine Realität. Im Gegensatz zu den Madhyamikas, die alles relativieren, auch das Bewusstsein, meinen die Vijnanavadins, Bewusstsein könne ohne Selbstwiderspruch nicht relativiert werden. Man denkt hier an den »performativen Widerspruch« (Apel). Das Prinzip aller Prinzipien ist das Bewusstsein. Die Welt bedarf des Bewusstseins. Das »Entstehen« der äußeren Welt muss jedoch zufriedenstellend erklärt werden. Hier geht diese Schule von der Annahme von Bewusstseinszuständen aus. Das größte Reservoir solcher aus früheren Eindrücken bestehenden Bewusstseinszustände heißt *alaya-vijnana* (Speicherbewusstsein). Diese Eindrücke sind wie Keime, Potentialitäten, Dispositionen, die unter entsprechenden Bedingungen sprießen und die Weltdinge hervorbringen. Auch Handlungen sind Ergebnisse dieses *alaya-vijnana*. Das Speicherbewusstsein – in manchen Punkten mit dem Unbewussten Freuds vergleichbar – ist nicht etwas Statisches. Dispositionen können sich vermehren, ebenso verkleinern. Daher wird dieses Bewusstsein des Öfteren mit einem Strom verglichen, der weiter fließt und dessen Wasser sich stetig erneuert. Dieser Prozess betrifft nicht nur die Existenz auf Erden, sondern reicht über den Tod hinaus und stellt Kontinuität von Existenz zu Existenz her.

Die Potentialitäten bringen weitere Modifikationen des Geistes *(manas)* hervor, die uns fäschlicherweise an ein permanentes Ich denken lassen. Ein solches Ich gibt es jedoch nicht; was es gibt, sind subjektive Erkenntnisvorgänge. Es sind Erfahrungen ohne einen Erfahrenden. Da die Modifikationen nach außen projiziert werden, entsteht der Eindruck von einem Realsein der äußeren Dinge. Dies ist aber eine Täuschung, denn nichts existiert außerhalb der Erkenntnisvorgänge. Man denkt hier an eine ähnliche Position Berkeleys. Die Phänomene, die der Geist erkennt, sind dreifacher Art: die vorgestellten *(parikalpita)*, die abhängigen *(paratantra)* und die vollkommenen *(parinishpanna)*. Als Vorstellungen sind sie bloße »Einbildungen«, geboren aus unterschiedlichen früheren Tendenzen, Verblendungen *(vasanas)*. Sie besitzen keine selbständige Existenz, sondern entstehen, bestehen und vergehen in Abhängigkeit. Vollkommen werden diese Phänomene nur dann genannt, wenn sie uns in ihrem wahren Wesen erkennbar sind. Dies ist der Fall, wenn das Leere *(shunyata)*, das Unabhängige, das Ungewordene sich zeigt. Diese Vollkommenheit wird auch als *tathata* (Soheit) oder *dharmata* bezeichnet. Diese Soheit ist jenseits aller Subjekt-Objekt-Spaltung angesiedelt *(jnanam lokottaram)*. Wer diese Soheit realisiert, erfährt das wahre Wesen der Befreiung, die Erleuchtung.

Vasubandhu sieht Tathata in dem reinen, absoluten Bewusstsein verankert, denn alle anderen Bewusstseinsformen ohne diese Verankerung sind immer noch abhängige Formen. Selbst das Urteil: »Dies ist das reine Bewusstsein« ist nicht mehr rein, denn hier hat man schon ein Etwas identifiziert. Anscheinend meint das reine Bewusstsein einen Zustand, eine Erfahrung oder Intuition völliger Abwesenheit von Erkenntnissen, welcher Art auch immer. Die Frage ist, ob ein solcher Zustand jemals beschreibbar sein kann. Dieses Bewusstsein jenseits aller Gegenständlichkeiten wird das »Selbst Buddhas« *(dharmakaya)* genannt. Haben die Vijnanavadins hier nicht doch die Buddha-Natur ontologisiert, d. h. substantialisiert? Dies war gerade auch der Vorwurf, den die Madhyamika-Schule erhob.

d) Madhyamika

Die Erkenntnistheorie der Sautrantika-Schule vertritt keinen naiven, direkten Realismus, sondern lässt die Dinge, wie sie sind, durch Gedanken, Ideen, Vorstellungen *(kalpana)* dem Geist gegeben sein. Eine Ähnlichkeit mit der Theorie Lockes fällt auf. Die erkenntnistheoretische Position der Sautrantikas ist der Position Kants jedoch noch näher als jener Lockes, denn die konstituierenden Funktionen der Denkformen werden anerkannt. Die Kritik der Madhyamakas lautet hier, dass die Sautrantikas, obwohl sie mit Recht das subjektive Element in der Erkenntnisgewinnung betonen, einer Spekulation unterliegen, weil sie momentanen Entitäten eine Realität zuschreiben. Die Vedantins ver-

28. Metaphysik im Buddhismus

traten eine ähnliche Position, gingen aber von einer Permanenzthese aus. Um das eigentlich Reale zu verstehen, muss man nach der Auffassung der Madhyamika-Schule die unterschiedlichen Standpunkte, die uns binden, zurückweisen. Daher wird von einer Leerheit aller Gesichtspunkte *(drishti-shunyata)* gesprochen. Die Leerheit ist einerseits die Absenz eines ewig existierenden Selbst und andererseits die Erkenntnis, dass nichts eine eigene Natur besitzt. Eine solche Einsicht kann Erlöstheit bedeuten, denn Leerheit ist jenseits des bloß Relativen bzw. Ewigen. Daher wird diese Schule auch als *shunyatavada* bezeichnet.

Die Madhyamika-Schule wird auch als die bekannteste dialektische Schule der indischen Philosophie bezeichnet. Die zentrale Frage ist diejenige nach dem eigentlichen Ursprungsort der Dialektik. Wie kommt es zu einem dialektischen Bewusstsein, zu einem dialektischen Denken in Gegensätzen? Die buddhistische Dialektik wird schon dadurch antizipiert, dass Buddha über die metaphysischen Fragen bezüglich der Welt, der Seele, des Nirvanas beharrlich schwieg. So ist das Schweigen Buddhas der Ausgangspunkt für die unterschiedlichen Auslegungen. Buddha war metaphysischen Spekulationen gegenüber skeptisch bis ablehnend eingestellt, weil sie kaum dem Ziel der Erlösung dienlich seien. Nagarjuna, der eigentliche Begründer dieser Schule mit ihrer Dialektik, weist wiederholt auf ein Gespräch zwischen Buddha und Kaccayana hin; darin ging es um die Frage, ob alles existiert oder ob nichts existiert. Beide Aussagen sind nach Buddha extrem und unzutreffend. Der Tathagata (Buddha) lehrte die Wahrheit des Mittleren Pfades. Da das Denken von Hause aus dialektisch ist, kann eine Synthese wie diese in der Philosophie z. B. Hegels oder jener der Jaina-Philosophen kaum denkerisch zustande kommen. Auf die Frage, wie es zu einem dialektischen Bewusstsein komme, antworten die Madhyamikas, dass es stets gegensätzliche Ansichten *(drishti)* gibt, die mitunter kontradiktorisch sein können. Eine solche Situation führt notwendigerweise zu einem Konflikt der Vernunft mit sich selbst. Wer Dialektik überwinden möchte, müsste daher die Vernunft, das Denken selbst, überwinden. Die Lösung der Madhyamika-Schule besteht in der Verwerfung aller Alternativen. Diese Praxis führt konsequenterweise zu einer Position, die keine mehr ist. Hierin besteht die Methode der »reductio ad absurdum«. Ist der Standpunkt, keinen zu haben, selbst ein Standpunkt? Geht es um einen Metastandpunkt? Oder geht es hier doch um eine Einsicht, die zum Ausdruck gebracht wird, ohne diese Einsicht selbst zu einem Standpunkt erheben zu wollen?

Diese Fragen werden unter den Madhyamikas unterschiedlich beantwortet: Bhavaviveka, der Begründer der *Svatantrika*-Schule, ist der Ansicht, dass es nicht ausreiche, alles nur ad absurdum zu führen. Es ist die Aufgabe eines Svatantrikas, auch eine eigene Position zu beziehen und dafür Argumente zu liefern. Buddhapalita, der Begründer der *Prasangika*-Schule, gibt sich damit zufrieden, die Position des Gegners ad absurdum zu führen, ohne eine eigene weitere Position zu beziehen. Wenn man eine Position kritisiert und diese ad absurdum führt, muss man dann notwendigerweise eine eigene Position angeben? Auf die Kritik, dass eine Kritik einer anderen Theorie selbst eine Theorie beinhalte, antwortet die Schule der Prasangikas: Kritik wisse um das Bestehen unterschiedlicher Ansichten, ihrer Unvollkommenheiten, und analysiere sie. Kritik in diesem Sinne sei selbst nicht mit dem Aufstellen und Verteidigen einer eigenen Theorie verbunden. Eine Theorie wird dann entsprechend definiert durch zwei Merkmale: Aufstellung einer These, verbunden mit dem Bewusstsein, diese verteidigen zu sollen und zu müssen. Beide Elemente sind in dem kritischen Bewusstsein der Prasangikas nicht vorhanden. Was verneint wird, ist die Fähigkeit des Denkens, der Vernunft, die Realität zu erkennen. In diesem Zusammenhang wird von drei Stufen der Dialektik gesprochen: Die erste Stufe stellt die Konflikte verschiedener Ansichten dar. Die zweite Stufe sieht die Denkkonstruktionen als eine Verzerrung der Realität. Dies geschieht durch das Zurückweisen der verschiedenen Ansichten. So gelangen die Madhyamikas auf der dritten Stufe zu der Einsicht, dass die nonduale Intuition des Realen jenseits aller Ansichten ist *(drishtis)*. Daher verwerfen sie ein Denken, das Denken bleiben und zugleich denkend sich selbst überwinden will, als ein zum Scheitern verurteiltes Unterfangen. Die Madhyamikas streben deshalb nicht nach Erkenntnis *(jnana)*, sondern nach Einsicht, Weisheit *(prajna)*. Diese ist durch eine Art intellektueller Intuition zu erreichen.

Die Lehre der doppelten Wahrheit nach Nagarjuna zielt darauf, dass man durch die *relative Wahrheit (samvritti-satya)* hindurch die *absolute Wahrheit (paramartha-satya)* erreiche. Wer die Realisation der Leerheit als eine substantialistische absolute Wahrheit begreift, hat sich einer Ontologisierung schuldig gemacht. Die höchste Weisheit ist nach Nagarjuna die Realisation der *Leerheit der Leerheit (shunyatashunyata)*. Worauf ein solches Denken der buddhistischen Philosophie hinweist, ist Folgendes: Die eigentliche Aufgabe einer Weisheitsphilosophie besteht in der Einsicht der Untauglichkeit des kategorialen Denkens. Hier kritisiert Nagarjuna nicht nur die anderen Hindu-Schulen der Philosophie, sondern zugleich die früheren buddhistischen Schulen.

29. Kausalität (Karya-karana-sambandha)

Fast alle kosmologischen Theorien, Diskussionen und Spekulationen versuchen eine Antwort auf folgende Fragen zu geben: Was ist das, woraus die Welt entstanden ist? Muss es immer etwas geben, woraus etwas anderes entsteht? Oder kann etwas aus dem Nichts entstehen? Geht Nichtsein dem Sein voraus, oder verhält es sich umgekehrt? Schon die vedischen Hymnen stellten solche Fragen und versuchten, eine große Palette von Antworten zu geben.

Im Rig-Veda (X.72) lesen wir, Sein entstehe aus dem Nichtsein. Im Rig-Veda (X.129) wird gesagt, damals hätte es weder Sein noch Nichtsein gegeben. Das Eine wünschte sich zu vermehren ... Das Hindudenken scheint mit der Zeit die Frage nach dem Primat des Seins zu bevorzugen. Die Theorie von einer »creatio ex nihilo« liegt nicht auf der Linie dieses Denkens.

Zwei kosmologische Hauptmodelle spielen im Hindudenken eine zentrale Rolle: Erstens, die Welt entsteht aus der Permutation und Kombination von unsichtbaren Atomen, zweitens, sie entfaltet sich aus einem ursprünglich ununterschiedenen Eins-Sein. Die Vaisheshika-Schule und der Buddhismus entwickeln und konzeptualisieren das erste, Vedanta und Samkhya das zweite Modell. Die Vaisheshikas vertreten eine Theorie der Kausalität, die besagt: Wirkung stellt etwas Neues dar. Sie weist Merkmale auf, die in der Ursache nicht zu finden sind. Der Stoff z. B. ist nicht gleichzusetzen mit den Fäden, aus denen er besteht. Der terminus technicus für diese Theorie lautet: *asat-karya-vada*, weil *karya* (Wirkung) vor ihrem Entstehen nicht existiert *(a-sat)*. Daher wird diese Kausalitätslehre auch *arambhvada* (neuer Anfang) genannt.

Diese Vaisheshika-Theorie wird von den meisten Schulen der indischen Philosophie, die spiritualistisch-idealistisch orientiert sind *(adhyatmika)*, abgelehnt. Ihre Kritik lautet: Wenn eine Ursache eine Wirkung hervorbringen kann, die in keiner Weise vorher existiert, dann stellt sich die Frage: Wie entsteht das, was vorher überhaupt nicht da war? Wie kann Nichtsein der Grund für das Sein sein? Wäre dem so, dann könnte aus Ölsamen nicht Öl, sondern ebenso Stein hervorgehen. Daher ist die Wirkung potentiell in der Ursache enthalten, wie z. B. Öl in dem Ölsamen. Diese Theorie wird *sat-karya-vada* genannt, weil die Wirkung in der Ursache potentiell existiert *(sat)*. So ist die kausale Entstehung nicht ein neuer Anfang, sondern eigentlich das Explizitwerden eines impliziten Zustandes. Für die Samkhya-Philosophie ist das, woraus alles entsteht, die Urnatur *(prakriti)*. Diese Ansicht kann stellenweise mit einigen Varianten der Evolutionslehre Hand in Hand gehen. Diese Theorie wird auch *parinamavada* genannt (von *parinama* – Modifikation, Entwicklung), weil es eigentlich um eine Transformation der Ursache in der Wirkung geht. Butter ist in der Milch enthalten.

Der Advaita-Vedanta Shankaras lehnt die Idee einer realen Transformation ab, denn das, was wahr ist, ist nur Brahman. Alles andere ist Illusion. Daher vertritt Vedanta die Theorie von einer »illusionären Transformation« *(vivartavada)*. Nur die Ursache ist letzten Endes wahr. Wirkung ist nur äußerlich, nur scheinbar anders als die Ursache.

Der Buddhismus geht von der Universalität der Kausalrelation aus. Er lehnt, wie erwähnt, die beiden extremen Positionen ab, alles existiere und nichts existiere. Ebenso werden Zufall und Gotteswille abgelehnt. Die buddhistische Kritik an den anderen Kausalitätslehren sieht so aus: Die Samkhya-Philosophie vertritt die Theorie von der Identität zwischen Ursache und Wirkung. Die Madhyamikas fragen, warum sich die Ursache dann verdoppeln müsse? Hinzu kommt, dass dieser unnötige Prozess der Verdoppelung endlos weiter gehen kann. Auch die Theorie, Ursache und Wirkung seien voneinander verschieden, hält der buddhistischen Kritik nicht stand. Wäre es so, könnte irgendetwas die Ursache von irgendetwas anderem sein. In einigen Punkten erinnert dieses Argument an Hume. Eine Synthese beider Theorien, die die Jaina-Philosophen vorzunehmen scheinen, lässt sich vom buddhistischen Standpunkt aus auch nicht aufrechterhalten, denn dann muss man Identität und Verschiedenheit in einem Atemzug behaupten und verteidigen. Die vierte Variante, wie sie einige indische Materialisten und Agnostiker vertreten, tritt für den Zufall ein, was dem Ziel der Erlösung nicht dienlich ist.

In der Lehre Buddhas sind alle Ereignisse momentaner Natur dergestalt, dass das Vergehen des einen das Entstehen des anderen zur Folge hat. Was gilt, ist daher die dauerlose Veränderung *(kshanika-vada)*, ohne dass es eine unveränderliche Substanz gibt. Ist ein Ereignis X

29. Kausalität (Karya-karana-sambandha)

die Ursache eines anderen Ereignisees Y und Y die Ursache wiederum eines Ereignisses Z, so scheinen in diesem Prozess des Entstehens-Bestehens-Vergehens drei Faktoren am Werke zu sein, nämlich der Zeitpunkt des Entstehns, der Zeitpunkt des Bestehens und dann der Zeitpunkt des Vergehens, was dann wiederum ein weiteres Entstehen einleitet. Ist die Ursache das, was der Wirkung unmittelbar vorausgeht, so ist die eigentliche Ursache nicht X, sondern das Vergehen von X, ja das Aufhören von X. Freilich wurde kritisch die Frage gestellt, wie es sein könne, dass das, was nicht mehr existiert, der Grund für das Entstehen einer anderen Sache sei. Die buddhistische Theorie der Kausalität, die nicht nur eine rein reflexiv-philosophische und analytische Seite kennt, sondern ebenso einen Weg der Soteriologie darstellt, heißt *pratitya- samutpada*, d. h. die Theorie des abhängigen Entstehens. Es gibt auch andere deutsche Übersetzungen wie z. B. »Entstehen in Abhängigkeit«, »Konditionalnexus«, »bedingtes Entstehen«. Alle Phänomene, alle Dharmas, stehen in einem Bedingtheitsverhältnis zueinander.

In dem buddhistische Textcorpus *Samyutta Nikaya* ist von vier Faktoren die Rede: 1) Es gibt eine Regularität der Konsequenzen dergestalt, dass besondere Ereignisse in Abhängigkeit von bestimmten Bedingungen entstehen; 2) es gibt keine Unregelmäßigkeit in dem Sinne, dass, wenn bestimmte kausale Bedingungen da sind, die Wirkung ausbliebe; 3) es ist nicht der Fall, dass eine Wirkung aus Bedingungen zustande käme, die für diese Wirkung nicht spezifisch sind; 4) es gibt keine Pluralität der Ursachen. Ferner besagt diese Lehre: Erlischt die Ursache, dann auch die Wirkung, und hierbei ist die Annahme einer diesem Prozess zugrunde liegenden Substanz nicht nötig. Es wird kein Akteur vorausgesetzt. Es ist unfair, den Buddhisten hier vorzuwerfen, sie leugneten einen Handelnden. Denn Buddhisten definieren Existenz als das, was kausal effizient ist. Die beiden extremen Positionen – es gibt keine Kausalität *(ahetukasiddhi)* und alles ist völlig determiniert *(niyativada)* – lehnen die Buddhisten daher ab. Dem kausalen Nexus wohnt eine Notwendigkeit inne, die nicht mechanisch oder bloß extrinsisch ist. Es geht vielmehr um eine Notwendigkeit, die dem Ursache-Wirkung-Verhältnis innewohnt, auch wenn es sich um unterschiedliche Entitäten handelt, denn Butter entsteht aus Milch, ist aber nicht gleich Milch. Aus dem Gesagten soll nicht gefolgert werden, diese buddhistische Theorie der Kausalität sei apriorischer Natur. Auch hier gilt der Primat der Wahrnehmung, und es geht um eine aus der Erfahrung kommende Festlegung.

Metaphysik (Prameya Shastra)

30. Existenz der Außenwelt

Die Frage nach der Existenz der Außenwelt wird in der westlichen Philosophie zu einem Problem seit Descartes. Der britische klassische Empirismus von Locke bis Hume gibt unterschiedliche Antworten. Das indische philosophische Denken umkreist diese Problematik schon ein paar Jahrhunderte vor der christlichen Zeitrechnung. Ähnlich wie von Berkeley, aber noch stärker und ohne theologischen Bezug, wird die unabhängige Existenz der Außenwelt von der Yogacara-Schule des indischen Buddhismus in Frage gestellt. Ebenso harnäckig, aber mit umgekehrtem Vorzeichen, wird die Existenz der Außenwelt von der realistischen Nyaya-Schule verteidigt.

Die zentrale Theorie der Yogacara-Schule ist die von der alleinigen Wahrheit der Erkenntnis, des Bewusstseins *(vijnaptimatrata)*. Erstens sind die Dinge *(dharmas)* nichts anderes als Aggregate der Teile, die nicht mehr weiter teilbaren letzten Qualitäten sind. Sind zwei Dinge nicht voneinander getrennt wahrnehmbar, so sind sie gleich. Rot und die Wahrnehmung der Farbe Rot sind solche, nicht voneinander getrennt wahrnehmbare Dinge, somit Erkenntnisse, Bewusstseinsformen. Ihre angebliche äußere Existenz aber ist eine Erscheinung, eine Täuschung, eine Konstruktion *(kalpana)*.

Unter den Kritikern dieser Schule sind hauptsächlich die Naiyayikas zu nennen. Zwei Dinge, so die Nyaya-Schule, mögen nicht getrennt wahrgenommen werden können, aber dies heißt nicht, dass sie miteinander identisch sind. Die Blume und ihr Duft werden stets zusammen wahrgenommen, aber sie sind zwei Dinge. Ferner setzt die ganze Argumentation der buddhistischen Yogacara-Schule voraus, dass Erkenntnis mit Selbsterkenntnis stets Hand in Hand gehe. Die Naiyayikas lehnen eine solche Theorie der Selbstmanifestation der Erkenntnis ab. Sie sind der Ansicht, um Erkenntnis der Erkenntnis zu haben, müsse man die erste Erkenntnis zum Objekt einer weiteren reflexiven Erkenntnis machen. Die rote Farbe der Rose ist uns gegeben, nicht aber zugleich damit auch die Erkenntnis der Erkenntnis. Das Hauptargument der Realisten bezüglich der unabhängigen Existenz der Außenwelt ist das Folgende: Eine Erkenntnis ist ohne jede Form. Die inhaltliche Seite muss von außen kommen. Ferner entdeckt die Erkenntnis ihr Objekt und nicht im gleichen Akt auch sich selbst. Erkenntnis ist nicht »selbstmanifestierend« *(svayamprakasha)*.

Der Advaita-Vedanta Shankaras lehnt zwar die Realität der Au-

30. Existenz der Außenwelt

ßenwelt ab und stimmt hier mit dem Buddhismus überein gegen die Nyaya-Philosophie, vertritt aber dennoch einen empirischen *(vyavaharika)* Realismus gegen die Yogacara-Schule. An dem bekannten Beispiel mit dem Seil und der Schlange macht Shankara seine Kritik fest: Ein Stück Seil erscheint als eine Schlange. Dies wissen wir jedoch noch nicht, bis die wahre Erkenntnis da ist. Aber Schlangen gibt es in der Tat. Das unübertreffliche Beispiel Shankaras ist: Niemand kann behaupten, Visnumitra sieht auch nur so aus, als wäre er der Sohn einer unfruchtbaren Frau *(bandhyaputra)*, denn eine unfruchtbare Frau kann per defitionem keinen Sohn haben. Der Vedanta rettet einen empirischen Realismus durch die Lehre von der »positiven Wahrheit« *(bhavarupa avidya)*. Auf die Frage: »Ist die Welt nicht real, d. h. ist sie eine Illusion?« gibt Shankara eine sehr differenzierte Antwort. Er sagt nicht, die Welt sei nicht existent, nicht real, so wie man es über die Existenz des Sohnes einer unfruchtbaren Frau, eines runden Quadrats oder einer Himmelsblume sagen würde. Freilich, sagt er, die Welt sei nicht letztendlich wahr, sie sei falsch *(mithya)*, aber ihr Falschsein heiße *nicht nicht-wahr sein oder nicht existent* sein. *Mithya* ist nicht *asat* (nichtsein). In seiner sehr minutiös herausgearbeiteten Theorie der Illusion *(mayavada)* definiert Shankara das Falsche als das, was unbeschreibbar *(anirvacaniya)* ist, also weder als existent *(sat)* noch als nichtexistent *(asat)* qualifizierbar. Unbeschreibbarkeit meint hier, dass das Falsche nicht festlegbar ist. Der Argumentationsweg dafür sieht so aus: Das Falsche kann nicht als nichtexistent *(asat)* angesehen werden, weil die sogenannte illusionäre Schlange im Gegensatz zum Sohn einer unfruchtbaren Frau der Wahrnehmung gegeben ist. Später mag meine Wahrnehmung sich falsifizieren, aber der Erfahrung ist sie gegeben gewesen. Das, was wahrgenommen wird, kann nicht nichtexistent sein. Das Falsche ist aber auch nicht existent *(sat)*, denn wird eine Sache durch eine wahre Erkenntnis als nichtexistent zurückgewiesen, so kann sie nicht als wahr gelten. So ist das falsche Objekt (die Schlange »im« Seil) ein Gegenstand einer Negation, die für alle drei Zeitmodi – Vergangenheit, Gegenwart und Zukunft – gilt.

Die Advaita-Vedanta-Philosophie als Metaphysik, Ontologie, ja sogar als eine Mystik der Einheit, geht von einer grundsätzlichen Kritik der Differenz aus. Die empirische Welt besteht aus Differenzen. Also kann sie nicht im eigentlichen Sinne wahr sein. Die Doktrin von der Atman-Brahman-Nichtzweiheit *(advaitva)* kann auch nicht real in den Differenzen präsent sein. Die Erscheinung darf nicht die Einheit in Mitleidenschaft ziehen. Also muss nach der Ansicht dieser Schule die Erscheinung der Realität von außen übergestülpt sein.

31. Jaina-Philosophie: Von der Mannigfaltigkeit der Standpunkte (Anekantavada)

Das Feld der Mataphysik in der Zeit der klassischen Schule der indischen Philosophie war von Vielfalt geprägt. Der Jainismus gab der ganzen Diskussion eine logisch-methodologisch orientierte neue Dimension, um so die Idee einer liberalen Philosophie zu begründen. Die Jaina-Philosophen registrierten, dass alle metaphysischen Ansichten mit dem Anspruch ihrer alleinigen und absoluten Gültigkeit verbunden waren. Während die Buddhisten die Realität in einem unaufhörlichen Wandel begriffen sehen, meinen die Advaita-Vedantins, die Realität kenne keine Veränderung und Differenz. So auch die indischen Realisten, die von der unabhängigen Existenz der Realität zutiefst überzeugt sind und sie für absolut wahr halten. Durch diesen Absolutismus wird dem Sachverhalt der Vielfalt Gewalt angetan. Die Jaina-Philosophen bilden eine Ausnahme und gehen grundsätzlich von der komplexen Natur der Realität aus. Realität kennt unendlich viele Aspekte und kann daher von verschiedenen Standpunkten aus betrachtet werden. Dies hat nach der Überzeugung der Jaina-Philosophen zur Folge, dass eine jede Metaphysik sich von ihrem Absolutismus verabschieden muss. Was gilt, ist die *nichtabsolutistische Sicht (anekantavada)*.

Diese Schule entwickelte eine neue Methode, die komplexe Natur der Realität zu beschreiben. Es geht um eine synthetische Art, unterschiedliche, ja sogar inkommensurable Ansichten zusammenzubringen. In ihrer logischen Dimension heißt diese Theorie *syadvada*, d. h. die Lehre von dem »Kann-sein«, von der Position »möglicherweise«. Am Beispiel eines Kruges verdeutlichen die Jains ihre Ansicht. Der Krug kann dauerhaft und unveränderlich sein, wenn wir den Stoff in Betracht ziehen, aus dem er hergestellt ist. Ziehen wir indessen seine Form in Betracht, so kann er zerbrechlich sein. So haben sowohl die Advaitins als auch die Buddhisten beide von ihrem je eigenen Standpunkt aus Recht. Ferner ist weder eine völlige Zerstörung noch eine Entstehung von etwas aus dem Nichts möglich. Was zerstörbar ist, sind die Modi *(paryaya)*. Die Substanz *(dravya)* ist permanent. So sind die Behauptungen »alles ist absolut ewig, alles ist absolut veränderlich« einseitig

31. Jaina-Philosophie: Von der Mannigfaltigkeit der Standpunkte (Anekantavada)

und daher falsch: Ist A Koch von Beruf, so existiert er als Koch und nicht als Mathematiker. A kann zwar beides in einem sein. Aber dann muss man intensional logisch fragen, welche Eigenschaft man in welchem Kontext hervorheben möchte.

Der jainistischen Lehre wurde Relativismus vorgeworfen. Die Frage ist jedoch, ob Relativismus per se schlecht ist und falsch sein muss. Wer die Position der Jainas als Relativismus abqualifiziert, indem er sie von vornherein negativ besetzt, scheint mit einem Absolutismus zu liebäugeln. Aber gerade die Verabsolutierung eines bestimmten Standpunktes weisen ja die Jainas zurück. Die jainistische Lehre von einer Vielfalt der Standpunkte *(anekantavada)* relativiert nicht so sehr die Wahrheit, die Wirklichkeit, als vielmehr deren unberechtigte, absolutistische Inspruchnahme von einem bestimmten Standpunkt aus. Ferner ist zu konstatieren: Wenn Relativismus bedeuten sollte, dass es seit Menschengedenken verschiedene Standpunkte gibt, wundert man sich, wie man *kein* Relativist sein kann. So entwickelt die Jaina-Philosophie eine logisch-methodologische Theorie eines »philosophischen Liberalismus«, der in dem Kultivieren der Tugend besteht, sich von der Untugend einer Selbstverabsolutierung freizuhalten.

Ethik und Moralphilosophie (Dharma Shastra)

32. Indische Tradition: Eine kritische Erörterung im Vergleich der Kulturen

Eine jede Theorie der Rationalität hat zum Ziel, für die Erkenntnisse, Normen, Prinzipien, Methoden, Kriterien usw. Argumente zu liefern. Diese Argumente können bestätigend, ablehnend, rechtfertigend, verbessernd oder modifizierend sein. Eine Theorie der praktischen Rationalität ist ein Unterbegriff und bezieht sich auf Handlungen und deren Begründungen. Das indische philosophische Denken enthält auch eine solche Theorie. Sie umfasst eine Psychologie, eine Metaphysik und eine ethisch-moralische Vorstellung von den Lebenszielen.

In der Begegnung mit der europäischen Moderne gibt es seitens der nicht-europäischen Kulturen zwei typische Reaktionsmuster: 1. Man attestiert der eigenen Tradition eine völlige Abwesenheit der Rationalität, der Wissenschaft, des analytischen Denkens. Die interkulturelle philosophische Einstellung macht deutlich, dass eine solche Reaktion weder nötig noch begründet ist. 2. Man »rationalisiert« die eigene Tradition über die Maße, eine Reaktion, die eher traditionalistisch ist. Jede unparteiische Theorie der Rationalität sagt uns, dass diese beiden Ansichten einseitig und daher zurückzuweisen sind. Es mag sein, dass eine rein formale Definition der Rationalität a priori einer bestimmten Tradition Vernünftigkeit zuschreibt. Aber eine Rationalität, die konkret und materiell sein will, muss die sozial gegebenen Werte, Ziele und Wege in Betracht ziehen, denn diese können nicht aus den formalen Prinzipien deduziert werden. Jede Gesellschaft kennt ihre konkreten Sedimentationen.

Der beste Zugang zum Verständnis einer jeden Tradition, einschließlich der eigenen, ist daher der hermeneutische Weg einer begründeten Legitimation, jenseits blinder Bejahung und totaler Ablehnung. Will man eine Tradition verstehen, so ist dies möglich, indem

32. Indische Tradition: Eine kritische Erörterung im Vergleich der Kulturen

man sie auslegt. Dies gilt auch für die eigene Tradition. So wie ein Text, ein Glaubenssytem, ein Wertesystem unterschiedliche Interpretationen zulassen, verhält es sich auch mit einer Tradition, sei diese europäisch oder nicht-europäisch. Interkulturelle philosophische Orientierung plädiert für eine offene, liberale und pluralistische Auslegung einer Tradition im Gegensatz zu einer dogmatischen Lesart, durch die nur eine ganz bestimmte Sichtweise als die einzig richtige und gültige anerkannt wird. Das Unterstellen einer eindimensionalen Bedeutung wäre verfehlt. De facto können Bedeutungen erst im Zuge von Interpretationen freigelegt werden.

Man muss sich im Geist einer interkulturellen Einstellung befreunden mit der Möglichkeit und Wirklichkeit multipler Interpretationen. Der eigentliche Unterschied zwischen einem liberalen und einem orthodoxen, einseitig traditionsverhafteten und konservativen Interpreten ist folgender: Während ein liberaler Interpret dem Text eine bestimmte Bedeutung zuschreibt und diese mit Argumenten verteidigt, lässt ein konservativer Interpret neben seiner eigenen Interpretation per se keine andere Auslegung zu. Wer eine Tradition, sei es die eigene oder eine andere, *in toto* ablehnt, geht von der Möglichkeit nur einer einzigen, alleingültigen Interpretation aus, ob es sich nun um einen Text, eine Tradition oder Ähnliches handele. Wer die Möglichkeit multipler Interpretationsmöglichkeiten zulässt, wird sich hingegen auch in Bezug auf die Beurteilung der Wissenschaftlichkeit von Denktraditionen von Vorurteilen frei halten. Ist er sich doch dessen bewusst, dass auch wissenschaftliche Standards differieren können.

Jede Auslegung einer Tradition ist eine Reinterpretation innerhalb einer langen Geschichte vorgängiger Interpretationen. Dies hat zur Folge, dass Traditionskontinuität und Traditionsbrüche Hand in Hand gehen. Sie können daher nur versöhnt werden, wenn man sich nicht selbst zu einem Traditionalisten macht, sondern sich vielmehr Rechenschaft über den dynamischen Charakter einer Tradition gibt. Traditionen, die sich nicht weiter interpretieren lassen, sind statisch und tot. Ein Denken, das sich von einer apriorisch-formalen, manchmal sogar von einer hypostasierten, ontologischen Rationalität zu viel erhofft und meint, daraus auch praktische, inhaltliche Handlungsmaximen ableiten zu können, greift zu kurz. So ist das Prinzip der Universalisierbarkeit für viele Kantianer der Grund für eine tatsächliche Universalität der Moral. Eine solche Hoffnung ist stets enttäuscht worden, und dies sowohl intra- als auch interkulturell. Solche Universalisierungstendenzen übersehen den kulturellen Evolutionscharakter der Erkenntnis. Selbst unsere Kategorien- und Wertsysteme tragen das Gesicht des geschichtlich Gewordenen. Auch das bekannte Prinzip der indischen Schrift *Bhagavadgita* – handeln aus bloßer Pflicht, ohne an die Konsequenzen zu denken – ist formal zwar universalisierbar, aber das »Wie« des inhaltlich reichen ethisch-moralischen Lebens ist nicht bloß eine Deduktion hieraus. Ein universaler Geltungsanspruch für eine bloß formale Rationalität ist inhaltsleer. Die kontroversen Diskussionen und Debatten hinsichtlich der Menschenrechte im heutigen globalen Kontext trotz formaler Akzeptanz der Universalität der Menschenrechte belegen dies.

Die Rationalität der europäischen Moderne leidet darunter, dass sie die Einheit als Einheitlichkeit missversteht und alle Traditionen ausschließlich von der Position einer ganz bestimmten Tradition her auslegt. Das Fremde wird nur insoweit anerkannt, als es sich nach einem bestimmten Muster verändern könnte. Hegel sprach von einer gegebenen, konkreten Sittlichkeit, die es immer geben werde. Die Enge seines Blickwinkels bestand darin, dass er in einer konkreten Sittlichkeit des europäischen Geistes den Kulminationspunkt aller anderen mehr oder minder konkreten Ausprägungen von Sittlichkeiten sah. Gerade einen solchen Fehler begehen die Hindu-Fundamentalisten, wenn sie ihr Verständnis des Hinduismus mit einer »religio perennis« *(sanatana dharma)* identifizieren.

Die Ansicht, man könne nicht eine Tradition, der man selbst angehört, kritisieren und zurückweisen, ist nicht richtig, nicht nur aus empirischen Gründen, sondern auch aus theoretischen. Es ist allerdings richtig, dass es keine Robinson-Crusoe-Sozialität gibt, denn wir sind stets ein Teil einer und/oder mehrerer Traditionen und in der Lage, auch die eigene Tradition zu kritisieren. Wir können jedoch Traditionen an sich nicht schlechthin ablehnen, denn außerhalb ihrer können wir nicht leben. Doch können wir unsere Tradition immer wieder korrigieren, modifizieren, verändern. Und der Königsweg hierfür ist der Weg der Interpretation. Durch Kritik der eigenen Tradition wird das Kind nicht mit dem Bade ausgeschüttet; Kritik verleiht der Tradition eine neue Bedeutung, wenn darin ein Wunsch nach Wandel zum Ausdruck kommt. Daher ist Traditionsgebundenheit nicht unbedingt eine Disqualifikation für eine interkulturelle und interreligiöse Verständigung und Kommunikation. Ein patriotischer Nationalismus ist kompatibel mit Internationalismus, vorausgesetzt, er ist liberal und nicht dogmatisch. Wer in seinem eigenen Denk- oder Glaubenssystem alle Probleme auf säkularer und sakraler Ebene schon gelöst zu haben vermeint, wird entweder ein ganz Neues nicht zulassen oder es reduktiv traktieren. Diese Anmerkung gilt für alle Systeme, die eine solche Geschlossenheit aufweisen, ob sie nun historisch mächtig gewesen sind oder nicht. Ich möchte hier eine Bemerkung Ricoeurs zitieren, warum es unmöglich sei, ein Hegelianer zu sein: Wer eine andere Art, der Welt einen Sinn zu geben, nicht zulässt – und Hegel gehört nach Ricoeur zu diesem Typus von Denkern –, meine, die im Gang der Begriffe vollzogene dialektische Synthese gewaltsam in eine soziale, politische und ethisch-moralische Realität umwandeln zu können. »Auch der hartnäckigste Hegelianer kann bei aller Entschlossenheit, die Geschichte nur als Fürsichwerden des Geistes gelten zu lassen, nicht verhindern, daß das Auftreten eines Descartes, eines Hume, eines Kant ein Ereignis ist, das sich nicht auf die Ankunft der Vernunft im partiellen Diskurs jedes einzelnen dieser Philosophen im Gesamtdiskurs reduzieren läßt.«[1] Die Gestalt Hegels ist in unserem Zusammenhang eine Chiffre, denn alle Kulturen haben Denker mit derartigem Anspruch hervorgebracht.

33. Versuch einer Interpretation der vier Lebensziele (Purusharthas)

Stellen wir die Frage nach der praktischen Rationalität im philosophischen, sozialen, politischen und auch religiösen Denken eines Platon, Augustinus, Adam Smith, Hegel, Marx, Kant, Rawls oder anderer, so treffen wir auf ein bestimmtes Argumentationsmuster, warum z. B. Platon von einer Dreiteilung des menschlichen Seelenlebens ausgeht und es für nötig und geboten hält, dass Philosophen entweder Könige sein sollen oder aber die Könige Philosophen. Also ohne Weisheit kein gutes Regieren. Heute wissen wir, dass die konkrete Gestaltung dieser formalen praktischen Rationalität höchst unterschiedliche inhaltliche Ausprägungen kennt, etwa im Denken von Hegel oder Marx. Karl Popper bezeichnete große Gestalten wie Platon, Hegel und Marx als »falsche Propheten«, weil sie je eigene Vorstellungen von Vernunft, Geist und Gesellschaft verabsolutieren und universelle Geltungsansprüche damit verknüpfen.

Wie stellt sich im indischen metaphysisch-religiösen und sozial-

---

[1] Ricoeur, P.: Geschichte und Wahrheit, München 1974, S. 61.

Ethik und Moralphilosophie (Dharma Shastra)

philosophischen Denken die Frage nach der praktischen Rationalität, besonders im Hinblick auf die holistisch angelegten vier Ziele des Lebens, deren Zusammenspiel ein harmonisches, erfülltes, ja sogar Erlösung schenkendes Leben bewirkt? Die vier Lebensziele sind 1. *artha* (das Materielle, Geld, Nützlichkeit, Profit, Belohnung und dgl.); 2. *kama* (das Sinnliche, die Freude), 3. *dharma* (das Ethische, Moralische, die Pflicht) und 4. *moksha* (Erlösung, Befreiung). Zumindest hinsichtlich der ersten drei Lebensziele wird davon ausgegangen, dass der Mensch von Natur aus ein soziales Wesen ist. Bis auf das letzte Ziel der endgültigen Erlösung sind alle anderen sozialer, humanistischer und sogar intersubjektiver Natur. Die hohe Bedeutung dieser vierfachen Ziele des menschlichen Lebens belegt eine Stelle aus der Sanskritliteratur, in der es heißt: »*Dharma, artha, kama, moksha* – wird im Leben eines Menschen *keines* dieser Ziele angestrebt, so ist sein Leben ohne Sinn und Zweck.«

1. *Artha.* Kautilya, Autor der grundlegenden Schrift über die Wissenschaft der Ökonomie, der Politik, des Geldes und der Macht *(Arthashastra)*, definiert *artha* ganz modern im Sinne eines Mittels für den Lebensunterhalt *(manusyanam vrittirarthah)*. Es geht auch um das Land, das die Menschen nährt. Ein Staat, ein Reich wird das Fundament von Artha genannt. Sehr deutlich ist auch von *kriya*, d. h. Handlung, Arbeit, die Rede als Ursache des Geldes *(arthamulam karyam)*.[2] Nicht viel anders meint ja auch Marx, dass Arbeit Werte schafft. Liest man Kautilyas Schrift genauer, so findet man, dass *artha* nicht bloß Geld und Reichtum bedeutet (eine oft gegebene, zu enge Deutung), sondern dass Geld und weltliche Macht als Mittel zur Erreichung weiterer Ziele in einen größeren, gesellschaftlichen Zusammenhang gestellt werden. Moderne Institutionen wie etwa Banken oder Unternehmen sind Ausdruck dieses Zieles im menschlichen Leben, weil *artha* dem *Homo oeconomicus* entspricht und alle Arten von materiellen Besitztümern umfasst. Das nach Artha strebende Subjekt führt nicht ein Robinson-Crusoe-Dasein, sondern ist ein Teil der Welt und mit anderen Menschen verbunden.

Im Übrigen gibt bekanntlich auch Hegel in seiner Phänomenologie in dem Kapitel über Bewusstsein eine großartige Analyse des von Arbeit geleiteten menschlichen Bewusstseins. Es ist charakterisiert durch

---

[2] Arthashastra, 180, Kap. 1.

33. Versuch einer Interpretation der vier Lebensziele (Purusharthas)

das Begehren materieller Güter. Das Geld ist jedoch nicht ein Selbstzweck, sondern stets ein Mittel, um weitere Ziele zu erreichen.

2. *Kama*. Hier kommt das zweite indische Lebensziel ins Spiel, der Wunsch nach Erfüllung unserer sinnlichen und ästhetischen Liebe. Auch wenn die spätere Entwicklung im indischen Denken dieses Lebensziel sehr eingeengt hat und es hauptsächlich im Sinne der sinnlichen, sexuellen Freude versteht (vgl. *Kama-Sutra* von Vatsyayana), besitzt *kama* eine reiche Palette von Bedeutungen in den Upanishaden, wo es z. B. um das Mysterium des Lebens geht und um den Wunsch einer kontinuierlichen Schöpfung und Fortpflanzung. So wie der Wunsch nach Geld nicht immer egoistisch zu sein braucht, sondern auch altruistische, gesellschaftsdienliche, wohlwollende Motive enthalten kann, zielt *kama* als eine höhere Form des Bewusstseins nicht bloß auf eine rein sinnliche, selbstsüchtige Befriedigung. Während Geld aber nie ein Selbstzweck sein kann, kann *kama* als eine Form der Liebe zu einer anderen Person auch einen Selbstzweck darstellen. In *kama* ist das Objekt meiner Begierde nicht eine Sache, die ich haben oder besitzen möchte, sondern drückt den Wunsch nach Beziehung zu einer Person aus, die selbst ein Zweck ist und eine Person wie ich selbst. Kautilya verbietet, eine andere Person und deren Liebe erkaufen zu wollen, da es sich nicht um wirkliche Liebe handeln würde.

Kama bedeutet aber auch unser Bestreben nach Freude, Harmonie, deren Erfüllung wir etwa durch Literatur, Kunst, Musik usw. finden. Es gibt Fälle auf der Suche nach einer solchen Freude, bei denen sich die Liebenden für die Liebenden opfern. Indische Ästhetik spricht hier von einem Rasa-Erlebnis, d. h. einer ästhetischen Erfahrung. Was die Banken und die anderen kommerziellen Institutionen im Zusammenhang mit *artha* sind, sind Dichtung, Kunst, Literatur und Musik für *kama*. Streben nach *artha* wird nie restlos ohne Wünsche aufgehen können, höchstens ohne Egoismus. *Kama* beginnt zwar mit einem Wunsch, kann sich aber steigern, erhöhen, ja sogar sublimieren und in das Bestreben verwandeln, wunschlos glücklich sein zu wollen. Es mag zwar nicht sehr oft vorkommen, dass Menschen reine Liebe zeigen, aber es gibt sie dennoch, wie z. B. in der Freude der Anerkennung anderer Personen als Selbstzweck. Freilich wird in *kama* nie die *unio mystica* erlebt, weil zwei Personen immer noch zwei Zentren bleiben. Indische Ästhetik bezeichnet eine solche reine, übersinnliche Freude mit dem Terminus *shanta-rasa*, d. h. dem Geschmack völligen Friedens. *Kama* in der Bedeutung eines ästhetischen Genusses besteht in der Anerkennung der Eigenart des anderen, die zu respektieren zu unserem *dharma* gehört.

3. *Dharma*, das dritte Ziel in dieser Vierteilung, beginnt auch mit dem Wunsch nach Befreiung *(svarga-kamo yajeta)* und zielt auf eine Handlung, eine Philosophie der Tat nur aus Pflicht. *Dharma* wird des Öfteren mit Religion übersetzt, obwohl dieser Terminus eine grundlegende spirituelle, aber nicht unbedingt theistische Haltung beinhaltet, die in allen Bereichen des menschlichen Lebens eine zentrale Rolle spielt. *Dharma* ist das, was allem zugrunde liegt, alles trägt *(dharayati iti dharmah)*. *Dharma* besteht in der Einhaltung der Tugenden, die auf das Universum *(loka-samgraham dharmam)* bezogen sind. Die ganze Welt wird als eine Familie angesehen *(vasudhaiva kutumbakam)*. Es besteht in der Praxis religiöser Handlungen wie z. B. der Selbstreinigung, der Kultivierung des Pflichtbewusstseins ohne egoistische Motive *(nishkama)* und in der Entwicklung eines Sinns für Gleichheit *(samatva)*. So hat *dharma* sowohl eine säkulare als auch eine sakrale Bezüglichkeit.

Die *Bhagavadgita* spricht von konventionellen Geboten und Verboten, die die innere Dharma-Qualität eines Individuums bestimmen wie z. B. Reinheit *(shuci)*, Wohltätigkeit, Güte *(dana)* und Selbstbeherrschung, Enthaltsamkeit, Zucht *(tapas)*. Aber die höchsten Tugenden, die Bhagavadgita vorschlägt, sind: Gleichheit *(samatva)* und Mitleid, Nächstenliebe *(karuna)*. Hier geht es nicht um eine Leidenschaft bezogen auf Individuelles, sondern auf alle Wesen im Universum. Es geht um eine »universelle Religiosität« *(sadharanadharma)*.

4. *Moksha*. Das Ideal des *moksha*, der Erlösung, scheint später hinzugekommen zu sein. Moksha bedeutet die endgültige Befreiung aus dem Kreislauf von Leben, Tod, Wiedergeburt (Samsara). Dies kann in zweifacher Weise geschehen: Erstens durch Vereinigung mit Gott (bei Hindus), zweitens durch Erkenntnis der letzten Wirklichkeit (in Buddhismus und Jainismus). So kann Dharma-Religiosität mit Spiritualität einhergehen, aber nicht notwendigerweise. Nirvana als das buddhistische Pendant zu *moksha* bedarf keines Gottesbezugs. Es stellt sich die Frage, ob man Dharma, so wie die Humanisten es tun, praktizieren kann, ohne notwendigerweise einen Bezug zur Transzendenz unterhalten zu müssen. Es ist immer die Frage nach dem Unterschied

33. Versuch einer Interpretation der vier Lebensziele (Purusharthas)

zwischen dem Verhalten eines weisen, spirituellen Menschen und eines Menschen, der Befreiung, Nirvana erlebt hat. Es kann sein, dass der vollkommen tugendhafte Mensch sein Leben nach den Tugenden richtet, während ein Befreiter jenseits aller Tugenden existiert. Es kann aber auch sein, dass der tugendhafte Mensch den Tugenden folgt, ohne nach einem weiteren Woher dieser zu fragen, während ein Erlöser hierin das Wirken von Transzendenz sieht. In diesem Sinne macht die buddhistische Lehre den Unterschied zwischen dem Mitgefühl eines Hörers der Lehre *(shravaka)* und dem eines Erleuchteten *(samyakbuddha)*.

Diese vier holistisch angelegten Ziele kennen eine reiche innere Differenzierung und sind nicht bloß linear und hierarchisch. Das hedonistische, das utilitaristische, das egoistische und das altruistische Element sind dem Wunsch nach Geld, Reichtum usw. inhärent. Aber auch sehr viel Geld kann kein Selbstzweck sein, weil es immer um die Befriedigung anderer Wünsche geht. Das Dharma-Element kommt zum Tragen, wenn es darum geht, ob man im Umgang mit Reichtum die Dharma-Vorschriften befolgt. So wie der Besitz vielen Geldes mit der Zeit Langeweile zur Folge haben kann, kann *kama* aus unterschiedlichen Gründen als ein Reservoir der Wünsche und Begierde nachlassen oder versiegen. Das kann geschehen, weil die emotionale Bindung eine einseitige ist oder weil das Objekt des Begehrens nicht vorhanden ist (Tod, Krankheit, Abwesenheit etc.). Es wird oft die Ansicht vertreten, dass *dharma*, die Pflichtordnung, keine Langeweile, keine Enttäuschungen und Probleme kenne. Dies ist aber eine zu einfache Erklärung. Selbst in der *Bhagavadgita* wird Arjuna geplagt von einem ethisch-moralischen Dilemma. Er kann sich nicht entscheiden, ob er gegen die eigenen Verwandten kämpfen oder seine Pflicht als Verteidiger der Tugenden vernachlässigen soll. Hier kommt ihm Krishna zu Hilfe. Es kann auch zu Konfliktsituationen kommen, wenn man nicht mit dem Herzen bei einer Sache ist. Wo tiefe Skepsis sich breit macht, fragt sich der Mensch, ob es Himmel, Hölle, Wiedergeburt, göttliche Gerechtigkeit und dgl. wirklich gebe. Der Mensch kann von einem Anhänger der eigenen Tradition auch zu deren Kritiker werden. Wo situationsethische Faktoren eine eindeutige Befolgung der Moral, der Religion – dessen, was wir tun sollen – problematisch werden lassen, hilft eine Ästhetik der Religion, die eine Sollensvorstellung in eine Seinsvorstellung verwandelt. Viele große spirituelle Gestalten führten ein Leben, das sich als eine Art Kunst darstellt. Mahatma Gandhi z. B. hatte Tugenden wie

Gewaltlosigkeit, Askese, innere und äußere Reinheit, einen geregelten Lebensrhythmus usw. verinnerlicht. Sein Leben war selbst ein Kunstwerk. Das Friedensziel kann daher nicht nur auf dem Wege des *dharma*, sondern auch auf dem Wege des Ästhetischen, der Kunst, Musik erreicht werden.

Geld kann egoistisch, aber auch altruistisch verwendet werden. Es ist nicht per se böse. Die praktische Rationalität des *artha* kann auch bedeuten, dass Geld für das Wohl der Menschheit genutzt werden kann. Dies ist eine der zentralen Lehren des Nobelpreiträgers Amartya Sen, da er Ökonomie und Wohlfahrt als kompatibel ansieht. So hat auch ein Leben voller Wünsche und Leidenschaften seine Rationalität. Ein Wunsch, das Begehren einer Sache, einer Person, das ungezügelt und unbegrenzt ist, kann in der Erfüllung der eigenen Wünsche zur Gewalt neigen. Demgegenüber wird ein Wunsch, bei dem die andere Person wie die eigene Person gesehen, anerkannt, geliebt und respektiert wird, nicht von Gewalt und Manipulation begleitet sein. Wenn die andere Person meinen Wünschen nicht entgegenkommt, besteht der beste Weg darin, sich in Askese zu üben, sich zurückziehen, und dies aus zwei Gründen: Erstens bin ich für meine Begierde letzten Endes selbst verantwortlich, und zweitens ist die andere Person Zweck an sich wie ich selbst und darf daher nicht zu einem Instrument meiner Befriedigung degradiert werden. Nimm nicht, was dir nicht gegeben, lautet eine Mönchsregel in der Lehre Buddhas.

Dharma als die ethisch-moralische Grundlage für jegliches Handeln kennt sowohl eine diesweltliche als auch eine transzendente Dimension. Für das moralische Sollen gibt es keine letztgültige, allgemein akzeptable Fundierung, denn selbst Gottesgebote oder die selbstgesetzliche reine praktische Vernunft Kants reichen als Fundierungen nicht aus. Vedas sind vielfältig, auch die Smritis (Tradition) sind vielfältig. Es gibt keinen Weisen *(muni)*, dessen Lehre sich nicht von anderen unterscheidet. Das eigentliche Wesen des *dharma* ist ein Geheimnis. Daher ist der richtige Pfad derjenige, den die großen, weisen und spirituellen Menschen begehen.

Eine rigoros kantische Lösung, *dharmas* ausschließlich aus den Prinzipien und aus der vernünftigen Natur der Menschen abzuleiten, hilft nicht weiter, weil *dharmas* immer in einen dynamischen ethisch-moralischen und traditionellen Kontext eingebunden sind. Hinzu kommt, dass *dharmas* unterschiedlichen Interpretationen unterliegen. In diesem Sinne haben Hindu-Denker immer wieder die alten *dharmas*

33. Versuch einer Interpretation der vier Lebensziele (Purusharthas)

neu ausgelegt. So z. B. wird heute die Hierarchie des Kastenwesens als etwas, was nicht mit den Veden vereinbar ist, zurückgewiesen. Das hierarchische Kastendenken verweist auf tatsächlich bestehende gesellschaftliche Differenzierungen, um Diskriminierungen zu legitimieren. Gandhi dagegen lehnte die Hierarchie ab und verteidigte dennoch eine Ordnung der Gesellschaft anhand der unterschiedlichen Berufe, um so einen unnötigen Wettbewerb im ökonomischen System zu vermeiden. Vinoba Bhave, ein Schüler Gandhis, der dessen Weg weiterführte, übte Gewaltlosigkeit durch die Strategie der Landschenkung. Es ist bedauerlich, dass die indische Denktradition in der Regel diese karitative, ethisch-moralisch und gesellschaftliche höchst wirksame Dimension der Dharma-Lehre zugunsten des Zieles der Befreiung eher vernachlässigt hat. Die Befreiung blieb jedoch eine Sache einiger weniger Menschen. Die überwältigende Mehrheit der Bevölkerung blieb einer bestimmten Dharma-Tradition verbunden, auch wenn das kaum erreichbare Ziel einer Erlösung aller immer wieder gepriesen wurde. Auf der anderen Seite ist die Präsenz einiger weniger Erleuchteten für das Wohl der Menschen und der Gesellschaft sehr wichtig. Es war Buddha, der ursprünglich die indische Gesellschaft tiefgreifend transformierte. Ideale sind auch dann zu bejahen, wenn sie, wie es so oft geschieht, kaum die Menschen verändern. Diese Ansicht vertrat nicht nur Kant, sondern auch Gandhi, der sich einen »praktischen Idealisten« nannte und stets versuchte, das hohe Ideal der Gewaltlosigkeit in die Praxis umzusetzen.

Aristoteles unterschied zwischen zwei Formen des Praktischen: In der einen endet der Prozess, wenn das Ziel erreicht ist. Ist das Haus fertig, endet damit die Bautätigkeit. In der anderen Form geht der Prozess als eine Fähigkeit immer weiter, kann jederzeit wiederholt und zum Tragen gebracht werden. Das Klavierspielen kennt daher kein Ende, weil es hier nicht um ein »Endresultat« geht. *Artha* (Geld) lässt sich der ersten Form, *dharma* der zweiten zuordnen. Die Urquelle alles Praktischen scheint nicht so sehr der Geschmack (Kant, westliche Psychologie, Ästhetik), sondern vielmehr der Wunsch, die Leidenschaft, das Wollen zu sein. Wünsche aber kennen unterschiedliche Intensitätsgrade und Verfeinerungsstufen. Das Kind, das mit seinem Spielzeug spielt und sich freut, genießt eine Freude, die das Spielzeug und das Verhältnis des Kindes zu seinem Spielzeug zum Objekt hat. Betrachte ich das Kind und sehe seine Freude, so freue auch ich mich, aber dann steht meine Freude über die Freude des Kindes nicht in einem Verhältnis zum Spielzeug. Ästhetischer Genuss kann von rein Sinnlichem bis hin zu Spirituellem und Göttlichem reichen.

Es ist eine Besonderheit des indischen Denkens und Handelns, dass es neben diesen unterschiedlichen, stellenweise sehr rigorosen Einteilungen den Typus eines Wanderers, eines Asketen, Yogis *(sannyasin)* entwickelt hat, der jenseits des Reglements von Systemen lebt. Er gehört keiner Kaste an, ist heimatlos, kennt keine Familie, keine Verwandten. Alles ist in ihm dekonstruiert, negiert, und er lebt aus einer Quelle der Spontaneität. Sein In-der-Welt-Sein ist nicht dem In-der-Welt-Sein anderer Menschen vergleichbar. Diese Perspektive mag nicht universell sein, aber sie verleiht der Gesellschaft eine bestimmte Bedeutung. Gandhi rekontextualisierte, rekonzeptualisierte dieses Sannyasin-Ideal und deutete es aktiv-politisch als einen gewaltlosen Dienst an den Mitmenschen jenseits aller weltverneinenden Askese. Es ist bedauerlich, dass die westlichen politischen Theorien Gandhis politische Theorie der Gewaltlosigkeit nicht ernsthaft aufgegriffen haben.

Die unaufhebbare Vernetzung der leiblichen Existenz der Menschen mit ethischen, moralischen, sozialen Verhältnissen ist der Grund dafür, dass wir uns gegenseitig konstituieren, betrachten, verstehen oder missverstehen. Dabei ist weder mein Ego noch das der anderen ein Fixpunkt, eine ontologische Entität oder eine für alle Zeit geschlossene Sache. Der Mensch lebt, denkt und handelt in diesem verwirrenden, aber nicht verworrenen Geflecht der Beziehungen mit Hilfe unterschiedlicher sozialer, politischer, ethisch-moralischer und religiöser Vorstellungen, Regelungen und Institutionen.

34. Exkurs: Das hinduistische Kastenwesen und die Utopia Platons

Das berühmt-berüchtigte Kastenwesen gehört zu den sozialphilosophischen Institutionen hinsichtlich der Vorstellung einer idealen Gesellschaft. Die Vierteilung der Hindu-Gesellschaft beschreibt eine ideale Struktur der Gesellschaft mit dem Endziel der Erlösung. Um dieses Ideal zu erreichen, bietet die Hindu-Gesellschaft ihr sozial-politisches und ethisch-moralisches Modell an. Freilich ist dieses Modell holistischer Natur. Leider haben sich Elemente dieses Modells zu sehr verselbständigt, so dass das Ziel verraten wurde.

Die Frage nach dem Ursprung dieses Systems und der Einteilung

34. Exkurs: Das hinduistische Kastenwesen und die Utopia Platons

der Gesellschaft in vier Kasten lässt sich kaum eindeutig beantworten. Ursprünglich wurde die Einteilung der Gesellschaft *varnashram* genannt. Der Sanskrit-Terminus *varna* bedeutet auch Farbe, was eine rassistische Tendenz in der Einteilung in Kasten vermuten lässt. Mit der Einwanderung der Arier mag die Farbe in der Tat eine bestimmende Rolle gespielt haben. Eine andere Erklärung geht davon aus, dass die Hierarchie der Kasten den unterschiedlichen Graden der Reinheit und Unreinheit entspreche; hierbei hat leider die indische Tradition des Öfteren die rituelle Form der Reinheit in den Vordergrund gestellt. Ferner gibt es auch die Deutung, dass es bei der Kasteneinteilung allein um die Macht gehe.

Ursprünglich war das Berufsprinzip die Grundlage der Einteilung. Nach der hinduistischen Überzeugung manifestiert sich das *dharma* in allen Bereichen des menschlichen Lebens. Kein Individuum kann allein für eine organische Entwicklung und Harmonie in der Gesellschaft sorgen, aber jeder kann sich entsprechend seiner Fähigkeiten einbringen. Offenkundig kann nicht jeder alles machen kann und ebenso nicht jeder dasselbe tun. Eine Aufteilung der gesellschaftlichen Aufgaben ist daher notwendig und dient der Funktionalität der Gesamtgesellschaft als oberstes Prinzip. In der hinduistischen Vorstellung einer idealtypischen Gesellschaft werden daher den vier Kasten jeweils ihnen entsprechende Pflichten und auch Rechte zugeordnet: Der ersten Gruppe oder Kaste *(brahmana)* gehören die Priester, Weisen, Philosophen und Gelehrten an. Politiker, die Soldaten, Feldherren und die weltlichen Machthaber bilden die zweite Kaste *(kshatriya)*. Kleinhändler, Banker, Unternehmer, Geschäftsleute bilden die dritte Kaste *(vaishya)*. Der vierten Kaste *(shudra)* sind die manuellen Arbeiter zugeordnet.

Für die ursprüngliche Einteilung der Hindu-Gesellschaft gibt es auch eine mythische Erklärung. Der vedischen Ansicht nach gleicht die Gesellschaft einem Organismus. Die gesellschaftlichen Gruppen entsprechen den verschiedenen Organen, die wiederum für die Vielheit der Funktionen verantwortlich und notwendig sind. Dem Kopf des gesellschaftlichen Organismus entspricht die erste Kaste. Die zweite Kaste repräsentiert den Mut und entspricht den Armen und der Brust, die dritte dem Bauch. Schließlich wird die vierte Kaste mit den Beinen verglichen. Dass man mit den Beinen nicht denken und mit dem Kopf nicht gehen kann, ist einleuchtend. Das Wesentliche daran ist das harmonische Miteinander der Teile. Freilich wurde der ersten Kaste der Vorrang eingeräumt. Diese Kaste sollte sich durch Weisheit und Entsagung auszeichnen. Dennoch bezeugt der Vergleich mit einem Organismus die Gleichrangigkeit der Funktionen in der Gesellschaft. In diesem ursprünglichen Verständnis hat das Kastensystem somit auch eine befriedende Funktion, denn es entfällt der Konkurrenzgedanke.

In *Manusmriti* wird für die Einteilung in Kasten eine psychologische Begründung gegeben. Die Menschen sind sowohl von ihrer Anlage als auch von ihrem Temperament her verschieden. Es gibt Menschen mit größerer Neigung zum Studium, zur Erkenntnisgewinnung. Andererseits gibt es Menschen mit einer Neigung zum Herrschen. Darüberhinaus gibt es Menschen, die eher einen ausgeprägten Geschäftssinn besitzen. Schließlich gibt es solche, die zur manuellen Arbeit neigen und dazu auch taugen. Diesen individuellen Tendenzen entsprechend meint der Hinduismus, den Menschen die Möglichkeit einer ausgewogenen Versorgung zu verschaffen.

Unglücklicherweise ist aus der ursprünglichen Differenzierung in der indischen Gesellschaft eine Diskriminierung geworden, und zwar im Sinne eines undurchlässigen hierarchischen Systems. Der Hinduismus verleugnet seinen Geist, wenn er der vierten Kaste das Studium der Veden verbietet. Dayananda Sarasvati, Reformator und Begründer der *Arya Samaj* (Gesellschaft der Arier), erlaubte auch den Shudras das Studium der heiligen Schriften. Dies begründete er aus den Veden. Nach dem Mahabharata gab es nur eine Kaste, nämlich jene der Brahmanen. Mit der Ausdifferenzierung verschiedener Berufe bildeten sich allmählich auch gesellschaftliche Unterschiede und Hierarchien heraus. Zugegeben, es gibt überall Ungleichheiten, aber das Kastenwesen in seiner pervertierten Form rationalisiert diese Ungleichheit und wird zu einer schändlichen Ideologie der Hindu-Gesellschaft. Schließlich wurde die Geburt zum bestimmenden Faktor der Kastenzugehörigkeit. Und so wurden die ursprünglich an den Berufen orientierten, viel flexibleren Unterscheidungen der Kasten zu einer rigiden Form der Determination durch Geburt und Vererbung. Hier wird deutlich, dass das Kastenwesen ein Unwesen ist, das nicht zum Wesen des Hinduismus gehört. So haben indische Mystiker schon im Mittelalter das Kastenunwesen beklagt. Immer wieder hat es unter den Hindu-Denkern Kritiker gegeben, die das Kastenwesen in einer so hässlichen Ausprägung wie jener der Unberührbarkeit ablehnten. Mahatma Gandhi ist ein Paradebeispiel hierfür. Sollte das Kastenunwesen das Merkmal des Hinduismus sein, so Gandhi, der sich stets als gläubiger Hindu bezeichnete, so wünsche er sich den Untergang des Hinduismus.

34. Exkurs: Das hinduistische Kastenwesen und die Utopia Platons

Trotz aller berechtigten Kritik an dem in der Praxis sehr stark diskriminierenden Kastensystem, kann doch seine ursprüngliche, sozialphilosophische Konzeption durchaus als universell gelten, die beispielsweise die bekannte Dreiteilung der Machtpositionen in Platons »Staat« antizipiert: »Ihr seid … alle, die ihr in der Stadt seid, Brüder; der bildende Gott aber hat denen von euch, welche geschickt sind zu herrschen, Gold bei ihrer Geburt beigemischt, weshalb sie denn die köstlichsten sind, den Gehilfen aber Silber, Eisen hingegen und Erz den Ackerbauern und übrigen Arbeitern.«[3]

Vergleicht man die idealtypische Vierteilung der indischen Gesellschaft mit der ebenfalls idealtypischen Dreiteilung Platons, so ergeben sich Ähnlichkeiten, aber auch Unterschiede, die auf alternative anthropologisch-menschliche und praktisch-philosophische Möglichkeiten hinweisen. Es geht um alternative anthropologische, kulturphilosophische und sozial-politische Modelle jenseits aller mit Absolutheitsanspruch auftretenden Auffassungen. Hier seien einige strukturelle Gemeinsamkeiten bzw. Differenzen zwischen Hindus einerseits und Platon anderes hervorgehoben:

1. Ohne darüber zu spekulieren, ob die indische Vierteilung die platonische Dreiteilung beeinflusst habe oder nicht, kann man von einer gewissen Vorwegnahme des platonischen Schemas sprechen.
2. Die vierte Kaste der *shudras* hat kein Gegenstück in der Utopia Platons.
3. Freilich könnte man hier anmerken, dass die Griechen Sklaven hielten und dass Aristoteles sogar versuchte, eine natürliche Erklärung für die Notwendigkeit des Sklavenhandels zu finden.
4. Trotz der oberflächlichen Ähnlichkeit gilt Folgendes: Die *shudras* waren keine Sklaven, sondern eher freie Bürger der Hindu-Gesellschaft, obwohl ihr Schicksal in vieler Hinsicht nicht unbedingt besser war als das der Sklaven. Und dies war ein Ergebnis der Pervertierung der berechtigten Kategorie Differenzierung in Diskriminierung.
5. In der Utopia Platons sind die Weisen, die Intellektuellen, die Philosophen selbst die Herrscher und Könige. Im indischen System hingegen sind die Brahmanen in der Regel nur Ratgeber für die Herrscher, die ihrerseits in der Regel der zweiten Kaste *(kshatriyas)* angehören.

---

[3] Der Staat, III, 415a; übers. v. F. Schleiermacher

6. Die herrschende Klasse bei Platon besitzt kein Privateigentum, alles wird untereinander geteilt, selbst das private Leben. Im indischen System verfügen die Herrscher über großes Privateigentum.
7. Die platonische Utopia wurde nie in die Praxis umgesetzt und blieb im Ganzen prophetisch, spekulativ und abstrak. Bekanntlich landete Platon selbst im Kerker, als er versuchte, seine Utopia in konkrete politische Praxis umzusetzen. Demgegenüber kennt das indische System eine lange, zum Teil bis heute noch andauernde Anwendung, und dies trotz berechtigter Kritik. Neben der Ablehnung durch Gandhi stellt Ambedkars Wendung vom Hinduismus zum Buddhismus eine weitere Protestreaktion dar.
8. Es ist ferner eine Eigenart des indischen Systems, die gesellschaftliche Formation auch dann im Ganzen stabil zu halten, wenn Regierungsformen sich änderten. Dies geschah während der buddhistischen Ära, der muslimischen Herrschaft, der britischen Herrschaft und sogar im unabhängigen Indien. Politische und gesellschaftliche Systeme bestehen nebeneinander. Dies erklärt zum Teil die hartnäckige Langlebigkeit der Kastenordnung.

Bezüglich Indien kann unter diesem Betracht zusammenfassend Folgendes festgestellt werden: Das Kastenwesen hat mit der Zeit Wandlungen durchgemacht. Anfänglich eher berufsbedingt, wurde es viel offener, toleranter und flexibler. Hierin besaß es eine universelle Anwendbarkeit. Die Geburt als vererbliche Determinante spielte noch keine Rolle. Mit der Zeit erlebte jeder der vier Stände eine außerordentliche innere Differenzierung in Unterkasten *(jatis)*. Die ökonomischen Unterschiede machen sich in der Gegenwart verstärkt bemerkbar. Es gibt heute keine notwendige Entsprechung zwischen Kastenzugehörigkeit und Beruf.

Auch noch Neo-Hinduisten wie Tagore, Gandhi u. a. vertraten die These von der obersten Herrschaft der Dharma-Ordnung, der selbst Könige und Herrscher unterliegen. Dies mag einer der Hauptgründe dafür sein, dass Indien keinen politischen Absolutismus westlicher Prägung kennt. Die Unterordnung des Herrschers unter die Dharma-Ordnung ist ein besonderes Merkmal der indischen Politik.

Im Gegensatz zu den Hindus, die im Ganzen die Monarchie billigten und weniger demokratisch dachten, waren die Buddhisten Gegner der Monarchie. Sie verteidigten eine demokratische Form der Regierung und lehnten das Kastenwesen ab.

Die Konzeption einer unpersonalistischen, kosmischen Dharma-Ordnung führte dazu, dass der indische Geist sich weder eine rein theologische noch eine absolutistisch politische Autorität zu eigen machte. Dies hatte ferner zur Folge, dass es keine restlose Trennung der menschlichen von der natürlichen Ordnung gab. Die Dharma-Ordnung verhinderte auch, dass sich eine Konzeption von politischer Souveränität entwickeln konnte.

35. Die Verankerung der Ethik und ihre interkulturelle Verbindlichkeit

Man kann von drei ethischen Modellen sprechen. Diese können auf dreierlei Fundamenten basieren: a) materialistisch-atheistisch – bei den Carvakas, b) spiritualistisch-atheistisch – bei Buddhisten und Jainisten, c) spiritualistisch-theistisch – bei Hindus. Ethisches Streben ist immer darauf ausgerichtet, den Zustand der Dinge, wie sie sind, einem Zustand näherzubringen, wie sie sein sollten. Dabei herrscht weder völlige Übereinstimmung in der Beurteilung, wie die Dinge sind, noch wie sie sein sollten. Selbst die Vorstellungen von der Selbst- und Weltvervollkommnung sind sowohl inter- als auch intrakulturell unterschiedlich. In seinem Buch »Pragmatismus – eine offene Frage« stellt Putnam fest, dass die zentrale Frage der Philosophie laute, wie man leben soll: »Wir schätzen Toleranz und Pluralismus, aber wir sind beunruhigt durch den erkenntnistheoretischen Skeptizismus, der mit dieser Toleranz und diesem Pluralismus einherkam.«[4]

Es mag sein, dass eine absolute Verbindlichkeit nicht unmöglich ist, denn sie ist zwar denkbar, vorstellbar, ihre Realisierbarkeit aber unwahrscheinlich. Die minimale Verbindlichkeit bestünde daher zunächst darin, auf einen Absolutheitsanspruch zu verzichten.

Die Reichweite der ethischen Verbindlichkeit hängt fundamental damit zusammen, wie handlungsleitende Werte begründet werden. Ein Wertesystems kann zum Beispiel humanistisch oder auch theologisch begründet sein. Der Verankerung von Werten liegt auch oft die anthropologische Annahme einer Sonderstellung des Menschen zugrunde. Im Unterschied zu den theozentrischen und anthropozentrischen Modellen vertritt der chinesische »Universismus« die An-

---

[4] Putnam, H.: Pragmatismus – eine offene Frage. Frankfurt a. M. 1995, S. 10.

sicht, dass der Mensch in den großen Haushalt der Natur eingebettet sei und von dieser keine Vorrangstellung erwarten dürfe. Der Himmel weint nicht, der Himmel lacht nicht, heißt es bei Laotse. Das, was den ganzen Kosmos trägt, ist ursprünglicher, mächtiger und umfassender als das, was die Menschheitsgeschichte trägt. In diesem Zusammenhang erhält die Frage nach der Sonderstellung des Menschen eine andere Bedeutung: Der Mensch hat eine Sonderstellung im Kosmos und doch keine …

Die Frage nach dem ethisch-moralischen Verhalten in Verbindung mit der Frage nach dessen Verankerung steht im Zentrum aller ethischen Theorien. Die Spannung zwischen einer rein theologischen und einer rein humanistisch-philosophischen Verankerung der Ethik ist in der abendländischen Philosophiegeschichte jüngeren Datums als in der indischen, denn die heterodoxen Schulen der indischen Philosophie stellen ja schon einen Protest gegen das auf den Veden und Upanishaden basierende religiös-theologische Denken dar. Die buddhistische Ethik beweist, dass es ethisch-moralisches Denken auch ohne eine theologische Voraussetzung geben kann. Dagegen ist die Frage nach einer Ethik ohne jede implizite oder explizite Metaphysik nicht so leicht zu beantworten.[5]

Wir wissen, dass ethisch-moralische Überzeugungen unterschiedliche philosophische Begründungen haben können. Universalethische Prinzipien dürfen weder bloß formalistisch noch machtpolitisch legitimiert werden, wenn sie intra- oder interkulturell wirksam werden sollen. Nicht der Gedanke, einen universal gültigen ethischen Maßstab bestimmen zu können, ist überzogen; lediglich die Ansicht, diesen Maßstab in *einer* bestimmten Religion, Philosophie, Kultur gefunden zu haben, ist unangemessen und fundamentalistisch. Auch die Idee der Menschenrechte ist nicht nur einer einzigen Kultur eigen. Heute weiß man, dass zahlreiche Inschriften des buddhistischen Königs Ashoka (ca. 3. Jh. v. Chr.) schon die Idee der Menschenrechte enthalten. Jeder Mensch muss – zumindest idealiter – in der Lage sein, die universale Geltung der Menschenrechte einzusehen und anzuerkennen, auch wenn er unter der Verblendung unterschiedlicher Ideologien diese Rechte faktisch verletzt. Die Idee, die Vorstellung und der Wunsch gleich behandelt zu werden, ist weder nur europäisch noch außereuropäisch, sondern weist eine allgemeine anthropologische Verankerung auf.

---

[5] Vgl. oben das Kapitel »Metaphysik im Buddhismus«.

Universalität und Partikularität des Ethischen gehen Hand in Hand, und das wird umso klarer, wenn es sich um einen Diskurs im Vergleich der Kulturen handelt. Wollte man hier unbedingt von einem ethischen Relativismus reden, so ist dieser nicht ein unverbindlicher, sondern eher ein verbindlicher, weil alle unterschiedlichen ethischen Modelle neben ihren Differenzen auch Überschneidungspunkte bieten. Somit zielt diese Untersuchung im Geiste einer interkulturellen philosophischen Orientierung wiederum nicht auf die Verabsolutierung einer bestimmten ethischen Sichtweise, sondern auf die Selbstbescheidung und Selbstbegrenzung der ethisch-moralischen Theorien.

36. Motive ethischen Handelns

Auf die Frage, warum Menschen ethische Urteile treffen und danach handeln, überliefern die Religions- und die Philosophiegeschichte unterschiedliche Antworten. Eine Begründung wird darin gesehen, dass der Mensch meint, es bestehe eine Art Vergeltungskausalität, durch die Handlungen ihrer moralischen Qualität entsprechend bestraft oder belohnt würden. Das indische Denken nimmt eine solche Instanz an, die in den Veden mit *rita*, d. h. Ordnung, Gesetz, Lauf der Natur, bezeichnet wird. Fast alle Schulen der indischen Philosophie sind von dem Bestehen einer sittlichen Weltordnung überzeugt.

Die Überzeugung, dass der Mensch erntet, was er sät, ist uralt. Dahinter steckt die Angst des Menschen nicht nur vor diesseitigen, sondern auch vor jenseitigen Konsequenzen seines Handelns. Denn der Mensch vermag wohl Menschen und weltliche Instanzen zu täuschen, nicht aber den himmlischen Richter. Bei den alten Ägyptern werden im Jenseits sogar Tiere danach befragt, wie sie auf Erden behandelt wurden. Die indischen Materialisten lehnen jedoch den Gedanken einer jenseitigen Vergeltung ab, ebenso die Existenz göttlicher Verbote.

Wie beim Pragmatismus bzw. Utilitarismus vermag uns auch der Erfolgsgedanke zu moralischem Handeln zu motivieren. Es ist aber auch ebenso denkbar, dass der Mensch moralisch handelt, weil er es für gut und wünschenswert hält. Dies mag für die Gesellschaft geschehen oder auch nur für sich. Letzten Endes dienen alle ethisch-moralischen Handlungen einem *summum bonum*, einem Ziel, das selbst nicht hinterfragt werden kann. In irgendeiner Form geht jede Kultur von einer höchsten Idee des Guten aus. Das platonische Ideal von dem absoluten Guten und das indische Ideal von der Befreiung sind dafür zwei Beispiele.

Die indische Ethik kennt sowohl weltliche als auch jenseitige Motivationen für das sittliche Verhalten. Besonderen Wert legt sie jedoch auf die Selbstvervollkommnung, die Befreiung, die Erlösung von einem ewigen Kommen und Gehen – und das ethisch-moralische Handeln wird diesem Ziel untergeordnet. Diese Verpflichtung der indischen Ethik auf das spirituelle Ideal der großen Befreiung *(moksha, mukti, kaivalya, nirvana)* unterscheidet sie von der westlichen Ethik. Der indische Philosoph I. C. Sharma bezeichnet diese Grundmotivation des indischen ethischen Denkens als »spiritual utilitarism«.[6]

37. Indische Ethik

a) Grundintentionen

Die Geburtsstätte der Ethik in der europäischen Philosophie ist Griechenland. Ethik nach griechischem Verständnis war ein Teil des Politischen. Eine solche enge Beziehung zwischen Ethik und Politik ist jedoch in der indischen Ethik kaum zu finden, auch wenn von den ethisch-moralischen Pflichten der Könige oft die Rede ist. Die Wissenschaft der Ethik ist selten ganz frei gewesen von Metaphysik und Psychologie. Dies gilt für die indische Ethik noch mehr als für die westliche. Denn alle ethisch-moralischen Handlungen dienen letzten Endes einem *summum bonum*, einem Ziel, das selbst nicht hinterfragt werden kann.

Die häufig in Europa vertretene Ansicht, das indische philosophische Denken sei dieser Welt und dem Leben abgekehrt, es liege ein Eskapismus hinsichtlich moralischer Probleme vor, beruht auf Missverständnissen. Dies ist nicht nur eine irrige Ansicht hinsichtlich der eigentlichen Natur der indischen Philosophie; sie zeugt auch von einem unzulänglichen Verständnis des sogenannten buddhistischen Pessimismus, des Illusionismus der Lehre Shankaras und der Lehre von der Leerheit *(shunyavada)* der Madhyamika-Schule des Buddhismus. Es mag zutreffen, dass die indische Ethik sich weniger mit den meta-ethi-

---

[6] Sharma, I. C.: Indian Ethics, in: Indian Thought, hg. von D. H. Bishop, New Delhi 1975, S. 233.

schen Problemen beschäftigt. Nicht dass sie das linguistische Problem außer Acht ließe, sie erhofft sich nur keine Lösung von einer bloß sprachlichen Behandlung ethischer Probleme. Die Frage nach dem Ideal des Ethischen und Moralischen zielt in der Hauptsache auf eine innere Kultur, die eine Veränderung der Persönlichkeit mit sich bringt. Es ist richtig, dass die Moral in der Hauptsache diejenigen Handlungen betrifft, die nach außen weisen und sich auf die Gesellschaft, die Mitmenschen und sogar auf die Natur beziehen. Die indische Ethik jedoch betont das innere Phänomen der Motivation, der *Gesinnung*, mehr als die äußeren Resultate. Neben der Gesinnung des Handelnden werden auch die Freiheit des Willens und der Sinn oder das Empfinden für Verantwortung und Verpflichtung betont. Gandhi ist ein leuchtendes Beispiel, wie die religiösen und ethischen Ideale in politische Praxis umgesetzt werden können.

In den Kodizes (Prinzipien, Regeln, Gesetzen) der äußeren Handlungen besteht die objektive Seite der Moral, und diese Kodizes belehren über die verschiedenen *dharmas* (Pflichten), die dem jeweiligen sozialen Stand und dem Lebensstadium des Handelnden entsprechen. Daneben gibt es einen Kodex der allgemein verbindlichen Pflichten *(sadharanadharma)*. Die vier Klassen bzw. Kasten – Priester, Krieger, Händler und Arbeiter – haben ihre jeweiligen Pflichten zu erfüllen, wenn die Gesellschaft im Ganzen *dharma* besitzen soll. Denn nur so kann die Ordnung in dem Organismus »Gesellschaft« gewährleistet werden. Wir haben oben gesehen, dass die Einteilung in vier Gruppen ursprünglich eine funktionale ist. Um das soziale Leben zu organisieren, werden ferner die vier Lebensstadien eingeführt. Die beiden Klassifikationen sind als regulative Prinzipien zu verstehen, deren Befolgen nicht immer ohne Reibung vonstatten ging. Sie wurden manchmal zu strikt gehandhabt und manchmal nur teilweise beachtet. Alle diese Pflichten sind eher vergleichbar mit dem, was Kant den »hypothetischen Imperativ« nennt, obwohl sie nicht bloß subjektive Einstellungen bedeuten. Sie sind Verpflichtungen, die die Gesellschaft den Mitgliedern der jeweiligen Klassen und für jeweilige Lebensstadien auferlegt. So kann die Aufgabe des Priesters nicht die des Kriegers sein. Es ist letzten Endes das Individuum, das seinen sozialen Pflichten nachkommt. Die indische Ethik berücksichtigt daher sowohl den individuellen als auch den sozialen Aspekt.

Der Kodex der allgemeinen Pflichten, der unabhängig von der Zugehörigkeit der Gruppe für alle Menschen generell gilt, dient dem

Zweck der Menschheit im Ganzen. Hier geht die indische Ethik von der Überzeugung aus, dass jeder Mensch von Geburt an einige Verpflichtungen sowohl gegenüber der Gesellschaft als auch der Menschheit zu erfüllen habe. Eines der wirkmächtigsten Gesetzbücher in der Hindu-Tradition geht auf die mythische Person Manu (ca. 200 v. Chr. – 200 n. Chr.) zurück; es trägt den Titel *Manusmriti* (meist übersetzt als »Gesetzbuch des Manu«) oder auch *Manava-Dharmashastra* (»Lehrbuch des Dharma für die Menschheit«). Nach *Manu* gibt es die folgenden allgemeinen Pflichten der Menschen: 1. *dhriti* (Standhaftigkeit, Unerschütterlichkeit), 2. *kshama* (Vergebung), 3. *dama* (Selbstbeherrschung), 4. *cauryabhava* (Nichtstehlen), 5. *shauca* (Sauberkeit), 6. *indriyanigraha* (Sinneskontrolle), 7. *dhi* (Weisheit), 8. *vidya* (Wissen), 9. *satya* (Wahrheit), 10. *akrodha* (ohne Zorn). Die Konzeption des Ethischen, die dem Denken Manus zugrunde lag, betonte im Namen der allgemeinen Pflichten zu sehr das Individuelle auf Kosten des Gemeinwohls. Dies mag auch der Grund dafür sein, dass die soziale, karitative Seite der indischen Ethik nicht in dem Maße ausgebildet wurde, wie dies im Christentum der Fall ist. Freilich ist das Ethos, das wir in dem Manusamhita und in den Epen Mahabharata und Ramayana finden, nicht bloß egoistisch; denn sie alle verpflichten den Menschen zur Nichtgewalt[7].

Die *Mimamsa*-Schule gibt eine andere Version von Pflichten. Sie unterscheidet die säkularen *(laukika)* und die heiligen *(paramarthika)* Pflichten. Die säkularen beziehen sich auf die Interessen der Menschen im täglichen Leben, sie werden als empirisch begriffen und entsprechend einer utilitaristischen Einstellung je nach ihren schädlichen oder unschädlichen Konsequenzen beurteilt und vollzogen. Da die Autorität der Erfahrung nicht die absolute ist, kann die säkulare Form der Ethik nur relativ sein und wird problematisch bleiben. Da eine relativistische Ethik nicht die eigentliche Ethik ist, führen die Mimamsakas zusätzlich die Kategorie der transzendentalen Pflichten ein. Diese Pflichten werden aufgrund der unbedingten Autorität der heiligen vedischen Schriften verordnet. Dies hat zu einem Ritualismus geführt. Dagegen haben nicht nur die heterodoxen Schulen der indischen Philosophie protestiert. Diese Pflichten enthalten jedoch wünschenswerte Handlungen *(kamyakarmas)*, die von den individuellen Wünschen der handelnden Personen abhängig sind. Die von den Vedas vorgeschriebenen Hand-

---

[7] Vgl. zur Ethik der Nichtgewalt Kapitel 38, S. 188 ff.

37. Indische Ethik

lungen sind dagegen absolut und gelten als kategorisch nach dieser Schule. Auch hier gibt es die Pflichten, die unbedingt und für alle Zeiten gelten *(nityakarma)* und diejenigen, die von den besonderen Situationen *(naimittikakarma)* abhängig sind. All dies bildet eine universale Ethik für die gesamte Menschheit auf der Basis der heiligen Schriften.

In Übereinstimmung mit der Lehre Manus und der Bhagavadgita vertritt der *vedantische* Philosoph Ramanuja die These von den *karmas,* die vollzogen werden, ohne an die Ergebnisse zu denken. Die Tugendhaftigkeit ist nach ihm nur wichtig als ein Mittel auf dem Weg der Gottesrealisation. Aus Liebe zu Gott soll der fromme Mensch immer tugendhafte Handlungen vollbringen. Ramanuja deduziert alle Pflichten der Menschheit von dem Ideal der Vollkommenheit, das er Gott nennt. Dieser Gott *(bhagvana)* ist allmächtig und stellt auch die moralische Vollkommenheit dar. Diese kennt verschiedene Grade der Perfektion. Den verschiedenen Perfektionsgraden im Göttlichen entsprechend, gibt es verschiedene Pflichten für die Menschen. Da seine Allmacht ein Aspekt seiner moralischen Vollkommenheit ist, ist Gott zugleich barmherzig und hilft den Schwachen. Die moralischen Fehltritte, die der Mensch als ein unvollkommenes Wesen doch nicht immer vermeiden kann, werden durch die Gnade Gottes verziehen. Ramanuja vertritt somit ein ethico-theologisches System. Der Mensch ist nicht mit Gott identisch, aber auch nicht ganz von ihm verschieden; er ist ein unvollkommenes Abbild Gottes. Das höchste Ziel des Menschen ist daher, sein Leben so zu gestalten, dass er dem Göttlichen immer näher kommt.

Nach *Shankara* gibt es zwei Ebenen der Moral: die niedere Stufe der Moralität der Wünsche und Hoffnungen *(pravritti)* und die höhere Stufe der Moralität ohne Wünsche und Leidenschaften *(nivritti).* Das höchste spirituelle Ziel ist für Shankara die Einsicht in die Unzweiheit *(a-dvaita)* zwischen *atman* (individuelle Seele) und *brahman* (Urgrund des Seins). Alle die Pflichten, die der Mensch seiner Stellung entsprechend zu erfüllen hat, sind für ihn äußere und vorbereitende Stufen auf dem Weg der Realisation dieser Einheit. Auf dem Weg dorthin soll der Mensch allen egoistischen Wünschen und Interessen, selbst den himmlischen Gütern entsagen. Er soll die Tugenden der inneren Ruhe *(sama),* der Kontrolle *(dama),* der Nachsicht *(titiksha),* der Entsagung *(uparati),* der Konzentration *(samadhi)* und der inneren Unerschütterlichkeit *(shraddha)* entwickeln. Daneben muss er ein brennendes Verlangen nach Befreiung spüren. Hat der Aspirant *(mumukshu)* die erwähnten Tugenden erworben, folgt dieser inneren Disziplinierung die intuitive Erkenntnis und Realisation *(anubhava)* der Identität mit dem Brahman. Dieses Ziel der Erlösung ist nach Shankara hier auf Erden und in diesem Leben erreichbar. Man befindet sich sodann in einer Sphäre jenseits von Gut und Böse. Die Pflichten haben dann fast ihre Bedeutung verloren; denn alle Handlungen sind nun spontan. Die Realisation dieser Identität von Individuum und Brahman liegt daher jenseits der Moral. Selbst die Stufe des Göttlichen ist überschritten. Es geht hier nicht um eine Gottesreligion, sondern um eine Religion der Befreiung, der Erlösung, die ausschließlich durch die Erkenntnis der Identität zwischen Atman und Brahman zu erlangen ist. Es wäre nicht falsch, in diesem Falle von einer »philosophischen Religion« zu sprechen.

Im Gegensatz zu den orthodoxen Schulen, die direkt oder indirekt immer einen Unterschied zwischen zwei Arten von Pflichten machen, lehnen die heterodoxen Schulen eine solche Unterscheidung ab. Sie nehmen die Aufteilung in verschiedene Klassen und Stadien nicht an. Für sie sind die Pflichten allgemein und gelten für alle Menschen.

Die Schule der Materialisten *(Carvaka, Lokayata)* sieht in dem Erreichen der größten Freude das *summum bonum* des Lebens. Es ist die Pflicht eines jeden Menschen, das Glück zu vermehren und das Unglück zu vermeiden. Dies ist eine egoistische, hedonistische Morallehre. Das höchste Gut des Lebens ist die weltliche Freude. Von den vier Lebenszielen *dharma, artha, kama* und *moksha* legen die Carvakas den größten Wert auf *kama* und *artha*. In der Replik der orthodoxen Schriften, die dieser Lehre nicht wohl gesonnen sind, heißt die Predigt der Materialisiten: Iss, trinke und sei immer fröhlich; denn ist der Körper erst einmal in Asche verwandelt, gibt es keine Rückkehr. Es gibt weder Himmel noch Hölle, ebenso wenig eine unsterbliche Seele. Dass man die Ethik der Carvakas als einen groben Hedonismus abgestempelt hat, hat seinen Grund in der idealistisch-spiritualistischen Tradition Indiens. Bei den Carvakas werden aber auch wiederum zwei Richtungen unterschieden: diejenigen, die bloß egoistisch und hedonistisch orientiert sind *(dhurta-carvakas),* und diejenigen, die kultiviert sind *(sushikshita).* Unter den Carvakas muss es auch eine Gruppe gegeben haben, die um der höheren Freude willen auf kurzfristige Freuden verzichtete.

Die Ethik des *Jainismus* legt größten Wert auf die innere Rei-

37. Indische Ethik

nigung der Seele, die von dem Geblübde *(vrata)* begleitet wird, Zucht *(gupti)*, Meditation *(anupreksha)* und gutes Verhalten *(charitra)* zu üben. Diese Disziplin soll zur Befreiung *(kaivalya)* führen. Die Ethik ist äußerst individualistisch und legt großen Wert auf das Entwickeln der inneren Kultur. Die Lehre von der Gewaltlosigkeit mutet gelegentlich als übertrieben an: Es gibt Mönche, die sogenannten »Luftbekleideten« *(digambaras)*, die Besitzlosigkeit so weit treiben, dass sie zwar keine Kleidung tragen, jedoch ein Tuch vor dem Mund, um keine Mikroorganismen einzuatmen. Die Jaina-Gemeinde kennt Mönche, Nonnen und Laien. Die drei Gruppen sind nicht durch qualitative Unterschiede gekennzeichnet, sondern durch die Strenge der Regeln. Die folgenden fünf Gelübde werden für die Mönche als die großen *(mahavrata)* und für die Laien als die kleinen *(anuvrata)* Gelübde bezeichnet: Gewaltlosigkeit *(ahimsa)*, Wahrheit *(satya)*, Nichtstehlen *(asteya)*, Enthaltsamkeit *(brahmacarya)* und Entsagung *(aprigraha)*. Die Gelübde sind jeweils auf drei Ebenen einzuhalten – im Denken, im Reden und im Handeln.

Die *buddhistische* Philosophie als ein Denk- und Lebensweg stellt das Ethische und Moralische in den Mittelpunkt. Im Zeichen der Ethik stellt die buddhistische Lehre eine angewandte Psychologie der Handlungen dar. Das Ethos des *Buddhismus* zielt auf die innere Vervollkommnung. Sie stellt den höchsten moralischen Imperativ auf dem Wege der Realisation des Nirvana dar. Diese innere Reinigung besteht in dem Sich-frei-Machen von Unwissenheit *(avidya)*, Begierde *(klesha)* und unkontrollierten Leidenschaften *(trishna)*. Eine Analyse des Pflichtbewusstseins geht über die Analyse des verpflichtenden Charakters der moralischen Handlungen hinaus und impliziert die Anerkennung der moralischen Richtigkeit *(dharma)* einer Disposition, die der Handlung zugrundeliegt. Denn ohne das entsprechende Ethos ist die Handlung eine bloße Nachahmung. Erst gute Gesinnung macht die Handlung zu einer guten.

Die fünf ethischen *Gebote des Buddhismus* lauten: 1. Nicht töten. 2. Nicht stehlen. 3. Nicht lügen. 4. Keinen unerlaubten Geschlechtsverkehr ausüben. 5. Keine berauschenden Getränke zu sich nehmen. Diese fünf Gebote verhelfen zu rechtem Denken, Sprechen und Handeln, vor allem jedoch haben sie die Gewaltlosigkeit zum Ziel.

Die buddhistische Ethik der *Hinayana*-Schule sieht im Befolgen des Achtfachen Pfades den richtigen Weg zum Nirvana. Es gilt, das Ideal eines *arhats* zu erreichen, eines Menschen, der für sich die Befreiung erlangt hat und nicht mehr von falschen Ansichten heimgesucht werden kann. Ein *arhat* ist jenseits von Geburt und Tod und hat die Unwissenheit überwunden. Er ist im Besitz der vier edlen Wahrheiten.

Die Ethik der *Mahayana*-Schule erweitert das Ideal über das Individuelle hinaus und fordert das Herausbilden eines Bewusstseins für die gesamte Menschheit. Hier gilt das Ideal des *Bodhisattva*. Denn nur aus einem solchen Bewusstsein erwächst die Einsicht, dass das eigene Wohl mit dem Wohl der anderen wesentlich verbunden ist. Dementsprechend sind die vier höchsten Pflichten: Wohlwollen allen Wesen gegenüber *(maitri)*, Mitleid allen Unglücklichen gegenüber *(karuna)*, Mit-Freude an den Freuden der anderen *(mudita)* und Gleichmut hinsichtlich der Schwächen der anderen *(upeksha)*. Auf diese Weise wird das Hinayana-Ideal der Arhatschaft in das Mahayana-Ideal des Bodhisattva verwandelt. Nicht die Selbsterlösung, sondern die Erlösung der Menschheit ist das hohe Ziel.

All diese unterschiedlich klassifizierten Werte und Pflichten, die den Eindruck erwecken, objektive Moraltafeln darzustellen, sind hinsichtlich ihres Vollzugs von einer inneren Kultur abhängig, die im Wesentlichen die Aufgabe einer Psychologie der Moral ist.

b)   Psychologisch-transformative Grundlage der indischen Ethik

Psychologie wird hier als eine praktische Disziplin verstanden, die dafür sorgt, dass eine geistige und seelische Reinigung *(chittashuddhi)* stattfindet. Das moralische Leben bleibt ein Muster ohne Wert, solange kein echter Gesinnungswandel stattfindet. Ebenso bleiben die Pflichten bloß formal und äußerlich, solange die Tugenden nicht in Handlungen verinnerlicht worden sind.

Wenn es um die Frage nach der Psychologie der Ethik geht, sind zwei Ansätze wesentlich: die Analyse des Willens und die des Pflichtbewusstseins. Erstere führt zu einer Zweiteilung der Handlungen, nämlich in solche, die willentlich und solche, die unwillentlich vollzogen werden. Willentliche Handlungen setzen das Bewusstsein von der Freiheit voraus. Ein solches Bewusstsein ist wesentlich für die Behandlung der Frage nach Verantwortung und Verpflichtung.

Nach Prabhakara, der der *Mimamsa*-Schule angehört, konstituiert sich ein Willensakt aus folgenden fünf Faktoren: 1. die Zielvorstellung, die Idee dessen, was es zu tun gilt, 2. der Wunsch, dieses zu tun, und das

37. Indische Ethik

Wissen, zur Ausführung der Idee fähig zu sein, 3. die Willensanstrengung, 4. der Handlungsimpuls im Organismus, 5. die explizite Handlung. Gewiss enthält dieses formal gehaltene Schema die Möglichkeit unterschiedlicher Auslegungen, angefangen von der vedisch-theologischen bis hin zur utilitaristischen, ja sogar hedonistischen Motivation. Im Gegensatz zu Kant, der die Willensfreiheit in dem Pflichtbewusstsein verankert und die Kategorie der Freiheit ein rein ethisches Phänomen des Bewusstseins vom Moralgesetz sein lässt, sieht Prabhakara das Freiheitsbewusstsein als etwas Psychologisches an, das in jedem Willensakt enthalten ist. Wir erleben, dass wir frei sind. Dies bedeutet jedoch nicht unbedingt, dass das Freiheitsbewusstsein auch immer wirken muss.

Die *Nyaya*-Schule (hauptsächlich der Naiyayika Prasashtapada) vertritt die Ansicht, dass die Ursachen unwillentlicher Handlungen im Organismus *(jivana)* und die Ursachen der willentlich vollzogenen Handlungen in den Wünschen *(iccha)* bzw. Abneigungen *(dvesha)* liegen. Alle Reflexhandlungen gehören der ersten Gruppe an. Die auf Wahl und Absicht beruhenden Handlungen gehören zur zweiten Gruppe. Beide Arten von Handlungen sind jedoch teleologischer Natur und dienen entweder den Zwecken des organischen Lebens oder sind Mittel auf dem Wege zu bewusst gewählten Zielen.

Die Frage, worin die Wünschbarkeit des gewünschten Gegenstandes besteht, wird von den Naiyayikas so beantwortet, dass sie in der Vermehrung der Freude bzw. Verminderung des Leides zu suchen sei. Die Naiyayikas lehnen den groben, bloß sensualistischen Hedonismus der Carvakas ab, indem sie einen qualitativen Unterschied zwischen Sinnesfreuden und geistigen Freuden machen. So erkennen die Naiyayikas folgende Arten von gewünschten Gegenständen: diejenigen, die dem Ziel der Freude dienen *(sukhaprapti)*, diejenigen, die Leid vermindern *(duhkha-parihara)*, oder beides und diejenigen, die der Realisation der Befreiung, der absoluten Freiheit *(moksha)* dienen. Hierbei wird der nicht-empirische, d. h. der reine Charakter des Wunsches nach Erlösung betont. Insofern kann man bei den Naiyayikas von zwei Arten der Ethik sprechen: von einer, die einen besseren Hedonismus und Utilitarismus darstellt, und einer anderen, durch die das hohe Ziel der Erlösung angestrebt wird.

Die heterodoxen Schulen haben ihre eigenen Ansichten hinsichtlich der Natur der gewünschten Objekte und der Willensfreiheit. Die *Carvakas* unterscheiden die Freuden nicht und vertreten die Ansicht, dass ein Wunsch entweder etwas Empirisches oder bloß Pathologisches darstelle. Damit kann es gar nicht mehr um Willensfreiheit gehen. Das Vermehren der Freude – gemeint sind weltliche Güter und Sinnesfreuden – bzw. das Verringern des Leides stellen das *summum bonum* dar. Der Sinnesgenuss ist das einzige Ziel des Lebens *(kama ekaiva purusharthah)*. Die Carvakas gestehen zu, dass es keine reine Freude gibt, weder in der Hütte des Bettlers noch im Palast des Königs. Diese Welt sei auch nicht bloß eine Stätte des Leidens. Denn wäre dem so, dann sollte man bei dem Gedanken an den Tod nicht traurig sein, was aber in der Regel der Fall ist.

Die *Jainas* meinen, dass jede empirische Sicht der Ethik noch von vielfältigen Verblendungen beeinflusst wird. Das moralische Gesetz im Sinne eines Imperativs *(niyoga)* stellt die höchste Verpflichtung dar. Es ist nicht der Imperativ eines Gottes; denn die Jainas glauben nicht an einen Gott, sondern an eine allwissende Person *(arhat)*, die die höchste Perfektion realisiert hat. Die Jaina-Ethik ist die Religion der Jainas. Das Prinzip der Nichtgewalt *(a-himsa)* spielt die zentrale Rolle.

Der Buddha sah in Wünschen den eigentlichen Entstehungsort aller Verblendungen; denn das Böse wird zuerst im Geist geboren. Daher ist die Kontrolle der Gedanken der erste Schritt auf dem ethischen Weg der Liebe zu allen Wesen. Unsere Affekte sollen uns gehören, und nicht wir ihnen. Wenn mehrere Wünsche zugleich befriedigt werden wollen, wird von dem Prinzip der Selektion gesprochen. Das Glücklichsein über das Glück der anderen ist zu bejahen; Schadenfreude jedoch ist nicht erlaubt. Essen, um gesund zu bleiben, ist gut; aber leben, um essen zu können, wird auf die Dauer zur Last. Der *Bodhisattva* des Mahayana-Buddhismus verschiebt sein Eingehen ins Nirvana, um den Mitmenschen zu helfen.

Auf die Frage, warum das Gute getan werden solle, verweist der Buddhismus darauf, dass Freundschaft auf das Wohl der anderen ziele. Ohne Eigennutz darf der Mensch das Wohl der anderen wünschen; er darf jedoch nicht darauf aus sein, dass sein gutes Handeln erwidert wird. Das Ziel ist, sich so weit zu reinigen, dass das Gute spontan hervorströmt. Eine solche spontane Ethik siedelt sich jenseits von Gut und Böse an und will weder Sieg noch Verlust. Die Frage nach den Gründen des Guten weist der Buddhismus als spekulativ zurück. Man soll sich keinem Gotteskult hingeben. Auf die Frage, wie der Mensch dem Bösen begegnen solle, antwortet der Buddhismus: Das Gute soll die Antwort auf das Böse sein. Hierin wird die universalistische Lehre der buddhis-

37. Indische Ethik

tischen Ethik deutlich und es zeigen sich Parallelen zu Laotse und Jesus. Im Mahayana-Buddhismus findet man die Konzeption der leidenden Liebe; denn in dem Prinzip der Liebe ist enthalten, dass man das Leiden der anderen auf sich nimmt. Die buddhistische Ethik ist durch und durch humanistisch, denn es geht nicht um Gebote Gottes. Buddhas Ethik verlangt reine Gesinnung und reines Handeln. Eine solche auf der Geisteshaltung basierende Ethik überwindet jeden Relativismus, denn als positive Haltung des Wohlwollens kennt sie keine Trennungen nach Familie, Rasse u. dgl. Nur der Charakter zählt und nicht die Kastenzugehörigkeit, weder das Beten im Tempel noch irgendwelche Opferriten. Die Disziplin der Psychologie ist wesentlich für die buddhistische Ethik. Empfindungen, Willensregungen, das Haftenbleiben werden bis ins Detail analysiert, um so dem Adepten zu helfen, die falsche Sichtweise *(mithyadrishti)* abzulegen.

c)   *Die Bedeutung des dharma für das ethische Handeln*

Zu den vielen Bedeutungen des Wortes *dharma* zählt auch die ethische und religiöse Pflichtenlehre, wie sie in der gesamten philosophischen, religiösen und kulturellen Tradition Indiens von den Veden und Upanishaden über die Epen bis zu den orthodoxen und heterodoxen Schulen dargestellt wird. Dharma bedeutet etymologisch das, was alles zusammenhält *(dharayati iti dharmah)*. Dharma ist die Grundlage aller Ordnungen, seien sie sozialer oder moralischer Natur. Das Konzept des *rita* (Ordnung, Gesetz, Lauf der Natur) im Rig-Veda steht ebenfalls für *dharma*. Von europäischen Philosophen hört man oft den Vorwurf, die indische Philosophie sei zu religiös, weltanschaulich und spirituell. Die Theologen wiederum werfen den indischen Religionen vor, sie seien intellektuell, philosophisch und mystisch. Dieser Vorwurf bedarf heute expressis verbis keiner Zurückweisung; denn es ist offensichtlich, dass es sich um ein Missverständnis handelt. Ferner wird hier eine bestimmte Ansicht, was Philosophie und Religion seien, verabsolutiert. Zutreffend ist jedoch, dass ein sowohl praktisches als auch theoretisches soteriologisches Interesse als Urmotivation für das indische Denken maßgeblich gewesen ist. Alle Systeme zielen auf die Befreiung. Es wäre jedoch ein Missverständnis, wollte man dieses Interesse mit den vielfältigen mundanen Interessen, wie z. B. das Leben vor Krankheit zu schüt-

Ethik und Moralphilosophie (Dharma Shastra)

zen, gleichsetzen. Es geht um ein unendliches spirituelles Interesse, das sich nach Freiheit von dem ewigen Auf und Ab der Welt und des Lebens sehnt. Das Ziel ist eine Befreiung *(moksha)* von dem, was in Indien als Kette von Geburt und Tod *(samsara)* bezeichnet wird. Diese Befindlichkeit legt nahe, dass der ethische Diskurs eine zentrale Rolle im indischen philosophischen Denken spielt.

Der Terminus *dharma* ist in den verschiedenen Systemen unterschiedlich besetzt. Für die *Samkhya*-Schule ist *dharma* eine Funktion des Geistes. Der Geist ist selbst ein Produkt der Evolution, der Urmaterie *(prakriti)*. So ist *purusha* (reines Bewusstsein) jenseits von *dharma*, denn er ist von *prakriti* verschieden. Die atheistisch orientierte Samkhya-Philosophie vertritt eine Soteriologie im Sinne der Befreiung von dem *samsara* (Kreislauf des Lebens) im Sinne der Loslösung von *prakriti*. Die objektive (auch deontologische) Dimension dieser Ethik besteht darin, dass sie teleologisch auf Selbstvervollkommnung orientiert ist und Pflichten wie auch Tugenden betont, die allen Menschen als Menschen zukommen *(sadharanadharma)*.

Die *Nyaya-Vaisheshika*–Schule unterscheidet zwischen dem empirischen und transzendentalen Aspekt des Selbst. *Dharma* und *adharma* gehören nur dem empirischen Selbst an, sie sind seine Eigenschaften. Daher können Handlungen selbst weder tugendhaft noch böse sein; denn diese Eigenschaften gehören den Intentionen an *(abhisandhi)*. So vertritt diese Schule eine Gesinnungsethik und bestimmt tugendhafte Handlungen als Ergebnisse reiner Absichten *(vishuddhabhisandhijatah)* und nicht tugendhafte als Ergebnisse unreiner Absichten *(dushtabhisandhijatah)*.

Auch die *Buddhisten* vertreten eine subjektive Ansicht des *dharmas* und *adharmas* und sagen, diese seien eigentlich Dispositionen des mentalen Flusses und könnten auch überwunden werden. Tugendhaftigkeit und Untugendhaftigkeit sind subjektive Konzepte.

Die *Mimamsa*-Schule dagegen vertritt die Ansicht, dass Tugend und Untugend Objekte darstellen *(artha)* und dass sie auch als solche intendiert werden. Sie stellen sogar die Gebote der heiligen Schriften dar *(chodana)*. Sind die *dharmas* tugendhafte Intentionen oder auch wünschenswerte und von den heiligen Schriften vorgeschriebene Objekte, so stellt sich die interessante Frage nach dem eigentlichen Verhältnis von *dharma* und *karma*, d. h. die Frage nach der Beziehung zwischen Tugend und Handlung.

Auch im *Buddhismus* hat der Begriff *dharma* eine religiös-meta-

37. Indische Ethik

physische und eine ethische Dimension. Dharma bezeichnet ein Ding, eine Eigenschaft, ein Objekt, ein Subjekt u. a. Die Buddhisten sind der Ansicht, dass die äußerlichen Pflichthandlungen keinen inneren moralischen Wert haben. Sie mögen höchstens einen instrumentalen Wert besitzen und dem Zweck der Selbstreinigung dienen.

Ähnlich meinen die *Samkhya*-Philosophen, dass die meisten der heiligen Schriften *karmas* voller Gewalt *(himsa)* sanktionieren; denn sie befürworten Opferriten, die Tieren das Leben kosten. Im Gegensatz zu den Buddhisten, die ja ebenso wie die Samkhya-Schule die vedischen Opferhandlungen ablehnen, sprechen die Samkhya-Anhänger von einer bestimmten Kraft *(apurva)*, die den zeremoniellen Akten innewohnt und Freude in einem Leben nach dem Tod zur Folge hat.

Bezüglich der Frage nach dem Bewusstsein von der Autorität der Pflichten, die nicht die der heiligen Schriften ist, gehen die Meinungen auseinander. Für die indischen Materialisten und Hedonisten ist uns dieses Bewusstsein nicht unmittelbar präsent, sondern es entsteht, bedingt durch die Überlegung hinsichtlich eines Übergewichts der Freude, verglichen mit dem Leid. So ist der sogenannte imperative Charakter der moralischen Pflichten nichts anderes als die kausale Wirkung der intendierten Freuden auf den Handelnden. Meint man durch eine Handlung die Freude vermehren und das Leid verringern zu können, ist das Pflichtbewusstsein nur ein anderer Name für die erwartete Freude.

Demgegenüber betonen die Schulen der Jainas und der Buddhisten die Reinheit der Gesinnung. Die äußeren Handlungen sind in dem ethischen Rahmen von zweitrangiger Bedeutung. Mit anderen Worten ist das Bewusstsein von der Autorität der Pflichten spontan und ohne jede Bedingung. Die Jainas und die Buddhisten vertreten jedoch eine Religion ohne Gott, eine Religion der Befreiung. Religion und Ethik gehen hier ineinander über, oder die Ethik steht sogar höher als die Religion. Denn selbst die Götter sind erlösungsbedürftig und erlösungsfähig.

Die Schule der Nyaya-Vaisheshikas unterscheidet zwischen einer weltlichen Ethik und einer Befreiungsethik. Diese ist letzten Endes keine Ethik, sondern eine Religion. Die einseitige Betonung der Befreiungsethik in den Schriften der Inder und auch in den Schriften der Europäer über indische Philosophie hat zu dem Missverständnis geführt, die indische Philosophie kenne *keine* Ethik.

Ethik und Moralphilosophie (Dharma Shastra)

d) Missverständnisse gegenüber der indischen Ethik und Zeitauffassung

Aus dem Gesagten folgt, dass man dem indischen Denken das Ethische nicht absprechen kann, es sei denn aus Unkenntnis, aufgrund einer zu einseitigen Sichtweise oder einer Tendenz zu grober Verallgemeinerung. Albert Schweitzer, der Indien gegenüber positiv eingestellt war, verfällt einem solchen Missverständnis. Durch den Einfluss Schopenhauers gelangt er zum indischen Denken, aber im Gegensatz zu diesem Philosophen ist Schweitzer der Überzeugung, dass dem indischen Denken das Ethische grundsätzlich fehle. Er meint, das indische Denken sei durch eine »Welt- und Lebensverneinung« bestimmt.[8] Radhakrishnan hat diese Lesart des indischen Denkens zurückgewiesen. So wie Max Weber unterliegt auch Schweitzer dem modischen Vorurteil, das indische Denken sei bloß spirituell und asketisch und nur auf das Jenseits gerichtet. Das Argumentationsmuster von Schweitzer mag syllogistisch sauber und fehlerfrei sein, es entbehrt jedoch der sachlichen Begründung. Ein Denken wie das indische, so argumentiert Schweitzer, das welt- und lebensverneinend sei, könne per se nicht ethisch sein. Mahatma Gandhis Leben und Wirken widerlegen eine solche Lesart des indischen ethisch-moralischen Denkens.

Ist Ethik im Sinne Schweitzers als Ehrfurcht vor dem Leben zu begreifen, dann ist das indische Denken durch und durch ethisch motiviert. In seiner Kritik an Schweitzer zeigt Radhakrishnan die vielen Vorbehalte auf, die Schweitzer zwangsläufig bei der Anwendung seines Schemas von Weltbejahung und Weltverneinung macht, und die davon zeugen, dass seine Deutung nicht dem wirklichen Sachverhalt entspricht.[9]

Der protestantische Theologe Paul Tillich betont zu Recht die wichtige Rolle der *Zeit* für eine philosophische und religiöse Interpretation der Geschichte und der menschlichen Existenz. Leider geht er von einem Schema aus, das die Zeitauffassung in zwei einander ausschließende Arten einteilt, und zwar in das historische und das nichthistorische Muster. Freilich wird die indische Auffassung, einem lang-

---

[8] Vgl. Schweitzer, A.: Die Weltanschauung der indischen Denker. Ausgewählte Werke in fünf Bänden, Bd. 1b, Berlin 1971, S. 431.
[9] Vgl. Radhakrishnan, S.: Die Gemeinschaft des Geistes, Darmstadt 1953, S. 89.

37. Indische Ethik

lebigen Klischee folgend, dem zweiten Muster zugerechnet. Nach diesem Muster wird die menschliche Existenz zu einem sinnlosen, ewigen Spiel.[10] Selbst Arnold Toynbee, ein wohlwollender Interpret der indischen Geistesgeschichte, meint, dass das indische Zeitverständnis ein rein zirkuläres sei. Dadurch werde die menschliche Existenz zum Opfer eines ewigen, kosmischen Spiels; denn im Kosmos herrsche ein automatisches, unverrückbares Gesetz unablässigen Wandels. Toynbee bezieht sich hier auf die Idee des *kalpa*, d. h. eines Weltenzyklus, ohne die Karmatheorie in Betracht zu ziehen.[11]

Allerdings geht es bei dem indischen Denken nicht um eine mechanische Wiederholung der individuellen Existenzen, sondern höchstens um ein allgemeines Muster in Natur und in Kultur. Der kosmologisch-zyklische Charakter darf nicht mit dem zyklischen Charakter individueller Schicksale gleichgesetzt werden. Das indische Denken entwirft fantastische Bilder einer kosmologischen Zyklentheorie, zeigt aber auch Wege, dem Zyklus von Entstehen und Vergehen zu entrinnen.

Man muss bis zu Augustinus zurückgehen, der in seiner polemischen Auseinandersetzung mit der griechischen Anschauung der Letzteren eine zirkuläre Zeitauffassung zuschreibt und von demselben Platon, derselben Stadt, derselben Akademie und denselben Schülern spricht, die existieren, existiert haben und existieren werden. Im Laufe der Zeit hat man diese Sicht auch dem indischen Geist zugeschrieben. Der panindische Karma-Gedanke ist vielschichtig und kann philosophisch, metaphysisch, religiös-theologisch oder sogar erkenntnistheoretisch-hypothetisch gedeutet werden. Es gibt karmas, die uns fesseln; ebenso aber gibt es karmas, die uns befreien.

Der indische Dichter-Philosoph Tagore mahnt vor einem solchen Vorurteil. Indiens Denker hätten keineswegs Welt- und Lebensentsagung gepredigt, sondern ihr Ziel liege darin, ihr wahres Selbst zu finden und sich die Welt anzueignen.[12]

---

[10] Vgl. Tillich, P.: The Protestant Era, Chicago 1948.
[11] Vgl. Toynbee, A.: A Study of History, Oxford 1947.
[12] Vgl. Tagore, R.: Sadhana. Der Weg zur Vollendung, München 1921, S. 47.

38. Zur Ethik der Nichtgewalt (Ahimsa)

Dem Begriff der Gewaltlosigkeit begegnet man oft in der reichen Literatur Indiens. Manu verwendet den Begriff der Nichtgewalt in Bezug auf das Verhalten zwischen Lehrer und Schüler. Unterrichtet man einen Schüler und hat man dessen Wohl im Sinn, so muss man dabei die Regeln der Nichtgewalt beachten. Diese besteht darin, dass keine Bestrafung erfolgt, kein Leid verursacht wird, dass man mit dem Schüler liebevoll umgeht, harte Worte vermeidet und immer versucht, sogar die Wahrheit nur liebevoll auszudrücken. Mit der Zeit wurde eine an Gewaltlosigkeit orientierte Verhaltensweise zum Paradigma für das Verhältnis zwischen den Menschen und allen anderen Lebewesen. Die Rolle, die der Begriff der Gerechtigkeit in der traditionellen griechischen Ethik Platons spielt, ähnelt jener von *ahimsa* in dem ethisch-moralischen Rahmen des indischen Denkens. Die indische Ethik geht von einer Wesensverwandtschaft alles Lebendigen aus und empfiehlt daher eine Haltung der Gewaltlosigkeit nicht nur Menschen, sondern auch Tieren und Pflanzen gegenüber. Auf diese Weise erhält das Ideal des Vegetarismus eine wichtige ethisch-moralische Begründung. Er wäre wohl die konsequentestes Weise, Tierliebe zu praktizieren.

Jesus brachte in der Bergpredigt zum ersten Mal im Mittelmeerraum die Idee der Nichtgewalt als hohes moralisches Ideal zum Ausdruck. In der griechisch-römischen Tradition jedoch spielte die Nichtgewalt keine derart zentrale Rolle.

Dass die indische Ethik die Lehre von der Nichtgewalt allgemein akzeptiert, bedeutet nicht, dass die indische Haltung stets völlig gewaltfrei gewesen wäre. Was jedoch feststeht, ist die Tatsache, dass der buddhistische König Ashoka erstmals einen breit angelegten Versuch unternahm, auf dem Prinzip der Gewaltlosigkeit eine soziale und politische Ordnung aufzubauen. Bei ihm finden wir eine ausdrückliche Ablehnung des Krieges. Die Anhänger der Jaina-Schule behaupten, dass Rishabha, als erster Tirthankara (»Furtbereiter«), der eigentliche Entdecker dieses Prinzips gewesen sei. Sie meinen, dies sei vor der Ankunft der Arier in Indien geschehen, was bedeuten würde, dass Gewaltlosigkeit urindisch, d. h. vorarisch, gewesen wäre. Dies lässt sich geschichtlich jedoch nicht beweisen. Mahavira, der Stifter des Jainismus, war ein Zeitgenosse Buddhas, und der Name Rishabha mag auf eine mythische Gestalt hindeuten. Soviel ist aber unbestritten, dass der Jainismus sich besonders dieser Lehre annahm und sie fast bis zum Exzess praktizierte.

38. Zur Ethik der Nichtgewalt (Ahimsa)

Der ganze Kosmos ist für die Jainas gleichsam ein lebendiger Organismus. Daher soll jeder Mensch allen Wesen gegenüber die Haltung der Nichtgewalt einnehmen. Die vedische Literatur enthält auch die Lehre von den Opferriten, die Tieropfer mit sich brachten. Dies führt zu zwei sich gegenseitig ausschließenden Ideen von Gewalt und Nichtgewalt, wobei das Befolgen der Lehre von der Nichtgewalt als die größere Tugend angesehen wird. Die Idee der Nichtgewalt wurde auch dann propagiert, wenn Gewaltanwendung einem höheren Ziel diente. Manu lehrt, dass der Wunsch nach Wohlergehen ein Merkmal aller Wesen sei. Dieser Wunsch hilft uns, die größte Freude auf Erden zu bewirken. Je mehr man Nichtgewalt übe, desto weniger sündige man, lautet die Formel. Manu meint, dass das Veranlassen, ein Wesen zu töten, und sogar das Kaufen, Verkaufen oder Kochen von Fleisch bereits Sünden seien. Auch die Buddhisten sind der Ansicht, dass der Beruf des Metzgers nicht mit dem buddhistischen Glauben vereinbar sei. Obwohl das Kochen von Fleisch für Manu bereits eine Sünde ist, vertritt er die Ansicht, dass es keine Sünde sei, nach vedischen Vorschriften Tiere zu opfern. Dies ist für ihn kein Fall von Gewalt.

Neben *ahimsa* ist nach dem Mahabharata die Wahrhaftigkeit die höchste Tugend. Gewalt ist zulässig, wenn man töten muss, um am Leben zu bleiben. Auch das Kriegführen kann zur heiligen Pflicht werden. Bei den Opfern wird das Töten der Tiere ausgeglichen durch das Verdienst *(punya)*, das man sich durch den Vollzug der Opferriten erwirbt. Diese Auffassungen und Begründungen sind nicht nur aus heutiger Sicht abzulehnen, sondern sie wurden schon innerhalb der indischen Tradition zurückgewiesen. Die beiden heterodoxen Schulen des Buddhismus und Jainismus, die nicht nur die vedische Autorität, sondern auch Tieropfer ablehnten, plädierten für Gewaltlosigkeit auf allen Gebieten. Die Lehre von *ahimsa* wurde zum Wesen der jainistischen Religion. Freilich wurde diese Lehre oft übertrieben und führte zur Selbstkasteiung. Selbst das Essen von Gemüse wurde als bedauerliche Notwendigkeit, die das Leben mit sich bringt, angesehen. Der Buddhismus hingegen wählte den Mittelweg und versuchte, Gewaltlosigkeit auf allen Gebieten zu üben.

Der Ausdruck *a-himsa* ist zwar sprachlich negativ, seine Bedeutung ist jedoch eine positive. Liebe und Wohlwollen allen Wesen gegenüber stellen die Hauptzüge der Ahimsa-Lehre dar, wie sie vom Jainismus vertreten wird. Wohlwollen, Mitfreude, Mitleid usw. sind die positiven Konstituenten der Ahimsa-Lehre im Buddhismus. Auch Prashastapada, ein Vaisheshika-Philosoph im 9. Jh. n. Chr. (?), sah die Schwäche der Lehre von der Nichtgewalt in deren negativen Formulierung. Er wollte die positive Seite dieser Lehre herausarbeiten und sprach von der Tugend des Wohlwollens allen Kreaturen gegenüber *(bhutahitatra)*. Diese Verbesserung deutet auf einen komprehensiven Humanismus hin, in dem das Individuum seine Rolle zu übernehmen hat. Obwohl es uns nicht schwerfällt, der Lehre von der Gewaltlosigkeit und der Liebe zuzustimmen, gibt es in uns offenbar etwas, was der *Praxis* dieser Lehre im Wege steht. Es ist nicht genug, in dieser Lehre unterrichtet zu werden. Viel wichtiger scheint eine Analyse (Diagnose, Therapie) der Faktoren und Neigungen zu sein, die uns hindern, trotz aller Einsicht die Lehre zu verwirklichen.

Nichtgewalt kann manchmal das Leiden vermehren oder verlängern. In solchen Fällen rät Mahatma Gandhi, Gewalt anzuwenden, um ein Leiden zu beseitigen. Gandhi ließ in seinem Ashram Sabarmati einmal ein todkrankes Kalb durch einen Arzt töten. Nichtgewalt bedeutet für Gandhi, dass man die *inneren* Feinde wie Gier, Hass, Angst und dergleichen besiegt. Denn alle Handlungen, die auf diese Motive zurückgehen, sind von Gewalt begleitet. Gandhi ist kein Ideologe der Gewaltlosigkeit, doch er hält Politik auch ohne Gewalt für möglich. Im Gegensatz zum gandhischen Modell einer politischen Theorie ohne Gewalt neigen die westlichen Theorien der politischen Praxis zu der Ansicht, Politik sei ohne Gewalt kaum möglich und Religion habe in der Politik nichts zu suchen. Gandhi würde hier widersprechen – und hat es zu seiner Zeit auch getan. Dieses alternative gandhische Modell wird von Dieter Conrad in seinem für die Diskussion politischer Theorien wegweisenden Buch[13] meisterhaft, kritisch und konstruktiv diskutiert.

Wir haben gesehen, dass die indische Philosophie ethische Modelle vertritt, die höchste moralische Ziele verfolgen, ohne immer theologisch zu sein. Auch nicht im Sinne eines Postulatensystems, nach dem Gott zumindest als Postulat eine zentrale Rolle spielt. Die beiden bekannten heterodoxen Schulen gehören hierher. Durch eine ethische Auslegung der vier Lebensziele entsteht das Bild einer integralen Selbstrealisation. Die weltlichen Güter und die Sinnesfreuden werden nicht so sehr vernachlässigt als vielmehr dem Ziel der Erlösung unter-

---

[13] Conrad, D.: Gandhi und der Begriff des Politischen. Staat, Religion und Gewalt, München 2006.

38. Zur Ethik der Nichtgewalt (Ahimsa)

geordnet. Die weltlichen Werte und Güter sind verglichen mit den spirituellen für das Funktionieren einer Gesellschaft nicht minder wichtig, in gewisser Hinsicht sogar wichtiger. Dennoch stellt sich die indische Gesellschaft allzu oft als ein Zerrbild dar: Sie verkommt im Elend, während lautstark von der Befreiung von der Welt, vom Kreislauf des Lebens und vom Sterbenmüssen geredet wird. Mit Recht monierte Gandhi, dass die Armut die schlimmste Form von Gewalt sei. Die indische Gesellschaft ist voll von dieser Art der Gewalt. Freilich lehrt die Ethik in der Bhagavadgita nicht den Verzicht auf die Handlung, sondern den Verzicht in der Handlung. Daher setzt eine ethische Handlung das Vorhandensein einer Haltung voraus, die nicht mehr von Gier, Hass, Angst und dergleichen geprägt ist. Selbstbeherrschung ist daher auch das Hauptmerkmal einer integrierten Persönlichkeit.

Den drei Fähigkeiten des menschlichen Geistes – Denken, Fühlen und Wollen – entsprechen in der Bhagavadgita die drei Yoga-Wege. Man soll wissen, was gut ist. Dieses Wissen gilt es zu verinnerlichen, sich zu eigen zu machen. Hat man sich auf das Gute hin ausgerichtet, dann muss der Wille da sein, es in die Tat umzusetzen. Über das viele Reden von der Gottesrealisation hat man in der indischen Ethik – heute mehr denn je – leider die Menschen in der Gesellschaft vergessen. Ich kann nicht umhin, hier die passenden Worte Max Schelers zu zitieren, der in einem anderen Zusammenhang sagte: »Was wir hier scharf ablehnen, ist die Geste aller derer, die mit dem Finger zum Himmel deuten, wenn das Wort Friede fällt – und damit den Menschen trösten oder entschädigen wollen für den mangelnden Weltfrieden. Es ist nach unserer festen metaphysischen Überzeugung nicht ein bißchen mehr Friede in Gott als in der Welt ...«[14]

---

[14] Scheler, M.: Die Idee des Friedens und der Pazifismus, München ²1974, S. 22.

Religionsphilosophie

39. Wie kommt die Philosophie zu Gott?

Ist der religiöse, theologische Glaube eine reine philosophische Leistung? Wohl kaum. In Bezug auf die Aufgabe und Reichweite der Gottesbeweise heißt es bei Wittgenstein: »Ein Gottesbeweis sollte eigentlich etwas sein, wodurch man sich von der Existenz Gottes überzeugen kann. Aber ich denke mir, daß die *Gläubigen*, die solche Beweise lieferten, ihren ›Glauben‹ mit ihrem Verstand analysieren und begründen wollten, obgleich sie selbst durch solche Beweise nie zum Glauben gekommen wären.«[1] Zum Glauben an Gott kommt man nicht von der Philosophie qua Philosophie her, denn man bringt ihn mit. Wie steht es aber mit dem Atheismus? Kommt man zu ihm von der Philosophie her oder bringt man auch ihn mit? Sind Glaube oder Unglaube dann vielleicht doch Ergebnis der von Menschen gedeuteten Erfahrungen? Nicht nur Religionen fordern Philosophien heraus, sondern es gilt ebenso umgekehrt. Die Zustimmung oder die Ablehnung des zentralen Anliegens der Religionen durch die Philosophie kennen unterschiedliche Argumentationsmuster. Während die Ablehnung etwa in den Formen von Skeptizismus, Agnostizismus, Atheismus eher rein philosophischen Charakters sein kann, scheint eine Zustimmung entweder eine philosophisch-metaphysische, spekulativ-idealistische Vereinnahmung des Religiösen zu sein, oder aber sie stellt eine Art theologischer Anleihe dar.

Es gibt zwei Wege, wenn das Denken sich mit dem Phänomen Religion beschäftigt: erstens den Weg vom Mensch zu Gott, der eigentliche philosophische Weg, und zweitens den Weg von Gott zu den

---

[1] Wittgenstein, L.: Über Gewißheit, Werkausgabe, Bd. 8 Frankfurt/M. 1984, S. 571.

39. Wie kommt die Philosophie zu Gott?

Menschen, der eigentliche theologische Weg. Daher spricht man auch von dem Gott der Philosophen und dem Gott der Theologen.[2] Es erhebt sich die Frage, was geschieht, wenn Religion und Theologie sich der kritischen Betrachtung der Philosophie aussetzen müssen. Was Thomas H. Huxley im Hinblick auf die Hume'sche Religionsphilosophie schreibt, gilt *mutatis mutandis* auch hier. Es geht um den Esel, der, mit einem Sack Salz beladen, den Fluss überquert und, am anderen Ufer angekommen, nur noch den leeren Sack vorfindet.»Humes Theismus, so wie er ist, löst sich auf im dialektischen Strom, bis nichts übrig bleibt als der verbale Sack, in dem er enthalten war.«[3] Theologie fällt der Philosophie zum Opfer. Das Salz der Theologie kann Philosophie qua Philosophie nicht herstellen. Nicht umsonst hat man Hegel vorgeworfen, er verrate den theologischen Gott und löse ihn in Philosophie, in seiner Idee des absoluten Geistes, auf. Der absolute Geist Hegels steht höher als der personale Gott der Theisten, und der letztere ist eine Vorstellung des Absoluten. Obwohl Hegel in seinem stufentheoretisch angelegten progressiven Schema Religion eine Zwischenstellung zwischen Kunst und Philosophie einräumt, ist er von der christlichen Religion als der einzig wahren zutiefst überzeugt. Mag sein, dass Nietzsche ihn deswegen einen »hinterhältigen Theologen« nannte.

Und ein logisch-denkerisch erschlossener Gott mag philosophisch interessant sein, theologisch ist und bleibt er blutleer. Dass Gott eine philosophische Denknotwendigkeit sei, wird seit eh und je entweder voller Überzeugung vertreten oder auch vehement bestritten, sowohl im Westen als auch im Osten. Eine Vernunft, die sich im Dienst des Glaubens befindet und bewährt, kann nicht die von Hause aus autonome philosophische Vernunft sein, denn sie ist entweder theologisch verbrämt oder noch nicht echt philosophisch. Die Frage nach der jeweils größeren Deutungskompetenz steht zwischen Philosophen und Theologen im Raum.

Wenn wir uns vorläufig darüber einigen, was Religion sei, und sagen, sie sei in der Regel ein empfundener Bezug zu einer Transzendenz, der einer letztendlichen Versprachlichung und Kategorisierung mit Erfolg Widerstand leiste, dann sind die Reaktionen der Philosophie

---

[2] Vgl. Mall, R. A.: The God of Phenomenology in Comparative Contrast to Theology and Philosophy, in: Husserl Studies 8, 1991.
[3] Hume's Dialogues Concerning Natural Religion, ed. with an Introduction by N. K. Smith, London 1947, S. 22.

und der Philosophen einer solchen religiösen Herausforderung gegenüber sehr verschieden, ja konträr bis kontradiktorisch: Platon, Kant, Shankara, Hegel, Leibniz, Descartes, Hume, Laotse suchen den Weg zu dieser Transzendenz von der Philosophie her und bestimmen diese sehr uneinheitlich. Losgelöst von der Philosophie gibt es ja für den Philosophen keinen anderen Weg. Wenn es aber Philosophen gibt, die theistisch, atheistisch, agnostisch denken, so ist es eine religionsphilosophisch eminent wichtige Frage, ob ein gottgläubiger Philosoph nicht doch eine theologische Anleihe macht, aus welchen Gründen auch immer. Theologische Philosophen wie Augustinus oder Ramanuja sind hier zu nennen. Wenn aber ein Philosoph ein Theist oder ein Atheist ist, so ist er dies nicht unfreiwillig, sondern aus ihm philosophisch einleuchtenden Gründen für oder gegen Gott. So ist ein Grunderfordernis aller religionsphilosophischen Betätigungen, dass man dem philosophischen Denker die Freiheit zugesteht, gottgläubig oder ungläubig sein zu können und zu dürfen. Denn nur dann können wir Philosophen wie etwa Platon, Aristoteles, Shankara, Nagarjuna, Laotse, Spinoza, Descartes, Hume, Hegel, Kant, Feuerbach oder Russell als Religionsphilosophen ansehen.

Wenn das Verhältnis von Philosophie und Religion so ist, wie ich es knapp darzustellen versuchte, stellt sich die Frage, ob Glauben-Können, Glauben-Wollen versus Nicht-Glauben-Können, Nicht-Glaubenwollen vielleicht doch, aus welchen Gründen auch immer, Prädispositionen sind, die der philosophischen Argumentation vorausgehen. Zu welchem Gott gelangt der Philosoph qua Philosoph, wenn er Gott und dessen Existenz aus dem philosophischen Denken folgen lässt? Der Preis für den Gott der Theologen ist hier in jedem Fall sehr hoch – auf der ontologischen Seite.

Zum Anspruch und Elend der Gottesbeweise gehört, dass Gott beweisende Argumente Gottesglauben voraussetzen. Nicht Philosophie, sondern nur das Leben, wenn überhaupt, kann uns zum Glauben an Gott erziehen. Ironischerweise erzieht uns das Leben ebenso zum Unglauben. Dies hat zur Folge, dass man Atheismus nicht von vornherein negativ besetzen darf.

Religionsphilosophie als eine philosophische Disziplin behält ihre Eigenständigkeit. Hinsichtlich des Verhältnisses zwischen Vernunft und Glaube, Philosophie und Religion schreibt William James: »Ich glaube, wir müssen uns mit der traurigen Wahrheit abfinden, daß der Versuch, auf dem Wege der reinen Vernunft die Echtheit religiöser

39. Wie kommt die Philosophie zu Gott?

Befreiungserlebnisse zu demonstrieren, absolut hoffnungslos ist.«[4].
Religionsphilosophie reflektiert die in allen Religionen vorkommende Sorge, eine höhere Form menschlicher Existenz zu erreichen, frei von allen Leidensformen der mundanen Existenz. Auf der einen Seite des Spektrums gibt es die Religionsphilosophie im Sinne der Offenbarungstheologie, verankert in den Offenbarungsschriften und konzeptualisiert und artikuliert durch den menschlichen Geist. Auf der anderen Seite des Spektrums ist die Religiosität der reinen spirituellen Erfahrung, wie z. B. die des Zen-Buddhismus oder der Advaita-Vedanta-Lehre. So kann eine Religionsphilosophie im heutigen weltreligiösen Kontext eine Philosophie der Religionen mit oder auch ohne Gott sein. Die oft verwendete Rede von der »Einheit in der Vielfalt« gilt es dahingehend zu erweitern, dass es eher um eine regulative Einheit einer religiösen Sehnsucht nach einer höheren Erfahrung *angesichts* der religiösen Vielfalt geht.

Die christlich-europäisch orientierte Religionsphilosophie legt den Akzent auf einen theistischen Gottesbezug und übersieht, dass dieses Muster z. B. nicht für den Buddhismus, Jainismus, die Advaita-Vedanta-Lehre, den Taoismus u. a. anwendbar ist. Daher zielt eine interkulturelle religionsphilosophische Orientierung auf eine »Entprovinzialisierung« der traditionellen Religionsphilosophie. Religionsphilosophie, richtig verstanden, ist eine rein philosophisch argumentative Behandlung des religiösen Phänomens. Religionsphilosophie qua Religionsphilosophie sollte nicht Partei ergreifen, unabhängig davon, ob es um eine Offenbarungsreligion geht oder nicht. Die religionsphilosophische Fragestellung im Geiste einer interkulturellen Orientierung kennt zwar kulturelle Verankerungen, aber sie privilegiert nicht unnötig eine bestimmte Religion. Mit Paul Ricoeur sind wir der Ansicht, dass es ein unendliches Reservoir der Welt der Symbole gibt, und ein jeder Religionsphilosoph nimmt seinen Ausgangspunkt von einer bestimmten Welt der Symbole. Demzufolge gibt es legitimerweise eine Palette von religionsphilosophischen Ansätzen, die in dem heutigen religionsphilosophischen Weltkontext ihre je eigene Stimme besitzen.

Es ist wahr, die Sanskrit-Doxographien haben keinen besonderen Ausdruck für Religionsphilosophie, obwohl in einigen Werken von *ishvaravada* (Lehre von Gott) die Rede ist. Für die Religionsphilosophie

---
[4] James, W.: Die Vielfalt religiöser Erfahrungen. Eine Studie über die menschliche Natur, Frankfurt/M. 1997, S. 447.

sind die *philosophischen* Fragen von zentraler Bedeutung und nicht so sehr die Religionen, an die diese Fragen gerichtet sind. So weist eine interkulturell orientierte Religionsphilosophie eine »orthafte Ortlosigkeit« auf.

Religionsphilosophie, interkulturell verstanden, versucht den engen Begriff der religiösen Erfahrung mit einem notwendigen Gottesbezug dahingehend zu erweitern, dass sie auch die spirituellen und mystischen Erfahrungen hinzunimmt und das Gemeinsame, das Überlappende, aller dieser drei Arten von Erfahrungen in ihrem Charakter der Unmittelbarkeit, Gewissheit und Transformation der Persönlichkeit erblickt. Eine solche Auslegung des Begriffs der religiösen Erfahrung erlaubt uns, die Erfahrungen z. B. auch eines Buddhisten oder Humanisten verstehen, erklären und respektieren zu können, die religiöse und/oder spirituelle Erfahrungen kennen, welche keinen Gottesbezug nötig haben. Das Soteriologische in der Vedanta-Lehre ist die Realisation der Atman-Brahman-Identität, besser der Unzweiheit *(advaita)*, und im Zen-Buddhismus die der Leerheit *(shunyata)*. Freilich könnte man hier geneigt sein zu sagen, auch diese Gegenstände stehen für einen Gottesbezug. Eine solche Lesart verwässert jedoch beide Seiten. Ferner fehlt im Buddhismus, auch in der Advaita-Vedanta Lehre, eine Ich-Du-Beziehung, die im Christentum, aber auch in manchen Formen des Hinduismus das Wesentliche an einer religiösen Erfahrung ist.

Eine spirituelle und mystische Erfahrung kann, muss aber nicht, religiös sein; eine religiöse Erfahrung als eine persönliche ist auch eine spirituelle, auch eine mystische, aber stets mit einem transzendenten Gottesbezug verbunden mit einem Gefühl der Verehrung, der Freundschaft, der Dankbarkeit usw. Eine empirisch und phänomenologisch orientierte interkulturelle Religionsphilosophie kann einen solchen Gottesbezug als dem Bewusstsein Gegebenes nicht bezeugen. Wenn Gott als eine allem Seienden vorgängige Existenz und Gewissheit einem nicht unmittelbar und gläubig widerfährt, dann ist das philosophische Denken, das von Haus aus weder theistisch noch atheistisch ist, machtlos, einen Gott hervorzubringen, vor dem man – im Sinne Heideggers – das Knie beugen könnte. Hinzu kommt, dass je personaler man sich Gott vorstellt, desto weniger kann vermieden werden, von der quälenden Theodizee-Frage bedrängt zu werden.

Soll Gott mehr als eine Idee sein – und alle theistisch orientierten Religionen der Welt bejahen dies – dann ist die Philosophie qua Philosophie überfragt und kann dieses »Mehr« aus sich heraus allein nicht

39. Wie kommt die Philosophie zu Gott?

hervorbringen. Den Herausforderungen der Religionen begegnet die Philosophie entweder durch eine philosophische Theologie (man denke an Platon, Shankara, Leibniz, Hegel) oder durch eine postulative Theologie (man denke an Kant) oder durch die Konzeption einer philosophischen Religion, ob innerhalb der Grenzen der Erfahrung (man denke an Hume) oder innerhalb der Grenzen der bloßen Vernunft (Kant) oder sogar durch eine Anthropologisierung des Theologischen (man denke an L. Feuerbach). In allen diesen Fällen scheint das Adjektiv »philosophisch« tonangebend zu sein. Die Gefahr, freilich in diesem Falle für die Theologie, ist, dass Theologie zu einer Magd der Philosophie zu werden droht.

Der Philosoph und der Theologe sehen sich bleibend der Frage ausgesetzt, wie sie sich im Spannungsfeld von Vernunft und Glaube, von Rationalität, Religiosität und Spiritualität positionieren und welche Welt- und Moralvorstellungen sich aus diesem Standpunkt ableiten lassen. Es geht auch um die Frage nach der Bestimmung des Verhältnisses zwischen einem rein philosophisch-autonomen und einem religiös-theologisch verankerten Humanismus. Fragen, die für Gläubige aus der Quelle eines Gottvertrauens möglicherweise schon gelöst sind, bleiben für die Philosophen, aber auch für kritische Theologen, hartnäckig bestehen. Solche Fragen sind: Hat Gott eine Bedeutung? Wie steht es mit der Verifizierbarkeit bzw. Falsifizierbarkeit des Göttlichen? Ist der Wille zum Glauben ausreichend für den tatsächlichen Glauben? Ist Gott vielleicht doch nur eine großartige Projektion des idealen Menschen? Muss die Kausalkette mit einem »unbewegten Beweger« (causa sui) enden oder kann sie doch nicht endlos weitergehen wie es in einigen Denktraditionen (ob in Asien oder in Europa) der Fall ist? Ist Gott bei seinem Schöpfungsakt absolut frei oder muss er doch die Karma-Kausalität in Betracht ziehen? Ist Gott vielleicht doch nur ein unbeholfener Ausdruck für unser Eingebettetsein in den großen kosmischen Haushalt?

Oft wird von einer Unverfügbarkeit, Unaussprechbarkeit gesprochen, die als Domäne der Religionen Philosophie herausfordern sollen. Zu sagen, der Sitz des Religiösen, aber auch des Theologischen, liege im gelebten Leben voller Grenzsituationen und -erfahrungen, hilft uns zwar weiter und erklärt die Beweggründe für unsere Suche nach den letzten Gründen. Aber das Paradigma der letzten Gründe ist ein Kausalitätsmodell unter vielen, denn für die Buddhisten gibt es z. B. nur noch ein unaufhörliches Bedingtsein aller Dharmas ohne Anfang und ohne

Ende. Die Suche nach einem »unbewegten Beweger« ist ontologisierend. So ist die philosophische Rede von Gott entweder versteckt religiös und theologisch oder begrifflich und sprachlich so unterbestimmt, dass man eher zu einem »semantischen Atheismus« neigen könnte. Es war Jaspers, der uns im Namen seines »philosophischen Glaubens« einen dritten Weg zwischen Wissenschaft und Religion zeigte und in seiner viel gelesenen Schrift »Einführung in die Philosophie« den Satz geprägt hat: »Daß Gott ist, ist genug.«[5] Im Umkreis der verwandten Begriffe wie z. B. »Transzendenz«, »das Heilige«, »das Numinose«, »das Sakrale«, »das Absolute«, »das Unverfügbare«, »das Unaussprechbare« ist diese Aussage Jaspers sehr schillernd: Sie ist zureichend und doch wieder nicht zureichend, denn Jaspers lässt einen geglaubten religiösen und theologischen Sinn ebenso unbestimmt wie die Frage, ob eine solche unspezifische Aussage den Religionen genügt.

Dass die Philosophie jemals mehr dazu sagen könnte als das, was Jaspers artikuliert hat, ist mehr als unwahrscheinlich. Ebenso unwahrscheinlich ist auch, dass eine Religion sich mit einer solchen Aussage zufrieden geben wird. So bleiben Philosophie und Religion anscheinend für sehr lange Zeit im Widerstreit, in der Hauptsache wegen der sehr unterschiedlichen Quellen, von denen sie gespeist werden. Kommen sie sich zu nahe, so bekriegen sie sich; entfernen sie sich zu weit voneinander, so verarmen sie. Auf die Frage: Wird Philosophie zu Gott finden?, könnte man, ein wenig kontextuell variierend, die gleiche Antwort geben, die Hume vor seinem Tod auf die Frage seines Freundes James Boswell gab, ob er (Hume) als Philosoph sich nicht doch die Unsterblichkeit der Seele vorstellen könnte: Ja, er könnte sich vorstellen, dass Kohle ins Feuer geworfen nicht brennt, und fügte hinzu, dies wäre die unvernünftigste Phantasie.[6]

40. Exkurs: Das Böse und das Leid als Themen der Relgionsphilosophie

Das Problem, wie man das Leid, die Sünde und das Böse mit der Existenz eines personalen und gnadevollen Schöpfergottes zusammendenken kann, dieses Theodizee-Problem ist ein zentrales Thema in der eu-

---

[5] Jaspers, K.: Einführung in die Philosophie, München 1971, S. 38.
[6] Mossner, E. C.: The Life of Hume, Oxford 1980, S. 597 f.

40. Exkurs: Das Böse und das Leid als Themen der Relgionsphilosophie

ropäischen Religionsphilosophie. Schon Epikur formulierte bei seinem Nachdenken über das Verhältnis eines guten Gottes mit dem Vorhandensein des Bösen in der Welt das bekannte Trilemma, das heute noch eine Herausforderung für das philosophisch-theologische Denken darstellt: 1. Wollte Gott das Böse verhindern, aber er konnte es nicht, dann ist er nicht allmächtig. Dies widerspricht der Allmacht Gottes. 2. Konnte er das Böse verhindern, aber wollte es nicht, dann ist er nicht barmherzig. Dies widerspricht ebenso seiner allgütigen Natur. 3. Wollte und konnte er das Böse vermeiden, wie ist dann das Vorhandensein des Bösen in der Welt zu erklären? Dieses Trilemma trifft den Nerv der Theodizeeproblematik. Wie wird auf dem indischen Subkontinent mit diesen Themen umgegangen?

Das panindische Charakteristikum religiösen Denkens ist die universale These vom Leiden *(duhkha)*. Jeder Mensch erfährt das Leiden und strebt gleichzeitig nach der Befreiung davon. Die im Westen oft anzutreffende Ansicht, hier handele es sich um Pessimismus, ist zurückzuweisen. Es wird vielmehr eine die Alltagserfahrung überschreitende, höhere Form von Erfahrung angestrebt, die zur Befreiung *(nirvana, moksha)* führt. Die These vom universalen Leiden führt den indischen Geist auch zu einer anderen Auslegung des Problems der Sünde und des Bösen. Die klassische Theodizeefrage, mit der sich nicht nur Theologen, sondern auch einige große Fachphilosophen befasst haben, ist ja, wie die Rede von einem allmächtigen und barmherzigen Gottes vereinbar sein soll angesichts des Übels in der Welt. Es ist nicht so, dass es die Theodizeeproblematik im indischen religionsphilosophischen Denken nicht gibt, sie trägt jedoch ein anderes Gesicht. Da das indische religionsphilosophische Denken keine mit der abrahamitischen Sündenlehre vergleichbare Lehre kennt, ist es fast unmöglich, die Probleme der Sünde, des Bösen, des Übels, der Gnade und vor allem der Theodizee im indischen konzeptuellen Rahmen entsprechend zu formulieren. Dies führte fälschlicherweise einige westliche Kritiker dazu, dem indischen Denken die Fähigkeit zu einer Religionsphilosophie abzusprechen.

Der Grund, warum es für das indische religiöse Denken das im Westen sehr kontrovers diskutierte Problem des Verhältnisses zwischen dem Bösen und einem allwissenden Gott in dieser Schärfe nicht gibt, liegt darin, dass moralische, natürliche und karmische Kausalität zusammenwirken. Der Schöpfergott ist zwar allmächtig, aber bei seiner Schöpfung nicht absolut frei wegen der moralischen Karma-Kausalität, die er nicht außer Kraft setzen kann. So sind die menschlichen Karmas verantwortlich sowohl für das Gute als auch für das Böse. Die Advaita-Vedanta-Lehre, die von der »Nicht-Zweiheit« zwischen *atman* und *brahman* ausgeht, hält die Schöpfung eher für eine menschliche Verblendung, hervorgerufen durch Unwissenheit *(avidya)*. Die Überwindung der Unwissenheit führt zur Realisation der absoluten Wahrheit, die jenseits von Gut und Böse liegt, aber einen Bewusstseinszustand voller Wonne einschließt. Die indischen Mystiker besingen ihn. Metaphorisch heißt es: Solange es Nacht ist, kämpfen Dunkelheit und Licht (z. B. das einer Lampe) miteinander. Sobald aber die Sonne (das Bewusstsein von der Identität von *atman* und *brahman*) scheint und die Dunkelheit vertreibt, verliert auch das Lampenlicht seine Bedeutung. Es ist also nicht so sehr die Gnade Gottes, vielmehr sind es die guten Karmas, die uns vom Leiden befreien sollen. Nach Buddhisten und Jainisten ist Gott weder für unser Leid noch für unsere Befreiung verantwortlich. Es ist nur der Mensch, der für beides verantwortlich ist.

Eine Theologie, die – anders als in Indien – dem Schöpfergott absolute Freiheit, Allmacht, Allwissenheit und grenzenlose Barmherzigkeit zuschreibt, kann der Theodizeefrage nicht ausweichen. Die Erfahrung von großem Übel lässt den Glaube an einen allmächtigen und gütigen Gott erschüttern, so exemplarisch das verheerende Erdbeben von Lissabon im Jahre 1755, das nicht nur Voltaire und Leibniz sehr beschäftigte. Freilich kann ein Glaubender sagen, dass der, dem echter Glaube zuteil geworden ist, solche Fragen nicht stelle. Eine solche Antwort kann aber für ein unabhängiges religionsphilosophisches Denken nicht verbindlich sein, es sei denn der Religionsphilosoph macht eine Anleihe bei der Theologie.

Nach Nietzsches Diktum vom »Tod Gottes« ist die Theodizeefrage gegenstandslos, aber dies ist ein Ergebnis der Ansicht, dass, wenn es einen Schöpfergott gibt, er »unredlich« und »grausam« sein kann. Ich kann mich des Eindrucks nicht erwehren, dass die Theodizeefrage mit einer kompensatorischen Selbstprojektion zu tun hat. Anstatt mit den Leidensformen fertig zu werden, wie der Buddha lehrt, versucht der Mensch eine Personifizierung der Ursache vorzunehmen, um so ein Gegenüber zu haben. Es mag so sein, und hierin könnte auch der Grund dafür zu suchen sein, warum das asiatische Denken die Theodizeefrage nicht mit der im Westen üblichen Schärfe stellt; wer Gott zu persönlich denkt und glaubt, möchte gerade in der Erfahrung des Leids auf ein Ich-Du-Verhältnis pochen. Kant war der Wahrheit näher als etwa Leibniz, insofern er von dem »Mißlingen aller philosophischen Versuche in der Theodizee« (1791) sprach. Es nützt allerdings auch nicht viel zu raten, der Mensch solle nicht zu menschlich denken, sondern alles so sehen lernen, wie Gott es sehe. Schließlich bleibt die Frage, ob es nicht immer noch ein menschliches Sehen ist, wenn über das göttliche Sehen von Menschen gesprochen wird. Der »Universismus« (De Groot) des chinesischen Denkens scheint hier einen Ausweg zu bieten. Dieser besteht darin, dass der Mensch in aller Demut und Selbstbescheidung das Eingebettetsein der menschlichen Gattung in den großen Haushalt der kosmischen Natur sehen und respektieren lernt. Die Sehnsucht nach einer »Sonderstellung« im Kosmos darf nicht zu einer Sucht werden und die Menschen zu der anmaßenden Erwartung verleiten, die große Natur müsse eine Vorliebe für sie zeigen.

Die Theodizeefrage bleibt dennoch Ausdruck eines menschlichen Verlangens. Verständlich, aber unbegründet. Kant mag Recht behalten, wenn er uns Menschen warnt, Gott vor den Richterstuhl der menschlichen Vernunft zu zwingen. Aber eine Schöpfungskausalität, die alle Macht einem barmherzigen Gott zuschreibt und die Wirkung der menschlichen Taten *(karmas)* nicht für wichtig hält, wird Gott kaum von der Verantwortung für alles, ob Gutes oder Böses, entlasten können. Demgegenüber sieht die bekannte buddhistische Lehre den Grund für das Vorhandensein von Gut und Böse in dem Nexus der Bedingtheiten, wie er sich in der Lehre von dem »abhängigen Entstehen« *(pratityasamutpada)* vorfindet. Sollte den Menschen eine Antwort auf die Theodizeefrage gelingen, so müsste dies mit einem Teilverlust der Gott zugeschriebenen Barmherzigkeit einhergehen. Wittgenstein meint, wir sollen den Bienen für ihren Honig dankbar sein, aber nicht nur dankbar, »denn sie können Dich im nächsten Augenblick stechen«.[7]

41. Zu dem Begriff der Religion

Hinsichtlich der Rezeption der außereuropäischen Religionen in Europa ging man bis etwa Mitte des 20. Jh. (manche tun es leider heute noch) von der eigenen Binnenperspektive aus, universalisierte sie und gelangte auf diese Weise zu einer essentialistischen Definition von Religion.

---

[7] Wittgenstein, L.: Ein Reader, hrsg. von A. Kenny, Stuttgart 1996, S. 363.

Es gab und gibt jedoch auch eine Außenperspektive. Die drei abrahamitischen Offenbarungsreligionen haben einen Typus der Religionsphilosophie etabliert, der als Gegenstand einer theologisch verankerten religionswissenschaftlichen Forschung fungiert. Das post-koloniale Zeitalter hat jedoch mit sich gebracht, dass außereuropäische religionsphilosophische Entwürfe in den Blick kamen, so dass Entwürfe mit Absolutheitsanspruch als einseitig-parteilich erkannt werden konnten.

Nicht jede Religion muss eine historische sein. Ferner kann es Religionen geben, die nicht unbedingt einen bestimmten Stifter haben. Außerdem gibt es Religionen, die nicht ein bestimmtes Buch zu dem allein wahren erklären. Auch braucht nicht eine jede Religion einen Gott ins Zentrum stellen. Ebenso gibt es Religionen auf dem indischen Subkontinent, die die Vorstellung einer »creatio ex nihilo« ablehnen. Die Vorstellung einer solchen ist in der Hindu-Theologie nicht zu finden, denn der Schöpfergott kann und darf nicht die moralische Kraft des Karma-Gesetzes außer Acht lassen. Dies macht heute eine interreligiöse Rekontextualisierung und Erweiterung des Bergriffs Religion notwendig. Hinduismus zum Beispiel ist eine Religion, die im Gegensatz zum Christentum und Islam, aber auch zum Buddhismus und Jainismus, keine Stifterreligion ist. Ferner ist etwa der Buddhismus eine Religion, die ohne Gott auskommt, auch wenn er die vorgefundene Götterwelt nicht bekämpfte.

Der indische Religionspluralismus kennt nicht nur theistische Religionen. Auch eine atheistische, aber tief ethische und spirituelle Buchstabierung des Welträtsels gehört zur indischen Religionslandschaft. Die Lehre Buddhas beweist dies. In der Begegnung mit anderen Religionsformen empfiehlt es sich daher, Toleranz zu üben und die Grenzen des Religionsbegriffs weder zu eng noch zu weit zu ziehen. Sind die Grenzen zu eng, so kann dies zum Exklusivismus, Absolutismus, Nationalismus, Provinzialismus, ja zu einem extremen Individualismus führen. Sind dagegen die Grenzen zu weit, kann dies den Begriff, die Sache der Toleranz verwässern. Die universell-überlappende Verbindlichkeit eines Religionspluralismus ist daher ein Königsweg zur Toleranz und gegenseitigen Anerkennung ohne Angst vor Selbstaufgabe.

Religion als ein umfassender Oberbegriff bezeichnet die Rückbindung an eine Transzendenz und stellt einen Weg der Erlösung, der Selbst- und der Gottesrealisation dar. Jede Religion impliziert eine Ethik. Doch nicht jede Ethik bedarf einer religiösen Basis. In dem Kompositum »Religionsphilosophie« ist Religion das Thema der Philoso-

41. Zu dem Begriff der Religion

phie. Es muss daher Religion(en) geben, bevor es Religionsphilosophie geben kann. Religionsphilosophie ist nicht Theologie. Unsere Rede von Religion, Gott, Transzendenz bleibt zweideutig und nicht frei von Unbehagen. Sowohl der Theist als auch der Atheist fühlen sich berufen, über Gott zu reden. Der Gläubige spricht über eine Sache, die es gibt, während der Ungläubige von etwas redet, das es nicht gibt. Der eine behauptet das, was der andere bestreitet. Die entscheidende Frage ist, ob beide über ein und dieselbe Sache sprechen oder nicht. Sie können nicht über dieselbe Sache reden, weil es sie für den einen gibt und für den anderen nicht. Gott kann nicht zugleich existent und nicht existent sein. Ein und derselbe Tisch kann nicht zugleich rot und nicht rot sein, weil damit der Satz vom Widerspruch verletzt wäre. Dennoch muss es zwischen den beiden Reden – der des Theisten und der des Atheisten – etwas Überlappendes geben, denn die Kontrahenten reden nicht über zwei radikal verschiedene Dinge.

Habermas definiert Religion als ein »Bewußtsein von dem, was fehlt«.[8] Müsste, so wie Kant möchte, Vernunft dann doch für den Glauben Platz machen? Aber das, was fehlt, darf nicht von vornherein ontologisiert werden, sondern muss eher als eine ethisch-moralische, als eine normative Kategorie aufgefasst werden. Das nachmetaphysische philosophische Denken kann die Kategorie der religiösen Transzendenz nicht gutheißen. Ein solches Denken könnte sich eher mit der Lehre Buddhas, aber nicht mit der einer Onto-Theologie vertragen. Eine rein philosophische Thematisierung ist den Religionen nicht immer willkommen, weil sie dadurch ihren magistralen Wahrheitsanspruch in Gefahr sehen; Philosophie ihrerseits ist auch nicht gewillt, ihre Denkautonomie religiöser Autorität unterzuordnen. Auf den Punkt gebracht, heißt es bei dem Theologen Paul Tillich, freilich von der theologischen Seite: »In der Religion tritt der Philosophie ein Objekt entgegen, das sich (…) sträubt, Objekt der Philosophie zu werden.«[9] Von der philosophischen Seite her ist hier hinzuzufügen, dass auch Philosophie sich der Theologie nicht unterordnen kann. Findet Philosophie je zu Gott, so kann sie dies nur von sich aus tun. Die Lehre Buddhas z. B. ist eine philosophische, religiöse, spirituelle, aber keine theologische Lehre. Ähnlich verhält es sich mit der Lehre von der Unzweiheit zwi-

---

[8] Habermas, J.: Zwischen Naturalismus und Religion, in: CICERO, Oktober 2005.
[9] Tillich, P.: Religionsphilosophie, in: Die Philosophie in ihren Einzelgebieten, hrsg. von M. Dessoir, Berlin o. J., S. 769.

schen Atman und Brahman in der Advaita-Vedanta-Philosophie Shankaras. Nicht anders steht es mit Laotses Lehre vom Tao. Oft ist es voreilig und ein wenig undifferenziert, hier von Mystik und Theologie zu reden. Die Rede in manchen theologischen Kreisen von einem »begnadeten Denken« kollidiert mit der unantastbaren Denkautonomie der Philosophie.

Es sind hauptsächlich drei Disziplinen, die sich mit dem Phänomen Religion befassen: Religionsphilosophie, Religionswissenschaft und Theologie. Das Vorhandensein einer inneren Spannung zwischen dieses dreien ist zwar nicht zu leugnen, aber unbegründet. Freilich beanspruchen alle drei Disziplinen ihre je eigene Berechtigung. So hat Religionswissenschaft im Ganzen einen empirisch-historischen und vergleichenden Forschungsansatz; sie fragt nicht nach Wahrheit oder Nicht-Wahrheit von Glaubenslehren. Theologie hingegen stellt die Gottesfrage und den Gottesglauben ins Zentrum. Religionsphilosophie wiederum unterscheidet sich von der Religionswissenschaft einerseits, der Theologie andererseits dadurch, dass sie den absoluten Gott der Theologen von dem Einen-Absoluten der Philosophen unterscheidet. So spricht man bekanntlich von dem »Gott der Philosophen« (Pascal) und dem der Theologen. Religionswissenschaft ihrerseits fordert Religionsphilosophie wie auch Theologie heraus, indem sie auf einer Erweiterung des Religionsbegriffs jenseits des monotheistischen oder monistischen insistiert, und dies heute mehr denn je. Religionswissenschaft thematisiert Religionen mit und auch ohne Gott, setzt sie zueinander in Beziehung, ohne sie zu werten oder gar zu vermischen.[10]

Der Religionsphilosoph thematisiert das Phänomen »Religion« und alles, was damit zusammenhängt im Vorfeld des Glaubens und des Nichtglaubens. Dabei ist allein mit der Behauptung, Gott existiere, nicht viel geleistet. Es kommt vielmehr darauf an darzulegen, was diese Aussage impliziert.

Der Ausdruck Religion entstammt bekanntlich dem Vokabular des christlich-europäischen Kulturkreises und steht für ein bestimmtes Verhältnis zwischen dem Menschen und einem übermenschlichen, absoluten Wesen, nämlich Gott. Das indische religiöse Denken hat etwas

---

[10] Der Wiener Religionswissenschaftler Johann Figl arbeitet derzeit an einer grundlegenden Studie zur Klärung des hier nur kurz angedeuteten Verhältnisses der genannten drei Disziplinen. Cf. auch Bibliographie.

41. Zu dem Begriff der Religion

Vergleichbares aufzuweisen, jedoch erhält das Göttliche in den jeweiligen Denksystemen einen anderen Stellenwert. Die theistischen Denkrichtungen wie z. B. die Vaishnavitischen Schulen des Vedanta, die Schule der Nyaya-Vaisheshikas und sogar die des Advaita-Vedanta sprechen von einem Gott der Religion. Religion als ein Weg zur Erlösung des Menschen *(moksha)* kann erstens ein Weg mit Gott und zweitens ein Weg ohne Gott, d. h. ein spiritueller Weg der Vervollkommnung, sein. Auf dem Wege der Selbstvervollkommnung, d. h. zur Erlösung und Befreiung, ist das Ausgehen von der Existenz Gottes nur eine von vielen Möglichkeiten. Dies ist ein wesentlicher Unterschied zwischen der Religiosität jüdischer, christlicher oder islamischer Prägung und der indischen. Was alle Denksysteme in Bezug auf die Religion miteinander verbindet, ist die feste Ansicht, dass Religion ein Weg ist und zur Befreiung und Seligkeit führt, ob mit oder ohne Gott. In diesem Sinne sind die beiden orthodoxen Schulen – Samkhya und Mimamsa – und die heterodoxen Schulen – Buddhismus und Jainismus – Religionen als Wege der spirituellen Vervollkommnung der Menschen und kommen ohne eine Gott aus. Sie leugnen sogar ausdrücklich die Existenz Gottes und sehen eine solche Annahme als unbegründet und unnötig an. Spiritualität ist nicht identisch mit theologischer Religiosität. Für die Schulen des Advaita-Vedanta von Shankara ist die Konzeption einer Religion mit Gott zulässig als Hilfe auf dem noch höheren Wege der Selbstrealisation durch Intuition und mystische Erfahrung der Unzweiheit zwischen *atman* und *brahman*.

Der Hinduismus ist im Gegensatz zu Jainismus und Buddhismus und auch im Gegensatz zu Christentum und Islam keine Stifterreligion. Er geht auch nicht von einer zentralen historischen Persönlichkeit aus. Worauf es ankommt, ist die Realisation dessen, was allem zugrunde liegt. Das uralte indische Credo von dem einen Wahren mit vielen Namen *(ekam sat, vipra bahudha badanti* – Rig-Veda, I, 164, 46)[11] ist der Urboden für den religiösen Pluralismus.

Der große Indologe und Religionswissenschaftler Friedrich Max Müller, dem Indien sehr viel verdankt, weil er für die Entdeckung des indischen Geistes durch Europa Pionierarbeit geleistet hat, geht zum größten Teil fehl in der Annahme, es gebe im indischen Denken eine

---

[11] »Was nur das Eine ist, benennen die Redekundigen vielfach.« (In der Übers. v. K. F. Geldner)

Bewegung vom Polytheismus über den Henotheismus[12] (eine Wortschöpfung von Müller) zum Monotheismus. Es geht den indischen Sehern weder um Polytheismus noch um Henotheismus noch um Monotheismus, sondern um die originäre, spirituelle Einsicht, dass das eine Wahre durch viele Götter verehrt wird. Die Götter sind die Garanten der einen Wahrheit *(ritasya gopa)*. Dass Müller im Falle Indiens eine derartige stufentheoretisch angelegte religiöse Entwicklungsgeschichte feststellen zu können glaubt, erinnert an Hegel. Dem Offenbarungsmonotheismus jüdisch-christlicher und islamischer Prägung fehlt die spirituelle Erfahrung der vedischen Seher, dass der *eine* Gott, ohne seine Einmaligkeit zu verlieren, sich durch viele Götter zeigen kann. Die religiöse Einheit wird im indischen religiösen Denken bejaht, die religiöse Einförmigkeit jedoch abgelehnt. Indische Religiosität betont den *Primat einer spirituell-religiösen Erfahrung* vor dem Akt des Glaubens. Gerade hierauf legte Buddha den größten Wert.

42. Der religiöse Pluralismus aus interkultureller Sicht

Die multireligiöse Szene in der globalisierten Welt kennt die Begegnung, die Konfrontation und die Kooperation von Religionen. Eine interreligiöse und interkulturelle Religionsphilosophie hat die Aufgabe, auf die Bedingungen der Möglichkeit des friedlichen Zusammenlebens von Religionen hinzuweisen, die zum Teil inkompatibel erscheinen, aber auch grundsätzliche Gemeinsamkeiten (Kompatibilitäten) aufweisen.

Der religiöse Pluralismus, den es seit Menschengedenken gegeben hat, einerseits und die Vorstellung von einer einmaligen, ausschließlichen Inkarnation des Göttlichen anderseits können nicht zusammen bestehen. Deshalb möchte der prominente Vertreter einer pluralistischen Religionstheologie, John Hick, die Inkarnation Gottes als Mythos verstanden wissen. Hicks Rede von »Gott und seinen vielen Namen« und das rig-vedische, urindische Credo von dem »einen Wahren mit vielen Namen« zielen auf die Entwicklung und Verinnerlichung einer proto-religiösen Einstellung, die uns dazu verhilft, die einer friedlichen

---

[12] Verehrung eines höchsten Gottes, neben dem in derselben religiösen Vorstellungswelt noch andere Götter existieren.

42. Der religiöse Pluralismus aus interkultureller Sicht

Begegnung der Kulturen entgegenstehende Enge der Ausschließlichkeitsansprüche zu überwinden, um ein Miteinander zu ermöglichen. Westliche religionsphilosophische Tradition fußt auf dem christlichen Erbe, in Verbindung mit dem antiken, das selbst, so weit es ging, christlich-metaphysisch umgedeutet wurde. Die drei großen Offenbarungsreligionen lassen das eine Wahre, das eine Göttliche *(religio perennis, sanatana dharma)* in einer bestimmten historischen Gestalt von Religion ausschließlich aufgehen. Darin liegt ein Überlegenheitsanspruch, der nichts von dem Geist einer interkulturell-pluralistischen Religionstheologie erkennen lässt. Auf dem indischen Subkontinent ist man der Überzeugung, dass das eine wahre Göttliche sich immer wieder inkarniere und in keiner Religion ausschließlich aufgehe. So scheint das indische religiöse Denken kein Korrelat zu dem zentristischen religionsphilosophischen Modell zu besitzen, denn der indische Geist hat auch der spirituellen Erfahrung Buddhas den Status einer Religion zuerkannt.

Unparteiisch und kritisch muss jedoch gesagt werden, dass es auch Hindu-Theologen gibt, die die eine wahre Religion mit dem Hinduismus identifizieren. Selbst Radhakrishnan, der den toleranten und pluralistischen Ansatz des Hinduismus betont, sieht im Vedanta – der nicht allein eine Philosophie, eine Religion, sondern auch einen spirituellen Weg darstellt – die Kulmination alles philosophisch-religiösen Denkens. Auch solche zentristischen Ansätze sind im Geiste einer interkulturell-interreligiösen Orientierung zurückzuweisen. Denn auch solche stufentheoretischen Modelle, die andere Religionen zwar nicht *a limine* ablehnen, tun der Eigenständigkeit und dem Selbstverständnis anderer Religionen Gewalt an. »Als Christ«, schreibt Hick, »kann ich daher das Problem des religiösen Pluralismus nicht dadurch lösen, dass ich allein meine eigene Religion als eine Antwort auf die göttliche Realität betrachte, alle anderen jedoch ausschließlich als menschliche Projektionen.«[13]

In dem heutigen Zeitalter der Globalisierung sollte die religionsphilosophische Tradition der westlichen Philosophie nicht ihre Liberalität, aber doch ihren Christo- und Eurozentrismus aufgeben, um nicht engstirnig zu werden. Religionsphilosophie muss in der Gegenwart auch außereuropäische Religionen, wie z. B. jene Indiens, Chinas, Afrikas, Lateinamerikas, mit in den Blick nehmen. Auf eine solche Öffnung

---

[13] Hick, H. J.: Gott und seine vielen Namen, Frankfurt a. M. 2002, S. 99.

und Erweiterung zielt die interkulturell orientierte religionsphilosophische Perspektive. Auch eine neue Konzeption der religionsphilosophischen Historiographie wäre die Folge. Religiöse Eschatologie und Soteriologie verbinden und trennen die Religionen zugleich. Es ist irrig, hierin ein Problem zu sehen und die Lösung in der Verabsolutierung einer bestimmten Religion zu suchen. Nicht die Vielfalt der Religionen und Theologien ist ein Ärgernis, sondern nur der absolutistische und exklusivistische Anspruch einer bestimmten Religion, im alleinigen Besitz der einen, absoluten Wahrheit zu sein.

Zu den drei monotheistischen Religionen Judentum, Christentum und Islam, die den Glauben an Gott als Schöpfer der Welt lehren, gibt es – religiös-anthropologisch komplementär – auf indischem Boden ein Beziehungsverhältnis zwischen den Religionen des Hinduismus, dem Buddhismus und dem Jainismus, die das Soteriologische auf je eigenen Wegen theistisch bzw. atheistisch bzw. gnostisch-erkenntnistheoretisch *(jnana-marga)* verankern. Während die Hindus, ein wenig plakativ gesagt, an das essentialistische, substantialistische *atman* glauben und das unveränderliche Sein *(sat)* ins Zentrum stellen, gehen die Buddhisten vom Werden aus und lehnen die Atman-Brahman-Tradition der Hindu-Orthodoxie ab. Der Jainismus stellt eine Synthese der beiden Ansichten dar; er weist über seine philosophische »Theorie der Standpunkte« *(naya-vada)* die »Einseitigkeitslehre« *(ekantavada)* zurück und stellt seine eigene Lehre von der Vielheit der Perspektiven *(anekantavada)* auf. Dabei zielt die Jaina-Philosophie auch auf die grundsätzliche Vermeidung nicht nur praktischer, sondern auch intellektueller Gewalt.

Unser Gebrauch des Ausdrucks »Religion« – als Oberbegriff verstanden – unterstellt irgendeine Gemeinsamkeit, nach der wir immer wieder suchen müssen, um ein Gespräch unter den existierenden Religionen überhaupt zu ermöglichen. Die große Palette von Definitionen phänomenologischer, psychologischer, soziologischer, ethnologischer, neurophysiologischer Natur lässt zwar keine essentielle Gemeinsamkeit erkennen, wohl aber hat sie – nicht-essentialistisch zu nehmende – Ähnlichkeiten.[14] Im Geiste Wittgensteins sollten wir von einer »Familienähnlichkeit« der Religionen ausgehen. Dies hat wieder zur Konsequenz, dass wir keine Religion – ob asiatisch oder europäisch – in den absoluten Stand setzen. Wittgenstein illustriert diesen Punkt mit

---

[14] Vgl. Hick, H. J.: Philosophy of Religion, Englewood Cliffs, New Jearsey, Prentice Hall 1990. S. 2.

42. Der religiöse Pluralismus aus interkultureller Sicht

Hilfe des Terminus »Spiel«. Es gibt nicht eine einzige Gemeinsamkeit, die alle Arten von Spiel aufweisen: Man spielt um der Freude willen, man spielt aber auch, um Geld zu gewinnen, man spielt darüberhinaus auch, um Leistung hervorzubringen, man spielt ferner, um Fertigkeiten zu erwerben usw. Wenn Spiele auch keine unifizierende Eigenschaft aufweisen, bedeutet dies nicht, dass sie deswegen ohne jeden Zusammenhang sind. Denn Spiele »überlappen« sich zumindest hinsichtlich einiger Eigenschaften mit jeweils anderen. So ist Platz für Gemeinsamkeiten und Differenzen unter den Spielen (analog: den Religionen), und Wittgenstein sieht solche Ähnlichkeiten und Differenzen auch in ein und derselben Familie. Aus diesen Überlegungen können wir das Konzept des Wittgenstein'schen »Sprachspiels« auf eine interkulturell orientierte religionsphilosophische Studie anwenden.

Es mag stimmen, dass die Ähnlichkeiten im Hinblick auf die semitischen Religionen größer sind als hinsichtlich anderer Religionen, wie z. B. unter den Religionen auf dem indischen Sub-Kontinent. Hinduismus, Buddhismus, Jainismus, auch Sikhismus sind allesamt indischen Ursprungs und weisen große Ähnlichkeiten, aber stellenweise noch größere Differenzen auf. Trotz der Brauchbarkeit der Wittgenstein'schen Theorie der Sprachspiele gibt es Merkmale der Religionen, die fast einer überlappend universellen Gemeinsamkeit nahe kommen. Das Element des *Soteriologischen,* d. h. der Befreiung, der Erlösung scheint ein wesentliches Merkmal aller Religionen zu sein, mögen die konkreten Wege, die Rituale, noch so verschieden sein. Es gibt Religionen, die für die eigentliche Befreiung auf Gottes Gnade setzen, andere Religionen bauen auf die eigenen Karmas auf und hoffen auf Gottes Beistand. Ferner gibt es Religionen, die von einer ethisch-moralisch geprägten, spirituellen Exzellenz die eigentliche Erlösung erhoffen.

Die Tatsache des religiösen Pluralismus ist unbestreitbar. Und dies gilt heute mehr denn je. Der Religionsphilosoph Hick stellt dieses Problem so dar: »Wäre ich in Indien geboren, so könnte ich aller Wahrscheinlichkeit nach ein Hindu sein; falls in Ägypten, wahrscheinlich ein Muslim; falls in Sri Lanka, wahrscheinlich ein Buddhist. Aber ich bin in England geboren worden und bin in vorhersehbarer Weise ein Christ. (Natürlich würde in jedem Falle sich ein anderes Ich entwickelt haben.) Diese verschiedenen Religionen scheinen unterschiedliche und inkompatible Dinge über die Natur der letzten Realität zu sagen, über die Arten der göttlichen Aktivität und über die Natur und das Schicksal der menschlichen Gattung. Ist die göttliche Natur personal und nicht personal? Kommt Göttlichkeit inkarniert in die Welt? Sind menschliche Wesen wiedergeboren und noch einmal auf der Erde? Ist das erfahrene Selbst das Wirkliche, bestimmt für das ewige Leben in Gemeinschaft mit Gott oder ist es nur eine zeitliche illusionshafte Manifestation eines ewigen höheren Selbst? Ist die Bibel oder der Koran oder die Bhagavadgita das Wort Gottes? Falls das wahr ist, was das Christentum als Antwort auf diese Frage gibt, muß dann nicht die Aussage des Hinduismus in größerem Maße falsch sein? Falls das, was der Buddhismus sagt, wahr ist, ist dann nicht das, was der Islam sagt, in größeren Teilen falsch?«[15] Hick legt den Finger auf den wunden Punkt der konträren bis kontradiktorischen Wahrheitsansprüche unterschiedlicher Religionen.

Zusammenfassend können wir von drei Möglichkeiten sprechen, wie man sich zu dem Faktum des religiösen Pluralismus verhält:
1. Die Möglichkeit, auf die absolute Gültigkeit der eigenen Religion für alle Menschen zu pochen, haben wir als untauglich und sogar gefährlich zurückgewiesen.
2. Eine andere Möglichkeit besteht darin, dass man sich zurückzieht und über solche unentscheidbare Dinge gar nicht redet. Eine solche Haltung des Nicht-Verpflichtetseins nimmt bekanntlich der Buddha ein, indem er die rein metaphysischen und spekulativen Fragen zurückweist. Eine Verwandtschaft auch mit der »negativen Theologie« und mit dem »Nicht dies, nicht dies« *(neti, neti)* der Vedanta-Lehre macht sich hier bemerkbar.
3. Mahavira, Zeitgenosse Buddhas und Stifter des Jainismus, fühlt sich dagegen verpflichtet, eine synthetisierende Haltung einzunehmen. Sein Ziel ist eine Versöhnung unter den Religionen. Daher entwickelt er die Lehre von der Pluralität der Standpunkte *(anekantavada)*, die die Konfliktparteien zusammenbringt und sie durch den methodologischen Vorschlag, neben dem eigenen Standpunkt auch andere Standpunkte als wahr zuzulassen, miteinander versöhnt.

Oft wird das Bedenken geäußert, die Pluralität der Religionen untergrabe die Geltung einer jeden Religion. Dies könnte jedoch nur dann der Fall sein, wenn eine jede Religion die einzig wahre zu sein beansprucht. Aber gerade dies haben wir als einen gefährlichen Irrtum entlarvt. Methodologisch, logisch und erkenntnistheoretisch fundiert, leistet die Jaina-Philosophie einen großartigen religionsphilosophischen

---

[15] Vgl. Hick, H. J.: a. a. O., S. 109–110.

42. Der religiöse Pluralismus aus interkultureller Sicht

Beitrag. Da die Realität stets von verschiedenen Standpunkten *(nayavada)* beurteilt wird, ist die Verabsolutierung eines bestimmten Standpunktes ein Gewaltakt sowohl theoretischer als auch praktischer Natur. Irrtum besteht eigentlich nicht in der Überzeugung, dass es eine absolute Wahrheit (zumindest als regulative Idee) gebe, sondern in dem absolutistischen menschlichen Anspruch, im *Alleinbesitz* von Wahrheit zu sein. Absolutheitsansprüche verursachen Konflikte unter den Religionen. Die Konzeption einer interkulturellen und interreligiösen Religionsphilosophie ist verpflichtet, jeglichen »religiösen Reduktionismus« zu vermeiden.

Der indische Subkontinent gilt zu Recht als Heimat eines multireligiösen Spektrums, ist Indien doch seit Jahrtausenden in der Tat Heimstätte fast aller Religionen der Welt: Hinduismus, Buddhismus, Jainismus, Judentum, Christentum, Islam, Zarathustrismus, Sikhismus, Baha'i u. a. Der indische Nobelpreisträger, Wirtschaftswissenschaftler und Philosoph Amartya Sen ist der Ansicht, dass Indiens lange und tief verwurzelte Tradition der Heterodoxie dazu beigetragen hat, dass ein Neben- und Miteinander der Religionen auf indischem Boden möglich wurde.

Zwei leuchtende Beispiele seien hier erwähnt: Ashoka, der buddhistische König (ca. 300 v. Chr.), und der muslimische Mughal-Kaiser Akbar (16. Jh.). Ashoka regierte ein multi-religiöses Land wie Indien, gründete ein Ministerium für religiöse Angelegenheiten (Dharmamahamatra) und beauftragte es, pflichtgemäß darauf zu achten, dass niemand die Religion des anderen zurückweise. Auch seine Felsenedikte in mehreren Sprachen belegen dies. Akbar, der im 16. Jh. eine »Religion Gottes« (Din-ilahi) entwickelte und interkonfessionelle Diskussionen führte, akzeptierte die Vielfalt der Religionen als Reichtum und nicht als ein Ärgernis. Akbar ging es um eine dialogische oder polylogische Religiosität. Toleranz und Vernunft gingen hier Hand in Hand. Akbar gebrauchte dafür den Terminus »rahi-aql«, d. h. den Pfad der Vernunft.

In den Jahren 1591 und 1592 entwickelte Akbar die Konzeption eines säkularen Staates. Europa hätte damals auf diese universale Botschaft hören können (und sollen), denn auch Jesuiten nahmen an seinen interreligiösen Diskussionen teil. Aber während Akbar 1592 in Agra religiöse Toleranz und Anerkennung praktizierte, wurde Giordano Bruno verhaftet, der Häresie angeklagt und schließlich im Jahre 1600 auf dem Campo dei fiori in Rom verbrannt.

Der heutige Hindu-Fundamentalismus impliziert eine gefährlich enge Auslegung von Heterodoxie in Indien. Heterodoxie muss heute positiv besetzt werden, denn wer vor Heterodoxie Angst hat, liebäugelt mit einer Orthodoxie, die neben sich nichts anderes gelten lässt.

Gegen die Verabsolutierung einer einzigen Religion möchte ich am Ende dieser Argumentation noch die Worte zweier Dichterphilosophen stellen. Der indische Rabindranath Tagore warnt uns: »Wenn je eine solche Katastrophe über die Menschheit hereinbrechen sollte, daß eine einzige Religion alles überschwemmte, dann müßte Gott für eine zweite Arche Noah sorgen, um seine Geschöpfe vor seelischer Vernichtung zu retten.«[16] Und Friedrich Hölderlin schreibt unter der Überschrift »Wurzel alles Übels«: »Einig zu sein, ist göttlich und gut; woher ist die Sucht denn / Unter den Menschen, daß nur einer und eines nur sei?«[17]

43. Argumente für und gegen die Existenz Gottes

Mit dem Aufkommen des Buddhismus auf dem indischen Subkontinent erlebte der Hinduismus eine Herausforderung. Im Gegensatz zu den Buddhisten, die Dutzende von Argumenten gegen die Existenz Gottes vorbrachten, waren die theistisch motivierten Hindu-Philosophen mit den Argumenten für die Existenz Gottes beschäftigt.

Die Diskussion über Argumente für die Existenz Gottes ist nicht nur problematisch, sondern auch durch eine Ambivalenz gekennzeichnet. Diejenigen Schulen der indischen Philosophie, die mit einem unerschütterlichen Glauben an Gott beginnen und diesen für logisch verbindlich halten, sehen sich nicht veranlasst, die Existenz Gottes zu beweisen. Sie identifizieren Gott mit dem Absoluten, spirituell Höchsten, dem *summum bonum*. Die Vaisnavitische Schule des Vedanta ist ein gutes Beispiel hierfür. Die Advaita-Vedanta Shankaras interpretiert das Absolute nicht theistisch und personalistisch, sondern spirituell, möchte jedoch die Existenz Gottes verteidigen. Auch die realistisch-pluralistischen Schulen versuchen, Argumente für die Existenz Gottes zu liefern. Nyaya-Vaishesika und Yoga gehören dieser Gruppe an. Obwohl die Nyaya-Schule im Wesentlichen für eine logisch-epistemologisch

---

[16] Zit. in Mensching, G.: Toleranz und Wahrheit in der Religion, Hamburg 1966, S. 178.
[17] Hölderlin, F.: Sämtliche Werke und Briefe, hrsg. v. Günter Mieth, München 1970, Bd. 1, S. 241.

43. Argumente für und gegen die Existenz Gottes

orientierte Denkrichtung steht, scheut sie keine Mühe, diverse Argumente für die Existenz Gottes vorzubringen und so die Atheisten zu bekämpfen. Die Naiyayikas sind jedoch der Ansicht, dass eine Gottesreligion und eine Religion als Weg zur Erlösung zwar kompatibel sind, aber nicht notwendig zusammengehören müssen.

Vergleichbar mit dem kosmologischen (kausalen) Argument geht die Nyaya-Schule auch von der Überlegung aus, dass die Welt eine Wirkung darstellt und daher eines Schöpfers bedarf. Dieses Argument ist jedoch insofern anders, als Gott hier nur als effiziente, aber nicht auch als materielle Ursache angesehen wird. Die materielle Ursache stellen die Atome dar, und diese sind dazu da, dass Gott aus ihnen die Welt schaffen kann. Gottes Allmacht wird dadurch eingeschränkt, dass die These von einer *creatio ex nihilo* hier nicht gilt. Diese Schule geht ebenfalls davon aus, dass die individuellen Seelen mit ihren Taten und Verdiensten da sind, und selbst Gott kann die moralische Wirkung dieser Taten nicht aufheben. Wie wir oben gesehen haben, lehnen die Samkhya-Philosophen einen solchen Gott, der nicht allmächtig und allzu anthropomorph vorgestellt wird, als überflüssig ab.

Auch wenn das kausal-kosmologische Argument für die Existenz Gottes häufiger erwähnt wird, findet sich in der indischen Religionsphilosophie auch das moralische Argument. Gautama, der Autor der Nyaya Sutra, und auch Vatsyayana, der Stifter der Nyaya-Schule, weisen auf die Intervention Gottes hin, durch die er Handlungen der Menschen belohnt oder bestraft.

Auch Udayana (10. Jh.) sieht Gott als den Schöpfer der moralischen Gesetze, gemäß denen die Taten der Menschen belohnt oder bestraft werden. Gott ist darüber hinaus auch Erhalter und Zerstörer der Welt, welche die Trias von Entsehen, Bestehen, Vergehen durchläuft – *srishti, sthiti, pralaya*.

Die neun Argumente für Gottes Existenz, die Udayana in Nyayakusumanjali (V,1) entwickelt, sind klassisch geworden:
1. Die Welt stellt eine Wirkung dar. Sie muss also eine Ursache haben.
2. Die Atome sind essentiell inaktiv. Sie können Kombinationen ohne die Hilfe Gottes nicht hervorbringen. Gott verleiht ihnen die Bewegung.
3. Gottes Wille erhält und zerstört die Welt. Irgendeine nicht wahrnehmbare Kraft kann dies nicht bewirken.
4. Die Fähigkeit der Wörter, eine Bedeutung zu besitzen, kommt von Gott.

5. Gott ist der Autor der heiligen Vedas.
6. Die Vedas bezeugen die Existenz Gottes.
7. Gott ist der Schöpfer und Verkünder der moralischen Gesetze.
8. Die numerische Konzeption von vielen Dingen hängt von dem göttlichen Bewusstsein ab, denn alles ist zur Zeit der Schöpfung ohne Bewusstsein.
9. Die Belohnung und Bestrafung als Ertrag guter bzw. schlechter Taten bedürfen einer göttlichen Lenkung.

Jayanta Bhatta, ein Nyaya-Philosoph (9. Jh.), stützt sich auf das teleologische Argument. Er sagt, es gebe Ordnung, Zweckmäßigkeit, Plan, Intention in den Dingen der Welt, wie z. B. bei Gebäuden, Straßen, Kleidern usw., und diese sind das Ergebnis intelligenter menschlicher Handlungen. Die Welt mit Flüssen, Bergen, Bäumen usw. ist durch ähnliche Eigenschaften ausgezeichnet und bedarf eines Schöpfers, den wir Gott nennen. Trotz der Verschiedenheit des Plans in dem einen und in dem anderen Falle, so argumentiert Bhatta, besteht zwischen Plan und Schöpfer die gleiche Relation wie die zwischen Rauch und Feuer, auch wenn der Rauch in der Küche anders ist als der im Wald. Freilich ist dieses Argument wieder ein analogisches mit Stärken und Schwächen.

Es ist bemerkenswert, dass sich in der indischen Religionsphilosophie keine Entsprechenung zu dem bekannten ontologischen Argument aus der westlichen Philosophie findet. Die Hindu-Philosophen gehen offensichtlich von der festen Überzeugung aus, dass die Existenz einer Sache ihrem Begriff vorausgeht. Daher kann der Schritt von dem Begriff auf die Existenz logisch nicht erlaubt sein. Nicht einmal die akribischste Logik kann Existenz zu einem Prädikat machen; im westlichen Denken sind Philosophen wie Hume, Kant und Russell Vertreter dieser Ansicht. Die Yoga-Schule besitzt ein eher praktisches Interesse an Gott. Eine Realisation Gottes ist wichtiger als die bloße theoretische Diskussion um seine Existenz. Da die heiligen Schriften die Existenz Gottes bezeugen, muss Gott existieren. Gott ist nicht nur ein Meditationsobjekt, sondern der höchste Herr, der durch seine Gnade seinen Dienern hilft, Sünden und Verblendungen zu beseitigen. Auch die falsche Verbindung von *purusha* und *prakriti* wird durch Gottes Hilfe beseitigt. Die Macht weist Gradunterschiede auf. Gott ist das Wesen, dem Allmacht zukommt.

Shankara, für den die Vorstellungen von Gott und der Schöpfung Illusionen darstellen, akzeptiert diese Fiktionen jedoch im Blick auf die

43. Argumente für und gegen die Existenz Gottes

Volksreligion. Shankara geht in Übereinstimmung mit der Nyaya-Schule von dem Effektcharakter der Welt aus. Auch Gott ist für ihn *causa efficiens (nimitta-karana)*. Im Gegensatz zu den Naiyayikas besteht für ihn die materielle Ursache nicht aus Atomen *(upadana-karana)*, auch nicht aus *prakriti* (wie in der Yoga-Schule), sondern Gott mit seiner *maya-shakti* selbst stellt die Ursache dar. Maya-shakti meint hier die undefinierbare, illusionäre Schöpferkraft des Brahmans. Es geht eigentlich um einen »Kunstgriff«, um zu erklären, wie die Einheit als Vielheit erscheinen kann.

Da ein solches Argument, das Gott personifiziert, das Problem des Übels nicht zufriedenstellend erklären kann, lehnt die Mimamsa-Schule es ab. Sie sieht »Gott« eher als eine unpersönliche, nicht wahrnehmbare Kraft *(apurva)*, aus der je nach der Beschaffenheit menschlicher Taten Freude oder Leid erwachsen. Diese Ansicht ist jedoch als Alternative zu Shankara in Bezug auf die Theodizeeproblematik auch nicht viel überzeugender, denn die Freude oder Leid schenkende Kraft bleibt mysteriös. Shankara gesteht, dass es letzten Endes die *shrutis* (heiligen Schriften) sind, die uns von der Existenz Gottes überzeugen können, hier vergleichbar mit den christlichen Theologen.

Einige Schulen der indischen Philosophie (etwa Nyaya-Vaisheshika) sollten eigentlich der Gottesfrage eher indifferent gegenüberstehen. Dass sie dennoch Gott bejahen, ist nicht philosophisch begründet, sondern eher ein Lippenbekenntnis zur Tradition. Gott, der nicht die materielle Ursache der Welt ist und bloß eine Art *deus ex machina* darstellt, wird hier zum Gott der Deisten. Der Deismus ist freilich ein versteckter Versuch, den Atheismus zu vermeiden. Gleichwohl werden Gott positive Eigenschaften wie Allwissenheit, Einheit, Individualität, Freiheit, ewige Wonne usw. beigelegt. Die Naturgesetze, die in der Welt der Natur herrschen, und das Karma-Gesetz, das die Handlungen der Menschen bestimmt, bestehen neben Gott. Ein wenig unverständlich wird behauptet, dass diese Einschränkung Gottes gottgewollt ist.

Die von Patanjali (2. Jh. v. Chr.) begründete Yoga-Schule ist im Gegensatz zur Samkhya-Schule noch theistisch, auch wenn Gott nur als Mittel auf dem Weg der Meditation mit dem Ziel der Erlösung angesehen wird. Der Akt der Meditation kann jedoch auch ohne Gott vollzogen werden. Gott wird von Patanjali eher als Verursacher angesehen, der die Evolution überhaupt erst in Gang gesetzt hat und zwischen *prakriti* und *purusha* vermittelt.

Shankara geht vom Konzept des Absoluten aus und versucht den-

Religionsphilosophie

noch den Gott der Religion in sein System einzuführen. Er erkennt drei verschiedene Bereiche der menschlichen Erfahrung: Traum, Wachzustand und den traumlosen Schlafzustand. Sieht man das Absolute vom Standpunkt der Menschen aus, so befindet es sich jenseits aller Kategorien und ist unaussprechbar. Erreicht man den absoluten Standpunkt, dann ist alles andere bis auf Brahman bloße Erscheinung *(maya)*. Für Shankara sind Gott *(ishvara)*, Welt *(jagat)* und die individuellen Seelen *(jivas)* alle nur empirisch, nicht aber transzendental wahr. Das Absolute Shankaras ist das eigenschaftslose *nirguna-brahman*.

Der vedantische Philosoph Ramanuja (11./12. Jh.) sieht die Welt und die individuellen Seelen als adjektivische Qualitäten Gottes und Gott selbst als das Substantiv an. Es geht also um einen immanenten Gott. Da die Adjektive nicht mit dem Substantiv identisch sind, muss Gott ihnen transzendent sein. Für Ramanuja ist Gott auch eine Person. Gott besitzt zwei integrale Teile: Materie und endliche Seelen. Die Einheit des einen *brahman* beherbergt in sich eine Vielheit. Gott werden im System von Ramanuja alle guten Eigenschaften wie Allmacht, Allwissen, Güte, Liebe, Gnade zugeschrieben. Werden Brahman Eigenschaften abgesprochen (so wie in manchen Upanishaden), so ist damit nach Ramanuja nur gemeint, dass Gott keine negativen, schlechten Qualitäten besitze. Das Brahman in seiner unmanifestierten Form *(avyakta)* stellt eine Potentialität dar. Manifestiert diese sich *(karana brahman)*, so kommt die Welt zustande *(karya brahman)*. Auch Ramanuja sieht sich den unveränderlichen Schwierigkeiten gegenüber, die mit jeder Erklärung des Verhältnisses zwischen Gott und Welt verbunden sind. So betont er letzten Endes die religiöse Erfahrung, in der allein Gott jenseits aller Zweifel gegeben ist. Es geht daher nicht um einen bewiesenen und abgeleiteten, sondern um einen in den heiligen Schriften bezeugten und persönlich erlebten Gott. Ramanuja schätzt die Gnade Gottes und macht sie zum Ziel aller religiösen Handlungen.

Blickt man auf die heterodoxen Schulen des Buddhismus und Jainismus, so wird deutlich, dass Religion zu einem Lebensweg ohne Gott werden kann. Buddhas Schweigen über die metaphysischen Fragen deutet nicht auf Unkenntnis oder Desinteresse hin, sondern auf eine neue Art und Weise, Atheismus und Theismus zu sehen: Beide Richtungen gehen von einer falschen Perspektive der menschlichen Situation aus. Jenseits des Streites über Theismus und Atheismus besteht Religion als ein Lebensweg in der Kultivierung und Vervollkommnung edler Gefühle und von Werthaltungen wie die der Liebe und des Mit-

43. Argumente für und gegen die Existenz Gottes

leids gegenüber allen Kreaturen *(maitri* und *karuna).* So besteht die menschliche Erlösung *(nirvana)* in der Emanzipation von allen Übeln. Der Atheismus des Buddhismus ist kein Materialismus.

Neben Gläubigen hat es seit Menschengedenken stets auch Ungläubige gegeben. Sowohl der Theist als auch der Atheist betrachten dieselbe Welt, gelangen jedoch zu verschiedenen, ja gegensätzlichen narrativen Darstellungen. Die Frage wird bleiben, ob Argumente für oder gegen die Existenz Gottes es letztlich vermögen, zum Glauben an Gott zu führen oder Nichtglauben zu fundieren. Dass die Argumente dies nicht vermögen, braucht nicht besonders betont zu werden. Sie sind zwar nicht ganz nutzlos und vergeblich, stellen aber eine große Enttäuschung für den gläubigen Menschen dar.

Soll das Problem der Existenz Gottes in erster Linie eines des Glaubens, des Temperamentes, der Erziehung, der religiösen bzw. der mystischen Erfahrung sein, so stellt sich die Frage nach der eigentlichen Funktion der Argumente für oder gegen die Existenz Gottes. Während das ontologische Argument für die Existenz Gottes *a priori* gelten mag, so sind die anderen Argumente (das kausale, das kosmologische, das teleologische und das moralische) zu anthropomorphistisch und unzulässig verallgemeinernd. Freilich ist das Argument ausgehend von einer religiösen bzw. mystischen Erfahrung Gottes über jeden Zweifel erhaben, aber doch nur für den Erfahrenden selbst. Wem eine solche Erfahrung fehlt, der hat keinen Zugang zum Glauben an Gott.

Religionsphilosophie – und dies ist unser Ergebnis – hat nicht die Aufgabe, irgendeine bestimmte Position zu verteidigen oder zurückzuweisen. Sie stellt keine Thesen auf. Engagiert, aber unparteiisch will sie das Phänomen des Religiösen durchdringen. Sie thematisiert kritisch die Positionen der Religionen und versucht, Unvereinbarkeiten, Unverträglichkeiten, menschliche Projektionen usw. in ihnen aufzuweisen. Sie kann zwar derartige Positionen auch argumentativ untermauern, aber dann wird sie parteiisch. William James kommt zu dem Schluss,»dass die Ergebnisse der Religionswissenschaft ebenso gegen wie für die Behauptung sprechen können, dass der Kern der Religion wahr ist«.[18]

Wer gläubig ist, hat Argumente nicht nötig, es sei denn, die Argumente unterstüzen den Glauben; wem der Glaube fehlt, dem können

---

[18] James, William: Die Vielfalt religiöser Erfahrung [1902], übers. v. E. Herms und C. Stahlhut, Frankfurt a. M.-Leipzig 1997, S. 477.

keine Argumente zum Glauben verhelfen. Der wahre Religionsphilosoph ist bescheiden und zurückhaltend sowohl in Bezug auf seine Zweifel als auch in Bezug auf seine Gewissheiten.

44. Religion auch ohne Gott als Weg zur Erlösung: Carvaka, Buddhismus und Jainismus

Die in Indien und auch außerhalb weit verbreitete Auffassung, Inder seien auffallend religiös, ist wahr und falsch zugleich. Sie ist wahr, wenn man unter Religion die Fülle der bunten Formen von Aberglauben und Unwissenheit versteht. Sie ist falsch, wenn man unterstellt, das Wesen der Religion gehe in diesen Formen auf. Religionen haben selten oder nie direkt politische oder ökonomische Rückständigkeit zu ihren Hauptthemen gemacht. Daher haben sie vielen Meistern dienen können. Dies schmälert jedoch in keiner Weise die wichtigen ethisch-moralischen Qualitäten von Religionen und ihrer potentiellen Bedeutsamkeit für die Gesellschaft. Blickt man auf die Religionsgeschichte Indiens, so trifft man auf eine Vielfalt religiöser Reformen und Veränderungen, aber auch auf Versuche, den Gottesglauben zu überschreiten. Die Frage ist, ob Ethik und Moral die wesentlichen, konstitutiven Elemente der Religion darstellen oder ob der Gottesglaube für den Gläubigen einen höheren Rang einnimmt als das Ethisch-Moralische. Anders gewendet: Kann man ethisch-moralisch gut sein und handeln nur aus dem Glauben an Gott oder ist dies auch ohne ihn möglich? Geht die Religion der Moral voraus oder folgt sie ihr? Auch die kantische Religionsphilosophie beschäftigt sich mit solchen Fragen. Sein Postulatensystem kann man jedoch schwerlich theistisch nennen.

Die atheistische Schule par excellence in Indien ist die materialistische Schule der Carvakas. Wie die Buddhisten und Jainisten lehnen auch sie die vedische Autorität ab. Ferner verneinen sie die Existenz Gottes und die einer Seele. Für sie existiert weder ein Leben vor diesem Leben noch ein Leben nach dem Tod. Was allein existiert, ist diese Welt, die materieller Natur ist. Da die Epistemologie dieser Schule in der Wahrnehmung die Hauptquelle der Erkenntnis erblickt, verneinen die Carvakas folgerichtig die Wahrheit religiöser Dinge. Die Wahrnehmung kommt durch das Zusammenspiel der Sinnesorgane mit ihren jeweiligen Objekten zustande. Gott, der nicht wahrgenommen werden kann, muss daher eine Illusion sein. Der extreme Empirismus dieser

44. Religion auch ohne Gott als Weg zur Erlösung

Schule lässt sich daher stellenweise mit der Schule der logischen Positivisten vergleichen, die ja auch alle Metaphysik und Religion eliminieren wollen. Die Carvakas sind der Ansicht, dass religiöse Konstrukte wie Gott, Seele, Karma, Himmel, Hölle und dergleichen Machtinstrumente sind, die von den Priestern und den Herrschenden erfunden worden sind, um das einfache Volk zu unterdrücken. Aus Sicht der Carvakas sind es Ideologen, die behaupten, Gott existiere per definitionem und er sei zudem seinem Wesen nach allmächtig, allwissend, allgegenwärtig und barmherzig. Wenn dem so wäre, wenden die Carvakas ein, warum beseitige Gott dann nicht alle Zweifel bezüglich seiner Existenz?

Jainismus und Buddhismus folgen den Carvakas insofern, als auch sie eine Gottesreligion verwerfen. Die atheistischen Argumente der Jaina-Schule richten sich hauptsächlich gegen das kausale Argument der Naiyayikas für die Existenz Gottes. Die Voraussetzung eines jeden kausalen Arguments ist jedoch die Annahme, dass diese Welt eine Wirkung darstellt. Da sie eine Wirkung ist, muss sie eine Ursache *(nimitta-karana)* haben, durch die sie hervorgebracht worden ist, und diese causa efficiens ist Gott. Um diese Voraussetzung einsichtig zu machen, argumentieren die Naiyayikas folgendermaßen: Alles, was aus Teilen besteht und etwas Zusammengesetztes darstellt, ist eine Wirkung. Die Welt besteht aus Teilen. Die Jainas argumentieren dagegen, dass die Welt als etwas vorgestellt werden kann, das nicht aus Teilen besteht und keine Wirkung darstellt, sondern sui generis existiert. Daher stelle sich die Frage nach dem Schöpfer der Welt gar nicht.

Auch wenn zugegeben wird, die Welt sei eine Wirkung, so bedeutet dies nach Ansicht der Jainas nicht, dass die Ursache nur ein Gott sein kann. Es könnte eine Vielzahl von Göttern bei der Weltschöpfung am Werke gewesen sein. Dagegen vertreten die Naiyayikas die Meinung, dass eine Vielheit von Göttern eher zu Konflikten führen müsse, sodass anstelle einer Harmonie ein kosmisches Chaos resultieren würde. Die Jainas sagen dagegen, der wunderbare Bienenstock komme zustande durch die Zusammenarbeit der Bienen. Warum kann diese Welt, die eher noch wunderbarer ist, nicht durch die harmonische Zusammenarbeit der Götter entstanden sein?[19]

---

[19] Hume stellt im Übrigen in seiner klassischen religionsphilosophischen Schrift »Dialogues concerning natural religion« ebenfalls die ernstzunehmende Hypothese vor, nach der diese Welt in der Tat ein Ergebnis der Zusammenarbeit vieler Götter sein könne, so wie der Bau eines Schiffes einer großen Anzahl von Menschen bedarf.

Ein weiteres Argument der Naiyayikas ist, dass die Welt der Menschen vielschichtig und vielgestaltig ist. Dies kann nur erklärt werden, wenn die Existenz Gottes angenommen wird. Die Jainas argumentieren dagegen: Wenn Gott die bunte Welt der Menschen mit Glück und Unglück verantwortet, dann muss er sie entweder nach dem Prinzip des Verdienstes und der Fehler oder unabhängig von beidem geschaffen haben. Wenn Gott die Welt nach dem Prinzip des Verdienstes geschaffen hat, dann ist er aber nicht der unabhängige Herr *(bhagavan)*, wie die Theisten ihn sehen. Sollte Gott jedoch die Verteilung von Glück und Unglück unter den Menschen ohne Bezug auf Verdienste und Fehler vorgenommen haben, dann macht er sich der Willkür schuldig, die einem Gott der Theisten nicht ziemt. So erklären die Jainas die Buntheit der menschlichen Welt mit Hilfe der Karma-Doktrin, die allein ausreiche und der zufolge die Nyaya-Konzeption eines Herrn der karmas *(karmadhyaksha)* überflüssig werden lässt.

Die Jaina-Philosophen stellen schließlich die schwierige, aber bedeutsame Frage nach dem Beweggrund des Schöpfers. Da alle Handlungen eines intelligenten, bewussten Wesens entweder Selbstinteresse oder aber Wohlwollen und Sympathie für die anderen zur Grundlage haben, müsste wohl auch Gott entweder aus selbstischen oder altruistischen Motiven gehandelt haben. Da Gott *ex hypothesi* ein vollkommenes Wesen ist und von Natur aus keine unerfüllten Wünsche kennt, kann er bei der Schöpfung nicht irgendeine Befriedigung seiner selbst empfunden haben. Die Vorstellung, dass Gott die Schöpfung aus Mitleid zu seinen Geschöpfen in Gang gesetzt habe, zäumt das Pferd vom Schwanz her auf. Um Mitleid empfinden zu können, muss es Leidende geben. Aber vor der Schöpfung gibt es keine Leidenden, deren Leid gemildert werden soll. Daher ist es nach Meinung der Jainas vergeblich, die Existenz Gottes beweisen zu wollen, basierend auf der Annahme, er sei der Weltschöpfer. Auch die Theorie, Gott habe die Welt ohne jedes Motiv geschaffen *(krida* oder *lila)*, just wie in einem Spiel, würde ihn zu einem Wesen machen, das wie ein Kind ohne Sinn und Zweck handelt. Dergleichen aber wäre eines Gottes nicht würdig. Sollte die Welt einfach der göttlichen Natur folgen *(svabhava)*, dann hat eine solche Theorie der Kausalität den Gott der Theisten nicht nötig.

Der Jainismus kennt keinen Gott, aber die befreiten Menschen, die Tirthankaras, die »Furtbereiter«, die die Glaubenslehren tradiert haben, gelten als göttlich. Das Erreichen der Befreiung geschieht nicht durch die Gnade Gottes. Der Jainismus ist eine ethische Religion der Selbsthilfe. Unter dem Einfluss des Brahmanismus und Hinduismus haben die Jainas für ihre Heiligen Tempel erbaut und sind ihnen wie Göttern ergeben. Wird eine Religion zur Volksreligion, so kann sie anscheinend nicht verhindern, dass Götter, Heilige und Wunderkräfte auch ihren Platz darin erhalten.

Eine genauere Betrachtung der theistischen und atheistischen Argumente lässt deutlich werden, dass die Gottesfrage jenseits dieser Argumente liegt. Die Existenz Gottes kann letztlich nicht bewiesen und ebenso wenig widerlegt werden. Genau dies scheint Buddhas Einsicht gewesen zu sein. Denn nicht ohne Grund schweigt er über Fragen, die das Absolute und Gott betreffen. Dieses Schweigen Buddhas darf jedoch nicht so gedeutet werden, als sei er ein theistisch gläubiger Mensch gewesen. Die Hauptlehren Buddhas stehen dem Atheismus wesentlich näher als dem Theismus. Die buddhistische Lehre der Kausalität als Doktrin vom abhängigen Enstehen *(pratityasamutpada)* besagt, dass nichts *sui generis* existiert, dass alles entsteht als Wirkung einer Ursache, die wiederum eine Wirkung einer weiteren Ursache ist. Und diese Kette ist ohne Anfang und ohne Ende. Daher wird die religiös-metaphysische Lehre von der *causa sui* zurückgewiesen. Gott als die unverursachte Ursache aller Wirkungen ist das Herzstück einer jeden Theologie, eines jeden Theismus. Mit dem Zurückweisen der ersten Ursache verwirft die Lehre Buddhas auch die Lehre von Gott. In dem Pali-Kanon wird berichtet, dass Buddha die hinduistische Konzeption des Schöpfergottes *(Brahma)* lächerlich gemacht haben soll, denn auch Brahma unterliege dem Zyklus des Enstehens und Vergehens.[20]

Die Vorstellung, dass das Gesetz vom abhängigen Entstehen eines Gesetzgebers bedürfe, lehnt der Buddhismus als anthropomorph ab. Dieses Gesetz ist nicht in Analogie zu den von Menschen gemachten Gesetzen von Gott geschaffen worden. Es ist einfach da und wirkt von sich aus ohne jede Lenkung von außen. So werden sowohl das kausale als auch das teleologische Argument für die Existenz Gottes abgelehnt.

Auch dem moralischen Argument widerfährt dieses Schicksal. Gott als Schöpfer der Welt ist vollkommen. In dem Buddhacarita von Ashvaghosha wird von einem Gespräch zwischen Buddha und Anathapindika berichtet. In diesem Gespräch sagt Buddha, dass nach der theistischen Hypothese die reiche Vielfalt von Gefühlsregungen wie Freude, Trauer, Liebe, Hass usw. selbst die mentalen Dispositionen Gottes dar-

---

[20] Dighanikaya, III, 1, 30 (Patikasuttam)

stellen. Jedoch verliert ein Gott mit solchen Eigenschaften, die viel zu menschlich sind, seine Vollkommenheit. Darüber hinaus verliert die Unterscheidung von Gut und Böse, Wert und Unwert jeden Sinn, da Gott *ex hypothesi* der eigentliche Urheber aller Handlungen sein muss. In diesem Gespräch wird fast ein Dutzend Argumente gegen die Existenz Gottes vorgebracht. Unter anderem wird die sensible Theodizeefrage gestellt, nämlich wie man die Vorstellung eines guten Schöpfergottes mit dem faktischen Leid der Geschöpfe vereinbaren soll. Neben diesem schwerwiegenden Einwand gegen die Existenz Gottes sind die Anfragen an die theistische Position die bereits erwähnten: Sollte Gott in der Tat existieren, so gäbe es keinen Zweifel an seiner Existenz; sollte Gott die Welt ohne irgendeinen Zweck geschaffen haben, so wäre sein Verhalten mit dem eines Kindes vergleichbar; sollte Gott die Menschen nach Gutdünken leiten, so könnte es keine Freiheit der Tat und der Verantwortung geben.

Auch Shantarakshita (8. Jh.), einer der bedeutendsten buddhistischen Logiker, stellt in seiner Schrift »Tattvasangraha«[21] die entscheidende Frage: Warum soll Gott diese Welt geschaffen haben? Ist er dazu von außen veranlasst gewesen, so ist Gott nicht frei in seinen Handlungen. Hat er die Welt aus Mitleid geschaffen, so hätte er eine Welt ohne Leid, Trauer und Elend schaffen können, sollen und müssen. Ferner gab es vor der Schöpfung keine Geschöpfe, für die Gott hätte Mitleid empfinden können. Soll er bloß aus spontaner, spielerischer Freude die Welt geschaffen haben, so wäre er selbst abhängig von der Befriedigung seiner Instinkte. Soll die Schöpfung in seiner Natur gelegen haben, so muss es zu einer gleichzeitigen Produktion gekommen sein. Der Schöpfergott soll die Welt aus sich selbst heraus ebenso geschaffen haben, wie die Spinne ihr Netz aus sich heraus schafft. Auch dieser Ansatz ist falsch, weil die Spinne ihr Gewebe aus Mundschleim produziert und das Ziel verfolgt, kleine Tiere in dem Netz zu fangen. Soll die Schöpfung ohne Absicht aus der göttlichen Natur hervorgeströmt sein, dann kann Gott nicht intelligent sein. Selbst ein Fischer überlegt zweimal, bevor er handelt. Wenn Gott der eigentliche Macher der menschlichen Handlungen sein soll, dann sollte er auch für die Resultate der Handlungen verantwortlich sein. Wenn aber nur Gott handelt, warum leidet dann der Mensch?

Während die Carvakas, Buddhisten und Jainisten zur Gruppe der

---

[21] Vgl. Tattvasangraha, hg. v. P. K. Krishnamacharya, Baroda 1926.

44. Religion auch ohne Gott als Weg zur Erlösung

heterodoxen atheistischen Schulen gehören, bilden die Schulen der Mimamsakas und die Samkhya die Gruppe der orthodoxen Atheisten. Die Argumente der Samkhya-Philosophie gegen den Theismus sind Folgende: Die Gotteshypothese ist völlig unnötig, da Gott weder mit der materiellen noch mit der effizienten Ursache identifiziert werden kann. Denn – so das Argument der Samkhya-Philosophen – mit dem Prinzip der Urmaterie *(prakriti)* ist die stoffliche und mit dem der Verdienste der individuellen Seele *(purusha)* ist die effiziente Ursache schon benannt. Die Evolution verdankt ihren Anfang der Störung des Gleichgewichtszustands der Urmaterie. Diese Störung wiederum ist das Ergebnis der Einflüsse, die seitens der individuellen Seelen zustande kommen. Die komplexe Evolution der Urmaterie geschieht mit dem einen Zweck der Erfahrung der *prakriti* durch die *purushas*. Die Auflösung der Evolution hat den Zweck der Befreiung der individuellen Seelen. Es geht hier weder um eine göttliche Schöpfung noch um eine göttliche Theologie; denn das gegenseitige Zusammenwirken zwischen Mensch und Natur bringt sowohl die Evolution als auch deren Auflösung zustande.

Dem kritischen Argument, dass die unintelligente *prakriti* eines intelligenten Prinzips zum Zwecke der Evolution bedürfe, begegnet die Samkhya-Schule mit dem Gegenargument: So wie die unintelligente Milch aus dem Euter der Kuh dem Kalb als Nahrung dient, kann auch die Materie den individuellen Seelen dienlich sein. Dieses Argument ist jedoch eine Analogie und besitzt nicht die nötige Stringenz. Um diese Schwäche zu kompensieren, stellen die Samkhya-Philosophen die alte Frage nach dem Motiv Gottes bei der Schöpfung. Gegen die Naiyayikas, die die Existenz Gottes aus der Notwendigkeit herleiten, dass die Veden als Urquelle der ewigen Wahrheiten ein übermenschliches Prinzip benötigen, wenden die Samkhya-Philosophen ein, dass die Veden als Reservoir der ewigen Wahrheiten keines menschlichen oder göttlichen Prinzips bedürfen, weil sie unpersönlich *(apaurusheya)* sind. Ein vollkommenes Wesen wie Gott kann nicht der Schöpfer einer Welt sein, die voller Sünde, Verfehlungen und Leiden ist. Denn nichts kann Gott zu einer solchen Tat bewegen.

Die Mimamsa-Schule legt großen Wert auf die Opferriten und andere religiöse Zeremonien. Oberflächlich betrachtet, kann diese Praxis zu der Ansicht führen, diese Schule sei nicht monotheistisch, aber polytheistisch. Allerdings sind die Götter, die in dieser Tradition angebetet werden, keine Gnadenspender und eigentlich gar keine Götter.

Dass dennoch ihre Namen genannt werden, soll nur die Bedeutsamkeit der Opferhandlungen unterstreichen. Die Mantras, die heiligen Hymnen, nennen die Namen der Götter nur in rituellem Bezug, zumal sie eine selbsteigene Wirkkraft besitzen.

Diese Schule geht von der Annahme einer unsichtbaren Potenz, einer Kraft *(apurva)* aus, die in den Personen entsteht, die die Opferriten vollziehen, und die auch dafür verantwortlich ist, dass das Gute belohnt und das Böse bestraft wird. Daher lehnen die Mimamsa-Philosophen die Existenz der Götter ab. Ob diese Potenz *(apurva)* selbst eine Gottesvorstellung beinhalte, ist zu verneinen, denn es sind die Veden, die den letztgültigen Bezugspunkt bilden.

Jaimini, der Begründer dieser Schule, bezieht sich auf keinen Gott. Und auch in den weiteren Schriften der Mimamsa wird in der Regel der Bezug auf Gott vermieden. Die beiden Hauptgelehrten dieser Schule, Kumarila und Prabhakara, sind durch und durch atheistischer Gesinnung. Die realistische Denkhaltung der Mimamsa-Schule, verbunden mit der besonderen Kausalitätslehre *(parinama-vada* oder *satkaryavada)*, mündet in eine naturalistische Welterklärung. Alles, was anfängt zu sein, ist eine Modifikation von etwas, was schon existiert, so dass es streng genommen keine Kreation geben kann. Eine erste Ursache, die in der Sprache der Theisten Gott heißt, wird geleugnet. Jenseits eines Offenbarungsglaubens argumentiert Kumarila, dass der Akt der göttlichen Schöpfung verifizierbar sein müsste. Eine solche Verifikation ist freilich eine Unmöglichkeit. Somit ist die Existenz Gottes nicht beweisbar.

Zusätzlich zu den Schwierigkeiten, die sich aus dem Problem der Motivation für die Schöpfung ergeben, wird Gott sowohl Schöpfer als auch Zerstörer der Welt genannt. Da diese Eigenschaften kontradiktorische Prädikate sind, können sie nicht demselben Gott zugleich zukommen. Prabhakara ist noch deutlicher in seiner Tendenz zu einer naturalistisch-biologischen Erklärung. Tiere und Menschen werden geboren, weil sie Eltern haben. Eine entsprechende Ursache ist der Grund für das Entstehen einer Wirkung ohne die Intervention einer göttlichen Instanz.

Dass es Erlösung gibt, glauben auch die atheistischen Schulen. Ob der Weg nur über eine Religion mit Gott dahin führe, darüber herrscht Meinungsverschiedenheit. Soll die Religion ein Mittel sein auf dem Weg der Selbstvervollkommnung, der Befreiung, soll sie zur Seligkeit führen, so kann sie – dies ist das Ergebnis des indischen religionsphilosophischen Denkens – eine Religion mit oder auch ohne Gott sein. Die orthodoxen theistischen Schulen – Nyaya-Vaisheshika, Yoga, Vaishnavita-Vedanta und Advaita-Vedanta – beinhalten eine Theologie, die nicht von einer einzigen Inkarnation des Göttlichen ausgeht. Daher ist die Hindutheologie in der Tat sehr verschieden von dem Typ jener Theologie, der im Christentum, Judentum und Islam zu finden ist.

45. Soteriologische Vorstellungen von moksha und nirvana

Oben war mehrfach von den vier Hauptzielen des menschlichen Daseins im indischen Denken die Rede. Das vierte Lebensziel, *moksha*, in der Lehre Buddhas *nirvana*, steht für eine spirituelle Erfahrung und einen Zustand der Erleuchtung. Es geht um ein völliges Freisein von den drei Wurzeln allen Übels, nämlich Gier, Hass und Wahn. Ferner geht es um die Einheit der Welt mit dem Transzendenten. Diese soteriologischen Ziele sind für das indische Denken sehr wichtig. Oft wird im Westen ausschließlich die religiöse Konnotation betont, auf Kosten der ebenso wichtigen philosophischen. Eine solche einseitige Lesart führte dazu, dass man das Religiöse als *das* konstitutive Merkmal der indischen Philosophie ansah. Zwei extreme, einseitige und falsche Lesarten sollten indessen vermieden werden: Erstens, die gesamte indische Philosophie sei auf soteriologische Ziele ausgerichtet, und zweitens, diese Ziele seien völlig außerhalb von Philosophie angesiedelt. Beide Lesarten eweisen sich als »mistaken interpretations«.[22]

Das Eingebettetsein soteriologischer Ziele in indischen Religionen und Philosophien wird sehr unterschiedlich erklärt und begründet. *Moksha* wird z.B. in den klassischen hinduistischen Schulen unterschiedlich gedeutet. Diese Deutungen haben eine entsprechende Metaphysik und Epistemologie zur Voraussetzung. Was das indische philosophische Denken in diesem Zusammenhang besonders auszeichnet, ist dies: Das theoretisch Gedachte und argumentativ Angenommene findet sein erfahrungsmäßiges Korrelat in der Praxis, die theoretische Grundlegung einer bestimmten Philosophie zielt auf Realisation ab. In der Samkhya-Philosophie wird rein theoretisch und argumentativ von zwei Entitäten gesprochen, die sich voneinander wesentlich unterscheiden: Natur und Selbst. Diese intellektuelle Scheidung soll zu einer spi-

---

[22] Mohanty, J. N.: Classical Indian Philosophy, New York/Oxford 2000, S. 144.

rituellen Erfahrung werden. So ist *moksha* (*kaivalya* = Alleinheit, wie *moksha* in dieser Schule genannt wird) die spirituelle Erfahrung eines wesentlichen Unterschiedes. In der Advaita-Vedanta-Philosophie Shankaras geht es um die Realisation der theoretisch gewonnenen wahren Ansichten über Atman und Brahman, über die individuelle Seele, über die Welt. In der religiös-theistisch orientierten Schule von Ramanuja bilden die Welt, die Seelen und Brahman zusammen eine Einheit, und diese soll durch Akte der Liebe *(bhakti)* und durch die Gnade Gottes zur Erfahrung werden. Alle diese Beispiele zeigen, dass es im indischen philosophischen Denken um eine besondere Beziehung zwischen Theorie und Praxis geht. Philosophie ist und soll Theorie bleiben, aber sie muss von Praxis begleitet sein.

Selbst im Buddhismus wird eine solche Beziehung aufrechterhalten, auch wenn die Lehre Buddhas keine Seele, keine Substanz, keinen Gott akzeptiert und alles als bloßes Aggregat momentaner Zustände ansieht. *Nirvana* bedeutet daher das Zustandekommen einer spirituellen Transformation des menschlichen Lebens im Einklang mit theoretischen Einsichten. Selbst die Naiyayikas verstehen unter Befreiung *(apavarga)* die Realisation des Unterschiedes zwischen dem Selbst und dem Körper.

Das Überlappende im Hinblick auf die unterschiedlichen Schulen der indischen Philosophie liegt nicht darin, dass sie alle eine einheitliche Vorstellung von dem soteriologischen Ziel hätten. Es besteht eher in dem unterschiedlich akzentuierten Betreben, sich von Leid, Unwissenheit, *karma*, Tod und Wiedergeburt zu befreien. Es gibt auch philosophische Systeme, die die Möglichkeit einer solchen Zielvorstellung für unsinnig halten. Spiritualistisch orientierte und dem Ideal von *moksha* verpflichtete Schulen kritisieren an derartigen Denkweisen, dass in ihnen die Unmöglichkeit, den Kreislauf aus Geburt und Tod zu verlassen, behauptet werde *(anirmokshaprasanga)*.

In diesem Kontext muss erwähnt werden, dass *moksha* oder *nirvana* keineswegs immer theistisch konnotiert sind, z. B. in der Lehre Buddhas. Für Shankara ist die befreiende Erkenntnis die Entdeckung und Realisation einer immer dagewesenen Nicht-Zweiheit von Atman und Brahman. Es ist eher ein reflexiv-meditativer, kontemplativer Weg, der zu einer solchen Erfahrung führt. Dieser ist durch drei Phasen gekennzeichnet: *shravana* (hören, d. h. auch lesen, sich informieren), *manana* (nachdenken, überlegen, kritisch prüfen) und *nididhyasana* (meditieren, d. h. zu einer Transformation des Daseins des Denkenden gelangen). Das Philosophieren verfolgt zwei ineinandergreifende Ziele: Erkenntnisgewinnung *(jnana-prapti)* und *Erkenntniserfüllung (phalaprapti)*. Es trifft zu, dass diese zwei Ziele oft auch nicht Hand in Hand gehen, aber als regulative Ideen bleiben sie charakteristisch für Philosophie. Hierin gründen nicht nur eine Theorie und Praxis der Erlösung von der Welt, sondern ebenso eine Handlungstheorie sozial-politischer Natur. Mahatma Gandhi ist ein leuchtendes Beispiel dafür.

Ästhetik (Rasa Shastra)

46. Ästhetik als Wissenschaft der feinen Künste

In der Philosophie – auch in der indischen Tradition – ist von einer Dreiheit der Werte die Rede: dem Wahren *(satyam)*, Guten *(shivam)* und Schönen *(sundaram)*, wobei aus Sicht des holistischen indischen Denkens das Ideal im harmonischen Zusammenwirken dieser drei Werte besteht. Die Wissenschaft der Ästhetik bezieht sich auf das Schöne. Nach Baumgarten, der den Begriff »Ästhetik« erstmals 1735 benutzte, ist es die Wissenschaft sinnlichen Wissens, welche später in den Philosophien Kants und Hegels zu einer transzendental-spekulativen Disziplin wurde. Ästhetik im allgemeineren Sinn ist eine Disziplin, die sich mit dem wahrnehmenden Teil unserer Natur befasst, insbesondere mit dem Erleben von Drama, Kunst, Musik, Literatur usw., im Gegensatz zur Disziplin der Logik, die sich mit der Gültigkeit von Argumenten befasst. Es gibt aber eine Überschneidung zwischen den zwei Disziplinen, die darin besteht, dass es ihnen beiden letzten Endes um einen unmittelbaren Eindruck, um eine Empfindung geht, die uns die Wahrheit und die Überlegenheit eines bestimmten Argumentationsmusters bezeugt. In den ästhetischen Erfahrungen ist diese Unmittelbarkeit noch zentraler. Man könnte sagen, während Philosophie als eine diskursive Disziplin darauf abzielt, andere durch den Gebrauch von Argumenten zu überzeugen, die zu wohl begründeten Präferenzen führen sollen, scheinen die ästhetischen Erfahrungen mit Präferenzen zu beginnen und suchen mit Hilfe von Kunstwerken nach Argumenten. Dass Präferenzen in philosophischen Argumenten nichts zu suchen haben, ist eine Behauptung, die sich kaum belegen lässt.

Der Terminus Ästhetik entspricht auch im indischen Kontext einer Wissenschaft und einer Philosophie der feinen Künste. Indische Ästhetik beschäftigt sich hauptsächlich mit Poetik *(kavya)*, Musik *(sangeet)*, Tanz *(nritya)* und Architektur *(shilpa)*. In enger Verbindung mit der

46. Ästhetik als Wissenschaft der feinen Künste

Wissenschaft der Grammatik geht sie von der zentralen Bedeutung der Kategorie der Komposition aus. Das Schöne wohnt nicht den Teilen der Komposition, sondern nur der Komposition inne. Dies gilt für die ästhetische Wahrnehmung grundsätzlich. Die Wissenschaft von der Dramaturgie *(natyashastra)* bildet bei der Wissenschaft des Schönen den Oberbegriff, da uns das Drama durch die Sinnesorgane anspricht, die eine wichtige Rolle in der Ästhetik spielen. Die gesicherte Geschichte der indischen Ästhetik beginnt mit dem Natyashastra von Bharata (zwischen dem 1. Jh. und dem 4. Jh. n. Chr.) Diese Schrift enthält bahnbrechende philosophische und psychologische Erkenntnisse für die Wissenschaft der Ästhetik. Bharata schuf damit die Grundlage für weitere Kommentare, Entwicklungen, Erweiterungen und Reflexionen zu Theorie und Praxis der Ästhetik. Er behandelte darin die Themen Tanz, Drama, Gesang und pantomimische Darstellungsformen. Ferner findet man eine fein ausgearbeitete Psychologie der Emotionen. Der Begriff *rasa* wird bereits hier eingeführt. Er bedeutet »Saft, Geschmack« und steht für den komplexen Prozess der ästhetischen Erfahrung. Spätere Theoretiker und Kommentatoren haben die psycho-physischen Faktoren eher vernachlässigt und den Begriff *alamkara*, d. h. »Ornamentierung«, eingeführt. Anandavardhana (9. Jh.) und Abhinavagupta (im 10./11. Jh.) gelten als bedeutende Vertreter dieser Richtung. Von Anandavardhana stammt das bekannte Werk »Dhvanyaloka«, in dem der Begriff *dhvani* eingeführt wird, der wörtlich »Ton« bedeutet und für die suggestive, angedeutete, unausgesprochene Dimension von Kunstwerken steht. Abhinavagupta kommentierte und entwickelte die Ansätze von Anandavardhana in dem ebenso grundlegenden Werk »Dhvanyalokalocana« weiter. Spätere Theoretiker und Praktiker der indischen Ästhetik haben die Dhvani-Lehre fortgeführt. Im 18. Jh. vertrat Jagannath die Rasadhvani-Theorie. *Dhvani* ist »Wort, Geräusch, Ton«, steht für die intendierte Bedeutung und kann als poetische Suggestion verstanden werden. Oft wird *dhvani* die Seele der Dichtung genannt. *Rasa*, wie noch zu zeigen sein wird, steht für ästhetischen Genuss, übersinnliche Freude. Rasadhvani besagt dementsprechend die Erfahrung eines ästhetischen Genusses. Sie kommt zustande durch die Transmission der intendierten Bedeutung auf den Rezipienten. Erst am Ende des 19. und zu Beginn des 20. Jh. gab es wieder große Vertreter der ästhetischen Tradition: Bankimcandra Chatterji, Dvijendralal Roy, Rabindranath sowie Abanindranath Tagore, Brojendranath Seal und Sri Aurobindo.

Ästhetik (Rasa Shastra)

47. Rasa (die ästhetische Erfahrung) und Dhvani (das Unausgesprochene, aber Angedeutete)

Das Herzstück der indischen Ästhetik bildet das Konzept der *rasa*, welches von Bharata ausgearbeitet und von Anandavardhana und Abhinavagupta weiterentwickelt worden ist. *Rasa* ist der Name der ästhetischen Freude, der ästhetischen Entzückung, kennt aber auch viele weitere Bedeutungen bis hin zur unmittelbaren Erfahrung des absoluten Brahman *(raso vai sah)*. Zwei Bedeutungen stellen die beiden Pole der Rasa-Theorie dar: Erstens bedeutet *rasa* ein Gefühl, ein Erlebnis oder einen emotionalen Zustand mit all seinen Begleitumständen, zweitens das Wesen einer Sache. Die Rasa-Theorie betont also sowohl die subjektive als auch die objektive Seite der ästhetischen Erfahrung und verbindet somit die Psychologie mit der Ontologie.

Die besondere Leistung der Rasa-Theorie liegt außerdem in ihrer detailliert ausgearbeiteten Psychologie der ästhetischen Erfahrung. Sie neigt zu einer Betrachtungsweise, die sich zwar an dem Beobachter orientiert, aber nicht bloß subjektivistisch ist. Sie erklärt die ästhetische Erfahrung, die dem Beobachter widerfährt. Dieses Widerfahren wird von ihm gefühlt, erlebt und sogar »geschmeckt« *(asvadana)*. Das Drama beispielsweise ist zum einen der Ursprungsort von *rasa (rasotapatti)* und zugleich der Grund des Rasa-Genusses *(rasasvadana)* durch den Ästheten *(rasika)*. Die künstlerische Handlung und der ästhetische Genuss gehen Hand in Hand. Im Gegensatz zur westlichen Ästhetik, die eine solche Überlappung eher ablehnt, möchte die indische Ästhetik die Essenz *(bhava)* und den Genuss *(rasa)* miteinander vereinen. In seinem Kommentar über Natyashastra stellt Abhinavagupta die Frage, ob *rasa* von *bhava* abhängig sei oder umgekehrt. Er neigt zu der Ansicht, dass die ästhetische Freude dem Zustand des ästhetischen Empfindens folgt, denn die ästhetische Freude ist das Ziel, und dieses kann vorausgehen. Die Rasa-Erfahrung stellt ein Stadium der vollkommenen inneren Ruhe, des Gleichgewichts jenseits der praktisch-pragmatischen Belange des Egos dar. Daher ist sie nicht gleichzusetzen mit bloßen Sinnesfreuden.

Bharata analysiert, klassifiziert und beschreibt die unterschiedlichen Seelenzustände der menschlichen Natur. Er unterscheidet zwischen den dauerhaften, stabilen und anthropologisch konstanten Gefühlszuständen, *sthayibhavas* genannt, und den ihnen entsprechenden vorübergehenden ästhetischen Stimmungen, *rasas* genannt. Bharata

47. Rasa und Dhvani

zählt 33 solcher vorübergehenden ästhetischen Gefühlsarten auf. Die Beziehung zwischen den beiden Gefühlsarten wird an der Metapher von Meer (als Bild für die *sthayibhavas*) und Wellen (für die *rasas*) verdeutlicht. Es ist durchaus möglich, dass die zeitweilige Intensität der *rasas*, z. B. der erotischen Gefühle, die an sich stabileren Gefühlszustände, z. B. die Liebe, zurückdrängt. Bharata spricht von acht *sthayibhavas*, dispositionalen Grundstimmungen, und deren Entsprechungen *(rasas)*, poetisch-ästhetischen Ausdrucksformen. Abhinavagupta fügt eine neunte hinzu.

sthayibhavas	*rasas*
rati (Liebe)	sringara (das Erotische)
hasa (Lustigkeit)	hasya (das Humoristische)
shoka (Kummer)	karuna (das Traurige)
krodha (Zorn)	raudra (das Schreckliche)
utsaha (Kühnheit)	vira (das Heroische)
bhaya (Furcht)	bhayanaka (das Ängstliche)
jugupsa (Ekel)	bibhatsa (das Ekelhafte)
vismaya (Verwunderung)	adbhuta (das Märchenhafte)
sama (Gelassenheit)	shanta (das Friedliche)

Das anthropologische Grundmuster geht davon aus, dass alle Menschen diese *sthayibhavas*, freilich in unterschiedlichen Graden, besitzen. *Rasa* als ästhetischer Ausdruck konstituiert das ästhetische Bewusstsein.

Dem *shantarasa* (Friedlichen) kommt eine Sonderstellung zu, zumal es hier um das ästhetische *summum bonum* geht. Alle anderen acht *rasas* können zu dem *shantarasa* führen, sei es durch Erfüllung oder durch Desillusionierung. So wird *shantarasa* in der indischen philosophischen und meditativen Literatur mit *moksha*, Erlösung, ewigem Frieden gleichgesetzt. Die Konnotationen der ästhetischen Rasa-Erfahrung sind vielschichtig. Daher ist der Vorwurf, indischer Ästhetik fehle das eigentliche ästhetische Attribut einer uninteressierten Würdigung des Schönen, ein Fehlurteil, denn die Rasa-Erfahrung geht mit der Erfahrung der göttlichen Wonne *(ananda)* einher. Es wäre ein Missverständnis, wollte man diese psychologische Einteilung als etwas bloß Mystisches abtun. Das Entwickeln und das Kultivieren des ästhetischen Vermögens sind das Ziel spiritueller Übungen, das keinen groben Antagonismus zwischen sinnlichem und spirituellem Erleben des Ästhetischen kennt. So kann die Hindu-Ästhetik den vom Westen oft erhobenen Vorwurf zurückweisen, die indischen Tempeldarstellungen von

Ästhetik (Rasa Shastra)

Sinnesfreuden und die erotische Literatur seien zu sinnlich oder gar obszön. Unter den modernen indischen Philosophen hat K. C. Bhattacharya eine erkenntnistheoretisch relevante psychologische Interpretation der Ästhetik gegeben. Nach ihm ist *rasa* ohne jeden intellektuellen Bezug nur durch das Gefühl bestimmt. Das Schöne der Ästhetik ist ein ewiger Wert, und Ästhetik ist die Wissenschaft und das Erlebnis dieses Wertes. Nicht die Schönheit ist eine Eigenschaft der Dinge; die Dinge sind ihr untergeordnet. Daher können wir von einer ästhetischen Erfahrung sprechen, die vom Sinnlichen bis zum Spirituellen einen weiten Bogen spannt.

Die Einführung des Shantarasa deutet auf eine mystische Dimension in der metaphysisch-meditativen Literatur Indiens hin, denn die indische Poetologie sieht in der Dichtung einen Weg zur Befreiung, eine Erweiterung mit Hilfe des Konzeptes *dhvani*, terminus technicus für Evokation, Suggestion oder Andeutung. Dieser Zug des indischen Denkens findet Parallelen bei modernen westlichen Philosophen und Schriftstellern wie S. K. Langer, Cassirer oder T. S. Eliot.

Mit *dhvani* wird das Unausgesprochene bedeutsam, ein Sinn wird suggeriert. Anandavardhana spricht von drei Dhvani-Arten: *vastudhvani*, d. h. die sachbezogene, denotative Ebene, *alamkaradhvani*, d. h. die figurative, metaphorische Ebene, und *rasadhvani*, d. h. die evozierte, die unausgesprochene Ebene. Diese dritte Dimension des *dhvani* verbindet die menschliche Immanenz mit der göttlichen Transzendenz. Die Sprache als Ausgesprochenes ist nur denkbar mit dem Unausgesprochenen. In der indischen Poetologie unterscheidet man drei Stufen: In der höchsten Form hat das Unausgesprochene Vorrang, in der Dichtung der zweiten Stufe ist das Unausgesprochene dem Ausgesprochenen untergeordnet. In der Dichtung der dritten Stufe ist das Gesprochene wesentlich. Auch hier sieht man die enge Verbindung zwischen indischer Ästhetik und ihrer meditativ-religiösen und soteriologischen Funktion.

Die therapeutische, eschatologische und befreiende Dimension der indischen Ästhetik, besonders der Rasadhvani-Theorie, ist von zentraler Bedeutung. Eine holistische Sicht ist hier maßgebend. Die neun *rasas* versuchen, keine menschliche Befindlichkeit (Emotion) zu verdrängen; sie erwecken eher alle menschlichen Emotionen und transzendieren diese im Hinblick auf *shantarasa*. Hermann Hesses »Siddhartha« geht durch das Dickicht der Emotionen und erreicht eine befreiende Selbsterkenntnis. Indischer Ästhetik wird oft der Vorwurf gemacht, sehr idealisierend zu sein. Es gibt keine rechte Erklärung und Standortbestimmung für eine Ästhetik des Hässlichen. Eine Zusammenschau aller neun *rasas* macht jedoch deutlich, dass die indische Ästhetik das Hässliche nicht als das Gegenteil des Schönen begreift, sondern es eingebettet sein lässt in den anderen Emotionen und deren Wirkungen. Günter Grass' Buch über Kalkutta,»Zunge zeigen« (1988), ist z. B. der Versuch, das Gefühl des Ekels zu verarbeiten.

48. Entwurf einer interkulturellen Ästhetik

Während es im vorangegangenen Kapitel um eine kurze Darstellung der Hauptmerkmale der indischen Ästhetik ging, handelt es sich im Folgenden um den Versuch, eine interkulturelle Ästhetik zu skizzieren, mit dem Ziel, Überlappungen und Differenzen in Bezug auf andere ästhetische Traditionen herauszuarbeiten.

Ästhetik im Vergleich der Kulturen scheint heute ein Desiderat zu sein, und dies zu Recht. Die indische philosophisch-literarische Tradition zielt auf das Herausarbeiten eines streng konzeptuellen Rahmens, der die ästhetischen Phänomene, wie z. B. die unterschiedlichen Rasa-Erfahrungen, ästhetische Reaktionen, die Wirkungsweisen von Künsten, wie z. B. Tanz, Musik, Poesie, Drama, analysiert, begründet und erklärt. Die indische Ästhetik mit ihrer langen und reichen Tradition ist ein guter Partner auf dem Wege zu einer vergleichenden Ästhetik, vorausgesetzt, dass das Anliegen einer interkulturellen Ästhetik, keine kulturelle Tradition in den absoluten Stand zu setzen, gewahrt bleibt.

Der wahre Geist einer interkulturellen philosophischen Orientierung besagt u. a., dass der Wunsch, ja das Begehren, zu verstehen und das Begehren, verstanden zu werden, zusammengehören. Oft wurde und wird eine monologe Hermeneutik betrieben, in der man nur noch verstanden werden möchte und so die Position des anderen nicht als eine ernstzunehmende Alternativ begreift.

In jeder ästhetischen Erfahrung sind zwei Hauptfaktoren am Werke: Der Akt künstlerischer Produktion und der Akt ästhetischer Rezeption. Es gibt eine große Vielfalt kulturell unterschiedener Muster in der künstlerischen Gestaltung, die jeweiligen ästhetischen Reaktionen weisen jedoch häufig interkulturelle Überschneidungen auf. So besitzt die

Ästhetik (Rasa Shastra)

Wissenschaft der Ästhetik eine Universalität und eine Partikularität zugleich und die ästhetische Erfahrung als anthropologische Konstante, die uns Menschen als primordiale Reaktion mit dem ästhetischen Wert der Schönheit verbindet, wie auch die künstlerische und ästhetische Vielfalt erhalten eine interkulturelle methodologische Begründung. Mit anderen Worten geht das ästhetische Empfinden als ein allen Menschen gemeinsames Urerlebnis den kulturspezifisch unterschiedlichen »Versprachlichungen« und Darstellungen voraus. Die Universalität einer interkulturellen Einstellung lässt die Verabsolutierung einer spezifischen kulturellen Sicht nicht zu. Dies gilt es hinsichtlich des Ästhetischen im weltphilosophischen Kontext anzuerkennen und zu respektieren. So hat eine jede Ästhetik im Geist der Interkulturalität die Aufgabe, zwischen der Tendenz zur Homogenisierung kultureller Verschiedenheiten und der Tendenz zum Negieren jeglicher kultureller Muster hindurchzusteuern.

Die Methode, die einer interkulturellen Ästhetik angemessen ist, ist die phänomenologische. Es geht dabei um eine getreue Beschreibung dessen, was wir als ästhetischen Wert, als eine ästhetische Erfahrung oder einen ästhetischen Genuss bezeichnen. Eine solche Methode muss der Versuchung einer Ontologisierung des Ästhetischen widerstehen. Es gilt, das reiche Reservoir des Ästhetischen in den notwendig unterschiedlichen kulturellen Sedimentierungen anzuerkennen. Eine solche Sichtweise, die zugleich orthaft und ortlos ist, verhilft dazu, uns von der Tendenz zu befreien, die je eigene ästhetische Position in den absoluten Stand zu setzen.

Ein Gemälde ist ohne Zweifel eine Repräsentation, aber es ist niemals bloß ein Echo des Subjekts. Das Subjekt des Künstlers findet im Gemälde keine volle Verwirklichung. Unterscheiden wir zwischen Noesis und Noema im Geiste der Husserlschen Phänomenologie: Noesis bezeichnet den Bewusstseinsakt, Noema die Vergegenständlichung. Da alle Bewusstseinsphänomene intentionalen Charakter tragen, haben auch alle unsere noetischen Akte (auf der Seite des Subjekts) Entsprechungen, Korrelate, auf der gegenständlichen Seite; im Akt der ästhetischen Rezeption ereignet sich die Wahrnehmung des Werkes. Das menschliche Bewusstsein ist von Natur aus intentional, d. h. immer ein Bewusstsein *von etwas*. Das Gemälde ist weder zur Gänze verschieden von den noetischen Intentionen noch gänzlich mit ihnen identisch. Wie kann die vor diesem Hintergrund verbleibende Spannung zwischen Künstler und Werk aufgehoben werden? Es gibt eine essentielle Bezie-

48. Entwurf einer interkulturellen Ästhetik

hung zwischen der Kunst und dem Künstler, aber in unseren Akten des ästhetischen Verstehens, Interpretierens und Bewertens geht es nicht um eine bloße Wiederholung der originären Beziehung zwischen Kunst und Künstler, vielmehr konstituieren wir eine neue Beziehung. Und dies ist auch der Grund, warum es aus interkultureller Sicht eine hermeneutische Vielgestaltigkeit ästhetischen Verstehens gibt. Unser Ansatz macht deutlich, dass es den Anspruch des *einen wahren* ästhetischen Wertes nicht gibt. Europa kennt aber beides: eine mächtige essentialistische und ebenso eine relativistische Herangehensweise an die Frage der Grundlegung der Ästhetik. Im interkulturellen ästhetischen Kontext macht es wenig Sinn, die de facto-Vielfalt des Ästhetischen transzendental-philosophisch oder spekulativ-idealistisch zu vereinnahmen. Der Geist der Empirie auf dem Gebiete der Ästhetik widersetzt sich gegen solche Uniformierungen. Das Konzept interkultureller Ästhetik verneint jegliche streng essentialistische Interpretation, die von der Vorannahme einer universell gültigen Norm ausgeht, ob man sie nun Natur, Gott, Weltgeist, Tao oder wie auch immer nennt. So gibt es in der Debatte zur Ästhetik zwei Wege: einen »Weg von oben«, der a priori, deduktiv, spekulativ läuft, und einen »Weg von unten«, der induktiv, empirisch, offen ist. Der hier vorgestellte Entwurf interkultureller Ästhetik plädiert für den zweiten Weg.

Interkulturelle Ästhetik weist die übertriebene Tendenz der europäischen Moderne zur Einheit als Einheitlichkeit ebenso zurück wie die übertriebene Liebe zur Differenz, ja zur Beliebigkeit. Sie schafft Raum für kulturelle Einbettung, aber transzendiert diese zugleich. Interkulturelle Ästhetik geht von einer gemeinsamen, vorsprachlichen ästhetischen Gefühlsstruktur aus, die wegen der Verschiedenheit der Kulturen, Sprachen, Traditionen, Religionen usw. unterschiedliche Gestalten aufweist. Die ästhetische Erfahrung, das Gefühl, das sich einstellt, wenn wir das Gesicht einer schönen jungen Frau sehen, ist Menschen aller Kulturen gemeinsam. Aber es gibt Kulturen wie z. B. die indische, in der dieses Gefühl durch Vergleich des Antlitzes mit dem Mond *(chandramukhi)* versprachlicht wird, wohingegen es Kulturräume gibt, in denen dieser Vergleich zumindest gewagt wäre. Interkulturelle Ästhetik kann mit kulturspezifischen Divergenzen sehr wohl einhergehen.

Westliche Kritiker der indischen Ästhetik haben oft behauptet, diese sei zu religiös und mystisch, da sie auf die Verwirklichung eines *summum bonum* ziele, das mit Glückseligkeit, Befreiung, Erlösung gleichzusetzen ist. Es trifft zu, dass indische Ästhetik unter dem Temi-

Ästhetik (Rasa Shastra)

nus *shantarasa* eine solche spirituelle Dimension kennt. Aber diese ist erstens eine spätere Hinzufügung und zweitens behält die indische ästhetische Theorie in Kunst, Drama, Tanz, Musik und Literatur ihre Unabhängigkeit, indem sie sich auch ohne diese religiöse Dimension behauptet. Unter dem Einfluss des Christentums erlangte die europäische Philosophie nicht jenen Grad an Freiheit, den sie im indischen philosophischen Denken besitzt, eine Freiheit, wie es sie im Übrigen in der griechisch-römischen Antike schon einmal gegeben hatte. Es gibt auch andere Kulturen wie z. B. die chinesische, die japanische, in denen die letztlich befreiende Weisheit nicht dem Bereich der Religion gehört. So spricht der koreanische Philosoph Kah Kyung Cho von einer daoistischen Ästhetik, die im Schwingungsbereich der Leerheits-Erfahrung liege.[1] Zen-buddhistische Lehren übten (und üben immer noch) in Japan einen großen Einfluss auf Kunst und ästhetische Praktiken aus, wie z. B. auf Teezeremonie, Gartenbau, Kalligraphie, Ikebana, Schwertkampf und Bogenschießen. Es geht hier um eine meditative Verwirklichung.

Interkulturelle Ästhetik definiert den ästhetischen Wert im Maße der Aussagekraft eines Kunstwerks, insofern dieses unter den jeweiligen Bedingungen gewisse Reaktionen in den Beobachtern hervorruft. Es gibt ästhetische Traditionen, die dem »Naturschönen« vor dem »Kunstschönen« einen Primat zuschreiben. Ob das Kunstschöne das Naturschöne je »übertreffen« kann, dürfte fraglich sein, auch wenn der menschliche Geist diesen Anspruch manchmal erhebt. Ästhetische Reaktionen, werden sie kulturell konkretisiert, können entgegengesetzt und widersprüchlich sein, aber sie überlappen darin, dass sie ästhetische Reaktionen sind und bleiben.

49. Von interkultureller zu komparativer Ästhetik

Aus dem Geiste einer interkulturellen ästhetischen Einstellung vergleichen wir verschiedene ästhetische Theorien und Traditionen, um so Gemeinsamkeiten und Differenzen unter ihnen herauszuarbeiten. Interkulturelle Ästhetik macht das *Tertium Comparationis* des ästhetischen Vergleichs nicht in einer bestimmten ästhetischen Tradition a

---

[1] Vgl. Cho, Kah Kyung: Bewusstsein und Natursein. Phänomenologischer West-Ost-Diwan. Freiburg i. Br. 1987, S. 319 f., 324 f.

49. Von interkultureller zu komparativer Ästhetik

priori spekulativ oder definitorisch-analytisch fest. Die Disziplin der vergleichenden Ästhetik an den akademischen Institutionen, hauptsächlich im Westen, ging oft genug von einer solchen einseitigen Festlegung aus. So war und ist immer noch die zum Teil berechtigte Klage zu hören, dass die Disziplin der komparativen Ästhetik uns nicht zu einer interkulturellen ästhetischen Kommunikation und Verständigung geführt habe. Interkulturelle Ästhetik dekonstruiert engstirnige Fixierungen und exklusivistisch binäre Zuschreibungen entlang der Kategorien West und Ost. Das ästhetische Subjekt ist orthaft-ortlos. Dies gilt nicht nur inter-, sondern ebenso intrakulturell. Ästhetische Wahrnehmungen, Erfahrungen, Lebensformen liegen jenseits dichotomischer Bewertungen wie hoch und niedrig, edel und primitiv, Kitsch und Kunst usw. Der konzeptuelle Rahmen der europäischen Philosophie hat eine solche Einteilung lange begünstigt. Adorno und Deleuze sind als Ausnahmen anzusehen, da sie uns eine theoretische und praktische Perspektive an die Hand geben, um das Schöne, das Erhabene in allen Kulturen zu sehen.

Abstrakt-spekulative Definitionen des Schönen bestehen zwar als regulative Ideen, ästhetische Urteile aber beruhen primär auf Empfindungen und Gefühlen. Deleuze argumentiert deshalb für die These, dass die Wissenschaft der Ästhetik uns ein direktes Wissen dessen zur Verfügung stelle, was jenseits der Reichweite bloß diskursiven Denkens liege. Er unterscheidet zwischen einer Logik des Denkens und einer Logik der Empfindung.[2] Eine solche Unterscheidung bedeutet folgerichtig, dass es eine epistemologische Dimension der ästhetischen Erfahrung gibt, die von der Medienvielfalt bestätigt wird. Natürlich legt eine ästhetische Epistemologie eine stärkere Betonung auf die Bedeutung des Sehens als auf metaphysische und rationalistische Theorien des Wissens. Interkulturelle Ästhetik argumentiert nicht gegen einen allumfassenden ästhetischen Konsens über die Kulturgrenzen hinaus, aber sie pocht auch nicht auf einen solchen Konsens als Vorbedingung für die Möglichkeit ästhetischer Kommunikation und Verständigung. Dies hat zur Folge, dass sie im Gegensatz zu Kant oder Hegel eine Verabsolutierung eines kulturellen ästhetischen Rahmens ablehnt. Vielmehr beruft sich die angewandte interkulturelle Ästhetik auf eine zweifache Relativität: Erstens ist ein jedes Kunstwerk ein spezifisches kulturelles Produkt und zweitens hängen die verschiedenen Arten, es

---

[2] Vgl. Deleuze, G.: Logik der Sensation. München 1995.

zu sehen, zu verstehen und zu interpretieren, von dem Kontext ab, in dem der Betrachter verortet ist.

Verschiedene künstlerische Darstellungsformen wie z. B. Malerei, Drama, Tanz, Musik, Film, Literatur usw. artikulieren Bedeutungen, das heißt authentische Ausdrucksweisen vor-prädikativer, nicht-diskursiver Bewusstseinsaktivitäten, die sich auf unser Denken, Fühlen und Wollen beziehen. Ästhetische Erfahrung lässt sich zwar philosophisch analysieren, geht in der Analyse aber niemals ganz auf. Nahezu alle Theoretiker von Platon bis Hegel konzipierten den Schein als etwas Zweitrangiges, das auf metaphysische und spekulative Ideen verweise. Unsere nachmetaphysische und postmoderne Sichtweise sieht den Schein jedoch nicht im Gegensatz zu einem Sein. Es geht hier um ursprüngliche Phänomene. Das Gegebene meint hier auch die ästhetische Erfahrung.

Interkulturelle Ästhetik ist erfahrungsorientiert und verfügt über einen weiten Gesichtskreis in der Sphäre von Vergleichen. Daher ist sie auch misstrauisch gegenüber Behauptungen einer vermeintlichen Überlegenheit irgendeiner spezifischen ästhetischen Tradition. Es stimmt, dass es heute im weltkulturellen Kontext eine de facto-Anerkennung und Akzeptanz nicht-europäischer ästhetischer Traditionen gibt, auch wenn die kulturspezifischen konzeptuellen Modelle außereuropäischer ästhetischer Traditionen noch um Anerkennung kämpfen müssen. Trotz der unübertroffenen Dienste der phänomenologischen Methode auf den Gebieten der Wahrnehmung, der Philosophie der Kunst und der Ästhetik der Natur gibt es weiterhin Vertreter eines kulturspezifischen Essentialismus. Eine solche Sichtweise vernachlässigt jedoch die Irreduzibilität unserer Wahrnehmungslandschaft als ein kulturell und historisch kontingentes Phänomen. Es scheint, dass die Idee eines originär Gegebenen, jenseits aller kultureller Sedimentationen, jenseits aller Kontexte, eine philosophische Annahme ist, die einer deskriptiv-phänomenologischen Begründung bedarf. Eine solche Annahme mag als eine regulative Idee gelten oder ein noematisches Objekt darstellen, hypostasiert werden darf sie aber nicht. Freilich ist es fraglich, ob eine solche fast aprioristische und metaphysisch gefärbte Annahme sich phänomenologisch-deskriptiv begründen und rechtfertigen lässt.

50. Das Zusammenspiel von Ethik und Ästhetik

Die bekannte Triade des Wahren, Guten und Schönen trifft man in der ästhetischen Tradition sowohl der Griechen als auch der Inder an und die Vereinigung dieser drei wird manchmal als das letzte Ziel einer integralen ästhetischen Erfahrung angesehen. Während die europäische ästhetische Tradition über diese Triade mehr oder weniger metaphysisch und spekulativ bleibt, haben die indischen (wie auch die chinesischen und japanischen) Traditionen in ihrer meditativen Literatur Mittel und Wege vorgeschlagen, diese Erfahrung spirituell zu verwirklichen. Daher das übereilte Urteil im Westen: Indische Ästhetik sei religiös und mystisch. Trotz dieser meditativ-spirituellen Erfahrungsdimension betont die indische Ästhetik stets die Bedeutung des Leiblichen und der sinnlichen Empfindungen.

Es ist wahr, dass jede Art von Unbehagen, welcher Natur auch immer, unser Verhältnis mit dem Wirklichen charakterisiert. Ästhetische Wahrnehmung versucht, dieses Unbehagen nicht durch die Entwicklung rein diskursiver, rationalistischer oder spekulativer Denkmodelle – Kennzeichen eher philosophischer Wahrnehmung – zu überwinden. Immer wenn eine Denktradition die Rolle der Ethik gegenüber der Ästhetik überbetont, lässt sie ästhetischen Handlungen, die einen unmittelbaren Zugang zur Realität beanspruchen, keine Gerechtigkeit widerfahren. Trotz genereller Gemeinsamkeiten zwischen den ästhetischen Traditionen unterschiedlicher Kulturen scheinen die nicht-europäischen Traditionen sowohl der philosophischen als auch der ästhetischen Wahrnehmung *Gleichrangigkeit* zuzuerkennen. Eine anthropologisch-philosophische Tradition, die im großen Haushalt der kosmischen Natur der menschlichen Gattung eine unvergleichliche Sonderstellung zuschreibt, tendiert dazu, eine Ästhetik der Natur stiefmütterlich zu behandeln. Kulturen, wie z. B. die indische, chinesische oder japanische, mit der Überzeugung einer konstitutiven Einbettung der menschlichen Gattung in die Natur sprechen von einer eigenen Kultur des Gefühls, die nicht unter eine einseitige Vernunftanthropologie subsumiert werden sollte.

Die Ästhetik einer solchen kosmischen Verbundenheit lässt sich beispielhaft darstellen, wenn wir uns Chuang Tzus Rede von der »Freude der Fische« vergegenwärtigen. Der Philosoph Chuang Tzu macht mit seinem Freund Hui Zi einen Spaziergang am Damm des Flusses Hao. Er sagt: »Die Weißfische schwimmen gemächlich. Das zeigt die Freude der

Ästhetik (Rasa Shastra)

Fische.« »Du bist kein Fisch«, sagt sein Freund. »Woher willst du ihre Freude kennen?« »Du bist nicht ich«, erwidert Chuang Tzu. »Woher weißt du, dass ich die Freude der Fische nicht kenne?« Hui Zi sagt: »Natürlich weiß ich das nicht, da ich nicht du bin. Aber du bist kein Fisch, und es ist daher klar, dass du die Freude der Fische nicht kennst.« »Lass uns der Sache auf den Grund gehen«, sagt Chuang Tzu. »Als du fragtest, woher ich die Freude der Fische kenne, wusstest du bereits, dass ich die Freude der Fische kenne, aber du fragtest woher. Ich kenne sie, seit ich hier am Fluss bin.«[3] In diesem einfachen, aber sehr beziehungsreichen Dialog wird der ästhetischen Wahrnehmung eine Rolle sui generis zuerkannt. Die anthropologische Sicht einer generellen Verbundenheit aller Wesen im großen Haushalt der kosmischen Natur lässt Gleiches durch Gleiches (er)kennen. Selbst Kant, der einen transzendentalphilosophischen epistemologischen Ansatz vertritt, spricht in seiner »Kritik der Urteilskraft« von Freude und Zufriedenheit, wenn er Vögel singen hört. Es ist ein Verdienst Adornos, die Schönheit der Kunst in Beziehung zur Schönheit der Natur gesetzt zu haben. Adorno zufolge bezieht sich Kunst auf Naturschönheit als solche, und Letztere besteht in direkter Wahrnehmung der *erscheinenden* Natur.[4] Trotz seiner Kritik des Hegelschen Begriffes der Naturschönheit mit der Möglichkeit, eine eigenständige Ästhetik der Natur zu entwickeln, stützt sich Adorno aber immer noch zu stark auf eine Philosophie der Kunst, die mehr und etwas Besseres sein will als eine Ästhetik der Natur. Adorno ist der Ansicht, dass Kunst das erreicht, was Natur zwar versprochen, aber nicht erreicht habe. Menschliche Kunst scheint Natur zu übertreffen. Aber der Schein trügt: Naturschönheit im Sinne einer Philosophie der Kunst zu verstehen, ist immer eine Tendenz der westlichen ästhetischen Theorien gewesen. Diese Tendenz zielt auf eine Korrektur der Natur. Hier drückt sich eine überhebliche Haltung des Menschen der Natur gegenüber aus. Interkulturelle Ästhetik ist bemüht, die Kluft zwischen der Kunst und der Ästhetik der Natur zu überbrücken.[5]

---

[3] A Source Book in Chinese Philosophy, übersetzt u. zusammengestellt von Wing-Tsit Chan, Princeton NJ 1969, S. 209 f.
[4] Vgl. Adorno, Th. W.: Aesthetic Theory, übers. v. C. Lenhardt, London 1984, S. 100.
[5] Vgl. Deutsch, E.: Studies in Comparative Aesthetics. Honolulu 1975; Patnaik, P.: Rasa in Aesthetics. New Delhi 1997; Waldenfels, B.: Ordnung im Zwielicht. Frankfurt/M. 1987; Paetzold, H.: »How to bridge the Gap between the Philosophy of Art and Aesthetics of nature: A systematic Approach«, in: Issues in Contemporary Culture and Aesthetics, 5, Maastricht 1997.

50. Das Zusammenspiel von Ethik und Ästhetik

Naturschönheit nach dem menschlichen künstlerischen »Modell« zu beurteilen, liefe auf eine Art anthropozentristisches Vorurteil hinaus. Eine ästhetische Erfahrung der Naturschönheit hat nichts mit einem Versprechen zu tun, das vielleicht die Natur dem Menschen gegeben haben soll. Es geht bei der Erfahrung des Schönen in der Natur vielmehr um eine gegenseitige *Verbundenheit zwischen Natur und Mensch*. Diese Erfahrung kann, im engeren Sinne, schön oder hässlich, friedlich oder wild sein. Die Schönheit der Natur ist, wird sie ohne vorgefassten Plan erfahren, eher eine Quelle des Trostes. Der wirkliche Geist einer Ästhetik der Natur ist gegen deren Instrumentalisierung. Natur existiert, um wahrgenommen, gefühlt und verstanden zu werden, und zwar in reziproker Verbindung von menschlicher Kunst und Naturschönheit. Wegen der moribunden Überhebung des Menschen gegenüber hinsichtlich seiner selbst wie auch im Blick auf die Natur ist die Kultivierung einer Natur-Ästhetik heute unerlässlich.

III.

THEORIEN VON VERNUNFT UND LOGIK

Interkulturelle Vernunft

51. Rationalität und philosophische Traditionen

John Locke vertrat die Ansicht, Gott habe die Vernunft nicht parteiisch verteilt. Er schrieb: »God has not been so sparing to men to make them barely two-legged creatures, and left it to Aristotle to make them rational.«[1] Ich möchte versuchen, diese Anmerkung Lockes interkulturell zu situieren.

Weder aus einer intra- noch einer interkulturelle Betrachtung wirkt die Begriffsgeschichte der Vernunft einheitlich, denn Philosophen beschreiben und definieren diese höchst unterschiedlich. Auch wenn der Ausdruck Vernunft ein griechisch-europäischer ist, ist die damit bezeichnete Sache selbstverständlich nicht ausschließlich europäisch. Es ist zwar richtig, dass es im Sanskrit kein exaktes Synonym für Vernunft gibt, aber die Funktionen der Vernunft werden auch dort benannt. Ist Vernunft – Logos, Nous – eine Art rationaler, immanenter Weltordnung und in diesem Verständnis vergleichbar mit dem Tao des Taoismus und Rita der Veden? In der Theologie des Mittelalters ist die menschliche Vernunft ein Abbild der göttlichen. In der Moderne mit ihrer radikal anthropologischen und bewusstseinsmäßigen Orientierung wird Vernunft, etwa in der Philosophie Kants, zu einem Vermögen, a prori nach Grundsätzen zu urteilen (theoretische Vernunft) oder nach Maximen und Prinzipien zu handeln (praktische Vernunft). Hegel setzt Vernunft mit dem Weltprinzip gleich. Der absolute Geist ist die eigentliche Vernunft, die überall regiert. Hume macht Vernunft zu einer notwendigen Informationsquelle. Diese Vernunft kann nicht unsere Handlungen leiten; sie ist eigentlich eine Dienerin der Leidenschaf-

---

[1] Zit. in: Holenstein, E.: Philosophie außerhalb Europas, in: Orthafte Ortlosigkeit der Philosophie. Eine interkulturelle Orientierung, hrsg. von H. R. Yousefi et al., Nordhausen 2007, S. 65.

ten. Bei William James ist von der Vernunft als einem Gefühl der Rationalität die Rede. Es ist Jaspers, der eine voluntative Definition der Vernunft vorschlägt. Rein logisch möchte der Mensch im Namen der Vernunft das Unbedingte herausfinden.

Rationalität im Vergleich der philosophischen Traditionen der Welt betrifft je eigene Verstehenshorizonte für Wahrheit, Induktion, Deduktion, denn Rationalität kann diese Bereiche einengen oder auch erweitern. Die Vernunft erhält auch ein normatives Moment, denn das, was vernünftig ist, soll auch getan werden. So ist die theoretische Rationalität diejenige Form der Vernunft, die Kriterien festlegt für die Vernünftigkeit unserer Ansichten. Praktische Rationalität ist diejenige Form, welche unsere Handlungen betrifft, indem sie entweder diese leitet, lenkt, motiviert, evaluiert, voraussagt. In diesem Kontext geschieht es, dass die theoretische Stärke der Vernunft mit der Schwäche des menschlichen Willens zu kämpfen hat. Die eigentliche Spannung zwischen Wissen und Tugend rührt daher. Aristoteles neigte dazu, die praktische Rationalität der theoretischen, syllogistischen unterzuordnen. Das bekannte Beispiel aus der Nikomachischen Ethik belegt dies:
Trockene Nahrung ist gut für alle Menschen.
Diese Nahrung ist trocken.
Ich bin ein Mensch.
Dies ist ein wenig trockene Nahrung.
Daher ist diese gut für mich.

Wie aber das, was für mich gut ist, auch von mir getan wird, dies zeigt Aristoteles nicht ganz überzeugend. Die hier vorgetragene syllogistische Konklusion bedarf einer Vermittlung durch die praktische Rationalität, um Handlungen motivieren zu können. Die eigentlichen Imperative für Handlungen kommen von der praktischen Vernunft. Kant spricht hier von einem hypothetischen Imperativ: Willst du x, so tue y, weil y zu x führt. Kant will die praktische Vernunft niemals instrumentalisieren. Auch ist Kant kein Konsequentialist, denn die Ergebnisse entscheiden nicht über die eigentliche kategoriale Moralität unserer Handlungen. Demgegenüber besitzt die menschliche Vernunft als ein analytisches Vermögen keine motivierende Fähigkeit.

Die Philosophiegeschichte ist von jeher mit dem Verhältnis von Form, Denken, Vernunft auf der einen, Inhalt, Erfahrung auf der anderen Seite beschäftigt. Besitzt Form den Primat vor dem Inhalt, oder verhält es sich umgekehrt? Sind sie miteinander vernetzt? Oder ist Ver-

51. Rationalität und philosophische Traditionen

nunft eine Reflexion über die Erfahrung? Oft haben die Philosophen den Dualismus reduktiv traktiert, und die Kontroverse zwischen Rationalisten und Empiristen belegt dies. Wollte man eine kulturspezifische Formensprache verabsolutieren, würde man eine Untugend kultivieren, die in der globalen Welt keinen Platz hat.

Auf der anderen Seite ist und bleibt Erfahrung die Geburtsstätte allen Denkens, Reflektierens und Anders-machen-Wollens. So geht Erfahrung mit der Vernunft schwanger und nicht umgekehrt. Nach dieser Ansicht ist zwar Form nicht gleich Inhalt, aber sie wird am Inhalt gelesen. Dementsprechend kann es zwei Stoßrichtungen der Hermeneutik geben: eine rationalistisch-formalistische und eine empiristisch-inhaltliche. Die Gretchenfrage ist jedoch: Was für eine Vernunft, ein Denken, eine Reflexion könnte es geben, die nicht auf Erfahrung basierte?

Kann ein Wesen wie der Mensch von Möglichkeiten sprechen, ohne vorher Wirklichkeit kennengelernt zu haben? Daher ist und bleibt die rein apriorische Geburt der Vernunft ein Rätsel, es sei denn die Geburtsstätte ist rein theologischer, spekulativer, metaphysischer Natur.

Anthropologisch-philosophisch betrachtet steht Vernunft für ein zweifaches Vermögen: Erstens die Fähigkeit zu verstehen und zweitens die Fähigkeit, sich ausdrücken, sich verständlich machen zu können. So ist der Vernunftbegriff von Hause aus dialogisch angelegt. Die Griechen haben den Barbaren beide dieser Vermögen abgesprochen. Für sie besaß der Barbar weder die Wahrheit noch eine Sprache, diese zum Ausdruck bringen zu können. Freilich kann mit der Sprache hier zunächst nur die griechische gemeint sein. »Wenn der Grieche sich in einer anderen Sprache, die nicht die seinige ist, auszudrücken hätte, müßte dies dem Barbaren barbarisch erscheinen, als ein Stammeln, als ein ebenfalls schlechtes Sprechen. Aber gerade dies interessiert nicht den Menschen, der die Geschichte macht, interessiert nicht den Griechen, der sie erzählt.«[2] Jenseits einer inklusivistischen oder exklusivistischen Auffassung der Vernunft geht es bei der Konzeption einer *interkulturellen Vernunft* um eine anthropologisch verankerte, die die unterschiedlichen Formen des Verstehens, des Erklärens, Begründens beschreibt und rechtfertigt.

Sieht man von den Klischees ab, wie etwa dem, nur die europäische Philosophie sei theoretisch-reflexiv, diskursiv, analytisch und konzep-

---

[2] Zea, L.: Signale aus dem Abseits. Eine lateinamerikanische Geschichte der Philosophie, München 1989, S. 54.

tuell, nicht jedoch die indische, die bloß intuitiv, praktisch-pragmatisch und religiös sei, so möchte man das Vorhandensein der Vernunft, der Rationalität definieren als eine Theorie der Erklärung, Begründung, der Normen, der Evaluationen, der Prinzipien, warum wir eine bestimmte Erkenntnisart und Praxis einer anderen vorziehen. Der interkulturelle Forschungsansatz entdeckt das Vorhandensein solcher Theorien auch in anderen philosophischen Traditionen. Wer sich nicht auf eine rein apriorische Bestimmung versteift, wird diesen Sachverhalt nicht leugnen können. Es gibt zwei Arten des Denkens: Erstens ein Denken, das vor aller Erfahrung festlegt. Nennen wir es *festlegendes Denken;* zweitens ein Denken, das nach der Erfahrung feststellt. Nennen wir es *feststellendes Denken.* Unsere interkulturelle weltphilosophische Orientierung folgt der zweiten Form.

Es wäre eine Idealisierung, wollte man von der einen identischen Vernunft in philosophisch-kulturellen Traditionen Indiens, Chinas oder Europas sprechen. Ebensowenig könnte man – aus der Position eines je eigenen Anspruchs heraus – von der völligen Abwesenheit der Vernunft in den anderen Kulturen und philosophischen Traditionen sprechen. Freilich streiten wir hier nicht um den Namen, sondern um die Sache der Vernunft. Wenn Rationalität etwas Universelles ist, ist es dann sinnvoll, von der griechisch-europäischen Rationalität als der einzigen zu sprechen? Gibt es denn die eine Rationalität in der europäischen Philosophie von Aristoteles bis Jaspers? Mit diesen Fragen haben wir uns schon mitten in eine inter- und intrakulturelle Diskussion um die Vernunft begeben.[3]

Als heuristisches Musterbeispiel eines interkulturell angelegten philosophischen Gespräches möchte ich die in der Weltliteratur bekannt gewordene philosophische Diskussion zwischen dem philosophisch interessierten und in der Kunst der Disputation ausgebildeten griechisch-baktrischen Königs Menandros (Milinda) und dem indischen buddhistischen Mönch und Philosophen Nagasena (um ca. 120 v. Chr.) kurz erwähnen, um den Geist der interkulturellen Philosophie zu verdeutlichen. In der Schrift »Die Fragen des Milinda« *(Milindapanha)* heißt es:

---

[3] Vgl. Mall, R. A.: Meditationen zum Adjektiv »europäisch« aus interkultureller Sicht, in: Der technologische Imperativ, Heinz Hülsmann zum 75. Geburtstag, hrsg. von W. Blumberger und D. Nemeth, München 1990, S. 139–150.

51. Rationalität und philosophische Traditionen

Der König sprach:
»Ehrwürdiger Nagasena, wirst du noch weiter mit mir diskutieren?«
»Wenn du, großer König, in der Sprache eines Gelehrten diskutieren wirst, dann werde ich mit dir diskutieren. Wenn du aber in der Sprache des Königs diskutieren wirst, dann werde ich nicht mit dir diskutieren.«
»Wie, ehrwürdiger Nagasena, diskutieren denn die Weisen?«
»Bei einer Diskussion unter Weisen, großer König, findet ein Aufwinden und ein Abwinden statt, ein Überzeugen und ein Zugestehen; eine Unterscheidung und eine Gegenunterscheidung wird gemacht. Und doch geraten die Weisen nicht darüber in Zorn. So, großer König, diskutieren die Weisen miteinander.«
»Wie aber, Ehrwürdiger, diskutieren die Könige?«
»Wenn Könige während einer Diskussion eine Behauptung aufstellen und irgendeiner diese Behauptung widerlegt, dann geben sie den Befehl, diesen Menschen mit Strafe zu belegen. Auf diese Weise, großer König, diskutieren Könige.«[4]

Nagasena beschreibt hier die notwendigen Bedingungen für die Möglichkeit eines »herrschaftsfreien Diskurses« (Habermas), auch wenn er nicht verschweigt, dass eine solche Diskussion ein Ideal benennt und sehr rar ist. Er begreift darüber hinaus das philosophische Gespräch auch als eine geistige Übung, die darin besteht, dass die Gesprächspartner Selbstbeherrschung lernen und gute moralische Gewohnheiten entwickeln. Das philosophische Gespräch soll also nicht nur eine intellektuelle Tätigkeit sein, sondern es soll auch zu einem *Lebensweg* werden. Dieses Gespräch nimmt ein Vorhandensein der Vernunft auf beiden Seiten an.

---

[4] Zit. nach Mehlig, J. (Hg.): Weisheit des alten Indien, Bd. 2, Leipzig 1987, S. 347f. In Menon 75c-d erläutert Sokrates Menon die Merkmale einer Diskussion unter Freunden, d. h. unter freundlichen Gesprächspartnern, die redlich und nicht auf Sieg aus sind. Der indische Philosoph Caraka spricht von einem ähnlichen Gespräch von miteinander befreundeten Gelehrten (sandhaya sambhasa). Vgl. Caraka-Samhita, hg. v. Yadava Sharma, Bombay 1933, S. 303 ff.

52. Der interkulturelle Kontext und die Vernunft

Gelegentlich wird die Meinung geäußert, der Unterschied zwischen indischer und europäischer Philosophie sei derart tiefgreifend, dass die Bezeichnung nur auf Letztere anwendbar sei. Ich habe oft betont, dass »Philosophie« zwar ein griechisches Wort ist; die Frage ist jedoch, ob auch die *Sache* der Philosophie exklusiv griechisch sein muss. Die eigentliche Frage ist, ob es hier um ein bloß verbales oder um ein substantielles Problem geht. Wäre die Sache bloß verbaler Natur, so bräuchten wir unser Thema »Vernunft, interkulturell philosophisch betrachtet« gar nicht zur Diskussion zu stellen. Einige Philosophen wie z. B. Hegel, Husserl, Heidegger, Gadamer dachten anders und zielten auf eine europäisch-essentialistische Festlegung der Philosophie ab.

Wollen wir aber die Frage der Vernunft aus interkultureller Perspektive stellen, so lässt sich die eine »Vernunft in der Vielfalt ihrer Stimmen«, um einen Ausdruck von Habermas kontextuell zu variieren, folgendermaßen kurz beschreiben: Unsere Rede von Vernunft, Rationalität im Geiste einer interkulturellen Orientierung besagt, dass das philosophische Denken stets Kriterien, Normen, Prinzipien anwendet, um zu entscheiden, warum es sich für eine bestimmte Sichtweise entscheidet und welche Argumente es dafür gibt. Die konkreten Begründungswege sind jedoch nicht nur interkulturell, sondern ebenso intrakulturell unterschiedlich. Von Platon bis Jaspers wird die Vernunft sehr unterschiedlich definiert. Diese Variation der Auffassung gilt für alle Bereiche – Philosophie, Religion, Kunst. Hegel bekundet in seiner »Phänomenologie des Geistes« eine enge, eurozentrische Sicht und nimmt die Vielfalt der indischen und anderen nicht-europäischen Wege des philosophisches Geistes nicht ernst. Mohanty, ein guter Kenner sowohl der europäischen als auch der indischen Philosophie, schreibt über seine Lektüre dieses Werkes von Hegel: »When I read it, I was struck by Hegel's ignorance of the different shapes which the human spirit has taken in Indian culture.«[5]

Die gegenwärtige Situation ist de facto über die engen Grenzen lokaler Verstehensmodelle hinausgewachsen. Das heutige Angesprochensein der Kulturen aller Kontinente bringt zugleich eine bisher nicht gekannte Gleichrangigkeit zum Vorschein. Es sind heute nicht nur Eu-

---

[5] Mohanty, J. N.: Explorations in Philosophy. Indian Philosophy. Vol. 1, New Delhi 2001, S. 4.

ropäer bzw. europäisch geprägte Denker, die sowohl über sich selbst reflektieren, reden und schreiben als auch über andere Kulturen – heute gibt es selbstverständlich auch Nichteuropäer, die über das europäische Denken reflektieren und schreiben. Dies mag für das europäische Bewusstsein verblüffend sein; für das nichteuropäische Bewusstsein ist es jedoch befreiend. Die Gespräche unter Philosophen aus unterschiedlichen Kultur- und Sprachräumen finden schon statt, gestützt auf Vernunftverständnisse, die den Gesprächen vorausgehen, von diesen aber nicht restlos einholbar sind, sondern höchstens darin zum Vorschein kommen können. Diese Einsicht allein beschreibt jedoch den interkulturellen Weltkontext noch nicht zureichend. Das eigentliche Anliegen einer Situierung des Vernunftbegriffs in den interkulturellen Zusammenhang scheint vielmehr darin zu liegen, die Interkulturalität der Vernunft, die zu Recht eine Allgemeinheit beansprucht, nicht in einer kulturell je eigenspezifischen Gestalt restlos aufgehen zu lassen. Ließe man sie darin restlos aufgehen, dann wäre ein extremer Relativismus die Folge. Ein solcher würde die Gespräche unnötig erschweren.

Einer moderaten Form der Relativierung ist jedoch zuzustimmen, weil eine interkulturelle Theorie Platz schafft sowohl für die Bewahrung kultureller Eigenständigkeit als auch für eine überlappende Universalität der Vernunft. Diese allgemeinbegriffliche Identität der philosophischen Rationalität ist ein Markenzeichen interkultureller Philosophie überhaupt. In ihrem Aufsatz über Phänomenologie als Semiotik unterschiedlicher Lebenserfahrungen konzipieren Conci und Bello eine neue Phänomenologie, die noch weiter und tiefer gräbt, um so zu den elementaren Lebenserfahrungen hinter dem griechischen Logos zu gelangen. Rationalität drückt sich hier nicht in wissenschaftlichen Theorien aus, sondern in Mythen und Religionen. Hier ist von verschiedenen Logoi die Rede.[6] Der interkulturelle Logos befindet sich in den unterschiedlichen Logoi, transzendiert diese jedoch.

53. Spezifika indischer Logik

Im zweiten Teil dieses Buches wurde bereits das Nachbarschaftsverhältnis zwischen Logik, Epistemologie und Psychologie betrachtet. Im Fol-

---

[6] Vgl. Conci, D. A./Bello, A. A.: Phenomenology as the Semiotics of Archaic or »Different« Life Experiences, in: Phenomenological Enquiry, Vol. 16, 1991, S. 106–126.

genden geht es nun darum, spezifisch indische Ausformungen von Vernunft und Logik zu behandeln; es werden sich einzelne Überschneidungen nicht vermeiden lassen. Sie dienen jedoch der Rekontextualiserung. Philosophie im Vergleich der Kulturen – das bedeutet die Anwendung der interkulturellen Philosophie. Die Universalität der Logik geht nicht verloren, wenn wir z. B. von der indischen Logik sprechen, so wie die Kochkunst unterschiedliche Adjektive kennt, ohne dabei ihre Allgemeinbegrifflichkeit zu verlieren. Worin besteht also das Gemeinsame, das Überlappende des Oberbegriffs Logik? Die Lehre vom Schließen steht im Zentrum des logischen Denkens. Darüberhinaus besteht Logik auch in der theoretischen Untersuchung und Begründung des Schließens. So ist Logik aus interkultureller Sicht der Versuch, für die Schlussfolgerungen Argumente zu geben. Diese Argumentationsmuster jedoch können sowohl inter- als auch intrakulturell unterschiedlich sein. In seinem Standardwerk »Formale Logik« schreibt Bochenski: »Die formale Logik ist, soweit bekannt, in zwei – und nur in zwei – Kulturkreisen entstanden: im abendländischen und im indischen.«[7] Meine Ausführungen hinsichtlich der Logik aus interkultureller Sicht versuchen hier einige grundsätzliche Ähnlichkeiten, aber auch verblüffende Differenzen zu zeigen, z. B. beim Syllogismus und beim Satz vom Widerspruch.

Im Unterschied zu der arabischen Philosophie, die direkt in Beziehung zu der griechischen Tradition stand und sogar bei deren Transmission eine wesentliche Rolle gespielt hat, gibt es keinen sicheren Nachweis für einen direkten Kontakt und Einfluss zwischen der indischen und der griechischen Philosophie. Dennoch ist unbestreitbar, dass es stellenweise verblüffende Ähnlichkeiten gibt, die auf einen zumindest indirekten Kontakt hinweisen. In der griechischen philosophiehistorischen Literatur hören wir des Öfteren von »Gymnosophisten« (griechische Bezeichnung für »nackte Weise«) in Indien. Diese werden beschrieben als reisende Intellektuelle, die über philosophische, kulturelle und religiöse Fragen, über Befreiungswege und Eschatalogien reden, debattieren und diskutieren. In der Tat gab es in Indien im 6. und 5. Jh. vor Chr. solche wandernden Weisen und Lehrer. Mahavira und Buddha gehörten dazu. Selten oder nie hören wir jedoch von griechischen Philosophen in der indischen philosophischen Literatur. Der griechische Musiker Aristoxenos (um 300 v. Chr.) berichtet, Sokrates

---

[7] Bochenski, J. M.: Formale Logik, Freiburg i. Br. 1956, S. 13.

53. Spezifika indischer Logik

habe in Athen einen indischen Weisen getroffen. Ebenso zweifelhaft ist die Nachricht von Platons Sehnsucht, Indien zu besuchen, was er wegen der Kriegsverhältnisse nicht realisieren konnte.

Was außer Zweifel steht, ist die Tatsache, dass einige griechische Philosophen und andere Gelehrte auf dem Alexander-Zug mit indischen Weisen und Lehrern in Kontakt getreten sind. Onesikritos, ein Offizier Alexanders und Schüler des Kynikers Diogenes, berichtet von solchen Begegnungen. In Alexanders Zug befanden sich auch Anaxarchos, ein Anhänger Demokrits, und dessen Freund Pyrrhon von Elis. Die skeptische Zurückhaltung, Epoché als Wege zur Ruhe, zur Ataraxia, mag er bei den indischen Gymnosophisten erlernt haben. Der Grieche Megasthenes weilte als Gesandter von Seleukos Nikator, einem Feldherrn Alexanders des Großen, später selbst König und Herrscher über Syrien, am Hofe des indischen Königs Chandragupta (auch als Sandrokottos bekannt). Megasthenes schreibt in seinem in Fragmenten erhaltenen Buch von zwei Arten der Gelehrten in dem damaligen Indien: Brahmanen und Sarmanen. Der zweiten Gruppe gehörten die Wanderlehrer an, im Gegensatz zu den ansässigen Lehrern. In einigen der Felsenedikte des buddhistischen Königs Ashoka ist von vielen Gesandten dieses Königs im syrischen und griechischen Raum die Rede. Ich neige zu der Ansicht, dass es sich, trotz der Ähnlichkeiten und Parallelen zwischen dem indischen und griechischen Denken, um zwei im Wesentlichen voneinander unabhängige, einheimische Denkungsarten handelt.[8]

Ebenso wie in Griechenland hat sich in Indien die Logik aus der Methodologie der Disputation *(sambhasa, jalpa, vitanda, tarka)* entwickelt. Ein Logiker der Nyaya-Schule (ca. 650 n. Chr.), Udyotakara, unterscheidet in seinem Werk »Nyayavarttika« drei Methoden der Debatte *(katha)*. Erstens ist von *vada* die Rede, einer Methode der freundlichen Diskussion auf der gemeinsamen Suche nach Wahrheit. Es kann Siege und Niederlagen geben, aber es soll keine Feindschaft sein. Zweitens gibt es eine Methode mit dem Terminus *jalpa*. Es geht hier um eine Diskussion unter Gleichrangigen, wobei das Ziel darin besteht, selbst zu siegen und dem Gegner eine Niederlage zu bereiten. Auch Tricks können hier angewandt werden. Die dritte Methode wird *vitanda* genannt.

---

[8] Vgl. Vidyabhusana, S. C.: A History of Indian Philosophy, Calcutta 1920. Appendix B: Influence of Aristotle on the Development of the Syllogism in Indian Logic. – Dagegen Matilal, B. K.: Logic, Language and Reality, Delhi 1990; Solomon, E.: Indian Dialectics, Ahmedabad 1969.

Interkulturelle Vernunft

Dabei handelt es sich um eine Debattiermethode, in der die Niederlage des Gegners das Hauptziel ist. Man führt die Position des Gegners ad absurdum, ohne dabei die eigene Position zur Diskussion zu stellen. Die indische Syllogismustheorie *(anumana-shastra)* lässt sich bis zu diversen in der Tradition vorhandenen Diskussionsmodellen zurückverfolgen.

Die indische Erkenntnistheorie unterscheidet zwischen zwei Haupterkenntnisarten: der direkten *(pratyaksha/aparokhsa)* und der indirekten *(paroksha)*. Unter den sechs Erkenntnismitteln Wahrnehmung *(pratyaksha)*, Schlussfolgerung *(anumana)*, zuverlässiges Wort *(shabda)*, Analogie *(upamana)*, Hypothese *(arthapatti)* und Nicht-Gewahrwerden der Erkenntnisquelle *(anupalabdhi)* ist die Wahrnehmung das einzige Mittel zur Gewinnung direkter Erkenntnis.

Die Schlussfolgerung steht für eine Erkenntnis, die einer anderen folgt. Sieht man den Rauch, so schließt man auf das Feuer. Dieser Schritt zur Schlussfolgerung ist sowohl eine Erkenntnisquelle als auch ein Argumentationsweg. Hier sind also zwei Funktionen, die erkenntnistheoretische und die logische, zusammengedacht. Der Gegenstand einer erschlossenen Erkenntnis ist den Sinnesorganen nicht gegeben. Wir sehen den Rauch, aber nicht das Feuer; wir nehmen das Lächeln wahr, aber nicht die Freude. Die indische Syllogismustheorie kennt zwei Formen von Schlussfolgerungen: eine für das Subjekt *(svarthanumana)* und eine Schlussfolgerung für die anderen *(parartha-anumana)*. Die erste Form stellt einen eher psychologisch orientierten Prozess der Erkenntnisgewinnung dar.

Der fünfgliedrige indische Syllogismus mag im Gegensatz zu dem dreigliedrigen unnötig lang, logisch schwerfällig und nicht formalisiert genug sein, aber didaktisch-pädagogisch ist er dennoch sinnvoll. Den dreigliedrigen aristotelischen Syllogismus könnte man fünfgliedrig wie folgt umformulieren:
1. These: Sokrates ist sterblich.
2. Grund: Weil er ein Mensch ist.
3. Beispiel: Wer immer ein Mensch ist, ist sterblich, wie z. B. Pythagoras.
4. Anwendung: Sokrates ist ein Mensch, und das Menschsein wird stets von Sterblichsein begleitet.
5. Konklusion: Folglich ist Sokrates sterblich.

Aus der wiederholten Beobachtung resultiert die empirisch-induktive Begründung: Wo Rauch, dort Feuer; wo kein Feuer, dort kein Rauch.

53. Spezifika indischer Logik

Die Relation: »Abwesenheit des Feuers« – also dort auch »Abwesenheit des Rauches« wird als eine invariable Relation *(vyapti)* zwischen dem Mittelbegriff Rauch und dem Oberbegriff Feuer als immer und notwendig bestehend angenommen. Es wird sogar von der Wahrnehmung der allgemeinen Eigenschaft/Relation gesprochen. Bei der Wahrnehmung einer bestimmten Kuh wird zugleich die allgemeine Eigenschaft »Kuhheit« wahrgenommen. Der terminus technicus hierfür heißt: *samanyalakshana-pratyaksha*. Ein Vergleich mit der aristotelischen intuitiven Wahrnehmung bietet sich hier an.

Die klassische zweiwertige Logik nimmt die Sätze vom Widerspruch und vom ausgeschlossenen Dritten sehr ernst und gründet darauf das Denken. In einer mehrwertigen Logik aber behält der Satz vom Widerspruch zwar den gleichen hohen Rang und die gleiche Unbedingtheit, aber hier wird die Negation von A nicht ohne weiteres mit der Position von A gleichgesetzt. Es ist eine tägliche Erfahrung, dass wir mit Widersprüchen, Paradoxen leben. Diese lassen sich per Denkdekret nicht aus der Welt schaffen. Der späte Wittgenstein fragt weniger, wie die Widersprüche aus der Welt zu schaffen seien, sondern vielmehr danach, wie mit ihnen umzugehen sei. Auch die neueren Entwicklungen auf dem Gebiet der Paraconsistent Logic visieren die Konzeption einer widerspruchsverträglichen Logik an. Die Jaina-Logik – wie noch zu zeigen sein wird – ist ein bereits aus der Historie stammendes Beispiel dafür.

Mystiker aller Traditionen und die große Koan-Tradition in der Theorie und Praxis der japanischen Zen-Philosophie haben Paradoxa bewusst genutzt, um so die Ebene des normal-logischen Diskurses zu verlassen. Nagarjuna begreift die Negation als eine Zurückweisung der These, ohne unbedingt selbst eine These zur Diskussion stellen zu wollen oder zu müssen. »Ich habe keine These zu verteidigen«, schreibt er in seiner bekannten Schrift »Vigrahavya-vartani« (Vers 29). Die bekannte Lehre von der Leerheit ist daher zu verstehen als eine Zurückweisung aller Thesen über die Realität. Daher ist die Lehre von der Leerheit letzten Endes unbeschreibbar, unsagbar. Soll die Aussage, dass Leerheit unbeschreibbar ist, selbst als eine Beschreibung begriffen werden, so ist dies dahingehend zu verstehen, dass es sich hier um eine Sprechhandlung handelt mit einer rein kommunikativen Absicht, die keinerlei positive Beschreibung impliziert. Es handelt sich somit um keine propositionale Aussage.

Indische Theorien der Negation, des dialektischen Denkens, des

Zweifels sind weitere Themen aus dem logischen Bereich, die aus interkultureller Sicht dargestellt werden können. Die Kategorie des Zweifels z. B. steht für eine Erkenntnis *(sansaya-jnana)*, die entsteht, wenn es zwei einander widersprechende Ansichten in Bezug auf den gleichen Gegenstand gibt. Der Zweifel ist weder wahr noch falsch. Im Gegensatz zu den meisten europäischen Auffassungen des Zweifels ist im indischen Denken der Zweifel nicht unbedingt ein Hinderungsgrund für Handlungen. Es mag sein, dass der philosophische Zweifel unsere Handlungen nicht beeinflusst. Zweifel am Ausgang einer Handlung kann nicht daran hindern, sie auszuführen: Ein Freund (A) beabsichtigt, einen anderen (B) zu besuchen, ohne wissen zu können, ob er diesen auch antreffen wird. Er macht sich auf den Weg (Möglichkeit 1) oder auch nicht (Möglichkeit 2). Der mentale Auslöser für sein potentielles Handeln liegt darin, dass er eine (Vor-)Entscheidung darüber trifft, worin das Haupterlebnis für ihn bestünde – sei es in der Freude des Wiedersehens oder aber in der Enttäuschung, den Freund nicht anzutreffen. Eine diesbezügliche Abwägung wird zum Grund seiner Motivation.

Eine kurze Thematisierung des cartesianischen Zweifels aus der Sicht einer indischen Theorie des Zweifels *(sansaya)* macht den Sachverhalt deutlich. Wie kommt es, dass es so etwas wie Zweifel gibt? Zweifel gibt es, weil die Gewissheit fehlt. Und dass die Gewissheit fehlt, wird erfahren, erkannt. Dass wir aber Gewissheit suchen, braucht nicht eigens betont zu werden. In der Nyaya-Logik (vgl. Siddhantamuktavali) lautet eine der Definitionen des Zweifels: »Zweifel ist eine Erkenntnis von zwei kontradiktorischen Prädikaten, die den gleichen Gegenstand meinen.« Wir zweifeln beispielsweise, ob der Gegenstand dort in der dunklen Ecke ein Mensch oder ein Schirmständer ist ...

Dass Zweifel eine Erkenntnisform darstellt, scheint eine Eigenart der indischen Logik zu sein. Die Möglichkeit einer falschen Erkenntnis wird zugelassen. Denn Bewusstsein begleitet beide Formen der Erkenntnis: die wahre und die falsche. Der Zweifel selbst setzt eine bestimmte Kenntnis des in Zweifel gezogenen Sachverhalts voraus. Der Zweifel, ob dies eine Kuh oder keine Kuh ist, setzt voraus, dass dies etwas ist. Wir wissen nur nicht, was. Betrachten wir die Theorie des Zweifels in der cartesianischen Theorie, so wird die Natur des Zweifels unterschiedlich gedeutet. In seiner ersten Meditation formuliert Descartes die Gründe für den universellen Zweifel: 1. unsere Sinne, 2. unsere Träume, 3. keine sicheren Zeichen, zwischen dem Wach- und dem Traumzustand zu unterscheiden. Die indische Logik würde die Frage

53. Spezifika indischer Logik

stellen: Woher bzw. wie weiß Descartes, dass Wachzustand nicht gleich Traumzustand ist? Am wichtigsten für Descartes ist das Argument, das Gott betrifft. Wir glauben an einen Schöpfergott, der allmächtig ist. Wir wissen jedoch nicht, ob er ein Betrüger ist. Für Descartes, der seine Gottgläubigkeit auch während seiner Übungen des universellen theoretischen Zweifels nicht für einen Augenblick in Frage stellt, kann/darf Gott kein Betrüger sein. Die indische Logik wird den Zweifel hinsichtlich des betrügerischen Gottes eher bejahen, während Descartes, der seinen theologischen Standpunkt nicht verlässt, Gott niemals das Prädikat »Betrüger« zuschreiben kann. Unsere Frage ist jedoch, ob ein Philosoph qua Philosoph theologische Anleihen philosophisch-logisch verwenden darf. Eigentlich nicht, denn tut er dies, so ist sein Zweifel nicht universell, weil sein Glaube an Gott von vornherein dem Zweifel enthoben ist.

Hinsichtlich seiner Suche nach sicheren Zeichen, einen Traumzustand von einem Wachzustand zu unterscheiden, verneint Descartes die Möglichkeit solcher Zeichen. Hier liegt ein Problem: Was ist die Vorbedingung für meinen Zweifel der Form: Bin ich wach oder träume ich? Was beiden Zuständen gemeinsam ist, ist der Charakter des Erfahrenwerdens, des Bewusstseins *(jnanava)*. Was fehlt, ist die Wahrnehmung des je spezifischen Merkmals des Traumes und des Wachzustandes. Dass es solche unterscheidende Merkmale geben muss, ist einleuchtend, und Descartes geht ohne jeden Zweifel davon aus. Er behauptet dennoch, es gebe solche sicheren Merkmale gar nicht. Warum setzt er dann die beiden Zustände nicht miteinander gleich? Ferner: Wenn zwei Sachverhalte, A und B, überhaupt nicht voneinander unterschieden werden können, warum dann überhaupt die Frage nach der Nicht-Wahrnehmung des Unterschiedes? Warum dann überhaupt der Zweifel, ob ich träume oder wach bin? Auch hier ist der universelle Charakter seines Zweifels fraglich. Die universale Skepsis Descartes' geht von der Möglichkeit des freien Willens und von der Freiheit aus, dem Zweifelhaften keine Zustimmung zu gewähren. Dies geschieht jedoch in der Regel in der Radikalität eines rein theoretischen Zweifels. Descartes und auch Husserl suchen einen sicheren Grund, ein erstes Prinzip. Es geht hier um eine denkerische, reflexive Motivation, um eine theoretische Methode (Epoché). Unsere Lebenswelt bleibt von diesem radikal theoretischen Schritt unbetroffen. Descartes und Husserl wollen bloß einen theoretischen, keinen praktischen Gebrauch von ihrem Verfahren machen.

Das indische Denken wird einem solchen Schritt nicht folgen können/wollen, weil ein universeller Zweifel auch das praktische Leben nicht unberührt sein lassen kann und soll, gerade wegen seiner Universalität. So wird das indische logische Denken die Möglichkeit eines universellen Zweifels bestreiten. Hume ist einer der wenigen europäischen Philosophen, der die Cartesianische Skepsis eine *vorhergehende Art des Skeptizismus* nennt und diese entweder als völlig unheilbar oder unbrauchbar, als undurchführbar bezeichnet. Hinzu kommt: Ist die Welt erst einmal in Frage gestellt, können uns keine Argumente aus der Verlegenheit retten.

54. Tetralemma und buddhistische Logik

Es mag so aussehen, dass die Unterschiede bloß nomineller, verbaler oder oberflächlicher Natur seien. Dem ist aber nicht so. Auch im logischen Denken kann die interkulturelle Perspektive Fragen aufwerfen, die das Anthropologische als solches betreffen.

Während der aristotelische Syllogismus in der Regel deduktiver und formaler Natur ist, bleibt der indische Syllogismus mehr im lebendigen Kontakt mit erkenntnistheoretischen und psychologischen Faktoren. Die Konzeption der formalen Gültigkeit ist auch für das indische logische Denken wichtig, aber nicht auf Kosten der materiell-inhaltlichen Seite des Schlussfolgerns. Die Anwesenheit des Belegs im indischen Syllogismus macht dies deutlich. Es mag hierin wohl der Grund dafür vermutet werden, dass die indische Logik, trotz vorhandener Ansätze, keine reine formale Logik entwickelt hat, obwohl die Möglichkeit bestanden hätte. Aus interkultureller Sicht kann die Frage aufgeworfen werden, was verstanden, eingesehen, nachvollzogen wird, wenn die formale Gültigkeit erkannt ist. Kommt hier nicht doch der Wenn-dann-Charakter bei einer formal korrekt konstruierten Schlussfolgerung wie etwa dieser zum Tragen: »Wenn alle Menschen unsterblich wären und wenn die Europäer Menschen wären, dann wären sie unsterblich«? Geht es hierbei um eine Schlussfolgerung im Sinne der Erkenntnis oder bloß um eine formale Argumentation ohne materiell-inhaltliche Relevanz? Formale Folgerichtigkeit bedarf keiner induktiven, erfahrungsbasierten Bestätigung, kann aber, empirisch gesehen, in die Irre führen.

Der Primat der Wahrnehmung im indischen Denken mag auch dazu geführt haben, dass es an bloß formalen Sachverhalten wenig In-

54. Tetralemma und buddhistische Logik

teresse zeigte. In dem europäischen metaphysischen und auch logischen Denken finden wir des Öfteren den Gedanken der reinen Möglichkeit. Die Empirie kann hierfür nicht der Grund sein. Die jüdisch-christliche Tradition mit ihrer Lehre einer Schöpfung aus dem Nichts mag hier Pate gestanden haben. Selbst Leibniz lässt die unzähligen möglichen Welten der *einen* wirklichen (besten?) Welt vorausgehen. Dieser Gedanke ist dem indischen Denken im Ganzen fremd, denn Möglichkeiten *(yogyata)* können vorgestellt werden, nachdem uns Wirklichkeiten gegeben sind. Die beiden Modi der Möglichkeit und Unmöglichkeit setzen die Basis unserer Erfahrung von Wirklichkeit voraus. So bleibt die indische Logik weniger eine Klassenlogik und mehr intensionalistisch.

Ferner betrachtet die indische Logik den Psychologismus nicht so sehr als einen Irrweg, sondern versucht eher eine Annäherung zwischen Logik, Psychologie und Erkenntnistheorie. Das Logische ist in den größeren Zusammenhang des Lebens eingebettet.[9] So vermeidet die indische Logik einen bloßen Formalismus und Platonismus der Formen.

Im Westen hat man dem asiatischen Denken oft vorgeworfen, es akzeptiere den Satz vom Widerspruch nicht. Die eigentliche Sachlage ist jedoch viel diffiziler. A kann nicht zugleich A und nicht A sein. Dies wird von Aristoteles und auch von der indischen/buddhistischen Logik anerkannt. Die Begründungen sind jedoch unterschiedlich. Für Aristoteles wäre die Selbstidentität von A in Gefahr. Für die Buddhisten gibt es kein identisches A. Alle Dinge sind einmalig, individuell und verändern sich unaufhörlich. Eine Gruppe von Logikern (»Paraconsistent Logic«, Canberra) schlägt die Konzeption einer über die zweiwertige Logik hinausgehenden »contradiction tolerant logic« (kontraditionsverträgliche Logik) vor. Auch die heute unter dem Namen »para-consistent logic« bekannte Richtung der Logik gibt sich nicht mit formallogischen und bloß analytischen Definitionen zufrieden. Es hilft nicht, wenn man die Widerspruchsfreiheit restlos axiomatisiert und völlig systemimmanent gestaltet.

Die Jaina-Logik bestreitet nicht die Gültigkeit als vielmehr die bedingungslose Gültigkeit des Satzes vom Widerspruch; denn der Satz gilt ja unter den Annahmen: am gleichen Ort, zur gleichen Zeit und

---

[9] In seinen Göttinger Vorlesungen über Logik unternimmt Misch den Versuch, das Logische in den Gesamtzusammenhang des Lebens zu verankern. Vgl. Misch, G.: Der Aufbau der Logik auf dem Boden der Philosophie des Lebens, Freiburg i. Br. 1994.

im gleichen Sinne. Die siebenstufige Prädikationslogik der Jainas macht ferner deutlich, dass eine mehrwertige Logik dem indischen Denken gemäßer ist. Die Jaina-Philosophen gehen von der grundlegenden Einsicht aus, dass eine jede Aussage über die Wahrheit eine Aussage *von einem bestimmten Standpunkt aus* ist. Ein Standpunkt, wird er in einem verabsolutierten Sinne genommen, führt zum Irrtum, zum Fehler *(nayabhasa)*. Da die Realität so beschaffen ist, dass ein einziger Standpunkt ihrer Komplexität nicht gerecht werden kann, muss man die Möglichkeit einer Vielzahl von Standpunkten annehmen. Dies ist die bekannte Theorie der Standpunkt-Vielfalt *(anekanta-vada)* der Jaina-Philosophie. Diese Theorie kann ebenso als eine Theorie der Vielseitigkeit der Realität bezeichnet werden. Auf eine Philosophie der Synthese zielend (und hierin den Bemühungen Hegels ähnlich) begreift diese Theorie einander widersprechende philosophische Standpunkte eher als verschiedene Sichtweisen der Realität. So stellt diese Theorie einen realistischen und relativistischen Pluralismus dar. Diese Theorie hat zwei Seiten: eine metaphysische und eine epistemologische. Die metaphysische Seite geht von der Überzeugung aus, dass die Realität unzählige Merkmale besitzt. Die epistemologische und logische Seite besagt, dass wir stets nur einige Aspekte erkennen können, was dann besagt, dass alle unsere Urteile notwendigerweise relativ sein müssen. Dies ist die Lehre von *syad-vada,* die Lehre von den möglichen Standpunkten.

Die Metaphysik und Epistemologie des Jainismus hat in der indischen philosophischen Diskussion die beiden einander widersprechenden Thesen von der Unveränderlichkeit der Seele, des Ichs (nach brahmanischer Philosophie) einerseits bzw. jene von der unaufhörlichen Veränderung des Ichs (nach buddhistischer Philosophie) andererseits zurückgewiesen. Die Jainisten haben beiden Seiten vorgeworfen, eine bestimmte Sichtweise zu verabsolutieren und damit in den Fehler der Einseitigkeit zu verfallen. Vorläufer dieser Methodologie von der siebenschrittigen Prädikation waren in dem damaligen Indien (6./5. Jh. vor. Chr.) mehrere Denker, die eine ähnlich geartete Methode anwandten. In diesem Zusammenhang wird immer wieder Sanjaya, ein Skeptiker oder gar Agnostiker, Zeitgenosse Buddhas, mit seiner Lehre von der fünfstufigen Prädikation erwähnt. Sanjaya gibt eine negative Antwort auf die Beschaffenheit einer Sache:

Ist es so? Antwort: Nein.
Ist es anders? Antwort: Nein.
Ist es verschieden von den ersten beiden? Antwort: Nein.

54. Tetralemma und buddhistische Logik

Ist es überhaupt nicht? Antwort: Nein.
Ist es nicht, dass es überhaupt nicht ist? Antwort: Nein.
Die Hauptquellen für die Lehre Sanjayas sind die Schriften der Buddhisten und Jainisten. Sanjaya, der auch Ideale wie Nirvana und Seligkeit ablehnte, wurde von Buddha und den Buddhisten oft als der »Aalglatte« bezeichnet, der nur Verwirrung stifte. (Man vergleiche die Vorwürfe in der griechischen Philosophie gegenüber den Sophisten). Mit Recht meint Hajime Nakamura, dass die skeptische Sicht Buddhas auf theologische und philosophische Dogmen *(ditthis)* eine Verwandtschaft mit der Lehre Sanjayas aufweise.[10]

Die buddhistische vierfache Negationslehre (Tetralemma/*catuskoti*) scheint diese fünf Schritte auf vier reduziert zu haben. In Nagarjunas »Madhyamika-karika«, Kap. 1, Vers 1, heißt es:
1. Entsteht die Wirkung aus sich heraus? Antwort: Nein.
2. Entsteht sie aus etwas anderem? Antwort: Nein.
3. Entsteht sie sowohl aus sich als auch aus Anderem? Antwort: Nein.
4. Entsteht sie weder aus sich noch aus Anderem heraus? Antwort: Nein.

Dieses Tetralemma besagt, dass es vier logische Möglichkeiten hinsichtlich einer These, einer Behauptung gibt. Diese sind:
1. Es ist nicht der Fall, dass x ist.
2. Es ist nicht der Fall, dass x nicht ist.
3. Es ist nicht der Fall, dass x sowohl ist als auch nicht ist.
4. Es ist nicht der Fall, dass x weder ist noch nicht ist.

Der Operator »es ist nicht der Fall« begleitet alle vier Möglichkeiten.
Dieser vierdimensionalen buddhistischen Logik liegt die Lehre von Buddhas Zehn Unbestimmbarkeiten, Unaussagbarkeiten zugrunde. Dies sind:
1. Die Welt ist ewig *(sassato loko)*.
2. Die Welt ist nicht ewig *(asassato loko)*.
3. Die Welt ist endlich *(antava loko)*.
4. Die Welt ist unendlich *(anantava loko)*.
5. Seele und Körper sind gleich *(tam jivam tam shariram)*.

---

[10] Vgl. Nakamura, H.: Indian Buddhism. A Survey with Bibliographical Notes, Delhi 1987; Sturm, H. P.: Weder Sein noch Nichtsein. Der Urteilsvierkant (Catuskoti) und seine Korollarien im östlichen und westlichen Denken, Würzburg 1996.

6. Seele und Körper sind verschieden *(annam jivam annam shariram).*
7. Der Tathagata (d. h. der Buddha) existiert nach dem Tod *(hoti tathagato param marana).*
8. Der Tathagata existiert nicht nach dem Tod *(na hoti tathagato param marana).*
9. Der Tathagata existiert und existiert nicht nach dem Tod.
10. Weder existiert der Thathagata nach dem Tod noch existiert er nicht nach dem Tod.

Die Lehre Buddhas kennt zwei entgegengesetzte Auslegungen durch indische Philosophen und westliche Indologen bzw. Buddhologen: erstens, dass Buddha keine positive Lehre vorzutragen habe. Dies wird die nihilistische Interpretation genannt; zweitens, dass Buddha zwar eine positive Lehre habe, diese aber jenseits der Reichweite der menschlichen Sprache und logischer Kategorien liege. Nicht Nirvana ist leer, sondern nur die Theorien darüber. Des Öfteren hat man zu Recht auf die Ähnlichkeit zwischen den Zehn Unbestimmbarkeiten und den Antinomien Kants hingewiesen.

In fast allen philosophischen und religiösen Traditionen wird mehr oder minder die Möglichkeit anerkannt, dass den rein rationalen und sprachlichen Fähigkeiten des Menschen Grenzen gesetzt sind, wenn es um die Versprachlichung und Bestimmung der letzten, absoluten Wahrheiten geht (vgl. Negative Theologie, *neti-neti, catuskoti* usw.). Am besten hat der Mahayana-Buddhismus, insbesondere Nagarjuna, den radikalen Aspekt der Negation dargestellt. Buddha hat die vier Möglichkeiten hinsichtlich einer Bestimmung z. B. des Nirvana zurückgewiesen, denn keine dieser Möglichkeiten treffe zu. Buddha hat sich daher zurückgezogen auf sein »edles Schweigen«. Dieses Schweigen Buddhas ist ein immerwährender Anlass für unterschiedliche Auslegungen, ganz abgesehen von den gehässigen Anmerkungen von Hindu-Gläubigen.

Die Frage ist hier diese: Wie sagen, was sich gar nicht sagen lässt? Es gibt fast so etwas wie ein »Trilemma«, wenn es darum geht, wie über Nirvana zu reden sei.
1. Wer Nirvana hat, kann es nicht artikulieren.
2. Wer Nirvana nicht hat, kann sich keine Vorstellung davon machen.
3. Ob man Nirvana hat oder nicht – es gibt keinen Weg der Versprachlichung.

54. Tetralemma und buddhistische Logik

So gibt es noch heute eine nicht enden wollende Diskussion über Nirvana, die wie folgt akzentuiert ist:
1. Geht es hier um eine logische/epistemologische Diskussion?
2. Oder um eine soteriologische Möglichkeit?
3. Oder um eine Intuition, eine Einsicht in eine radikale Alltäglichkeit (Soheit, Tathata)? Oder geht es um eine *Freiheit von* ..., ohne dass damit auch eine *Freiheit zu* ... verbunden sein muss?
4. Oder geht es um eine intentionale Vorstellung von Nirvana, deren Realisation gelingen oder auch misslingen kann?

Als überlappende Gemeinsamkeit kann festgestellt werden, dass es immer um eine *Freiheit von etwas* geht, in dem hier dargestellten Fall um die *Freiheit von Leid.*

Verwandte Formen des Tetralemma gibt es auch bei anderen Philosophen und in anderen philosophischen Traditionen: in der Vedanta-Philosophie, bei Parmenides, Zenon von Elea, Meister Eckhart, Gorgias, Schelling, Hume, um nur einige zu nennen. In einem bahnbrechenden Buch hat Hans Peter Sturm[11] gerade diesen Punkt ausführlich und wegweisend diskutiert. Hier sei eine Form des Tetralemma aus den Schriften des bekannten chinesischen Taoisten Chuang Tzu zitiert. Wenn zwei Menschen miteinander diskutieren, so gibt es folgende vier Möglichkeiten:

»Angenommen, ich disputiere mit dir, du besiegst mich, und ich besiege dich nicht. Hast du nun wirklich recht? Habe ich nun wirklich unrecht? Oder aber ich besiege dich, und du besiegst mich nicht. Habe ich nun wirklich recht und du wirklich unrecht? Hat einer von uns recht und einer unrecht, oder haben wir beide recht oder beide unrecht? Ich und du, wir können das nicht wissen. Wenn die Menschen aber in einer solchen Unklarheit sind, wen sollen sie rufen, um zu entscheiden? Sollen wir einen holen, der mit dir übereinstimmt, um zu entscheiden? Da er doch mit dir übereinstimmt, wie kann er entscheiden? Oder sollen wir einen holen, der mit mir übereinstimmt? Da er doch mit mir übereinstimmt, wie kann er entscheiden? Sollen wir einen holen, der von uns beiden abweicht, um zu entscheiden? Da er doch von uns beiden abweicht, wie kann er entscheiden? Oder sollen wir einen holen, der mit uns beiden übereinstimmt, um zu entscheiden? Da er doch mit uns beiden übereinstimmt, wie kann er entscheiden? So können also ich und du und die anderen einander nicht verstehen, und da sollten wir

---
[11] Sturm, H. P.: Weder Sein noch Nichtsein, Würzburg 1996.

auf einen großen Heiligen rechnen? Vergiß die Zeit! Vergiß die Meinungen! Erhebe dich ins Grenzenlose! Und wohne im Grenzenlosen.«[12]

In unterschiedlichen Formulierungen und Kombinationen verdeutlicht Chuang Tzu die sprachliche, logisch-hermeneutische und prädikative Vergeblichkeit unserer Urteile hinsichtlich des einen wahren, richtigen Verstehens und Interpretierens.

Es sieht doch so aus, dass die Jaina-Logiker recht haben, wenn sie den Operator »unaussagbar« einführen. Mit anderen Worten: Man sollte doch seinen Frieden schließen mit einem gesunden Skeptizismus, der in einer einsichtigen, nicht frustrierenden Urteilsenthaltung besteht und keinen Rückzug, sondern eher einen befreienden Weg zur philosophischen Ruhe (Ataraxia) darstellt.

55. Siebenstufige Prädikationslogik (Saptabhanginaya) der Jaina-Philosophie

Im Gegensatz zu Sanjaya, der ein Skeptiker und Agnostiker war, befürwortet die Jaina-Philosophie eine Antwort im Sinne eines bedingten Nein bzw. Ja, denn die *Standpunkte als Bedingungen von Aussagen* bringen diese Möglichkeit von Ja und Nein mit sich. So akzeptiert die Jaina-Logik die vierte Möglichkeit Nagarjunas, nämlich das Weder-Noch, deshalb nicht, weil hier eine bedingte Annahme auch zurückgewiesen wird. Daher vertritt die Jaina-Lehre, wie die nachstehende Erörterung der siebenfachen Prädikation zeigen wird, weder einen bloßen Skeptizismus noch eine Wahrscheinlichkeit, sondern eher eine bedingte Zustimmung zu jeweiligen Standpunkte, vorausgesetzt, diese werden nicht verabsolutiert. Daher liest Jaina-Logik alle kategorialen Aussagen z. B. der Form »A ist B« als: »Wenn A, dann B«. Alle Dinge haben erstens ihre eigene Substanz, zweitens existieren sie an einem bestimmten Ort, drittens zu einer bestimmten Zeit und viertens in einer bestimmten Form. Zieht man andere Substanzen, Zeiten, Räume und Modi in Betracht, so relativieren sich unsere Erkenntnisurteile. Sagen wir z. B. »Dieser Tisch existiert«, so können wir dies nicht bedingungslos und absolut behaupten, denn der Tisch kann aus Holz sein, an einem bestimmten Ort stehen usw. Der Tisch, der aus Holz existiert, ist

---

[12] Dschuang Dsi: Das wahre Buch vom südlichen Blütenland, übers. von R. Wilhelm, München 1988, S. 50 f.

55. Siebenstufige Prädikationslogik (Saptabhanginaya) der Jaina-Philosophie

nicht aus Metall. So existiert der Tisch – bzw. existiert nicht – je nach Standpunkt, ohne dass es hier einen Widerspruch gäbe. Dies führt die Jaina-Philosophen dazu, dass sie allen Urteilen den Operator »syad« (kann sein, möglicherweise) vorausgehen lassen und zu einer siebfachen Prädikationslehre gelangen. Für die Sache steht »x«, für Beschaffenheit »F«, wie folgt:
1. x ist F *(syad asti)*
2. x ist nicht F *(syan nasti)*
3. x ist und ist nicht F *(syad asti nasti ca)*
4. x ist unbeschreibbar *(syad avaktavyam)*
5. x ist F und unbeschreibbar *(syad asti ca avaktavyam)*
6. x ist nicht F und unbeschreibbar *(syan nasti ca avaktavyam)*
7. x ist F, ist nicht F und unbeschreibbar *(syad asti ca nasti ca avaktavyam)*

Eine Weise, diese siebenfache Prädikation zu verstehen, ist diese, dass Urteile immer in Bezug auf vier Faktoren gefällt werden – Stoff, Zeit, Raum und Form. So sind die ersten beiden Aussagen problemlos verständlich. Zu dem dritten Urteil gelangen wir, wenn wir die beiden ersten Standpunkte nacheinander in Verbindung setzen. Das vierte Urteil ist nicht immer einleuchtend. Aber wenn wir versuchen zu sagen, eine Sache ist und ist zugleich nicht, dann geht unsere Intention nicht in Erfüllung. Wir haben keine Möglichkeit, dies zum Ausdruck zu bringen. Die letzten drei Urteile stellen eine Kombination des vierten Operators mit den ersten drei Urteilen dar, was dann insgesamt sieben Urteile ergibt. Der bekannte indische Logiker Matilal hat diese sieben Aussagen folgendermaßen symbolisiert: +; -; +-; 0 und dann die Kombination von 0 mit den ersten drei Symbolen.

Die beiden großen philosophischen Schulen des Buddhismus wie auch die Schulen der Vedanta-Philosophie haben diese jainistische Ansicht zurückgewiesen und ihr vorgeworfen, sie sei widersprüchlich und vertrete bloß eine Wahrscheinlichkeitslehre. Der bekannte buddhistische Logiker Dharmakirti ging sogar so weit zu sagen: »Diese unverschämten nackten Jains machen widersprüchliche Aussagen wie verrückte Menschen.«[13] Ähnlich äußert sich auch der Vedanta-Philosoph Shankara und meint, die Worte der Jainas seien Worte von geistig Kranken. Freilich sind diese Kritiken eher persönliche Ausbrüche und

---

[13] »Pramana-Varttika, I«, zit. in: Sharma, C.: A Critical Survey of Indian Philosophy, Delhi 1979, S. 54.

treffen nicht die Lehre der Jainas, denn diese behaupten an keiner Stelle, dass das Prinzip der Kontradiktion nicht gelte. Yashovijaya (gest. 1689), ein Vertreter des Jainismus, ist der Ansicht, dass die siebenstufige Prädikationslehre eine sehr unparteiische Lehre sei, weil sie alle Ansichten (wie die eigenen Kinder) gleich behandle. Hemachandra ist auch dieser Ansicht.

Aus dem Geiste unserer interkulturellen philosophischen Orientierung heraus können wir diese Lehre nicht selbst mit einem weiteren Standpunkt gleichsetzen, sondern eher mit einer unparteiischen Einstellung, die keinen Standpunkt verabsolutiert, auch nicht den eigenen. Der Operator *syad* (kann sein) zielt auf die Bedingtheit von Urteilen hin. Auch Pyrrhon, der in Indien gewesen sein und einige Gymnosophisten getroffen haben soll, schlägt vor, dass wir in aller Bescheidenheit unsere Urteile mit einem *Kann-sein* versehen sollten.

Die philosophische Position der Jainas ist weder eine skeptische noch bloß agnostische, sondern eher eine metaphysische, die nicht die Absolutheit der Wahrheit, sondern nur Absolutheitsansprüche unserer jeweiligen Standpunkte bestreitet. Hieraus resultiert eine philosophische Grundlegung für theoretische und praktische Toleranz. Die Jainas plädieren nicht nur für Gewaltlosigkeit im praktischen Leben, sondern sie sind auch gegen eine theoretische Form der Gewalt, wie sie aus einer verabsolutierten Position resultieren kann. Fast im Geist der Postmoderne plädiert die Jaina-Philosophie für Pluralismus und protestiert gegen einen jeden Monopolanspruch in Theorie und Praxis. Die hierin enthaltene Hermeneutik ist eine komprehensive, die mehrere Lesarten zulässt und die Fiktionen eines absoluten Textes und einer absoluten Interpretation als Dogmen zurückweist.[14]

Beiläufig sei hier erwähnt, dass in der Lehre von Lao Tzu ebenfalls von einer ethisch-moralischen Folgerichtigkeit die Rede ist. Die Prinzipien der Kausalität und des Widerspruchs, die Kategorien der Ordnung und des Chaos erhalten einen anderen Stellenwert, sobald wir einsehen, dass im chinesischen Denken das Tao für ein Ordnungsprinzip steht, das die gattungsbegriffliche Geltung dieser Prinzipien relativiert. Die Chinesen können das Widerspruchsprinzip umgehen, indem sie auf das den Haushalt der großen Natur betreffende Prinzip der harmonischen Vereinigung *(ho)* hinweisen. Der Sinologe Granet gibt eine

---

[14] Vgl. Matilal, B. K.: The Central Philosophy of Jainism (Anekanta-Vada), Ahmedabad 1981.

aufschlussreiche Erklärung dafür, warum den Chinesen der Sinn für einen formalen Syllogismus fehle: »Welchen Wert könnte denn auch eine syllogistische Ableitung für ein Denken haben, das sich weigert, dem Raum und der Zeit ihre konkrete Beschaffenheit zu nehmen? Wie könnte man behaupten, daß Sokrates, da er ein Mensch ist, sterblich sei? Ist es denn sicher, daß in künftigen Zeiten und in anderen Räumen die Menschen sterben werden? Behaupten läßt sich hingegen: Konfuzius ist gestorben, folglich werde auch ich sterben, denn es besteht wenig Aussicht, daß jemand ein längeres Leben verdient als der größte aller Weisen.«[15] Dies mag seltsam erscheinen. Die grundsätzliche Frage aus interkultureller Sicht lautet jedoch: Worin besteht die Folgerichtigkeit und wie wird sie nachvollzogen? Geht es hier vielleicht nicht doch um zwei Arten von Folgerichtigkeit, einer formal-logischen und einer ethisch-moralischen? Formale Gültigkeiten sind kulturunabhängiger als semantische Wahrheiten.[16] Erkenntnistheoretische Bescheidenheit und philosophische Zurückhaltung sind daher weitere, auch ethisch-politisch relevante Konsequenzen eines philosophischen Denkens aus interkultureller Sicht.

56. Zwei Arten der Vernunft

Der Vernunftbegriff weist sowohl deskriptive als auch normative Züge auf. Dies mag auch der Grund sein, dass Rationalität nicht nur das reflexive Denkvermögen meint, sondern auch für Einstellungen und Verhaltensweisen in Moral, Gesellschaft und Politik steht. Rationalität steht aber ebenso für eine Disposition, die der Gattung Mensch zukommt, jenseits der ethnischen und kulturellen Grenzen. Auf der anderen Seite steht die Vernunft jedoch auch für eine Leistung, wie z. B. für Systementwürfe in der Philosophie, in den Wissenschaften, für Errungenschaften in Gesellschaft und Technik.

Gründliches Studium offenbart eine Vielzahl von Bedeutungen des Vernunftbegriffs, angefangen von der Vernunft als einem subjektiven Vermögen bis hin zu der Vernunft als dem Inbegriff der geordneten Weltstruktur. Vernunft wird auch voluntativ verstanden. Der Philo-

---
[15] Granet, M.: Das chinesische Denken, Frankfurt/M. 1985, S. 255.
[16] Vgl. Mall, R. A.: Was konstituiert philosophische Argumente? Bremer Philosophica, 1996/1, Universität Bremen.

soph Solomon unterscheidet dreiunddreißig unterschiedliche Auffassungen von Vernunft und weist auf einen Zusammenhang von Affektleben, Rationalität und Kultur hin.[17] Keine Kultur basiert ausschließlich auf Vernunft. Dasselbe gilt auch für die Philosophie. Die Rede *vom Mythos zum Logos* ist eine Rede, die die Vernunft sich selbst ausgedacht hat. Die Stimme der Vernunft mag leise sein, und die Vernunft mag ohne List nicht auskommen (Hegel), aber sie ruht nicht, bis sie sich Gehör verschafft hat. Dieser Vernunftoptimismus ist zwar nicht streng falsifizierbar, aber die Stimmen der Empirie, der lebensweltlichen Erfahrung, und des Affektlebens haben wiederholt deutlich gemacht, dass die menschliche Lebensform beider Stimmen bedarf und dass der Mensch auch jenseits der bloßen Vernunft und Empirie angesiedelt ist. Diese Konstellation muss er tragen – und ertragen. Nicht dass die Vernunft ganz machtlos wäre, sie kann jedoch ohne Selbstironie den Leidenschaften nicht ihr eigenes Gesetz diktieren.[18]

Unter der Überschrift »The Sentiment of Rationality« versucht William James, zuerst das Gefühl der Rationalität durch die Abwesenheit des Gefühls der Irrationalität zu definieren: »The feeling of rationality is constituted merely by the absence of any feeling of irrationality.«[19] Diese negative Defintion wird positiv gewendet, indem James sogar Zustände wie z. B. Behagen (ease), Zufriedenheit (peace), Ruhe (rest) mit Rationalität assoziiert. Der reinen theoretischen Vernunft mit ihren spekulativen und formalistischen Merkmalen fehlen diese Momente, und es bedarf daher der pragmatischen Vernunft, die der bloß theoretischen Vernunft Ruhe verschafft. Der Test für eine bessere Vernunft besteht in deren größerer Fähigkeit, neben den logischen Bedürfnissen auch die ästhetischen und moralischen befriedigen zu können. Eine solche Erwartung ist nach James ein konstitutives Merkmal des Gefühls der Rationalität, und diese Erwartung ist eine anthropologische Konstante der menschlichen Natur, die in einer tiefen Dimension mächtiger bleibt als ein z. T. idealisiertes Vernunftvermögen, das Gefühle negiert und dann vermeint, sich so behaupten zu können. Aber

---

[17] Vgl. Solomon, R. C.: Existentialism, Emotions, and the Cultural Limits of Rationality, in: Philosophy East and West, Vol. 42, Nr. 4, 1992, S. 597–621.
[18] Vgl. Mall, R. A.: Macht und Ohnmacht der Vernunft in der Moral, in: Schopenhauer-Jahrbuch, 72, 1991, S. 67–76; vgl. ders.: Experience and Reason, Den Haag 1973.
[19] James, W.: Selected Papers on Philosophy, London 1961, S. 125.

56. Zwei Arten der Vernunft

hören wir doch nicht allzu oft den Satz: »Die Vernunft ist wieder einmal auf der Strecke geblieben?«

Auf der langen Skala unterschiedlicher Auffassungen sind es zwei Arten der Vernunft, die auseinanderzuhalten sind: die formal-logische Vernunft mathematischer, deduktiver, axiomatischer und analytischer Natur und die kulturell sedimentierte, anthropologische, lokale Vernunft. Selbst die Theorien der Vernunft in der Antike, in der Version des Rita-Gedankens in der indischen Philosophie oder des Tao im Chinesischen – sind nie ganz einheitlich gewesen. Die Ansichten über den Logos eines Platon divergieren wesentlich zum Beispiel von denen der Sophisten.

Die heutige Theorie der Rationalität fasst Vernunft als ein ursprüngliches Vermögen auf, als Vehikel, als kulturanthropologisch relative Größe. Die zentrale Frage in unserem Zusammenhang lautet: Gibt es allseitig akzeptierte, universell anwendbare Kriterien für die Rationalität bzw. Irrationalität der verschiedenen Lebenswelten? Will man die Angelegenheit weder durch die Methode per definitionem noch durch den Formalismus der Logik lösen, so muss man jenseits der fiktiven Suche nach einer universell identischen Vernunft, nach Überlappungen Ausschau halten und die Vernunft in ihnen dingfest machen.[20] Die Interkulturalität der Rationalität ist durch ihren überlappenden Charakter gekennzeichnet. Es stimmt zwar, dass die formal-logische Rationalität den denkbar höchsten Grad von Universalität erreicht. Diese bleibt jedoch leer und abstrakt. Ohne die bedeutende Rolle der formalen Vernunft zu schmälern, geht es uns hier in erster Linie um eine interkulturelle Vernunft, die von einer unhintergehbaren Pluralität der Kulturen ausgeht. Wir bezeigen unsere Vernunft nicht dadurch, dass wir Begriffe und sogar Rationalitätsentwürfe zu fundamental-ontologischen Strukturen ordnen und dabei den Sedimentationscharakter und die Ethnozentrizität unserer Entwürfe außer Acht lassen, verbunden mit dem Anspruch, das eigentliche transethnisch gültige Subjekt entdeckt zu haben. Wenn eine Kultur unterstellt, dass der in ihr übliche Vernunftbegriff der allein mögliche sei, gibt sie sich einer Täuschung hin und vernachlässigt unzulässigerweise die Faktizität pluraler Formen der Vernunft. Eine solche Denkweise würde entweder im bloß Forma-

---

[20] Vgl. Bubner, R.: Rationalität, Lebensform und Geschichte, in: Rationalität, hrsg. von H. Schnädelbach, Frankfurt/M. 1984, S. 198–217.

len und Tautologischen verharren oder eine »reduktive Hermeneutik« betreiben.[21]

In seiner Schrift »Faktizität und Geltung« wird Habermas von der Frage bedrängt, ob in dem nachmetaphysischen Zeitalter die kantische Vernunft ausreiche, Erkenntnis und Moral zu legitimieren. Denn es ist ein Zeitalter, das der theoretischen Vernunft eine zu große Formalität und der praktischen gar Ohnmacht bescheinigt. Schon Hume hatte mit seiner These recht gehabt, dass bloße Vernunft weder in der Erkenntnistheorie noch in der Moral das einzig bestimmende Prinzip sei. Die eigentliche Vernunft definiert Hume als einen wunderbaren, nicht weiter erklärbaren Instinkt der menschlichen Natur.[22]

57. Wider den Absolutheitsanspruch

Jede identitätsphilosophische Orientierung hat die usurpierende Tendenz, alle anderen Stimmen zum Echo der eigenen Stimme zu machen und sich so in den absoluten Stand zu setzen. Ein solcher Vernunftabsolutismus kann nur noch verordnen und darauf warten, dass die Verordnungen sich durchsetzen. Der griechisch-europäische Logos, selbst eine intrakulturell idealisierte Gestalt, hat sich, begünstigt durch außerphilosophische Konstellationen, als die eigentliche Form der Vernunft durchzusetzen versucht und dieses Ziel auch teilweise erreicht. Alternative Vernunftformen werden nicht anerkannt.[23] Der Logozentrismus weist vernunft-fundamentalistische Tendenzen auf und hält nichts von einer möglichen Begriffskonkordanz unter den jeweiligen kulturellen Ausprägungen von Philosophie. Eine mögliche Theorie der interkulturellen Vernunft zielt aber geradezu auf die Herausarbeitung einer solchen Begriffskonkordanz.

Die Fähigkeit, die eigenen Gedanken, Werte und Vorstellungen in Worte zu fassen, ist dem Menschen als Menschen eigen, nicht nur den Griechen, die den Nicht-Griechen (Barbaren) das Unvermögen zum Logos bescheinigten. Dies ist jedoch ein griechisches Vorurteil; denn

---

[21] Mall, R. A.: Die orthafte Ortlosigkeit der Hermeneutik. Zur Kritik einer »reduktiven Hermeneutik«, in: Widerspruch, 15, 1988, S. 38–49.
[22] Vgl. Hume, D.: A Treatise of Human Nature, hg. v. L. A. Selbe-Bigge, Oxford 1960, S. 179.
[23] Vgl. Zea, L.: Signale aus dem Abseits. Eine lateinamerikanische Philosophie der Geschichte, München 1989, S. 19 ff.

57. Wider den Absolutheitsanspruch

der eine Logos in seinem überlappenden interkulturellen Charakter ist niemandes Besitz allein.[24] Die griechische Idee der Vernunft beansprucht – über ihre lokale, sedimentierte kulturelle Gestalt hinaus – für sich eine Universalität, die allein ihr zu eigen sein soll. Mit der Namensgebung ist das so eine Sache. Man meint, mittels eines Namens das Benannte exklusiv besitzen zu können.

Der heutige Blick auf Philosophien und Kulturen verschiedener Kontinente bringt es mit sich, dass wir die Paradigmen der alten hermeneutischen Modelle, seien sie europäisch oder nicht-europäisch, kritisch überdenken und Vernunft als eine interkulturelle Leistung anerkennen müssen. Die Pluralität der Kulturen und Philosophien ist ein Faktum, das heute sein Recht fordert, und zwar in der Weise, dass man die unterschiedlichen konzeptuellen und kulturellen Vorgaben ernst nimmt und keine Vernunft per se, die gegen Erfahrung gefeit sein soll, zu setzen sucht. Rationale Verstehbarkeit kann nicht an einem Typ der Rationalität dingfest gemacht werden.[25] Es gibt eine tiefe Verschränkung von Erfahrung und Vernunft; was älter ist, ist die Erfahrung und nicht die Vernunft. Vernunft ist die Lernfähigkeit und Lernbereitschaft aus der Erfahrung heraus.

Es entspringt einer Angsthaltung, wenn man meint, durch Rücksichtnahme auf die Interkulturalität die Idee der Vernunft als solche verraten zu müssen. Auf die Frage: Worin zeigt sich die Vernunft im inter- und intrakulturellen Vergleich?, muss die Antwort lauten: In den kleinen oder großen, von der Erfahrung her legitimierten Sphären der Überschneidungen. Wem dies nicht genügt, der liebäugelt mit einer identitätsphilosophischen Lösung, die jedoch keine Lösung ist.[26] Wollen wir von einem Vernunftethos reden, so können wir dieses in der Idee der Überlappung suchen und finden.

---

[24] Vgl. Mall, R. A.: Philosophie im Vergleich der Kulturen, Bremen 1992, S. 145 f.
[25] Vgl. Wilson, B. B. R. (Hg.): Rationality, Oxford 1970.
[26] Von einer »transzendentalen Teleologie der Vernunft, die ein eurozentrischer Humanismus ist«, spricht Derrida in Bezug auf die Philosophien Heideggers und Husserls. Vgl. Vom Geist. Heidegger und die Frage, Frankfurt/M. 1988, S. 138 f. Vgl. auch Mall, R. A.: Meditationen zum Adjektiv »europäisch« aus interkultureller Sicht, in: Der technologische Imperativ, München/Wien 1992, S. 139–150.

58. Interkulturelle Vernunft – weitere Erkundungen

Es gibt eine rein selbstbezügliche Kultur ebensowenig wie es eine bloß reine Vernunft gibt. Vernunft ihrerseits ist innerhalb eines kulturellen Rahmens von natürlichen und gesellschaftlichen Gegebenheiten verortet. Dieses Eingebettetsein ist jedoch nicht von derart ausschließendem Charakter, dass man den Oberbegriff Vernunft nicht auch auf andere, ihrerseits eingebettete Vernunftformen anwenden dürfte. Stellen wir die Frage, wann zwei oder mehrere Vernunftbegriffe radikal verschieden seien und wann nur unterschiedlich, so können wir antworten: Zwei Vernunftbegriffe, wie z. B. der von Kant und Hegel, sind unterschiedlich, können aber unter einen Oberbegriff subsumiert werden, sind also nicht radikal verschieden. Letzteres wäre erst dann zutreffend, wenn sie sich *nicht* unter einen solchen Oberbegriff subsumieren ließen.

Die Denkhaltungen etwa der indischen und der griechischen Philosophen können und sollten hinsichtlich des Vernunftgebrauchs auf eine Ebene projiziert werden. Einen solchen allgemeinen Begriff der Vernunft nehmen wir beispielsweise in Übersetzungen de facto immer in Anspruch, und dies sowohl inter- als auch intrakulturell. Dies wird deutlich, wenn man einmal den langen Weg der »Übertragung« des griechischen Logos ins Lateinische, in die christliche Terminologie und in die verschiedenen Nationalsprachen Revue passieren lässt. Analog war es mit dem Sanskritbegriff *dhyana*, als er ins Chinesische mit Ch'an, ins Japanische mit Zen übersetzt wurde.

Es mag sein, dass eine radikale Unterscheidung – nennen wir sie hier einmal die starke Version – denkbar wäre; artikulierbar wäre sie indessen nicht, weil der Gattungsbegriff Vernunft einen jeden analogen Sinn verlöre. Bei der interkulturellen Vernunft kann es sich nur um eine »analogische« handeln, die dadurch gekennzeichnet ist, dass sie sich nicht in den absoluten Stand setzt, sondern sich bescheidet und so ihre orthafte Ortlosigkeit beweist. Es geht um eine »metonymische« Vernunft, die zwar der philosophischen und kulturellen Traditionen bedarf, in ihnen jedoch nicht ganz aufgeht. Das Metonymische hat im Unterschied zum Metaphorischen nicht so sehr mit der Zurückweisung der buchstäblichen Bedeutung zu tun, sondern vielmehr mit der Streichung des Nichtzutreffenden. Metonymische Vernunft weist den Anspruch einer lokalen Vernunft als einziger Gestalt von Vernunft zurück, weil sie von dem Bewusstsein getragen ist, dass die eine allge-

58. Interkulturelle Vernunft – weitere Erkundungen

meine Vernunft zwar der lokalen Vernunftformen bedarf, in diesen jedoch nicht aufgeht.[27] Die überlappende Einheit der Vernunft existiert jedoch nicht a priori in einer metaphysischen Entität, auch nicht in einer transzendentalen, jeder Empirie enthobenen Sphäre, sondern in der toleranten und versöhnlichen Begegnung zwischen unseren von Hause aus perspektivischen Wahrnehmungsmodellen und der lebensnotwendigen Kommunikation. Jaspers geht sogar so weit, dass er die Wahrheit durch ihre Verbindlichkeit und die Vernunft durch den »grenzenlosen Kommunikationswillen« definiert.[28]

Die Rede von einer analogischen interkulturellen Vernunft ist bedeutungstheoretisch weder bloß eine apriorische noch eine spekulativ-metaphysische noch eine bloß formal-transzendentalistische. Soweit Vernunftansprüche auf eine Universalitäts- und Kommensurabilitätsthese pochen, können sie durch die vorhandenen Inkommensurabilitäten der Rationalitätsmodelle ad absurdum geführt werden. Und gerade dies hat Feyerabend in den siebziger Jahren des vorigen Jahrhunderts getan.[29] Unsere analogische, überlappende, interkulturelle Vernunft erfährt eine transzendental-empirische Begründung: transzendental, weil gezeigt wird, unter welchen Bedingungen der analogische Begriff der überlappenden Vernunft zustandekommt; empirisch, weil gezeigt wird, dass in vielen Traditionen ähnliche philosophische Fragen nach Grund, Sinn, Geltung, Begründung, Rechtfertigung u.dgl. gestellt werden. Die überlappende Vernunft *ist* also nicht; sie *ereignet* sich vielmehr in Gestalt von Berührungen, Überschneidungen, Verstrebungen, Vermischungen auf der Folie ständigen Austausches zwischen Denktraditionen. Sie entsteht, besteht und vergeht. Interkulturelle Vernunft konstituiert sich jenseits aller Ontologisierungen.

Es ist hoch an der Zeit, dass das menschliche Denken sich von einem leicht schizophren anmutenden Zug befreit: im Relativen zu leben und von einem Absoluten zu träumen. Relativismus möchte ich beschreiben weder als Verzicht auf einen eigenen Standpunkt noch als dessen Verabsolutierung, sondern als eine philosophisch-reflexive Ein-

---

[27] Vgl. Jakobson, R./Halle, N.: Fundamentals of Language, The Hague 1956. Ricoeur, P.: Interpretation Theory: Discourse and the Surplus of Meaning, Fourth Worth 1976.
[28] Vgl. Jaspers, K.: Der philosophische Glaube, 7. Aufl., München 1981, S. 133 f.
[29] Vgl. Feyerabend, P.: Wider den Methodenzwang, Frankfurt a. M. 1976; und Lueken, G.-L.: Inkommensurabilität als Problem rationalen Argumentierens, Quaestiones 4, 1992.

sicht in die Notwendigkeit, einen konkreten Standpunkt zu beziehen, der mit Selbstbescheidung einhergehen sollte. Durch einen solchermaßen verstandenen Relativismus werden Absolutheitsansprüche in Frage gestellt, dem Dialogpartner wird ein Beispiel gegeben und zugleich empfohlen, sich um eine analoge Einstellung zu bemühen. In der Folge wird ein Gespräch möglich, bei dem eine Verständigung hinsichtlich je eigener Positionen angestrebt werden kann. »Wir haben so lange im Apriorismus gelebt«, schreibt Herrigel, »daß Relativismus heute noch allgemein nur diesen negativen Sinn eines auflösenden und aufweichenden Denkens hat. Jeder wird als Relativist beschimpft, der nach der Wirklichkeit fragt, ohne seine Erfahrung vom Apriori her zu legitimieren, sondern umgekehrt die Legitimation des Apriori von der Wirklichkeit fordert.«[30] Hume nannte die Möglichkeit eines unerfahrenen Denkers (unexperienced reasoner) ein Unding.

Wenn Husserl von der Europäisierung der Menschheit spricht, dann geht er von einem europäischen Geist aus, der keine geographische und territoriale Umgrenzung mehr kennt. Es geht um etwas Einmaliges, das Husserl an Europa und nur am europäischen Geist entdecken zu können meint. »Wir erspüren das gerade an unserem Europa. Es liegt darin etwas Einzigartiges, das auch allen anderen Menschheitsgruppen an uns empfindlich ist als etwas, das, abgesehen von allen Erwägungen der Nützlichkeit, ein Motiv für sie wird, sich im ungebrochenen Willen zu geistiger Selbsterhaltung doch immer zu europäisieren, während wir, wenn wir uns recht verstehen, uns zum Beispiel nie indianisieren werden. Ich meine, wir fühlen (und bei aller Unklarheit hat dieses Gefühl wohl sein Recht), daß unserem europäischen Menschentum eine Entelechie eingeboren ist.«[31] Liest man diese Zeilen aufmerksam, so ist man versucht zu fragen, ob hier nicht doch eine Neuauflage der Theorie der angeborenen Ideen vorliegt. Darüber hinaus erscheint Husserl hier wie ein geheimer Verbündeter Hegels und auch nicht minder eurozentrisch wie dieser. Uranfänge und Urstiftungen sind nie rein gewesen, sondern Ergebnisse stetiger Übernahmen, Umwandlungen, Uminterpretationen von Sprachen, Denken, Sitten, Kulturen und Religionen.

---

[30] Herrigel, H.: Zwischen Frage und Antwort. Gedanken zur Kulturkrise. Berlin 1930, S. 156.
[31] Husserl, E.: Die Krisis, Hua Bd. VI, Den Haag 1962, S. 320.

58. Interkulturelle Vernunft – weitere Erkundungen

Wir gehen heute von einer Pluralität der Kulturen aus, die weder im Sinne einer totalen Identität noch im Sinne einer völligen Differenz verstanden werden soll. Wo Standpunkte sich in den absoluten Stand setzen, dort feiert der Relativismus Triumphe, und dies ohne unser Zutun; denn mehrere Absoluta im philosophischen Raume relativieren einander wechselseitig. Wo Pluralität ohne jede Verbindlichkeit herrscht, ist das philosophische Gespräch nicht mehr möglich. Die Andersheit des Gegenübers ist ein Faktum, und sie darf weder reduktiv traktiert noch hochmütig vernachlässigt werden. Die hermeneutische Reflexion einer interkulturellen Vernunft verneint zwar nicht die Historizität, Zeitlichkeit, Räumlichkeit und Sprachlichkeit sedimentierter Gestalten von Vernunft, lässt aber überlappende Vernunft auch nicht ganz in ihnen aufgehen. Es geht nicht so sehr um das Gemeinsame in Antworten, die die menschliche Vernunft in ihren kulturellen Prägungen in der langen Geschichte der Philosophie gegeben hat; es handelt sich um das Bedürfnis nach Erklärungen und Legitimationen. Habermas' Rede von der Einheit der Vernunft in der Vielheit ihrer Stimmen mag zwar den Anschein erwecken, den einen Vernunftbegriff zu hypostasieren oder mit transzendentalphilosophischen Intentionen zu versehen, aber sie kann im interkulturellen Gespräch von großem Nutzen sein, wenn damit die Überlappungen gemeint sind, die sich feststellen lassen und die die Kommunikation ermöglichen. Interkulturelle Vernunft definiert sich viel mehr durch ihre Verpflichtung zur Kommunikation als durch jene zum Konsens. Geertz stellt daher zu Recht die Frage nach der Möglichkeit einer Kommunikation auch ohne Konsens.[32] Die postmoderne Revolte gegen die Moderne ist geboren aus der Einsicht in die falsche Verabsolutierung einer lokalen, in der Regel der griechisch-europäischen Vernunft. Die orthafte Ortlosigkeit der interkulturellen Vernunft darf nicht ausschließlich durch die Kategorien einer bestimmten philosophischen Tradition buchstabiert werden. Lyotard spricht mit Recht von dem »Ungedachten, das den großen idealistischen Rationalismus des deutschen 19. Jahrhunderts bestimmt ... Es handelt sich hier um eine Art Identitarismus, der Hand in Hand geht mit einem Totalitarismus der Vernunft und der, meiner Einschätzung nach, zugleich irrig und gefährlich ist«.[33]

---

[32] Vgl. Mall, R. A.: Interkulturelle Verständigung. Primat der Kommunikation vor dem Konsens?, in: Ethik und Sozialwissenschaften, Jg. 11, H. 3, Stuttgart 2000, 337–350.
[33] Lyotard, J. F.: Postmoderne für die Kinder, Wien 1987, S. 29.

Die kulturelle Orthaftigkeit der Vernunft zeigt sich durch die Adjektive, die sie qualifizieren. Adjektive sollen verhindern, dass sich das, was sie zugleich spezifizieren, verabsolutiert. Das Adjektiv »europäisch« hat jedoch lange Zeit hindurch eine hiervon abweichende Funktion für sich beansprucht und behalten. Schon Paulus belehrte die Griechen: »Als ich umherging und mir eure Heiligtümer ansah, fand ich auch einen Altar mit der Aufschrift: Einem unbekannten Gott. Was ihr verehrt, ohne es zu kennen, das verkünde ich euch.«[34] Nicht viel anders gestaltete es sich mit dem griechischen Logos; durch ihn wurde sogar die Abwesenheit der Vernunft in anderen Traditionen festgestellt ... Die griechisch-europäische Vernunft beansprucht für sich über ihre lokale, sedimentierte Gestalt hinaus eine Universalität, die sie – und *nur* sie – aufweisen soll.[35]

Den gemeinsamen interkulturellen Boden der Vernunft sollten wir nicht bloß in dem abstrakten Vernunftmuster der Mathematik und anderen formalen Wissenschaften suchen. Vielmehr ist er in den Überlappungen zu suchen und zu finden. Die *condition humaine* ist nicht nur rational, und alle ethischen Theorien greifen zum Teil ins Leere, wenn sie das gute Leben nur durch Vernunftvorschriften definiert sehen möchten. Die Frage nach der interkulturellen Vernunft ist daher nicht eine Frage der a priori-Definition, sondern eher ein empirischer und phänomenologisch aufzuweisender Sachverhalt. Die religiösen, ästhetischen und moralischen Handlungsmuster kennen lokale Differenzen. Der ethnozentrische Zug in unserer Rede von einer interkulturellen Relativierung der Vernunft erscheint manchen Essentialisten als etwas Beunruhigendes, weil Relativierendes. Sie sehen die eine Vernunft in viele Vernunftformen zerfallen, vermuten Verrat an der einen Vernunft, die sie idealiter hochhalten, und sind nicht einmal bereit, diese eine Vernunft als eine postulativ-methodologische, regulativ-normative Idee anzusehen. Wenn die Vernunft völlig kulturimmanent wäre, hieße das dann auch, dass interkulturelle Gespräche unmöglich wären? Diese Meinung vertrete ich. Rorty, MacIntyre und Davidson malen den Teufel eines barbarischen Relativismus an die Wand und tragen ironischerweise doch selbst zu extremem Relativismus bei. Ror-

---

[34] Apg 17, 22–23 (nach der Einheitsübersetzung).
[35] Vgl. Mall, R. A.: Meditationen zum Adjektiv »europäisch« aus interkultureller Sicht, in: Der technologische Imperativ. Heinz Hülsmann zum 75. Geburtstag, hrsg. von W. Blumberger u. D. Nemeth, München 1990, S. 139–150.

58. Interkulturelle Vernunft – weitere Erkundungen

ty macht in seiner pragmatischen Sicht der Rationalität erst Halt, nachdem er den Essentialismus in Grund und Boden gestampft hat. Davidson weist die Legitimation der alternativen konzeptuellen Rahmen zurück, beharrt auf dem Dogma der Unübersetzbarkeit und vernachlässigt dabei das empirische de facto-Vorhandensein von Überlappungen in diesem Kontext der interkulturellen Vernunft.[36]

Die interkulturelle Relativierung der Vernunft bedeutet, dass man kaum sinnvoll von der Rationalität reden kann jenseits der Überschneidungen, die es zwischen den Kulturschöpfungen gibt. Interkulturelle Vernunft ist nicht die Vernunft der alten Metaphysik, die glaubte, die ersten Prinzipien für alle Zeiten und für alle Kulturen entdeckt zu haben. Negativ ausgedrückt, bedeutet die interkulturelle Relativierung der Vernunft das Zurückweisen des essentialistisch-fundamentalistischen Anspruchs, über die eine universale, transethnisch gültige Vernunft an einem Ort und in einer philosophischen Konvention exklusiv zu verfügen. Positiv gewendet, bedeutet dies nicht eine weitere Theorie der Vernunft, die sich selbst dann ad infinitum relativieren müsste, sondern sie steht dafür, dass die interkulturelle Vernunft zwar *ortlos, aber doch zugleich orthaft* ist. Daher ist die oft geäußerte Kritik, diese Relativierung sei ihrerseits relativ, nicht nur trivial, sondern sie verrät ihre essentialistische Tendenz, indem die Vernunft selbst hypostasiert wird. Die Antirelativisten setzen die eine Vernunft auf den Thron, sprechen ihr Allmacht, Universalität und Akzeptanz zu und wundern sich dann, wenn das Faktum der Pluralität der Rationalitätsentwürfe ihren Prätentionen nicht Rechnung trägt.»To say that rationality is relative is only to say that there are different ways of conceiving of and finding meaning in the world, different ways of structuring society and different ways of leading a happy, meaningful life (if that phrase can stand cross-cultural stretching). I do not find this thesis objectionable. I worry about those who do.«[37] So sind es nicht die moderaten Relativisten, die dem kulturellen Imperialismus das Wort reden, sondern die radikalen Relativisten bzw. Antirelativisten, und das heißt auch die Absolutisten, als selbsternannte Gralshüter der Vernunft. Husserl hält in seinem

---

[36] Vgl. Rorty, R.: A Pragmatic View of Rationality and Cultural Difference, in: Philosophy East and West, vol. 42, No. IV, 1992, S. 581–596; Davidson, D.: Wahrheit und Interpretation, Frankfurt/M. 1990.
[37] Solomon, R. C.: Existentialism, Emotions, and the Cultural Limits of Rationality, in: Philosophy East and West, vol. 42, no. 4, 1992, S. 597–621; hier: S. 619.

Spätwerk »Krisis« an einem ungebrochenen »Heroismus der Vernunft« fest und verherrlicht dabei die typisch griechische Idee der Rationalität.[38] Ist nicht die Rede von der Krise der Rationalität eine selbstverschuldete? Eine Krise der europäischen Vernunft ist eben doch nicht eine Krise *der* Vernunft.

59. Orthafte Ortlosigkeit interkultureller Vernunft

Am Ende zeigt sich, dass die interkulturelle Relativierung der Vernunft nicht der einen allgemeinen, überlappenden, orthaft ortlosen Vernunft gilt, sondern dass sie nur den absolutistisch-universalistischen Anspruch der einen kulturellen Vernunft dekonstruiert. Darüber hinaus gilt es zu beachten, dass selbst die europäische Vernunft nicht immer eine einheitliche Sprache spricht.

Eine Vernunft, die sehend und fundierend sein will, erfährt eine interkulturelle Begründung und Rechtfertigung. Das indische Konzept des Bewusstseins *(cit)* könnte in diesem Sinne gedeutet werden. Will aber eine Vernunft darüber hinaus konstitutiv und universell sein, so verliert sie ihre interkulturelle Verankerung, und demzufolge unterscheidet sie die pluralen Auffassungen von Vernunft zur Genüge. Ferner ist sie diskriminierend, was der Aufgabe einer interkulturellen philosophischen Verständigung im Wege steht, nämlich die anderen zu verstehen und von ihnen verstanden zu werden.

So ist klar, dass es sich bei der interkulturellen Vernunft nicht um eine formal-mathematische und bloß analytisch-definitorische Rationalität handelt, die in dem Formalismus der Logik, Semantik und der formalen Ontologie zum Ausdruck kommt. Eine solche Vernunft ist zwar universell, bleibt jedoch leer. Die so erreichte Universalität bezahlt den hohen Preis der Abstraktion von allen Inhalten. Am anderen Ende gibt es die lokale kulturelle Vernunft, die alle Arten von Skeptizismus und Relativismus unterstützt. In ihrer extremen Form ist eine solche Vernunft nicht in der Lage, Kommunikationen zu fördern. Interkulturelle Rationalität verweist die leere formale, rein mathematisch-axiomatische Rationalität in die Schranken der rein formalen Wissenschaften und billigt ihr außerhalb ebensowenig Geltung zu wie der extrem relativistischen, individualistischen, ja fast unverbindlichen Partikulari-

---

[38] Husserl, E.: Krisis, Hua VI, S. 348.

tät. Fast möchte man meinen, dass die interkulturelle Rationalität eher auf die Hegelsche konkrete Universalität ziele, diese jedoch im Gegensatz dazu orthaft ortlos sein lasse und sie nicht stufentheoretisch traktiere. Daher ist die Universalität der interkulturellen Rationalität nicht etwas, was der kulturellen Pluralität von außen aufgestülpt wird; sie ist die Universalität der erlebten Überlappungen jenseits aller Relativismen, Essentialismen und Formalismen. So wie die eine *philosophia perennis* mehrere Sprachen spricht und keine Tradition ausschließlich privilegiert, so hat die eine Vernunft in unterschiedlichen Kulturen je eigene Ausdrucksformen. Die interkulturelle Relativierung der Vernunft bedeutet daher die Zurückweisung des Anspruchs, irgendeine bestimmte kulturelle Sedimentation der Vernunft mit der einen Vernunft gleichzusetzen.

Die überlappende Universalität vernünftigen Denkens lebt in den lokalen, kulturellen Differenzen und transzendiert diese zugleich. Sie verhält sich so wie das Allgemeine, das zwar des Partikulären bedarf, in ihm jedoch nicht ganz aufgeht.[39] Wenn es stimmt, dass es eine überlappende universale Vernunft gibt, dann ist es nicht angemessen, diese exklusiv mit Adjektiven wie »europäisch«, »indisch« oder »chinesisch« belegen zu wollen.[40] Die analogische metonymische Rationalität geht von einer Vernunft als einem übergreifenden Denkrahmen aus und findet diese in den Überlappungen. So entpuppt sich die hier skizzierte Theorie einer interkulturellen Vernunft als Plädoyer für eine universale, aber orthaft ortlose Rationalität und weist auf einen Paradigmenwechsel hin.

Wer hier einen bloßen Relativismus und eine Flucht aus der Verbindlichkeit zu erkennen vermeint, liebäugelt schon mit irgendeiner Form des Absolutismus, und dies in der Absicht, Verbindlichkeit *ex cathedra* festlegen zu wollen. Wahr ist, dass ein interkulturell orientierter vernunftphilosophischer Paradigmenwechsel eher die Möglichkeit einer überlappenden Verbindlichkeit eröffnet und der Geist einer zumindest regulativ universellen Rationalität überall weht.

---

[39] Vgl. Mohanty, J. N.: Reason and Tradition in Indian Thought, Oxford 1992, Kap. 9.
[40] Mall, R. A.: Meditationen zum Adjektiv »europäisch« aus interkultureller Sicht, in: Der technologische Imperativ. Heinz Hülsmann zum 75. Geburtstag, hg. v. W. Blumberger und D. Nemeth. München 1990, 139–150.

IV.

ZUM STANDORT DES MENSCHEN

Anthropologie

60. Kosmische Verankerung von Anthopologie

Max Scheler stellt in seiner gleichnamigen Schrift die zentrale Frage nach der »Stellung des Menschen im Kosmos«.[1] Es ist wahr, dass eine kosmische Verankerung des Menschen nicht geleugnet werden kann, aber ebenso wahr ist, dass der Mensch Vorstellungen von sich und von allem, was ihn umgibt, entwickelt, die nicht einfach aus seinem Eingebettetsein in den kosmischen Haushalt herleitbar sind. Der Mensch ist mit den Dingen, wie sie sind, nicht immer einverstanden und möchte sie dahingehend ändern, wie sie aus seiner Sichtweise sein *sollten*. Eine jede philosophische Anthropologie enthält daher deskriptive und normative Aspekte.

    Indisches Denken geht von der Vorstellung aus, dass die menschliche Gattung in den Kosmos eingebettet ist. Es geht dabei nicht nur um die Einheit mit Gott, mit einem Urgrund – eine hauptsächlich im abendländischen Denken präferierte Vorstellung –, sondern um eine grenzenlose Einheit des Menschen mit der gesamten belebten und sogar unbelebten Natur. Die Präsenz des *einen Allumfassenden*, zu dem wir gehören, wird stets unterstellt. Wegen einer solchen, allem Geschehen zugrunde liegenden Wesensgleichheit geht das indische Denken von einer Wechselwirkung aller Dinge im Kosmos aus. Eine solche Überzeugung lässt den Gedanken einer exklusivistischen Sonderstellung des Menschen im Kosmos kaum aufkommen. Mensch und Kosmos, Mensch und Natur sind für das indische Denken keine Antithesen. Den im Westen stellenweise überbetonten Gegensatz zwischen Schöpfer und Geschöpf, Vernunft und Trieb, Energie und Stoff gibt es nicht. Das indische Denken versteht diese scheinbaren Gegensätze eher als

---

[1] Erste Auflage Darmstadt 1928; 15. Aufl., hg. v. M. S. Frings, Bonn 2002.

komplementäre Pole, die gleichzeitig nebeneinander bestehen können. Die Quantentheorie scheint eine solche Sicht heute zu bestätigen.

Das ewig sich ereignende Entstehen, Bestehen und Vergehen kann den Menschen veranlassen, diese Welt zu bejahen oder auch sie zu verneinen. Betont der Mensch das Werden, so neigt er dazu, diese Welt zu bejahen, nimmt er jedoch primär das Vergängliche wahr, so neigt er dazu, dieser Welt zu entsagen, denn sein Selbstentwurf strebt nach Beständigkeit. Das indische Denken scheint diese Spannung verinnerlicht zu haben. Askese und Genuss erweisen sich als zwei polare Möglichkeiten menschlicher Grundentscheidung.

Dem ewigen Gang der Dinge unterliegt nicht nur der Mensch, auch die Götter sind darin einbezogen. Ob Nietzsches *Übermensch* diesen Gang der Dinge überschreiten wollte? Der Buddha soll, einer Legende zufolge, ca. fünfhundert Geburten gehabt haben, bevor er das Nirvana erreichte. Darunter sollen auch Geburten in Tiergestalten gewesen sein. So gibt es in den indischen religiösen, mythologischen Anschauungen und in der Kunst Darstellungen aus Mischformen von Pflanzen, Tieren, Menschen und Göttern; sie zeugen von der Deszendenz des Göttlichen (Avatara-Lehre).

Eine solche Sichtweise führt zur Konzeption einer entsprechenden, nicht nur auf den Menschen bezüglichen, sondern kosmozentrischen Ethik. Davon zeugen die Ideale der Gewaltlosigkeit und des Vegetarismus. Der buddhistische König Ashoka (ca. 300 v. Chr.) ließ sogar Hospitäler für Tiere bauen. Auch die heutigen Tierheime scheinen von einer kosmischen Verbundenheit aller Wesen auszugehen. Die gleiche Grundüberzeugung von einer kosmischen Verankerung führt zu einer Dichtkunst, die sowohl Liebes- als auch Leidenslyrik einbegreift. Das Vergängliche kann man ablehnen, aber man kann es auch besingen. Auch das Verhältnis zwischen Mensch und Geschichte erscheint in anderem Licht, denn geschichtliche Ereignisse als einmalige Begebenheiten scheinen belanglos zu werden, weil sie stets vorübergehend sind. Hinzukommt die Überzeugung, dass nichts auf immer vorbei ist. Eine Periodizität im Haushalt des Kosmos, freilich mit zeitlich-räumlich individuellen Variationen, lässt sich nicht leugnen. Dies mag auch der Grund dafür gewesen sein, warum das indische Denken in keine streng chronologisch-biographische Geschichtswissenschaft einmündete. Ebenso fehlen groß angelegte geschichtsphilosophische Entwürfe à la Augustinus, Hegel, Marx u. a. Alle akosmischen Betätigungen des menschlichen Geistes, die mit dem Anspruch einer Letztgültigkeit verbunden sind, bleiben dem indischen Geist suspekt. Darf man hierin vielleicht auch den Grund erkennen, dass der indische Geist, trotz einigen großartigen mathematischen Leistungen, keine Mathematisierung der Natur vornahm? Eine weitere Konsequenz solchen Denkens ist, dass die doxographische Methode für die Darstellung beispielsweise der Philosophiegeschichte im indischen Kontext angemessener erscheint als die biographisch-chronologische. Otto Strauß[2] hat in seiner Schrift diesen Aspekt herausgearbeitet.

Die anthropologischen Vorstellungen mögen auch dafür verantwortlich sein, dass Indien Modelle entwickelt hat, die sich nicht auf Denkprozesse um ihrer selbst beschränken, sondern zugleich als Medien für die Herbeiführung eines Bewusstseinswandels dienen.

Der Primat der Wahrnehmung ist ein Merkmal des indischen Denkens, ebenso das der Erfahrung. Dabei schließt Erfahrung auch Bereiche mystischer, yogischer Erfahrungen ein. Alle philosophischen Schulen in Indien, selbst die atheistischen und materialistischen, haben ein soteriologisches Ziel. Alle haben eine je eigene, ihren jeweiligen psychologischen und metaphysischen Lehren angemessene Yoga-Disziplin entwickelt.

61. Das Bild des Menschen in den Veden, Upanishaden und Epen

Für die Entwicklung eines Menschenbildes in der vedischen und upanishadischen Zeit ist die Beziehung des Menschen zur Natur und zu den kosmischen Mächten maßgebend. Sehr lange wurde eine zu naturalistische Deutung des Verhältnisses Mensch-Natur vertreten, und dies sowohl in Indien in der Tradition der bekannten Kommentare Sayanas, eines der berühmtesten Veden-Kommentatoren (14. Jh.), als auch im Westen durch Indologen. Es ist ein großes Verdienst Aurobindos, diese Deutung korrigiert zu haben. Wie weiter unten ausgeführt werden wird, war er es, der die Ansicht vertrat, dass die Naturkräfte eher die inneren Anlagen der Menschen repräsentieren, wie z. B. Erkenntnis, Wille, Kraft, Wonne etc. Die moderne Ethnologie hat nachgewiesen, dass die Mythen nicht bloß Fantasien eines primitiven Geistes sind, sondern konzeptuelle Verstehensstrukturen aufweisen. So ist *agni* ein-

---
[2] Strauß, O.: Indische Philosophie, München 1925.

Anthropologie

mal das physische Feuer und auch die innere, psychische und spirituelle Kraft. Die in den Veden als Gott verehrte Sonne, Quelle des Lichtes, steht für eine leuchtende Erkenntnis, die Unwissenheit *(avidya)* beseitigt. Hier mag man die Geburtsstunde der Lichtmetaphysik vermuten, die es in mehreren Kulturen gibt. Die übertrieben naturalistische und ritualistische Auslegung der vedischen Götter stieß an ihre Grenzen, als es um abstrakte Gottheiten, wie z. B. *Aditi* (unendliches Bewusstsein, Grenzenlosigkeit), *Shraddha* (gläubiges Vertrauen), *Vishvakarma* (Schöpferkraft, Schöpfertätigkeit), ging.

Das indische Denken erkennt, wie schon erwähnt, der Geschichte als Erkenntnisquelle keine besondere Rolle zu. Dies hat zur Folge, dass Geschichte in Indien nie zu den zentralen Themen philosophischer Reflexionen gezählt wird. Geschichtliche Erkenntnis wird entweder als eine erschlossene *(anumiti)* oder aber als eine Form verbaler Erkenntnis betrachtet. Die indische epische Literatur (Puranas, Itihasa, Mahabharata, Ramayana usw.) enthält eine Konzeption des Menschen, in der das eigentliche Ziel der Befreiung jenseits aller Zeitlichkeit und Geschichtlichkeit liegt. Trotz der Betonung des menschlichen Lebens hier auf Erden ist ein weiser Mensch nicht einer, der die Geschichte gut kennt, sondern einer, der sich von der Welt befreit hat. Das Faktum des Leidens wird nicht so sehr als eine Eigenschaft der Welt, sondern vielmehr als ein Ergebnis menschlicher Verblendung angesehen. Wir Menschen sind zwar *in* der Welt, aber nicht unbedingt *von* der Welt. So schlägt die epische Literatur Indiens vor: Um das Leiden zu überwinden, brauche man nicht unbedingt die Welt zu verlassen, völlige Askese zu üben, sondern habe sich von den Verblendungen freizumachen, die uns an die Welt binden und so das Leid verursachen.[3]

In der ayurvedischen Anthropologie spielt die menschliche Gesundheit die zentrale Rolle; dies mit der Begründung, dass Gesundheit die eminent wichtige Vorbedingung für das Vollbringen aller ethisch-moralischen Handlungen, für das Streben nach weltlichen Gütern, für die Erfüllung persönlicher Wünsche und schließlich für das Erreichen der Erlösung ist.[4] Der Dichter und Dramaturg Bharata sprach von zwei Haupteigenschaften der menschlichen Natur: dem Schönen, Ästheti-

---

[3] Vgl. Dasgupta, S. N.: A History of Sanskrit Literature, Vol. 1, Calcutta 1947, S. 16.
[4] Vgl. Krishnamurthy, K. H.: Foundations of Ayurveda. An Anthropological Approach, Delhi 1999.

61. Das Bild des Menschen in den Veden, Upanishaden und Epen

schen einerseits und dem Heldenmütigen andererseits. Die hinduistischen religiösen Schriften spiegeln ein eher allgemeingültiges Bild vom Menschen wider. So finden wir in den Epen Ramayana und Mahabharata eine Philosophie der Tat *(karmayoga)*, die zum Ziel führt, indem sie das Gedachte und das Getane Hand in Hand gehen lässt. Daneben wurden auch die Wege der spirituellen Erkenntnis *(jnanamarga)* und der Gottesliebe *(bhaktimarga)* dargestellt. Das Selbstverständnis des Menschen schloss alle diese Dimensionen ein. Alle epischen Dichter und Denker betonen die Wichtigkeit eines tugendhaften Lebens *(dharma)*, die Notwendigkeit der Loslösung, der Entsagung *(vairagya)* und die Möglichkeit der Erlösung *(moksha)*.

Der Mensch soll nicht aufhören zu handeln, denn dies ist ein falscher Weg. Er soll sich befreien von der Gier des Haftens an den Früchten seiner Handlungen *(nishkama-karma)*. Die Epen schlagen mehrere Yoga-Wege vor, um das Ziel der Identität zwischen der menschlichen Seele und dem Absoluten zu erreichen. In den Puranas und Epen findet sich die klassische Konzeption des Menschen mit naturalistischen, humanistischen, religiösen, spirituellen und synthetischen Implikationen.

Ashvaghosha (ca. 1. Jh. n. Chr.), der große Dichter in der buddhistischen Tradition, entwirft in seiner bekannten Schrift »Buddha-Carita« (Buddhas Leben) ein Bild vom Menschen, das Züge wie Mitleid, Freundlichkeit, Achtung betont. Menschsein bedeutet daher, eine entsprechende Haltung zu kultivieren und zum Tragen zu bringen. In seiner zweiten Schrift, »Saundarananda-Kavya« (Epos vom schönen Nanda), geht es um die Thronbesteigung durch den Halbbruder Buddhas. Hier wird die Substanzlosigkeit des Irdischen betont. So entwirft Ashvaghosha zwei entgegengesetzte, aber dennoch zusammengehörige anthropologische Modelle: ein spirituelles und ein sozial-politisches. Freilich geht er von dem Primat des Spirituellen aus.

Der Mensch als ein Wesen zwischen Himmel und Erde, zwischen Tier und Gott (Aristoteles), als Bürger zweier Welten (Kant) lebt in einer Spannung, die es nicht zu leugnen, sondern zu überwinden gilt. Es geht um Auswege aus dieser Spannung zwischen dem Diesseits und dem Jenseits. Die Selbstentwürfe des Menschen können sehr unterschiedlich sein – und sind es in der Tat auch, angefangen von einer reinen Säkularität bis zu einer völligen Transzendenz. Trotz der nicht zu leugnenden Unterschiede in den Selbstbildern der Menschen in unterschiedlichen Kulturen, Religionen und Philosophien ist und bleibt das Verbindende die Suche nach einem Ausweg aus einem tief empfun-

Anthropologie

denen physischen und spirituellen Unbehagen im Angesicht von Sein und Sollen. Allerdings gibt es eine Pluralität der Wege.

Kalidasa, der größte klassische Dichter Indiens (ca. 5. Jh. n. Chr.), den Goethe sehr schätzte, entwirft ein Bild vom Menschen als einem heroischen Helden mit all seinen Wünschen, Hoffnungen, Träumen, Sehnsüchten, Freuden, Verfehlungen und Enttäuschungen. Kalidasa ist ein Dichter-Philosoph, der das irdische Leben bejaht und der Welt zugewandt ist. Im Ästhetischen gipfelt der Sinn des Lebens. Erkennt der Mensch seine wahre Natur, so begreift er, dass er keine sündige Natur hat. In seinem Märchendrama »Vikramorvashiya« von der durch Tapferkeit gewonnenen Urvasi[5], einer im Rig-Veda und auch in den Puranas erwähnten Kurtisane, schreibt Kalidasa dem Menschen eine glorreiche Sonderstellung zu, ohne ihn jedoch von dem großen Ganzen der Natur zu trennen. Reine menschliche Liebe und göttliche Liebe sind eng miteinander verbunden. Eros und Agape, recht verstanden, schließen einander nicht aus.[6] Der kultivierte, edle Mensch ist, so Kalidasa in dem bekannten Buch »Raghuvamsa« (Der Stamm des Raghu), jenseits aller Denkkategorien in ästhetisch-literarischen Gefilden angesiedelt. In dem unmittelbaren poetischen und ästhetischen Genuss erlebt der Mensch das höchste Ziel seines Lebens. Ein solcher Mensch zeichnet sich aus durch ein Gleichgewicht zwischen den vier großen Zielen des Lebens: *dharma*, *artha*, *kama* und *moksha*. Kalidasa nennt den Körper das Hauptinstrument, um dharma zu üben. Es geht um eine integrale Anthropologie, die den vier Lebenszielen zugrunde liegt; zugleich ist sie holistisch, insofern sie ethisch-moralische, ästhetische, religiöse und metaphysische Elemente einbegreift.

Die »Bhagavadgita« (Das Lied des Erhabenen), das bekannteste und beliebteste Epos Indiens, auch die Bibel der Hindus genannt, geht von einer Urordnung aus, die immer wieder hergestellt werden soll. Diese ist moralischer Natur und befindet sich wegen eines menschlichen Verhaltens, das durch Gier, Hass und Selbstsucht geprägt ist, von Zeit zu Zeit in Unordnung. Die Pflicht aller Menschen besteht daher in der Wiederherstellung der ursprünglichen Ordnung aus Wahrheit, Wahrhaftigkeit, Friede, Gerechtigkeit und Gewaltlosigkeit. So verspricht Krishna, der göttliche Held dieses Epos, Arjuna, dass das Göttliche sich immer wieder inkarnieren werde, wenn die Dharma-

---

[5] Winternitz, M: Geschichte der indischen Literatur, Bd. 3, Leipzig 1920, S. 220.
[6] Mahakalidas: Raghuvamsa, Bombay 1944.

61. Das Bild des Menschen in den Veden, Upanishaden und Epen

Ordnung in Gefahr sei. Auch wenn die Einlösung dieses Versprechen oft auf sich warten lässt, ist die moralische Botschaft der Worte Krishnas doch für die Menschen eine große Kraftquelle. Alle unsere Handlungen sollen gottgeweiht sein. Das bedeutet, das Gute zu tun, ohne an Erfolg als eigentliche Motivation zu denken. So entwirft Bhagavadgita eine Philosophie des Handelns auf der Grundlage eines Menschenbildes, in dem weder Inaktivität *(a-karma)* noch unrechte Handlungen *(vikarma)* bejaht, sondern Taten gefordert werden, die von einer Gesinnung des Gleichmuts gegenüber ihren Früchten getragen sind. Das eigentliche Subjekt allen Handelns ist letztlich diese Gesinnung selbst, die göttliche Instanz. Der Mensch ist göttliches Instrument und besitzt eine unsterbliche Seele, die mit Gott identisch ist. Nach Bhagavadgita gibt es drei Attribute, Qualitäten *(gunas)*, die die Menschen auszeichnen und deren Handlungen bestimmen: *sattva* (das Reine), *rajas* (das Heroische) und *tamas* (das Träge). Bhagavadgitas Bild vom Menschen ist metaphysisch, ethisch, religiös und praktisch zugleich. Alle drei Yoga-Wege: der Weg der Erkenntnis, der Weg der Gottesliebe und der Weg der Handlung werden anerkannt, auch wenn letzterer gelegentlich bevorzugt wird.[7]

Dem Hindu-Denken (ebenso dem buddhistischen und jainistischen) ist eine psychologische Anthropologie zu eigen. Die indische Psychologie geht von einem unaufhörlichen Bewusstseinsstrom aus, in dem die Zeitdimensionen Vergangenheit, Gegenwart und Zukunft ineinander greifen. Der Mensch befindet sich in diesem »Strom«, und er wird stets von mentalen Kräften und Tendenzen *(samskaras)* bestimmt, gelenkt, geleitet, verleitet. Es gilt, die *samskaras* zu überwinden, die den Menschen verführen. Das Ziel einer solchen Übung ist nicht Machtgewinn, sondern die Entwicklung einer spirituellen Fähigkeit zur Integration und Harmonie. Indische Psychologie kennt vier Stufen des Bewusstseins: Wachzustand *(jagrat)*, Traum *(svapna)*, Tiefschlaf *(sushupti)* und einen überbewussten Zustand der Erleuchtung, der Identität von Atman und Brahman *(turya)*. Die Mandukya-Upanishad, die neben den ersten drei vertrauten Bewusstseinszuständen auch die Turya-Stufe genau beschreibt, gibt in erster Linie eine negative Darstellung. Der vierte Zustand ist weder subjektiv noch objektiv, weder Bewusstsein noch Unbewusstheit, weder sinnliche noch erschlossene

---

[7] Vgl. Sri Aurobindo: Essays on Bhagavadgita, Pondicherry 1949 und Radhakrishnan, S.: The Bhagavad Bhagavadgita, London 1960.

Erkenntnis. Positiv ausgedrückt, ist dieser Zustand reines Bewusstsein voller Friede und Wonne, der nicht in Worte gefasst werden kann. Die meisten Denkrichtungen in Indien gehen erstens von der Tatsache einer grundlegenden Unzufriedenheit, von einem Unbehagen, von einer Frustration im Dasein aus, zweitens versuchen sie unermüdlich, diesen Zustand zu überwinden und drittens nehmen sie an, dass eine solche Überwindung dem Menschen möglich ist. Um das Ziel zu erreichen, bedarf es einer Selbstanalyse und einer Selbstrealisation, die mit Befreiung einhergeht. Die Yoga-Disziplin ist eine bekannte Hilfswissenschaft auf dem Weg der befreienden spirituellen Erfahrung. Indische Psychologie ist in erster Linie eine prophylaktische. Sie begnügt sich nicht mit der Entdeckung der vergangenen Karmas *(samskaras)*, sondern zielt darüber hinaus auf die Entwicklung neuer Karmas, die zur Heilung, zur Befreiung führen. Karmas haben eine große Reichweite und betreffen nicht nur ein gegenwärtiges Leben, sondern auch das vergangene und das zukünftige. So ist diese psychologische Anthropologie idealistisch, metaphysisch und praktisch in einem.

62. Das Bild des Menschen in den nicht-orthodoxen Schulen: Carvaka, Buddhismus, Jainismus

Während die vedische Tradition das höchste Ziel der Befreiung und Erlösung durch Opfer, Riten, Kontemplation, Meditation und Selbsttransformation predigt, weisen im Jainismus die Tugenden der persönlichen Reinheit, Askese und Verzichtleistung den Weg zur Erlösung. Jainistische Anthropologie ist atheistisch, aber ethisch und spirituell. Nach der jainistischen Lehre ist der Mensch wie ein Reisender, ein Wanderer; die weltlichen Güter sind für ihn zweitrangig und dürfen ihn nicht fesseln. Das spirituelle Leben spielt hier eine wichtigere Rolle als das soziale. Der Mensch *(jiva)* ist eine Substanz mit der Eigenschaft des Bewusstseins. Die Aufgabe aller *jivas* ist die Beendigung der schlechten Leidenschaften wie Hass, Gier, Ärger, Hochmut und die Entwicklung guter Karmas mit Hilfe der drei Juwelen *(triratna)*: rechte Erkenntnis *(samyag-jnana)*, rechte Sicht, Vision *(samyag-darshana)* und rechtes Verhalten *(samyag-caritra)*. Die atheistisch und spiritualistisch orientierte Jaina-Anthropologie kennt fünf grundlegende Gelübde: Gewaltlosigkeit *(ahimsa)*, Wahrhaftigkeit *(satya)*, Nicht-Stehlen *(asteya)*, Enthaltsamkeit *(brahmacarya)* und Besitzlosigkeit *(aparigra-*

62. Das Bild des Menschen in den nicht-orthodoxen Schulen

ha). Der eigentliche Weg zur Erlösung ist die Reinheit des Geistes, welche Wiedergeburt verursachende neue Karmas stoppt. Die größte Tugend ist die Entwicklung einer universalen Freundschaft *(maitri)*. Der erlöste Mensch wird *siddha* genannt. Er weist göttliche Eigenschaften auf und hat eine Vorbildfunktion für andere Menschen. Von allen Karmas befreit, ist eine solcher Mensch ein *jina* (Sieger) und *vira* (Held). Ein so befreiter Mensch verhält sich nicht nur moralisch einwandfrei, indem er Prinzipien und Gesetze befolgt; er ist auch spirituell so gewandelt, dass es zu seiner inneren Natur gehört, nur Gutes zu wollen und zu tun. Dies alles ist eine Folge der spirituellen Transformation der Person.

Ebenso wie der Jainismus lehnt auch der Buddhismus die Autorität der Veden und eine theistische Verankerung der Anthropologie ab. Die buddhistische Anthropologie trägt einen humanistisch orientierten, ethisch-moralischen und spirituellen Charakter. Vervollkommnung und Befreiung sind die Ziele. Der Weg dorthin – hier sind sich alle buddhistischen Schulen, trotz den gelegentlich erheblichen Unterschieden, prinzipiell einig – umfasst fünf Schritte. Diese sind erstens die Annahme der Vier edlen Wahrheiten, zweitens das Begehen des Achtfachen Pfades, drittens die Einübung der Sittlichkeit, viertens die Meditation und fünftens das Erreichen von Weisheit und Einsicht.

Die zwei bekanntesten Richtungen des Buddhismus sind Hinayana und Mahayana, oft auch der nördliche und der südliche Buddhismus genannt. Der Hinayana-Buddhismus (»das kleine Fahrzeug«, der ältere Buddhismus, Theravada) ist weniger an hochfliegenden philosophischen und metaphysischen Diskussionen, Prinzipien und Lehren interessiert, sondern konzentriert sich in der Hauptsache auf die Erlösung, die in erster Linie Selbsterlösung meint. Der Weg in die »Hauslosigkeit« ist das höchste Ideal für den Menschen. Das Ideal im Hinayana ist *arhat* (der Heilige), der aus eigener Kraft die Wurzeln allen Leidens *(ashrava)* und der Leidenschaften *(kleshas)* beseitigt und so die Erlösung erreicht. Hierzu muss Einsicht in das Werden und Vergehen aller Dinge erreicht werden, um die Illusion von Ewigkeit zu überwinden.

Der Mahayana-Buddhismus (»das große Fahrzeug«) sucht die menschliche Natur jenseits aller Beschreibungen zu erfassen. Es geht um die Einsicht in die Leerheit, mit der das Fehlen einer Substanzhaftigkeit alles Existierenden gemeint ist. Nichts besitzt eine Eigennatur. Alles entsteht, besteht und vergeht in einem relationalen Nexus von

Bedingtheiten *(pratityasamutpada)*. Ist dies noch die »kleine Leerheit« als Ergebnis einer logisch-methodologischen Analyse, so bedeutet das »große Nichts« die transformative Einsicht und Weisheit. Im Gegensatz zur Hinayana-Schule, in der die Leerheit in der Hauptsache nur die Person betrifft *(anatman)*, sind nach der Mahayana-Schule alle Dinge, alle dharmas, wesenslos, leer. Die Madhyamika-Anthropologie betont die zentrale Bedeutung dieser Leerheit und ihrer Realisation und lässt die Lehre vom abhängigen Entstehen, *shunyata* und *nirvana* Hand in Hand gehen. Yogacara, die Nur-Bewusstseins-Schule, definiert die eigentliche Natur des Menschen als Bewusstsein *(vijnana)*. Für die Sautrantika- und Vaibhasika-Schulen ist der Mensch aus mentalen und außermentalen Komponenten zusammengefügt: Allen buddhistischen Schulen gemeinsam ist die dem entsprechende Lehre von den fünf Daseinsfaktoren: Körper, Empfindung, Wahrnehmung, Tendenzen und Bewusstsein. Alles ist ein Aggregat dieser fünf Faktoren. Die Dinge ändern sich von Sekunde zu Sekunde. Dies ist die bekannte Lehre von *kshanikavada*.

Zwei Merkmale der buddhistischen Anthropologie kennzeichnen den Weg zur Erlösung: die Empfindung des Leidens, verbunden mit der Intention der Beseitigung dieses Leidens, und die Möglichkeit, das Nirvana zu erreichen. Fast im Sinne einer medizinischen Anthropologie geht es in der Lehre Buddhas um eine Diagnose, an die sich Therapie und Heilung anschließen. Das Erreichen vollkommenen Friedens durch gute Taten ist das Ziel der ethisch-moralischen und spirituellen buddhistischen Anthropologie. Nirvana kann erlangt, aber nicht versprachlicht oder kategorial dargestellt werden. In diesem Sinne ähnelt Nirvana den Ansätzen einer »negativen Theologie«, ohne jedoch eine theistische Konnotation zu haben. Auch die *neti-neti* (nicht dies, nicht dies) Lehre Shankaras weist ähnliche Merkmale auf.

Das besondere Merkmal der Mahayana-Anthropologie liegt in dem Ideal eines vollkommenen Menschen, der *Bodhisattva* (Erleuchtungswesen) genannt wird. Ein Boddhisattva hat zwar für sich das Ziel erreicht, geht aber wegen seines grenzenlosen Mitleids anderen Wesen gegenüber, die das Ziel noch nicht erreicht haben, nicht ins Nirvana ein.

Die materialistische Schule (Carvakas, Lokayatas) lehnt ebenso wie die heterodoxen Schulen des Jainismus und des Buddhismus nicht nur die Autorität der Veden, sondern darüber hinaus jegliche Transzendenz ab. Sie akzeptiert die unabhängige Existenz des Bewusstseins nicht und meint, dieses sei ein Epiphänomen, entstanden durch das Zusammentreffen unterschiedlicher körperlicher Wirkfaktoren; etwa vergleichbar mit der Folgewirkung von Drogen wird die Entstehung des Bewusstseins für epiphänomenal erklärt. Das Körperliche ist auch das Seelische. Was gilt, ist diesseitig. Freude ist das höchste Glück im Hier und Jetzt. Die politische Seite dieser Anthropologie liegt in der Anerkennung weltlicher Macht als der höchsten. In vielen Punkten ähnelt diese Lehre jener von Hobbes.[8] Karmas haben keine Wirkung über den Tod hinaus. So wird die Lehre von der Wiedergeburt zurückgewiesen. Religion ist eine Erfindung der Priesterkaste. Die atheistische Anthropologie dieser Schule lehnt die Existenz Gottes ab. Gäbe es einen allwissenden und allmächtigen Gott, so die Carvakas, dann stellt sich die Frage, warum ein solcher Gott nicht alle Zweifel bezüglich seiner Existenz beseitige. Selbst das höchste Ziel der Befreiung und Erlösung, das alle anderen Schulen akzeptieren, wird von den Materialisten abgelehnt. Selbst die buddhistische Deutung, dass alles Leben Leiden sei, lehnen die Carvakas ab. Sie vertreten gleichsam eine gemischte Anthropologie. Wäre die Welt nur ein Jammertal, so wäre es klüger, dem eigenen Dasein ein Ende zu bereiten. Niemand ist aber ein solcher Narr, dass er den guten Reis wegwirft, nur weil dieser voller Spelzen ist, oder auf den Fischgenuss verzichtet, nur weil die Fische Gräten enthalten. Sehr fortschrittlich mutet der Gedanke von der Gleichheit aller Menschen an. Das Kastenwesen lehnen die Carvakas rundweg ab, denn es ist das gleiche Blut, das in den Adern aller Menschen fließt.

63. Anthropologische Vorstellungen in den orthodoxen Schulen

Die klassische Schule der Samkhya-Philosophie vertritt einen metaphysischen Dualismus und nimmt zwei ewige Prinzipien an, die jedoch nicht aufeinander reduzierbar sind: erstens das unbewusste, aber aktive Urprinzip, die Urnatur *(prakriti, pradhana, mula-prakriti)*, zweitens die rein geistigen, individuellen Seelen, Geistmonaden *(purushas)*. Die Urmaterie befindet sich in einem ewigen Prozess endlosen Wechsels von Zuständen. Ursache und Wirkung sind unentwickelte bzw. entwickelte Zustände der Urmaterie. Diese entfaltet sich und es findet eine

---

[8] Vgl. Hobbes, Th.: Leviathan, London 1651.

Anthropologie

Erzeugung statt. Das ist der Prozess des Entstehens. Die Urmaterie zieht alles wieder in sich zurück. Alles, was wir Zerstörung nennen, ist der Prozess des Vergehens. So gehen Evolution und Involution Hand in Hand. Die Urmaterie besteht aus drei Konstituenten, die *gunas* (Qualitäten, Eigenschaften) genannt werden. Diese sind: 1. die Elemente des Lichtes, des Leichten, des Reinen *(sattva)*, 2. die des Spannungsvollen, Anregenden, Leidenschaftlichen *(rajas)* und 3. die des Dunklen, der Trägheit *(tamas)*. Diese drei Eigenschaften der Urmaterie befinden sich entweder in einem Zustand des Konflikts oder der Kooperation. Befinden sie sich in einem Zustand des Gleichgewichts, so entfaltet sich die *prakriti* nicht. Es findet keine Schöpfung, keine Evolution statt. Wird dieses Gleichgewicht gestört, findet die Evolution statt. Es herrscht eine Art Konkurrenz um Dominanz unter den *gunas*.

Das andere Urprinzip ist *purusha*, d. h. das höchste Wesen, der ewige Mensch, das reine, absolute Bewusstsein. In der anthropologischen Vorstellung dieser Schule wird dieses auch »der Zuschauer« genannt. Er schaut den Wandlungen der *prakriti* zu, obwohl die Entstehung aller Dinge einer Verbindung beider Prinzipien bedarf. Im Gegensatz zur Advaita-Vedanta-Schule nimmt diese Richtung eine Pluralität der *purushas* an. Die psychologisch orientierte Anthropologie dieser Schule stellt das menschliche Dasein als eine Mischung aus Leid und Freude dar. Das letzte Ziel ist eine totale Befreiung vom Leid. Da die eigentliche Natur der Geistmonaden in einem ruhigen, lichthaften Bewusstsein besteht, ist das ewige Subjekt der ewige unbeteiligte Zuschauer *(sakshi-caitanya)* jenseits aller Objektivierungen. Um den schleierhaften Charakter der Verbindung zwischen *purusha* und *prakriti* zu durchschauen, gibt es Yoga-Übungen, die dem Menschen helfen, das Nicht-Liierte einzusehen und zu realisieren. Daher auch die Zusammensetzung *Samkhya-Yoga*. Auf dem Weg zur Befreiung von den diversen Verblendungen gilt es, die Reinigung des Körperlichen und die des Geistigen zu üben *(parikarana* und *dhyana)*. Die Samkhya-Philosophie, zumindest die ursprüngliche, ist eher atheistisch orientiert und bedarf keiner Hilfeleistung von außen. Demgegenüber ist die Yoga-Philosophie eher theistisch orientiert und zielt auf die Entwicklung ethischer, humaner und göttlicher Eigenschaften. Hierbei kann der Glaube an Gott hilfreich sein. Die acht Glieder der Yoga-Disziplin helfen dem Menschen, das Ziel der Befreiung von allen Verblendungen zu erreichen. Es sind:

63. Anthropologische Vorstellungen in den orthodoxen Schulen

1. *yama:* Gewaltlosigkeit, Wahrhaftigkeit, Nichtstehlen, Enthaltsamkeit, Besitzlosigkeit;
2. *niyama:* Die Befolgung von fünf Regeln – körperliche und geistige Reinheit, Genügsamkeit, Askese, Studium der Schriften, Gottergebenheit;
3. *asana:* Das Einnehmen günstiger Stellungen (Körperhaltungen) zwecks Konzentration und Meditation;
4. *pranayama:* Atemregulierung mit dem Ziel der geistigen Ruhe;
5. *pratyahara:* Sich zurückziehen und Kontrolle über die Sinnesorgane erreichen;
6. *dharana:* Konzentration des Geistes auf einen bestimmten Gegenstand;
7. *dhyana:* Meditation, Intensivierung der Konzentration;
8. *samadhi:* Versenkung, die zur Realisation des Göttlichen, zur »unio mystica«, führt.

Diese Schritte muten wie Instruktionen zu einer Individualanthropologie an. Recht verstanden, haben sie jedoch eine soziale und politische Dimension, denn Selbstbeherrschung ist ein Fundament, dessen der Mensch stets und überall bedarf.

Nach dem Patanjali-Yoga, einer der sechs klassischen Schulen der indischen Philosophie, besteht der Mensch aus seinem Leib, den vitalen Energien und psychischen Prinzipien und seinem Bewusstsein. Der Mensch ist zwar ein Naturwesen, aber er besitzt spirituelle Fähigkeiten und Möglichkeiten. In der Nyaya-Schule ist das eigentliche Ziel des Menschen ebenfalls die Befreiung. Diese kann erlangt werden, indem die Person, die als Wanderer gesehen wird, sich von falschen Erkenntnissen frei macht. Nyaya plädiert für die Entwicklung und Kultivierung der Tugend der Loslösung. Die Schwesterschule, Vaisheshika, sieht die Existenz des Menschen als eine phänomenale an, während eine noumenale, in sich wesende Existenz nur Gott zukommt. Das wahre Sein des Menschen ist *atman.* Der Mensch ist bestimmt durch seine Taten und durch eine unsichtbare Macht oder Kraft *(adrishtha).* Der Zustand der Erlösung ist jenseits aller Qualitäten und Unterscheidungen, auch jenseits allen Denkens, Fühlens und Wollens.

Das zentrale Thema der Upanishaden ist die Wesensverwandtschaft zwischen der menschlichen und der göttlichen Seele. Die Grade dieser Wesensverwandtschaft sind in den vedantischen Schulen sehr unterschiedlich und reichen von Unzweiheit bis zu Dualität zwischen Gott und Mensch. Was grundsätzlich gilt, ist die Auffassung des Menschen als reines Bewusstsein. Diese Wesensverwandtschaft ist nicht etwas, was sich ereignet, wenn wir auf dem Wege der Erkenntnis und des spirituellen Fortschritts sind. Die Einheit zwischen Atman und Brahman ist und war stets da, nur Unwissenheit und andere Verblendungen haben die Illusion von einer Verschiedenheit hervorgerufen. Sind die Wolken des Nichtwissens *(avidya)* vertrieben, so leuchtet der Mond wie eh und je. Loslösung und Erkenntnis sind sehr wichtig. Einen äußerlichen Ritualismus zu üben, ist mitunter sogar schlimmer als Unwissenheit. Die bekannten, den Erlösungsgedanken der Hindus resümierenden vier »großen Sätze« *(mahavakyas)* lauten: Das bist du *(tat twam asi;* Chandogya Upanishad*)*, Ich bin Brahman *(aham brahmasmi;* Brihadaranyaka-Upanishad*)*, Bewusstsein ist Brahman *(Prajnanam brahman;* Aitareya-Upanishad*)*, Dieses selbst ist Brahman *(Ayam atman Brahma;* Chandogya-Upanishad*)*.

Es geht hier um eine anthropologische Konzeption, die die physischen, biologischen, psychologischen und anderen Bedingtheiten nicht leugnet, doch wird der Mensch nicht völlig von diesen Faktoren determiniert gedacht. Das »Woher« des Menschen bestimmt nicht ausschließlich dessen »Wohin«.

Bilder des Menschen im modernen indischen Denken

64. Sri Aurobindo

Während Gandhi als religiöser Mensch in die Politik ging und Tagore ein Dichter wurde, ist Aurobindo Ghose (1872–1950) als politischer Mensch zum Begründer des Integralen Yoga (Purna-Yoga) geworden. Der Vater von Aurobindo, ein bekannter Arzt, war sehr europäisch orientiert und fest davon überzeugt, die europäische Kultur sei der indischen überlegen. Er schickte seinen Sohn im Alter von sieben Jahren nach England. Aurobindo war einer der besten Studenten am King's College in Cambridge und schloss mit Auszeichnung ab. Er war eigentlich für eine Beamtenlaufbahn in der englischen Kolonialverwaltung Indiens vorgesehen, bestand alle Prüfungen sehr gut, ließ sich aber absichtlich bei der Reitprüfung disqualifizieren. Aurobindo kehrte 1893 als glühender Nationalist und Freiheitskämpfer nach Indien zurück. Er beteiligte sich sogar an einem Bombenattentat in Muzaffarpur (Bihar), bei dem auch ein unbeteiligtes englisches Ehepaar getötet wurde. Als Hauptangeklagter wurde er in das Gefängnis in Kalkutta (Alipur) eingeliefert. Dort soll er eine spirituelle Wandlung durchgemacht haben. Aurobindo schwor aller Gewaltanwendung ab. Eine Reihe von Visionen veränderte sein weiteres Leben. Er ging nach Pondicherry in Südindien, damals noch eine französische Kolonie, und gründete dort eine Gemeinde *(ashram)*.

Die klassischen Yoga-Systeme sind für Aurobindo Wege des Aufstiegs zum Göttlichen. Diese göttliche Stufe nennt er auch die »supramentale«. Das Neue an seinem Integralen Yoga ist die Kombination von »Aufstieg« und »Abstieg«. Der Mensch steigt auf, das Göttliche steigt ab in die Materie. Das gesamte Denken Aurobindos zielt auf eine Bewusstseinsveränderung ab.

Aurobindo und Max Scheler verbindet das Streben, den Menschen in seinem Verhältnis zum Ganzen zu fassen. Der Mensch ist – in der

Sprache der Psychologie wie auch der Neurologie – ein Wesen von enormer Plastizität, und daher ist seine Beschreibung nur als »animal rationale«, als »homo faber«, als von Libido gesteuertes Wesen, als »homo politicus« oder als »homo religiosus« zu eng. Der Mensch ist, wie Scheler betont, eine Bewegungsrichtung des Universums selbst. Die metaphysischen Quellen möchten sowohl Scheler als auch Aurobindo ausfindig machen. Aurobindo aber entwickelt mit dem Integralen Yoga auch eine Praxis, mit Hilfe derer die angestrebte Bewusstseinsveränderung und die Konzeption eines spirituellen »Übermenschen« auch umgesetzt werden können. Aurobindo war der Auffassung, die Überintellektualität in Europa lasse das Spirituelle verkümmern. Durch den Yoga-Pfad werde der Intellekt überschritten, aber nicht vernachlässigt, und eine Einheitsschau werde erreicht, in der Äußeres und Inneres harmonierten. Der späte Scheler hatte angemerkt, dass die Inder im Gegensatz zu den Europäern die Metaphysik zur Religion, zur Erfahrung, zur Spiritualität transformieren. So kann Aurobindos Philosophie quasi als Bestätigung auf die von Scheler aufgeworfenen Probleme einer allumfassenden Anthropologie angesehen werden, denn diese zielt auf eine Metaphysik ab, die von einem »werdenden Gott« spricht und die Menschen als Mitkämpfer Gottes auf dem Wege der Verwirklichung dieser Vorstellung ansieht.

Aurobindos Bild vom Menschen ist holistisch. Seine integrale Philosophie sieht im Menschen die Spitze der Evolution. Diese hat viele Stufen hinter sich: die materielle, die lebendige und die psychische. Es geht jeweils um die Erreichung einer höheren Stufe. Der jetzige Mensch ist das vorletzte Stadium der Evolution. Die höchste Stufe ist nach Aurobindo die supra-mentale Stufe, auf der das menschliche Bewusstsein sich erweitert und eine allumfassende, kosmische Dimension erlangt. Aurobindo legt großen Wert auf den bewussten Willen des Menschen; dieser ist höher als der in der tierischen Welt waltende. Nach Aurobindo wohnt dem Menschen eine Tendenz zur Selbstübersteigerung, zur Selbsttranszendierung inne. Die These Plessners von der »Exzentrizität« weist hierzu eine gewisse Ähnlichkeit auf, doch fehlt bei ihm die Stufe der spirituellen Transformation. Für Aurobindo hat der Mensch eine inhärente Tendenz, über sich hinauszugehen.[1] Ein Vergleich mit den anthropologischen Vorstellungen in ihrem Entwurfscharakter bei Heidegger, Sartre, Jaspers, Scheler bietet sich an, aber das Neue bei

---

[1] Vgl. Aurobindo: The Life Divine, Pondicherry 1955.

64. Sri Aurobindo

Aurobindo scheint doch seine Rede von einer »bewussten Evolution« zu sein. Aurobindo glaubt an die Möglichkeit eines genetisch-biologischevolutionären Prozesses. Zwar ist wahr, dass Evolution als ein solcher Prozess eine wissenschaftliche Tatsache ist, aber das Besondere der integralen Anthropologie Aurobindos liegt darin, dass das Erlangen eines supra-mentalen Bewusstseins diesem Prozess inhärent ist. Dadurch erhält Aurobindos Bild vom Menschen sowohl existentialistische als auch kosmische und evolutionäre Züge. Während eine morphologische und phänomenologische Sicht den Menschen als rein innerweltlich sedimentiert betrachtet, stellt ihn Aurobindos Sichtweise ins Zentrum der Evolution. Aurobindo erkennt in der Evolution eine allumfassende Entelechie. Die Aufgabe des Menschen liegt in der vollen Entfaltung des Evolutionsprozesses. Nach Aurobindo gibt es eine »infra-rationale« Dimension der menschlichen Natur, und diese enthält Elemente, die über das Physische und Vegetative weit hinausreichen. Es handelt sich hier um eine an der Grenze zwischen dem Unbewussten und dem Bewusstsein angesiedelte Dimension. Im Buddhismus ist in einem verwandten Kontext von einem *alaya-vijnana* als fast unendlichem Reservoir von vergangenen Erfahrungen, Tendenzen, Eindrücken und Motiven die Rede. Neben dem Bewusstsein des Wachzustandes und dem Unbewussten gibt es Stufen eines Unterbewusstseins mit latenten Fähigkeiten zu Telepathie, Hellsehen, Gedankenlesen und dergleichen.

Ebenso gibt es nach Aurobindo eine Ebene des »Supra-Rationalen«. Während die moderne westliche Psychologie in ihrem »Mainstream« hauptsächlich das Unbewusste anerkennt und C. G. Jung darüber hinaus auf einer zweiten Stufe ein kollektives Unbewusstes konstatiert, ist die indische Yoga-Psychologie mit ihren spirituellen Dimensionen ein Wegweiser zur Verwirklichung der supra-rationalen Stufe. Aurobindo hat hier eine großartige Phänomenologie der letzten beiden Stufen herausgearbeitet.

In einem solchen integralen Modell der menschlichen Persönlichkeit wird zwar die menschliche Vernunft nicht entthront, aber sie ist nicht der einzige Wegweiser. Sie hat ihren Ort auf dem Gebiet des formalen Denkens. Im täglichen Leben ist die Vernunft allzu oft der Erklärung und Rechtfertigung physisch-vitaler Tendenzen und Bedürfnisse zugewandt, bezogen auf Ökonomisches, auf Klasseninteressen, Tradition, Religion und Kultur; zugleich aber ist sie Mittlerin zwischen dem Unterbewussten und einem supra-mentalen Bewusstsein. Die von der

Vernunft geleistete Vermittlung liegt in der Zielrichtung der Evolution. Die Aufgabe einer Integralen Yoga-Psychologie, wie Aurobindo sie definiert, ist die Entlastung der Vernunft von niederen Diensten. Vernunft wird dann zu einem leuchtenden Medium auf dem Weg zur Erreichung der supra-mentalen Stufe.

Die Basis dieses Denkens bildet, wie ausgeführt, eine Philosophie der menschlichen Natur, die durch Prozesse der Evolution und Involution charakterisiert ist. Im Prozess der Evolution treten Materie, Leben, animales Bewusstsein und das menschliche Bewusstsein auf. Diese Emergenz ist durch drei Merkmale gekennzeichnet: 1. Zunahme an Komplexität, Konfiguration einer niederen Stufe zum Hervortreten einer höheren Stufe. 2. Auf der höheren Stufe wird die vorangegangene nicht negiert, sondern in der Weise transformiert, dass das Niedere als ein Teil des Höheren erscheint, wobei dieses Höhere nach einem weiteren Aufstieg hin tendiert. 3. Der Mensch steht an der Spitze des evolutionären Prozesses, den er unter der Leitung des dominanten Prinzips des mentalen Bewusstseins zu durchlaufen hat. Diese Analyse erinnert an die dialektische Bewegung in der Philosophie Hegels, vor allem an die Konzeption des »Aufhebens«.

In Übereinstimmung mit anderen Denkern, wie etwa Scheler, wird der *Mensch als ein Mikrokosmos* angesehen. Eine ungeheure Komplexität zeichnet sowohl den Makro- als auch den Mikrokosmos aus. Das Prinzip der höheren Integration ist jedoch nicht so mächtig, dass die Konflikte auf der Ebene der individuellen und der Gruppenexistenz und auch auf jener der Menschheitsgeschichte überwunden wären. Oft wurde Aurobindo eine zu starke idealistische Tendenz vorgeworfen. Auch wurde moniert, Aurobindo schreibe der Evolution eine spirituelle Teleologie zu. Die eigentliche, singuläre Leistung Aurobindos liegt indessen in der Konzeption einer Bewusstseinsphilosophie mit dem Ziel einer gestuften Integration, die das Biologische, Mentale, Supra-Mentale und Göttliche umgreift. Diese führt zu einem Bewusstsein, das jenseits aller partikularen Bewusstseinsformen liegt – dem »übermenschlichen« Bewusstsein mit supra-mentalen Fähigkeiten.

Aurobindos Anthropologie unterstreicht zwei Eigenschaften der menschlichen Natur: die immense Komplexität und die weitreichende Plastizität. Aurobindo geht von einer existentiellen Verantwortung und Verpflichtung aus, die der Mensch in Denken, Fühlen und Handeln berücksichtigen soll. Daher können die Fragen: »Was sollen wir tun?« und »Was sollen wir werden?« nicht voneinander getrennt werden. Mit

64. Sri Aurobindo

dem Auftreten des Menschen auf der Bühne der Evolution ist zugleich eine Wende eingetreten, die von zentraler Bedeutung für die spirituelle Entwicklung ist. Denn nur der Mensch kann eine Evolution und Involution zusammendenken, weil in ihm alle vorangegangenen Ebenen transformiert, erhöht und spiritualisiert vorhanden sind.[2] Zielt die kosmische Evolution auf die höhere Stufe des Supra-Mentalen, so ist der Mensch spirituell dafür verantwortlich. Die Aufgabe besteht darin, dass der Boden bereitet wird, auf dem sich das integrale Bewusstsein des Menschen auf allen Gebieten des menschlichen Lebens entwickeln kann. Und dies in kosmischer Verbundenheit und Solidarität. Ein indisches Sprichwort besagt: »Gott schläft im Stein, träumt in der Pflanze, erwacht im Tier und handelt im Menschen.« Selbst die höchste, hier prozesshaft verstandene Realität, *brahman*, wird in den Upanishaden als Nahrung *(annamaya)*, Hauch *(pranamaya)*, Geist *(manomaya)*, als Erkenntnis *(vijnanamaya)* und Wonne *(anandamaya)* beschrieben.

Von der Menschwerdung Gottes, analog jener im Christentum, ist auch in manchen Richtungen des Hinduismus die Rede. Die integrale Sicht Aurobindos lässt das Göttliche auf allen Ebenen des Kosmischen anwesend sein. Ist dies ein Pantheismus, so weist er aber doch eine Note der Spiritualität auf. Der Mensch ist nämlich wegen seiner besonderen Stellung zur Realisierung einer kosmischen Verbundenheit verpflichtet. In einem ähnlichen Sinn heißt es bei Scheler, der Mensch sei eine Richtung und Gott sei im Werden begriffen (der werdende Gott). Wir Menschen, so Scheler, sind Mitkämpfer Gottes, um dieses Ziel zu erreichen. Das Werden Gottes kann uns gelingen, es kann aber auch misslingen. Scheler zitiert den französischen Denker Gratry: »Nicht nur der Einzelne, auch die Menschheit kann als Heiliger oder als Schuft enden, je nachdem wie sie will.«[3] Das Besondere an dem anthropologischen Programm Aurobindos in diesem Zusammenhang ist, dass Aurobindo im Gegensatz zu Scheler eine geistige und seelische Transformationstechnik anbietet, nämlich die Praxis des Integralen Yoga.

In der Anthropologie Aurobindos geht es also um eine spirituelle Evolution des Menschen selbst, in Zusammenarbeit und im Einklang mit den anderen Elementen der Evolution. In seiner bekannten Schrift »The Human Cycle« erläutert Aurobindo die schwierige Aufgabe einer solchen integralen Entwicklung. Die spirituelle Evolution des Men-

---

[2] Vgl. Aurobindo: The Life Divine, S. 750f.
[3] Vgl. Scheler, M.: Philosophische Weltanschauung, Bern 1968, S. 96.

schen beinhaltet, dass der Mensch sich nicht nur äußerlich, sondern vor allem innerlich entwickelt. Im Gegensatz zu den westlichen Anthropologien, so Aurobindo, die eine solche Stufe entweder nicht kennen oder sie von der Gnade einer transzendenten Instanz abhängig machen, ist seine Theorie zugleich spirituell und praxisorientiert. Jede Evolution ist eine Entwicklung des Bewusstseins, eines Bewusstseins, das selbst der Materie – unbewusst – innewohnt. Aurobindo würde sagen: Die Zukunft der Menschheit, besonders der heutigen, hängt am meisten von der Fähigkeit und Bereitschaft der Menschen zur Integration der diversen Prinzipien ab, die die menschliche Natur ausmachen.

Was der sogenannte »primitive« Mensch durch seine Intuition als umfassende Alleinheit der kosmischen Verbundenheit nicht nur ahnte, sondern auch praktizierte, versucht die integrale Vernunft der heutigen Menschen mühsam wiederherzustellen. Das spirituelle Element in dem Konzept des supra-mentalen Menschen erweist sich als entscheidende Differenz, wenn wir Aurobindo und Nietzsche miteinander vergleichen wollen. Aurobindo hat Nietzsche studiert, ihn gelobt und getadelt – gelobt für die Entwicklung der Idee des Übermenschen, getadelt, weil seine Theorie von dem Willen zur Macht »teutonisch« sei. Die Geburt des Übermenschen ist nach Aurobindo eine spirituelle Geburt.[4]

Evolutionstheorien aller Schattierungen suchen eine Antwort auf das »Warum« und das »Wie« der Schöpfung. Die Mehrzahl dieser Theorien erklären hauptsächlich, wie aus den niederen Stufen des Materiellen, des Physischen, des Biologischen das höhere Geistige sich entwickelt. Es geht hier um die Beschreibung einer Bewegung von unten nach oben. In »The Life Divine« legt Aurobindo dar, wie sich das Wahre, das Höhere, das Geistige in seinem Abstieg von dem reinen Bewusstsein bis hin zu der groben Materie zeigt. Die Vermittlerrolle zwischen dem Absoluten und dem menschlichen Bewusstsein spielt die supra-mentale Stufe des menschlichen Bewusstseins. Evolution ist so für Aurobindo erstens Erweiterung, zweitens Erhöhung und drittens Integration. Unter »Integralem Yoga« versteht Aurobindo also nicht so sehr Vervollkommnungsversuche in der Welt, auch nicht bloß religiöse Erlösungsvorstellungen, die in der Hauptsache um eine Existenz

---

[4] Vgl. Mall, R. A.: Nietzsches Lehre von der ewigen Wiederkunft oder das tragische Schicksal der kleinen Subjekte in der Geschichte – eine interkulturelle Sicht, in: Die Auflösung des abendländischen Subjekts und das Schicksal Europas, hrsg. von B. Vogel und H. Seubert, München 2005, S. 133–145.

nach dem Tod kreisen, sondern eine allumfassende Transformation des Menschlichen hin zum Göttlichen, eben zum Übermenschlichen. Ist der Mensch ein Halbgott, noch auf dem spirituellen Weg zum Göttlichen, so soll er dieses durch eine vollständige integrale Selbstrealisation erreichen. Das eigentliche Wahre ist für das indische Denken, auch für Aurobindo, dreifaltig: Es ist Sein *(sat)*, Bewusstsein *(cit)* und Wonne *(ananda)*. Aurobindo ist ein Philosoph, ein Poet und ein Mystiker zugleich.

65. Mahatma Gandhi

Drei anthropologische Grundmuster schälen sich im indischen Denken heraus, die in den verschiedenen philosophischen Schulen wirksam sind: 1. Der Mensch als ein Wesen, das auf dem Wege der Erkenntnis das höchste Ziel seines Daseins erreicht. 2. Der Mensch als Diener Gottes und spirituelles Wesen, das das Ziel durch eine innere, transformative Erfahrung erreicht. 3. Der Mensch als Wesen, das mit Hilfe seiner Taten *moksha* erlebt. Diesem anthropologischen Muster entsprechen die bereits erwähnten drei Yoga-Wege, von denen die indische philosophische Literatur, allen voran Bhagavadgita, spricht: der Weg der Erkenntnis, der Weg der Hingabe und jener der Handlung.

Mahatma Gandhi (1869–1948) entscheidet sich für den Weg der Tat *(karma-yoga)* und sucht die Erlösung auf der säkularen und der sakralen Ebene zugleich. Sein politisch-gesellschaftliches Wirken belegt dies. Er bezeichnet sich als Anhänger des Hinduismus, genauer des vedantischen Hinduismus. Dies bedeutet, dass Gott und Mensch durch die Wahrheit der Gewaltlosigkeit eng miteinander verbunden sind. Der Mensch ist auf der Suche nach Wahrheit; daher Gandhis »Experimente mit der Wahrheit«[5], die für ihn identisch war mit Gewaltlosigkeit, *ahimsa*. Man könnte seine Anthropologie auch eine »experimentelle« nennen. Er ist beides in einem: ein Traditionalist mit dem Glauben an die heiligen Schriften, an das Kastenwesen als *varnashramdharma*, an Wiedergeburt, und er ist zugleich ein Aufklärer, Reformer, ja sogar Revolutionär. Er hält nichts von Götzendienst, akzeptiert nichts, was ihm nicht einleuchtet.[6]

---

[5] So der Titel seiner Autobiographie »The Story of my Experiments with Truth«.
[6] Vgl. Gandhi, M. K.: My Religion, hg. v. B. Kumarappa, Ahmedabad 1955.

Gandhi ist kein streng systematisch vorgehender Philosoph, aber sein Denken und Handeln enthalten philosophisch sehr relevante Ideen, die systematisiert werden können. Gandhis Ideen von Gottheit und Wahrheit erleben im Laufe seines Lebens eine Akzentverschiebung. Der frühe Gandhi geht von der Überzeugung aus: Gott ist die Wahrheit; der spätere scheint diese Rangordnung umzukehren, wenn er sagt: Wahrheit ist Gott. Der Grund, den er hierfür angibt, ist folgender: Die objektive Gültigkeit der Idee Gottes kann in Frage gestellt, ja sogar negiert werden, denn es gibt ja überzeugte Atheisten. Die Idee der Wahrheit behält jedoch ihre Gültigkeit und Richtigkeit. Gandhis Anthropologie trägt hier starke humanistische Züge. Jene Wahrheit, die für alle gilt, die nicht zurückgewiesen werden kann und die Gewaltlosigkeit als wesentliches Element einschließt, nennt Gandhi *Gott*. Das menschliche Leben, so Gandhi, ist in einer solchen Wahrheit tief verankert, auch wenn der Mensch sich ihr in seinem Lebensvollzug oft entfremdet. Gandhis Anthropologie ist idealistisch in dem Sinne, dass Ideen für ihn auch dann ihre Legitimation behalten, wenn sie nicht vollständig in die Praxis übersetzt werden.

Man könnte meinen, Gandhi wirke wie ein Sophist, wenn er behauptet, selbst ein Atheist akzeptiere die Wahrheit. Eine nähere Betrachtung ergibt jedoch, dass nach Gandhi auch ein Atheist an etwas glaubt, was er für wahr hält. Es war sein Traum, den Streit zwischen Theisten und Atheisten durch die beiderseitige Akzeptanz von Gewaltlosigkeit zu schlichten. Gandhis Festhalten an der Wahrheit bedeutet nicht, dass er sie in einem bestimmten System, in einer bestimmten Religion oder Philosophie ausschließlich repräsentiert sieht. Er war in diesem Punkt ein Anhäger der oben dargestellten Jaina-Lehre von der Vielfalt der Standpunkte. Daher kann auch ein Atheist Recht behalten. Es ist nach Gandhi ein Irrweg, den Atheismus von vornherein negativ zu besetzen.[7]

Gandhi identifiziert Wahrheit mit einem allumfassenden Gesetz. Darunter versteht er eine verbindende Kraft, die alle Dinge zusammenhält. Diese Kraft könnte *rita* (die ewige, die göttliche Ordnung), Dao (der wahre Weg) oder Solidarität mit allen Wesen heißen. Liebe müsste diese verbindende Kraft sein, denn Liebe ermöglicht Leben, während Hass eine desintegrierende Kraft ist. Liebe kann sich als Selbstliebe oder

---

[7] Vgl. Gandhi, M. K.: Truth is God, hg. v. P. K. Prabhu, Ahmedabad 1955, S. 11 f.

als Liebe für andere äußern. Aber Selbstliebe allein reicht nicht aus, um Leben aufrechtzuerhalten. Aufgeklärtes Selbstinteresse ist zugleich altruistisch. Diese soziale und politische Anthropologie Gandhis ist religiös motiviert und geht von der vedantischen Lehre von der Einheit und Brüderlichkeit aller Menschen aus. Daher ist Gandhi im Gegensatz zu Hobbes der Ansicht, dass der Kampf aller gegen alle (sollte es einen solchen Naturzustand gegeben haben) ethisch-moralisch, religiös und im Geiste der Gewaltlosigkeit überwindbar ist. Das spirituelle Element in der Anthropologie Gandhis ist konstitutiv.

Gandhi ist jedoch Realist und erkennt, dass Menschen diesen solidarischen Prinzipien oft untreu werden. Aber die Entfremdung ist nie eine vollständige, daher zielt er mit seiner Anthropologie auf die Überwindung dieser Entfremdung ab. Er ist überzeugt, dass die Nicht-Gewalt der Gewalt unendlich überlegen ist, weil Letztere stets nur neue Gewalt erzeugt. Gewaltlosigkeit ist für Gandhi eine Methode, die alle Probleme zu lösen vermag. Dabei erhebt Gandhi nie den Anspruch, die alleinige Wahrheit zu besitzen. Er ist der Ansicht, dass sich die Menschen, da sie niemals den Alleinbesitz von Wahrheit beanspruchen können, die relative Wahrheit anerkennen und sich von ihr leiten lassen sollten. Auf die Frage nach dem Kriterium dieser relativen Wahrheit, nennt Gandhi das Gewissen, die innere Stimme als die entscheidende Instanz. Hier stellt sich die Frage, ob eine solche subjektive Sicht Anspruch auf Allgemeinverbindlichkeit erheben kann. Eigentlich nicht. Worauf es Gandhi aber ankommt, ist Folgendes: Wenn alle notwendigen und zur Verfügung stehenden Informationen und objektiven Faktoren vorhanden sind, die uns helfen, eine Entscheidung zu fällen, so ist und bleibt eine solche Entscheidung im Kontext der menschlichen Situationen doch mit einem subjektiven Empfinden hinsichtlich der richtigen Wahl verbunden. Es gibt keine völlige Freiheit von einem solchen Subjektivismus. Wer dies leugnet, liebäugelt insgeheim mit dem Anspruch auf den exklusivistischen Besitz absoluter Wahrheit. Ferner meint Gandhi, dass die Anerkennung relativer Wahrheit uns dazu führt, bescheiden, offen und tolerant zu werden, verbunden mit der Bereitschaft, unsere Positionen zu überdenken, zu modifizieren und gegebenenfalls auch aufzugeben. Hinzu kommt eine Selbstdisziplin, die die Interferenz der Subjektivität und so auch die Kluft zwischen der absoluten und relativen Wahrheit verringert. Gandhis Verständnis von Wahrheit zielt nicht so sehr auf die Konstruktion widerspruchsfreier theoretischer Modelle der Wahrheit, sondern vielmehr auf eine

Reinigung des Geistes und auf die Bereitschaft, an der Wahrheit der Gewaltlosigkeit festzuhalten.

Eine jede Anthropologie, will sie konkret sein, muss in Betracht ziehen, dass der Mensch sich in Bedingtheiten vorfindet, die biologischer, historischer, sozial-politischer, kultureller und religiöser Natur sind. Zu diesen Bedingtheiten, die er anfänglich nicht gewählt hat, muss sich der Mensch in ein Verhältnis setzen. Gandhis Einstellung zum Körper ist eher negativ. Hier scheint nicht nur die indische Tradition eine Rolle zu spielen, sondern auch seine Lebensgeschichte. In seinem Kommentar zur Bhagavadgita sagt Ghandi, der Körper sei aus der Sünde geboren und der eigentliche Ort der Sünde. Hier mag er sich mit Platon oder auch mit der biblischen Lehre eins fühlen. Tagore war in diesem Punkt ganz anderer Ansicht und hat Gandhi deswegen auch kritisiert. Freilich schüttet Gandhi das Kind nicht mit dem Bade aus. Im Geiste Buddhas lehnt er eine übertriebene Kasteiung des Körpers ebenso ab wie grenzenlose Sinnlichkeit und Genusssucht. Der menschliche Körper ist ein Mittel im Dienste höherer Ideale, wie dem der Wahrheit, der Liebe und der Gewaltlosigkeit.

Man hat Gandhi sowohl Pessimismus als auch grenzenlosen Optimismus attestiert. Gandhi sei ein Pessimist, weil er die sündige Seite des Lebens betone. Er sei aber auch ein unermüdlicher Optimist, weil er das Gute im Menschen immer wieder hervorhebe und der festen Überzeugung sei, das Gute werde niemals ganz untergehen. Man könnte Gandhi einen »aktiven Pessimisten« nennen. Seine Vorstellungen setzt er auch individuell um, ohne darauf zu warten, dass alle Menschen den Weg der Gewaltlosigkeit annehmen; er hätte ihn auch ganz alleine beschritten. Als ein Handelnder sieht Gandhi die menschliche Natur als Kampfplatz entgegengesetzter Kräfte, des Guten wie des Bösen, der Opferbereitschaft wie der Selbstsucht, der Liebe wie des Hasses. Seine Lektüre Bhagavadgitas hat Gandhi überzeugt, dass der eigentliche Kampf im menschlichen Geist stattfindet; nur wer hier siegt, kann auch ein Sieger draußen werden. Auch wenn Gandhi das völlige Verschwinden der Gewalt in jeder Form für unrealistisch hält, wird er nicht müde, die Menschen zu mahnen, in ihrem Bemühen, dem Ideal der Gewaltlosigkeit näher zu kommen, nicht nachzulassen. Von Bhagavadgita hat Gandhi gelernt, dass unsere Pflicht in erster Linie im Tun des Guten bestehe. Gandhi ist aber nicht nur ein »Gesinnungsethiker«, sondern ebenso ein »Verantwortungsethiker«. Wenngleich ein gläubiger Mensch, findet er doch keine überzeugende Lösung für die Existenz des Bösen. Er meint nicht, dass der Mensch allein für das Böse verantwortlich ist. Gott möchte er dabei nicht ganz freisprechen. Fast im Geiste der Vedanta-Lehre sieht er das Böse als etwas Unbegreifliches an. Verwerfliche Züge im Charakter des Menschen meint Gandhi dadurch zu erklären, dass er von gewissen Einschränkungen genetischer, kultureller, religiöser Natur spricht, denen der Mensch unterliege und die er weder frei wählen noch zur Gänze beseitigen könne. Für das große Erdbeben von Bihar (Indien) im Jahre 1934 gibt Gandhi eine wenig taugliche Erklärung. Er sieht darin eine Strafe Gottes gegen die Sünde der Unberührbarkeit in der Hindu-Gesellschaft. Denn auch wenn Gandhi die berufsorientierten vier Stände der Kastengesellschaft akzeptiert und diese sogar für vererblich hält, ist er doch unerbittlich im Kampf gegen die Unberührbarkeit. Er wünscht sogar dem Hinduismus den Tod, sollte die Unberührbarkeit zu dessen Wesen gehören.

Gandhi ist ein Gegner der Globalisierung in dem Sinne, dass er dadurch die Eigenart der vielfältigen Traditionen der Welt gefährdet sieht. Er plädiert für eine Verständigung und Kommunikation zwischen den Kulturen, ist aber gegen Homogenisierung. Dem evolutionären Schema gegenüber ist Gandhi eher skeptisch, denn die Eindämmung menschlicher Unzulänglichkeiten ist und bleibt das Hauptproblem des menschlichen Zusammenlebens.

Es ist immer wieder die Frage gestellt worden, ob Gandhi doch eher ein Utilitarist und ein Pragmatiker gewesen sei. Viele seiner Entscheidungen während des Kampfes um die Unabhängigkeit Indiens zeugen von Pragmatismus. Die größten Ideale taugen nichts, wenn sie nicht praktikabel sind. Gandhi ist in diesem Punkte sehr deutlich. Auch wenn Gandhi auf die Praktikabilität und Erwünschbarkeit der Handlungen Wert legt, ist er von dem Grundsatz der Reinheit der Mittel überzeugt. So gesehen, ist Gandhi tatsächlich ein Pragmatiker – mit Prinzipien. Freilich war das Ende seines Lebens doppelt tragisch, nicht nur sein Tod durch Mörderhand, sondern auch die gewaltsame Teilung Indiens, hatte er doch alles daran gesetzt, diese zu verhindern.

Gandhi lehnt eine Theorie ab, mag sie noch so großartig sein, wenn sie nicht die Person des Theoretikers selbst transformiert. Abstraktionen sind nach Gandhi Muster ohne Wert. Daher begreift er seinen Kampf um die indische Unabhängigkeit als eine Angelegenheit von universaler Bedeutung, konkret ausgetragen an einem bestimmten Ort. Mit Recht hat man darauf hingewiesen, Gandhis Anthropologie stelle eine Mischung aus Lehren des Vedanta und der Bibel dar. Vom Christentum lernt Gandhi aller Wahrscheinlichkeit nach, dass die menschliche Natur doch sündig ist, daher auch unvollkommen und verdorben. Von dem Vedanta lernt er indessen, dass der Mensch durch Selbstdisziplin in der Lage ist, das Göttliche zu realisieren. Durch vedantischen Einfluss wird Gandhi davor bewahrt, dass das Sündenbewusstsein für ihn zu einer Obsession wird. In der Zeitschrift *Harijan* (18. April 1936) sagt er, dass er frei und öffentlich seine Sünden gebeichtet habe.

Gandhis Bild vom Menschen oszilliert zwischen einem Leib-Seele-Dualismus und dem Vedantismus, der diesen überwindet. So ist der Körper sowohl ein Gefängnis als auch ein Ort der Befreiung. Im Gegensatz zu Aurobindo, der den Körper trotz seiner Begrenzungen als ein Instrument der Spiritualität ansieht, ist Gandhis Einstellung eher hinduistisch orthodox: Sein Weg zur Veränderung führt von innen nach außen. Humane Ideen, wie z. B. jene von Marx, lobt Gandhi. Im Gegensatz zu Marx jedoch ist das Geistige für Gandhi kein Überbau. Er ist in erster Linie für die Veränderung des Bewusstseins, bevor in äußere gesellschaftliche und institutionelle Verhältnisse eingegriffen wird. Armut ist nach Gandhi die schlimmste Form der Gewalt, weil Armut durch die Gier der Reichen verursacht wird. Die Geburt des »neuen Menschen«, ob religiös oder sozial und politisch gesehen, setzt für ihn zunächst eine moralische und spirituelle Transformation voraus. Gandhi hat stets für eine Moralisierung der Politik und nicht für eine Politisierung der Moral plädiert.

Heute immer noch oder wieder sehr aktuell sind die Gedanken Gandhis, die er in der Zeitschrift *Young India* (1925) als die sieben Todsünden der modernen Welt zusammengefasst hat: 1. Reichtum ohne Arbeit, 2. Genuss ohne Gewissen, 3. Wissen ohne Charakter, 4. Geschäft ohne Moral, 5. Wissenschaft ohne Menschlichkeit, 6. Religion ohne Opfer, 7. Politik ohne Prinzipien.

Gandhi zeigt sich hier in vielen Facetten: als Sozialist, Ökonom, Politiker, Humanist, Moralist und Gläubiger in einem.

66. Rabindranath Tagore

Gandhi und Tagore (1861–1941) verstanden sich gut, es gab indessen auch große Missverständnisse, ohne dass die wechselseitige Achtung jemals Schaden genommen hätte: Tagore war der erste, der Gandhi *Mahatma* (große Seele) nannte.

66. Rabindranath Tagore

Tagore ist in erster Linie ein Dichter-Philosoph, der über Themen aus Kultur, Religion, Dichtung, Musik Bahnbrechendes geschrieben hat. Als Vertreter des Neohinduismus erneuerte er uralte Ideale der Hindu-Gesellschaft im Lichte der Vervollkommnung der menschlichen Natur. Mensch und Natur sind nach seiner Auffassung wie Knospe und Blüte miteinander verbunden. Ähnlich wie für Aurobindo ist auch für Tagore die spirituelle Stufe der Natur immanent. Nach Tagore kennzeichnet den Menschen eine Polarität: Die menschliche Natur ist in den Kosmos, die *große Natur*, gestellt, ohne doch restlos auf diese reduzierbar zu sein. Der Mensch ist eine einzigartige Erscheinung in der Evolution. Mit seinem Erscheinen teilt sich die Evolution in zwei Abschnitte: in ein Davor und ein Danach. Im Menschen schneiden sich Kontinuität und Diskontinuität. Zwar bleibt er stets von natürlichen Faktoren geprägt und hat Anteil an einem gemeinsamen Schicksal mit der Pflanzen- und Tierwelt, doch sein Geist ist nicht von Natur aus völlig determiniert. Der Mensch kennt mentale, bewusstseinsbestimmte Dimensionen. Seine Gefühle, Hoffnungen, Ängste, Vorstellungen und Entwürfe beanspruchen Unabhängigkeit. Daher ist der Mensch nach Tagore schöpferisch, denn er kann als Kulturwesen mit Hilfe seiner Sollensvorstellungen in die Gestaltung seiner Innenwelt und seiner Umwelt eingreifen. Er ist ein spirituelles Wesen und sehnt sich daher nach mehr als nur nach weltlichen Gütern. Der Mensch ist potentiell göttlich und im Wesen von Natur aus gut.[8]

Der Mensch ist auch wesentlich gekenzeichnet durch seine Ausrichtung auf Transzendenz. Dadurch ist er einer Transformation fähig. Diese spirituelle Natur des Menschen bezeichnet Tagore als einen »Überschuss« (surplus), der weit über den nur biologisch gedeuteten Menschen hinausweist.[9] Es mag sein, dass das Spirituelle selbst auf dem Weg der Evolution entstanden ist, aber es ist nicht mehr restlos auf die Evolution zurückführbar und stellt etwas dar, dessen Richtung eine eigene Gesetzlichkeit hat. Dies gilt auch dann, wenn, wie oft gesagt wird, die Transzendenz ein Konstrukt, bloß Ausdruck menschlicher

---

[8] Vgl. Siegfried, E.: The Religion of Tagore. Christian Literary Society for India, Madras 1949.

[9] Tagore schreibt: »The most important fact that has come into prominence along with the change of direction in our evolution is the possession of a spirit which has its enormous capital with a surplus far in excess of the requirements of the biological animal in man.« The Religion of Man, London 1949, S. 43.

Sehnsucht, ja eine Illusion sein sollte. Auch die moderne Anthropologie spricht von einem »Überschuss« in der menschlichen Natur.

Die Frage nach einer Sonderstellung des Menschen im Kosmos ist eine sehr schillernde, denn der Mensch ist und bleibt ein Teil des Kosmischen, auch wenn seine Selbst- und Weltentwürfe normative Momente aufweisen. Es mögen Entwürfe sein, die neben der evolutionären Kausalität eine eigenständige Wirkkausalität für sich beanspruchen, denn Ideale sind Leitbilder, die etwas bewirken können. Unter diesem Betracht hat der Mensch im großen Haushalt der Natur eine gewisse Sonderstellung, ohne doch von dieser jemals getrennt zu sein.

Zum Wesen des Menschen gehört auch sein Seelen-Bewusstsein (soul-consciousness). Nach Tagore führt uns dieses Bewusstsein zum Bewusstsein Gottes, das von kosmischer Dimension ist. Tagores anthropologische Vorstellungen sind theistisch und nicht-theistisch zugleich. So wie die Vedantins geht er von dem Gedanken einer fundamentalen Einheit zwischen der individuellen *(atman)* und universellen Seele *(paratman)* aus, die auf religiös-ästhetischen und spirituellen Wegen erfahren werden.

Die weltlichen Verhältnisse, die voller Widersprüche sind und vielfältige Formen des Leidens bereithalten, sollen nach Tagore eher als Impulse und nicht als Obstruktionen auf dem Wege der Realisation der Einheit begriffen werden. Der Mensch, so Tagore, ist ein Kind der Erde, aber auch ein Erbe des Himmels.[10] Menschen gleichen den Tieren und Steinen insofern, als sie universell wirksamen natürlichen Kräften unterliegen. Alle positivistisch orientierten Wissenschaften nehmen sich daher den rein biologisch bestimmten Menschen zum Gegenstand und lehnen das Spirituelle als etwas nur Erdachtes ab. Auf der anderen Seite gibt es Denker, die das nur Biologische im Menschen geringschätzen, wenn nicht gar leugnen, und ihn vor allem als ein spirituelles Wesen, fern der Tierwelt, mit nur ihm möglichen Wünschen, Hoffnungen, Erwartungen deuten. Beide Auffassungen sind nach Tagore einseitig und verfehlen ein ganzheitliches Bild vom Menschen.

Der Mensch vereint nach Tagore in sich das Universelle und das Individuelle. Während Letzteres dem Menschen Unverwechselbarkeit verleiht, ist es das Universelle, das in ihm eine Sehnsucht nach kosmischer Solidarität und nach Einheit angesichts der Vielfalt erweckt. Die Faktizität des Todes erkennt Tagore an, meint aber, dass Menschen

---

[10] Vgl. Tagore, R.: Sadhana, London 1947.

66. Rabindranath Tagore

nach der Möglichkeit der Unsterblichkeit Ausschau halten. Als Beleg führt Tagore an, dass viele unserer Handlungen in einer solchen Erwägung gründen könnten. Wie Jaspers meint auch Tagore, dass der Mensch mehr sei als das, was er von sich wisse oder sehe. Tagore spricht in diesem Zusammenhang von der schöpferischen Natur des Menschen, wobei das Schöpferischsein nicht bloß in der Herstellung oder Konstruktion neuer Dinge besteht, sondern die Fähigkeit und Ausdrucksmöglichkeit bedeutet, neue Ideen und Visionen zu entwerfen. Es geht hier, wie Tagore stets betont, um den Künstler (artist) im Menschen. Immer, wenn Tagore von der Freiheit der menschlichen Natur spricht, meint er in erster Linie diese künstlerische Freiheit. Daher geht es hier nicht um eine metaphysische oder gar ontologische Kategorie, sondern um eine ethisch-moralische und spirituelle, die der Übung, der Meditation *(sadhana)* bedarf. Ein solches Streben der menschlichen Natur ist für Tagore ein untrüglicher Hinweis auf das Vorhandensein des Göttlichen in ihr *(jivan-devata)*.

Mensch und Kosmos:
Wider den Anthropozentrismus

Wenn wir das Verhältnis zwischen Mensch und Kosmos bestimmen wollen, können wir einen der beiden folgenden Wege wählen: Entweder geben wir unserem kosmischen Eingebettetsein den Vorrang und nicht dem Geist, ohne jedoch dabei die geistig-kulturellen Errungenschaften des menschlichen Denkens zu schmälern oder zu ignorieren, oder wir stellen den Geist über die kosmische Verbundenheit, mit dem Ergebnis, dass wir immer auf der Suche nach einer privilegierten Stellung, nach einer eigenständig-menschlichen Geschichte im Kosmos sind.

Die zentrale anthropologische Frage ist, als was wir den Menschen sehen: Ist er für uns primär ein Naturwesen oder ein von Gott geschaffenes Wesen, ein geschichtliches oder ein kulturelles Wesen? Je nach dem, wie wir zu diesen Fragen stehen, fallen unsere geschichtsphilosophischen Entwürfe aus. Wer ist Subjekt der Geschichte? Natur, Gott oder der Mensch oder deren Verschränkung? Kann Geschichte ein Sinn unterlegt werden? Ist die Geschichte in erster Linie Natur-, Geistes-, Heilsgeschichte oder eine politische-soziale Geschichte?

Das Problem der Verankerung des Menschen in der Natur, in Gott, im absoluten Geist, im Sein, im Nichts führt zu dem zentralen Thema der Verankerung des Menschen in der Geschichte. Das Verhältnis von Mensch und Geschichte ist bipolar. Denn nur wenn die Frage nach der Verortung sowohl des Menschen als auch der Geschichte geklärt ist, lässt sich das wechselseitige Verhältnis bestimmen. Was der Mensch sei, sage ihm nur seine Geschichte. Diese Ansicht Diltheys[1] kann jedoch nicht bedeuten, dass der Mensch in seiner Geschichte restlos aufgeht. Er hat Geschichte, ist sie aber nicht.

Hinsichtlich des menschlichen Verhältnisses zur Natur lässt sich dagegen feststellen, dass der Mensch nicht nur seine Natur hat; er *ist*

---

[1] Dilthey, W.: Der Aufbau der Geschichtlichen Welt in den Geisteswissenschaften, hg. v. B. Groethuysen, Stuttgart ²1958, S. 279 (= Gesammelte Schriften, 7).

zugleich Natur. Geht somit die Anthropologie der Geschichtsphilosophie voraus? Dass in dieser Frage die Ideologien und die großen Entwürfe oft versagt haben, deutet auf außergeschichtliche Faktoren hin, die dem menschlichen Geist nicht verfügbar sind. Weder die Ewigkeit Gottes noch die große Verkettung der kosmischen Ordnung können im Leben des Menschen und seiner Geschichte restlos aufgehen. Geschichtsphilosophische Konstrukte, die dergleichen postulieren, greifen zu kurz. Die weltgeschichtlichen Ereignisse, Nöte und Katastrophen führen nicht zum Untergang des Universums als der Großen Natur. Was ist diese? Jenseits aller Mystifizierungen steht der Ausdruck für das allumfassende, universelle Gesetz des Entstehens, Bestehens und Vergehens aller Dinge *(dharmas)*. Nichts bildet hier eine Ausnahme. Selbst Erleuchtung *(nirvana)* ist nichts anderes als die Einsicht, die dem Menschen im Augenblick der Befreiung zuteil wird und eine – wie Buddha sagen würde – kosmische Verbundenheit *(maha karuna)* zur Folge hat. Die Welt der Großen Natur ist ohne uns denkbar, nicht aber die Welt des Menschen ohne die der Natur. Weder soll eine Anthropologie noch eine Geschichtsphilosophie in den absoluten Stand gesetzt werden. Aber die Große Natur mit ihrer kosmischen Ordnung kann für uns ein Leitfaden sein sowohl für das Selbst- als auch für das Geschichtsverständnis. Alles ist im Werden begriffen, weil die Große kosmische Natur selbst ein Prozess ist.

Einerseits ist also der Mensch in der Großen Natur mit ihrem Entstehen, Bestehen und Vergehen fest verankert und andererseits richtet er seinen Protest genau gegen diese Verankerung. Der Mensch bringt einen Riss in die Natur. Alle großen anthropologischen und geschichtsteleologischen Entwürfe sind verschiedene Versuche, diesen Riss zu kitten. Als bloßes Geschichtswesen vermag der Mensch die Geschichte nicht ganz zu überblicken. Deshalb muss jede anthropologische oder geschichtsphilosophische Deutung einerseits von der Beobachtung des bisherigen Weges der Menschheit und ihrer Geschichte ausgehen, andererseits von der Reflexion darüber. Was könnte und was sollte die Menschheit in der Geschichte leisten? Hier scheiden sich die philosophischen Geister.

Auch wenn die Menschen Geschichte machen, sind sie ihr doch zugleich ausgesetzt. Diese Unverfügbarkeit der Geschichte wird als Diskrepanz zwischen den Intentionen und den tatsächlichen geschichtlichen Ereignissen erlebt. Die zu einem großen Anteil ergebnislosen Versuche des Menschen, Geschichte eine Richtung zu geben, sie zu beherrschen – oftmals mit katastrophalen Folgen befrachtete Bestrebungen –, werfen die Frage nicht nur nach der Geschichte, sondern auch nach uns selbst auf. Als absolut gesetzte Paradigmata sind unsere Entwürfe hinfällig. Die willkürliche Einschränkung des Erfahrungshorizontes auf eine bestimmte Tradition führt nur zu Pseudo-Anthropologien und Pseudo-Geschichtsphilosophien. Die unüberschreitbare Grenze für alle unsere Entwürfe finden wir in der Empirie des Entstehens und Vergehens in der Natur.

Die Abkoppelung der menschlichen von der Großen Natur und die der menschlichen Geschichte von der kosmischen führt entweder zu einer panaktivistischen oder panpessimistischen Anthropologie bzw. Geschichtsphilosophie. Fortschritte und Rückschritte kann es geben; jedoch nur partikulär in einem großen Ganzen. Dieses große Ganze selbst kennt weder »Fortschritt« noch »Rückschritt«, nur Entstehen, Bestehen und Vergehen. Das menschliche Bewusstsein sollte das Eingebettetsein in das Ganze erkennen lernen. Dabei würde deutlich, dass es neben dem Bewusstsein auch das Natursein gibt. Bewusstsein ist eine Form des Naturseins, nicht umgekehrt.

Die Menschen als in den großen Haushalt der Natur eingebettet zu betrachten, bedeutet keine Unterwerfung; ebensowenig darf die Natur verworfen werden. Die Große Natur bleibt die Sphäre, in der der Mensch seine Sollensvorstellungen zu realisieren hat. Außerhalb dieses sehr weit gezogenen Kreises ist sowohl die philosophische Anthropologie als auch die Geschichtsphilosophie weder real möglich noch sinnvoll. Der Mensch als Handelnder und als Subjekt der Geschichte, zugleich als meditativ-reflexiver Beobachter der Historie – dies bezeichnet die Polarität, die für sein spannungsvolles Verhältnis zur Geschichte kennzeichnend ist. Nur der Mensch als ein kosmomorphes Wesen kann die Geschichte beobachten.

Der Mensch ist sowohl seine physische als auch seine moralische Natur; er ist Geist und Nicht-Geist zugleich. Die Konstanten der Anthropologie sind – wenn überhaupt – eher bei dem Letzteren zu suchen. Die Geschichte Hiobs im Alten Testament zeigt – würde man sie »säkularisiert« deuten – einen Kampf zwischen Sein und Sollen. Das Sein wird immer wieder angeklagt von einem Sollen, das von dem Protest gegen das Sein gespeist wird. Man darf jedoch dieses Sollen nicht hypostasieren. Gerade dies aber haben Theologien und metaphysische Entwürfe getan. Je mehr Anthropologie auf Erfahrung und Wissenschaft basiert, desto bescheidener fällt die Geschichtsphilosophie aus. Plessners Anthropologie ist ein Beleg hierfür.

Je spekulativer die Anthropologie, desto geschlossener und absolutistischer die Geschichtsphilosophie. Hegels Philosophie ist ein Beleg dafür. Die Einführung eines Entweder-Oder zwischen Anthropologie und Geschichtsphilosophie hilft uns in der Tat nicht. Sie macht die Situation noch polemischer, als sie ohnehin schon ist. Daher soll dieser Gegensatz zurückgewiesen werden, demzufolge auch die Frage, ob die Geschichtsphilosophie oder die Anthropologie recht habe.

Menschen, die sich mit Descartes immer noch als »Meister und Besitzer« der Natur verstehen, gefällt die griechische, chinesische, indische oder indianische Verbundenheit mit dem Kosmos nicht, weil sie sowohl die Menschen als auch die Geschichte dem ewigen Lauf des Entstehens und Vergehens unterstellt. Aber auch die theologische Betrachtungsweise ist ihnen abhanden gekommen. Ferner sind sie auch mit den geschichtstheoretischen Konstruktionen und Entwürfen nicht zufrieden; denn diese verlieren sich im Dickicht der Ideologien und verursachen mehr Leid als Glück. Aber auch der Historismus als Verabsolutierung des Relativismus bleibt in der Aporie stecken, weil er auf der einen Seite den Menschen in der Geschichte aufgehen lässt, ihn auf der anderen Seite dennoch übergeschichtlich zu begreifen sucht.

Der Ausweg aus dieser Problemlage ist, dass der Mensch sein Eingebettetsein im Kosmos begreift und sich von der Natur auch leiten lässt. Dadurch sollte der Mensch den Frieden in und mit der Natur finden und von unverhältnismäßigen geschichtsoptimistischen und geschichtspessimistischen Konstrukten loskommen.

Weder geschichtsphilosophische Anthropologien noch anthropologische Geschichtsentwürfe sind heute am Platze; denn in beiden bestätigt sich das, was in der Großen Natur die Regel ist: Anfang und Ende bedingen einander. Die Relation Mensch-Natur sollte als eine bidirektionale verstanden werden, und der Mensch sollte Natur in ihrer Eigenwürde nicht verletzen.

Dass eine solche Erkenntnis selbst nur aufgrund unseres Bewusstseins möglich ist, dürfen wir nicht ontologisch ummünzen. Die Sinnfrage der menschlichen Geschichte lässt sich in drei Teilfragen zerlegen: Hat die Geschichte überhaupt einen Sinn? Stimmt der Sinn, den der Mensch der Geschichte gibt, mit dem naturgegebenen Sinn, falls ein solcher existiert, überein? Verwirklicht das Streben des Menschen nach Sinn den naturgegebenen Sinn, arbeitet es ihm entgegen oder ist es letztendlich bedeutungslos? Trotz der Unentscheidbarkeit dieser Fragen handelt der Mensch zielgerichtet. Unvermeidlichkeit bedeutet daher nicht Tatenlosigkeit. Von der Unvermeidlichkeit des Todes weiß der Mensch, dennoch versucht er, Krankheiten zu heilen.

Nur eine Verankerung scheint letzten Endes standzuhalten, nämlich jene in der Großen Natur. Und eine solche Verankerung überschreitet sowohl eine theozentrische als auch eine anthropozentrische Vorstellung von Mensch und Geschichte. Eine jede Selbstüberschätzung ist potentiell korrigierbar; was jedoch unkorrigierbar bleibt, ist die Entfremdung des Menschen von der Großen Natur. Einen Anspruch auf eine menschliche Sonderstellung gibt es daher nicht. Eine Philosophie der Natur ist Vorbedingung für eine Philosophie des Menschen.

Sind unsere Kategorien historisch, dann haben sie keine Endgültigkeit; sind sie anthropologisch, so müssen sie sich in der Geschichte bewahrheiten. Mit anderen Worten: Es gilt, die Sehnsucht des Menschen nach dem Absoluten unter jeglichem Betracht a limine als unerfüllbar zu begreifen. Der hohe, stellenweise selbstgerechte Anspruch und das Elend sowohl mancher Anthropologien als auch Geschichtsphilosophien lassen sich zurückführen auf die utopische Vorstellung, dass erstens eine planmäßige Veränderung der natürlichen und sozialen Welt möglich und zweitens, dass der Mensch zur Vervollkommnung fähig sei. Der natürliche Erfahrungsraum ist und bleibt jedoch der zentrale Dreh- und Angelpunkt, zu dem wir zurückzukehren haben. Mensch und Geschichte, Anthropologie und Philosophie der Geschichte bedingen einander. Der heutige Kampf zwischen unterschiedlichen Geschichtsauffassungen resultiert daraus, dass es grundverschiedene Ideen vom Wesen des Menschen gibt. Die Verankerung der Anthropologie und auch der Geschichtsphilosophie in dem »Naturwesen« Mensch wäre geeignet, den Boden abzugeben, auf dem der fast unauflöslich erscheinende Gegensatz von Natur und Geist neutralisiert werden könnte.

Die Säkularisierung der ursprünglichen Sehnsucht nach Heil in der jüdisch-christlichen Tradition nahm die Menschwerdung Gottes zu ernst und meinte, die Vorstellung vom Gottesreich auf Erden durch Vergottung des Menschen im Zeitalter der technologischen Naturbeherrschung und durch Ideologien realisieren zu können. Verwandte Träume von Erlösung gibt es auch in anderen Traditionen. Die Säkularisierung im Westen griff zunächst von der Theologie (die sich selbst als eine Aufklärung begriff) auf die Philosophie über, von dort auf Psycho-

Mensch und Kosmos: Wider den Anthropozentrismus

logie, Pädagogik, Soziologie und schließlich auf die Politik. Selbst die Allianz zwischen Aufklärung, Französischer Revolution, Industrialisierung und technologischer Formation bleibt unheilig. Auch die alles beherrschende moderne Technologie scheint überfordert zu sein, wenn es um die Frage nach der Realisierung eines geschichtlichen Idealzustandes geht. Wer versagt, ist der Mensch.

Will man heute philosophisch-wissenschaftlich und in nüchterner Empirie jenseits aller geschichtstheologischen und spekulativ-metaphysischen Präsuppositionen und Prätentionen über Mensch, Geschichte und Natur nachdenken, so kann man dies nur tun, wenn man nicht mehr im Fahrwasser des bloß Spekulativen verbleibt, gleichgültig, ob man sich dabei theologisch, metaphysisch oder ideologisch orientiert. Nietzsche hat immer wieder den Verdacht geäußert, dass viele deutsche Philosophen verkappte Theologen gewesen seien. Es gilt, heute das unverrückbare Eingebettetsein des Menschen samt seiner Geschichte in die Ordnung der Großen Natur einzusehen, diese zum Ausgangspunkt zu nehmen und sowohl die anthropologische als auch die geschichtsphilosophische Problematik von dort aus anzugehen. Alles andere erweist sich als ein menschliches Vorurteil, geboren aus der Eitelkeit, mit der man nach einem Ort jenseits des natürlichen Kreislaufs aller Dinge hinstrebt.

Aus dem Geist der phänomenologischen Methode, das heißt jenseits aller Hypostasierungen und Konstruktionen, sind wir von dem Vorrecht des Gegebenen und Erlebten ausgegangen, mit dem Ziel, es vorurteilslos zu sehen und zu beschreiben. Freilich kann das Gegebene in dem Bereich Mensch und Geschichte in der Hauptsache die »millionenfache Hydra der Empirie« (Goethe an Schiller, 17. August 1797) bedeuten, die wir ungestraft nicht vernachlässigen können. Unsere Methode ist daher nicht so sehr formal und logisch-analytisch, sondern anschaulich-deskriptiv gewesen. Wir sind dabei nicht von vorbestimmten Grundbegriffen ausgegangen, sondern haben versucht, soweit wie möglich vorurteilslos das zu beschreiben, was sich zeigt und auf welche Weise. Und hierin haben wir versucht, den Logos zu erblicken, der sich nur bruchstückhaft zeigt und nur in »Überlappungen« anzutreffen ist. Nur so, scheint es, kann man das Unverstellte sehen, erfahren, beschreiben und darstellen. Nicht wird eine ausgedehnte Ordnung in die Natur hineinprojiziert (dies wäre immer noch eine anthropozentrische Konstruktion), sondern es wird eine Ordnung in der Natur wahrgenommen, mit der daraus resultierenden Einsicht, dass das, was der Großen Natur zugrunde liegt und sie trägt, auch der Menschheitsgeschichte zugrunde liegt und diese trägt. Freilich ist dieses, was alles trägt, selbst nicht Geschichte in einem partikularen Sinne der unterschiedlichen Geschichtsgattungen; es ist die Große Natur.

Der Mensch ist weder ganz frei noch ganz festgelegt, sondern besitzt in seiner Natur eine »plastische Festgelegtheit bzw. Festlegbarkeit« durch sein Eingebettetsein in die Große Natur. Daher wird selbst die »exzentrische Position« (Plessner) als ein Merkmal des Menschen betrachtet. Seines Mangels an Wissen bewusst, wird der Mensch zu einem fragenden Wesen und kennt und lebt mit einer Asymmetrie zwischen Fragen und Antworten, wobei der Primat der Fragen bestehen bleibt. Es ist durchaus möglich, dass die Große Natur sich in der kleinen menschlichen Natur zeigt. Auch die Bestimmung des Menschen als »homo compensator« (Marquard) bleibt noch viel zu anthropozentrisch, wenn damit das menschliche Schicksal bedauert werden soll, denn dies wäre immer noch ein menschliches Vorurteil. Alle Gattungen in dem großen Haushalt der Großen Natur gehorchen dem gemeinsamen Gang aller Dinge, der Entstehen-Bestehen-Vergehen heißt.

Im Anschluss an diese Einsicht bleibt die entscheidende Frage: Hat die Große Natur, deren Teil die menschliche Natur ist, eine basale Bedeutung, eine fundierende Bestimmung für Mensch und Geschichte oder nicht? Wenn ja, werden die unterschiedlichen Versuche, radikale Historizität und Anthropozentrik der Großen Natur entgegenzusetzen, überaus fragwürdig, gleichgültig ob sie spekulativ-metaphysisch oder ideologisch-theologisch akzentuiert sind. Wenn nämlich der Mensch nicht bereit ist, der Großen Natur mit Achtung und Ehrfurcht zu begegnen, instrumentalisiert er sie in letzter Konsequenz bis hin zu deren Zerstörung und zur Selbstvernichtung.

Auch wenn es stimmt, dass das menschliche Ethos nicht einfach der Natur entlehnt werden kann, bleibt die Große Natur in einem eminenten Sinne maßgeblich an der Bildung unserer Vorstellungen von dem, was letzten Endes gilt, stets mitbeteiligt. Wollte der Mensch der Natur eine in mit ihr in Konkurrenz tretende, vermeintlich eigene Ordnung aufprägen, dann wäre ein solches anthropozentrisches Unterfangen zum Scheitern verurteilt. Die totale Machbarkeit von Geschichte ist eine Illusion, doch lässt sich der Gestaltungswille des Menschen nicht leugnen, mag dieser Wille auch gelegentlich zerstörerische Züge annehmen. Die vorgegebene und unüberschreitbare Große Natur ist und bleibt für Mensch und Geschichte richtungsbestimmend und mahnt zur Bescheidenheit.

Mensch und Kosmos: Wider den Anthropozentrismus

Im klassischen chinesischen Denken wird oft von zwei Wegen gesprochen: dem des Himmels und dem des Menschen, wobei dem Weg des Himmels, der zugleich der Weg der Großen Natur ist, der Vorrang zukommt. In unserem Zusammenhang sind der Weg der Natur und der des Menschen zwei nicht auseinander laufende Wege. Ist der Weg der Großen Natur die der Hauptstraße, so führen die Wege des Menschen (und auch die anderer Lebewesen) über die vielen Nebenstraßen, die sich von ihr abzweigen, ohne sich doch von ihr zu »trennen«. Man kann eine solche Denkweise »naturalistisch« bezeichnen. Um aber Missverständnissen vorzubeugen, möchte ich hier von zwei Arten des Naturalismus sprechen: erstens der »natürliche« und zweitens der »naturalistische« Naturalismus. Der erste besagt: Die Philosophie der menschlichen Natur und die der Großen Natur sind keine einander ausschließenden Gegensätze. Sie sollen als komplementär betrachtet werden, mit dem Vorrang freilich der Letzteren. Der zweite Weg ist eher reduktiv und macht das Geistige zu einem bloßen Epiphänomen. Was gilt, ist nur die Philosophie der Großen Natur und nicht die des Menschen. Die Vernachlässigung der partiellen Autonomie der menschlichen Natur führt aber dazu, dass der »naturalistische Naturalismus« das eigentlich Kulturelle, Geistige und Religiöse nicht befriedigend erklären kann.

Diesen Betrachtungen liegt der »natürliche Naturalismus« zugrunde, welcher den Menschen, sein Wesen, sein Bewusstsein weder reduktiv »naturalisiert« noch als etwas ganz Außernatürliches hypostasiert. Der hier vertretene Naturalismus geht von der Grundeinsicht aus, dass der Mensch mit seiner Geschichte unverrückbar in die Große Natur eingebettet ist. Der Mensch stellt den Knotenpunkt von Natur, Kultur und Historie, von Mythos und Logos dar. Der Mensch mit seiner Geschichte ist nicht unabhägig *von* der Natur, sondern unabhängig *in* der Natur.

Die Große Natur mit ihrem anfangs- und endlosen Kreis von Entstehen-Bestehen-Vergehen stellt den Grundrahmen dar, der durch Bezweifelung und Protest nicht verrückt werden kann. Menschliches Denken, das sich außerhalb dieses Rahmens zu positionieren sucht, entwirft geschichtsphilosophische Konstrukte. Während der Menschenverstand dem Kreislauf des Entstehens und Vergehens, wenn auch widerwillig, zustimmt, versucht auf der zweiten Ebene anthropozentrisches Denken überheblich gegen den Kreislauf zu revoltieren. Ein solches Denken bleibt aber im Fahrwasser des deutschen Idealismus, des dialektischen

Materialismus, einer theologischen Geschichtsteleologie, des »seinsgeschichtlichen« Historismus und dergleichen mehr.

Die Unruhe dieser zweiten Stufe legt sich indessen, wenn die Einsicht in die allumfassende Unparteilichkeit der Großen Natur eintritt. Diese Veränderung ist dem Zen-buddhistischen Weg vergleichbar, wo es heißt: »Bevor man den Zen studiert, sind Berge Berge und Flüsse Flüsse; während man ihn studiert, sind Berge nicht mehr Berge und Flüsse nicht mehr Flüsse; sobald man aber eine Erleuchtung gehabt hat, sind Berge wieder Berge und Flüsse Flüsse.«[2] Es kommt darauf an, sich in Bescheidenheit zu üben und die Sehnsucht nach einer allmächtigen Sonderstellung des Menschen aufzugeben, mögen deren Begründungen auch von der Theologie bis hin zu einem vermeintlichen technologiebasierten »Wissensvorsprung« des Menschen reichen. Die menschliche Vernunft ist in einer solchen Anthropologie keinesfalls überflüssig, auch wenn sie sich oft blamiert hat; sie sollte aber ihr Maß an der Natur und in der Erfahrung finden, damit der gierige Wille, sich einer »Sonderstellung« zu bemächtigen, erlischt.

Die Griechen (aber auch die Asiaten) haben in der Ordnung des kosmischen Geschehens vom Entstehen und Vergehen das Wiederkehrende des Wahren gefunden, auch wenn sie mit Vorliebe die heroischen Taten großer Individuen beschrieben. Augustinus erblickte in Gott den alleinigen Herrn der Geschichte. Hegels Verweltlichung des christlichen Motivs, eingebettet in ein großartiges und sehr originelles spekulatives System, machte das Ziel der Geschichte an der Selbstentfaltung des absoluten Geistes fest und stellte das Historisch-Politische – ob im Sinne einer christlichen oder eher einer spekulativ-idealistischen Verabsolutierung – in den Vordergrund. Marx wandelte Hegels These zu seiner eigenen – die These von der Selbstbefreiung des Menschen als Sinn und Ziel historischer Prozesse, indem er die gesellschaftliche und politisch-ökonomische Dimension mit einbezog und diese durch die Elemente Emanzipation und Revolution anreicherte.

Schließlich meinte man in der wissenschaftlich-technischen Beherrschung der Natur und in einer möglichen emanzipatorischen Gestaltung der Gesellschaft das lang ersehnte und gesuchte Mittel für eine endgültige Befreiung von allen wie auch immer gearteten Übeln der

---

[2] Suzuki, D. T.: Zen Buddhism: Selected Writings of Suzuki, hg. v. W. Barrett, New York 1956, S. XVI–XVII, zit. in: Fann, K. T.: Die Philosophie Luwig Wittgensteins, München 1971, S. 99.

Menschheit gefunden zu haben. Kritisch bleibt festzuhalten, dass alle bloß anthropozentrischen Entwürfe die Menschheit schicksalhaft überfordert haben. Jede Hypostasierung, Ontologisierung, Verabsolutierung eines bestimmten Entwurfes, einer bestimmten »Vorsehung« (Hegel), ist zu vermeiden. Was als Einsicht bleibt, ist, dass wir auch als Geist- und Vernunftwesen Naturwesen sind und bleiben.

Die Ordnung, die sowohl der Natur- als auch der Menschheitsgeschichte zugrunde liegt und durch den Rhythmus des immer Wiederkehrenden geprägt ist, ist nicht eine ersonnene, sondern eine entdeckte; sie gründet in der Empirie. Daher gilt es, eine bloß induktive oder deduktive Anthropologie und Geschichtsphilosophie zu vermeiden. Das trans-kulturelle, trans-ethnische, *das absolute Subjekt der Geschichte* hat man bis heute vergeblich gesucht. Auch der Traum von einem bestimmten Ende oder einem Ende schlechthin ist ausgeträumt. Weder geht der Mensch in einer bestimmten, konkreten Anthropologie auf noch endet seine Geschichte gemäß einem bestimmten Entwurf. In der ewigen Ordnung der Dinge hat entweder alles und jedes seine Geschichte oder aber nichts hat eine Geschichte.

Beide Grundideen, die einer planmäßigen Veränderbarkeit der natürlichen und gesellschaftlichen Welt und die der stetigen Vervollkommnungsfähigkeit des Menschen, finden ihre Grenzen an der Großen Natur, die alles duldet, nur keine radikale Zurückweisung ihrer selbst, verbunden mit der Verabsolutierung des Anthropos. Daher wird weder ein simples »Zurück zur Natur« gefordert noch ein alleiniges »Zurück zur Kultur«, sondern ein »Zurück zur Natur über den Umweg der Kultur«, verbunden mit der Einsicht in die unaufhebbare Schicksalsgemeinschaft aller Wesen in dem Haushalt der Großen Natur.

Dem philosophischen Denken scheint sowohl ein tragisches als auch ein befreiendes Moment innezuwohnen. Endgültige Lösungen sind anscheinend nicht zu erreichen, weil die Fragen nicht aufhören und weil alle bereits gegebenen Antworten stets nur vorläufige – und zudem nicht objektiv verifizierbare – waren. In einem verwandten Sinne lesen wir bei Wittgenstein, die Frage des Fortschritts in der Philosophie betreffend: »Wenn einer kratzt, wo es ihn juckt, muß ein Fortschritt zu sehen sein? Ist es sonst kein echtes Kratzen, oder kein echtes Jucken? Und kann nicht diese Reaktion auf die Reizung lange Zeit so weiter gehen …«[3]

---

[3] Wittgenstein, L.: Über Gewißheit, Werkausgabe Bd. 8, Frankfurt/M. 1984, S. 573.

Seit Jahren fokussiert sich die internationale Diskussion zunehmend auf die Notwendigkeit, kulturelle Vielfalt auf interdisziplinärer Ebene in unserer Welt wahrzunehmen und als einen Höchstwert anzuerkennen. Dies impliziert den definitiven Verzicht auf die Hypostasierung einer bestimmten eigengeprägten Kultur als Prototyp einer möglichen künftigen Weltkultur – diese verstanden als ein Konstrukt höheren Grades mit einer regulativ leitenden und lenkenden Funktion. Ist dieses Postulat utopisch? Würde seine Verwirklichung nicht zu einem globalen Identitätsverlust und zu einer gefährlich-brüchigen Imagination geistiger Globalisierung führen, die in den Köpfen weniger Phantasten und Weltverbesserer ihren Ort hätte, aber nirgendwo sonst?

Dies träfe zu, wenn man von der Prämisse ausginge, eine geistige Weltkultur könne nur mit einem Dementi aller geschichtlich überschaubaren Kulturleistungen der Menschheit einhergehen. Das Gegenteil ist der Fall: Im Lichte des Projektes einer Überlebensstrategie für unseren Planeten würden diese Leistungen aus unterschiedlichen Traditionen in ihren Eigenprofilen ganz neu erfahren, ganz neu validiert werden für den großen Schritt von Lokalität zu Globalität, in deren Horizont Geschichtlichkeit in ihrer unaufhebbaren Verankerung in der Großen Natur erkannt würde. In ihr ist die Menschheit immerwährend mit dem Prozess des Entstehens, Bestehens und Vergehens konfrontiert, einem Prozess, gegen den sich auflehnen zu wollen, von todbringender Hybris zeugen würde. Die Frage, was bleibe, wenn alle unsere ideellen Sinngebungsstrukturen zerfielen und beliebig zu werden drohten, verliert ihren nihilistischen Beigeschmack, sobald wir uns des Eingebettetseins in diese Große Natur bewusst werden, uns bescheiden und uns auf unsere je eigene Transformation – weg von exklusiver Ich-Verhaftung und eigenkultureller Verortung hin auf ein Größeres – konzentrieren. Hier läge die wahre Eigenständigkeit des Menschen und seiner Kulturschöpfungen, dass er die Fähigkeit entwickelte, sich selbst zu überschreiten – aus tiefem Respekt für jenes Humanum, das in *allen* Kulturen präsent ist. Nicht fortzufahren, einander immer wieder aufs Neue zu bekämpfen und zu töten, sondern sich dazu aufzuraffen, die Hoheit und Sakralität der Großen Natur zu sehen und zu begreifen – wie auch immer diese benannt werden möge –, wäre ein Ethos der Interkulturalität, das zu entwickeln wir Menschen des 21. Jahrhunderts die Chance haben.

Der menschliche Wissensvorsprung ist und bleibt eine großartige kulturelle Leistung. Er bringt jedoch auch eine ethisch-moralische Verpflichtung gegenüber den Mitmenschen und der Natur mit sich. Es gilt heute mehr denn je, den schicksalhaften Dualismus: Kulturmensch versus Naturmensch, Bewusst-Sein versus Natur-Sein zu überwinden. Man ist am Ende versucht, von einer interkulturell-philosophisch orientierten »Kopernikanischen Wende« zu sprechen, durch die deren epistemologische Anwendung bei Kant überschritten wird und in deren Gefolge alle Philosophien um die eine regulative Idee der *philosophia perennis* wie die Planeten um die Sonne kreisen. Wer hingegen nur eine bestimmte, ausgewählte Philosophie ins Zentrum stellt und alle anderen geistigen Entwürfe um diese kreisen lässt, bleibt unter diesem Blickwinkel noch immer in einem »Ptolemäischen Weltbild« befangen ... Mutatis mutandis gilt das hier Gesagte für menschliche Unternehmungen auf allen Ebenen. Die Wünschbarkeit, ja Unerlässlichkeit einer neuerlichen Kopernikanischen Wende steht heute außer Frage, und Philosophie als eine reflexiv-transformative Übung ist berufen, hier eine führende Rolle zu übernehmen.

V.

ANHANG

Glossar wichtiger Sanskrit-Termini

Vereinfachte Schreibung —————— Wissenschaftliche Transkription
    Kurze Erläuterung

A

abadhita —————————— abādhita
    unwidersprochen, widerspruchsfrei
adharma —————————— adharma
    Fehler, Untugend, Sünde
abhava —————————— abhāva
    Nichtsein, Negation, das Negative, das Nichtvorhandensein
acit —————————— acit
    ohne Bewusstsein, ungeistig, materiell
adhikarana —————————— adhikaraṇa
    Substrat, Träger der Eigenschaften/des Wissens
adhrishta —————————— adṛṣta
    nicht gesehen, unbeobachtet, ungesehene gute und schlechte Qualitäten, Schicksal, versteckte »karmische« Determinanten
advaita —————————— advaita
    nicht dual, Unzweiheit, Nicht-Dualismus, Monismus
adhytmavidya —————————— ādhyātmavidyā
    Wissenschaft vom höchsten Selbst, Metaphysik, spiritueller Weg zur Erkenntnis des Selbst
agama —————————— āgama
    das, was der Tradition entstammt, überlieferte Lehre, kanonische Texte
aham —————————— aham
    Ich, das Selbst
ahamkara —————————— ahaṃkāra
    Ego, das Ich-Bewusstsein
ahimsa —————————— ahiṁsā
    ohne Gewalt, Gewaltlosigkeit
aitihya —————————— aitihya
    historische Evidenz, Tradition

Glossar wichtiger Sanskrit-Termini

ajatavada ⎯⎯⎯⎯⎯⎯⎯⎯⎯⎯⎯⎯ ajātavāda
: die Lehre, dass die Welt niemals geschaffen wurde

ajnana ⎯⎯⎯⎯⎯⎯⎯⎯⎯⎯⎯⎯ ajñāna
: Unwissenheit, Nicht-Wissen

ajiva ⎯⎯⎯⎯⎯⎯⎯⎯⎯⎯⎯⎯ ajīva
: leblos, ohne Bewusstsein, seelenlos

akhyati ⎯⎯⎯⎯⎯⎯⎯⎯⎯⎯⎯⎯ akhyāti
: Abwesenheit falscher Erkenntnis

akhyativada ⎯⎯⎯⎯⎯⎯⎯⎯⎯⎯ akhyātivāda
: die Lehre, dass das Objekt der Illusion/der Täuschung aus der Unkenntnis der Differenz zwischen dem Gesehenen und Erinnerten herrührt

alaya-vijnana ⎯⎯⎯⎯⎯⎯⎯⎯⎯⎯ ālaya-vijñāna
: das Speicher-Bewusstsein, Reservoir der Tendenzen; ein wichtiger Begriff der Yogacara-Schule des Mahayana-Buddhismus. Oft werden Vergleiche hergestellt mit dem Unbewussten der europäischen Psychologie. Es gibt jedoch erhellende Differenzen.

anadi ⎯⎯⎯⎯⎯⎯⎯⎯⎯⎯⎯⎯ anādi
: ohne Beginn, anfangslos, ewig

anavastha ⎯⎯⎯⎯⎯⎯⎯⎯⎯⎯ anavasthā
: nicht zum Stillstand kommen, regressus ad infinitum, unbeständig

ananta ⎯⎯⎯⎯⎯⎯⎯⎯⎯⎯⎯⎯ ananta
: ohne Ende, endlos

ananda ⎯⎯⎯⎯⎯⎯⎯⎯⎯⎯⎯⎯ ānanda
: Freude, Wonne, Seligkeit, eines der drei Merkmale der Gottes- und Brahmanrealisation: sat (Sein), cit (Bewusstsein) und ananda (Wonne)

anekanta-vada ⎯⎯⎯⎯⎯⎯⎯⎯⎯ anekānta-vāda
: die Lehre, dass Realität mannigfaltige Aspekte aufweist und dass es keine absolute Realität gibt; eine Theorie der Mannigfaltigkeit/der Multiperspektivität, Nicht-Einseitigkeitslehre

anirvacaniya ⎯⎯⎯⎯⎯⎯⎯⎯⎯⎯ anirvacanīya
: nicht benennbar, nicht definierbar, unbeschreibbar, unaussprechbar, jenseits aller Versprachlichung

anirvacaniya-khyati-vada ⎯⎯⎯⎯⎯ anirvacanīya-khyati-vāda
: die Lehre, dass das Objekt der Illusion weder als existent noch als nicht-existent, weder als real noch als irreal beschrieben werden kann. Die Wahrnehmung der Schlange anstelle des Seils ist weder wahr noch falsch. Dieses Phänomen kann nicht richtig auf den Begriff gebracht werden. Es entzieht sich einer propositionalen Darstellung.

antahkarana ⎯⎯⎯⎯⎯⎯⎯⎯⎯⎯ antaḥkaraṇa
: das innere Sinnesorgan, das den geistigen Funktionen zugrunde liegt

anumana ⎯⎯⎯⎯⎯⎯⎯⎯⎯⎯⎯ anumāna
: Schlussfolgerung, Inferenz, Syllogismus, wörtlich ›Nach-Erkenntnis‹, also eine Erkenntnis, die der Instrumentalisierung einer anderen Erkenntnis folgt

Glossar wichtiger Sanskrit-Termini

anupalabdhi ———————— anupalabdhi
  Nicht-Gewahrwerden, Nicht-Wahrnehmung, Nicht-Erkennen, eines der sechs Erkenntnismittel in der indischen Epistemologie

anuvyavasaya ———————— anuvyavasāya
  reflexive Erkenntnis wie z. B. in dem Urteil: ich weiß, dass ich weiß.

anyathakhyati-vada ———————— anyathākhyāti-vāda
  die Lehre, dass Illusion Wahrnehmung eines Objekts ist, das sich nicht hier, sondern anderswo befindet

anyonyabhava ———————— anyonyābhāva
  Differenz, reziproke Abwesenheit

aparoksha ———————— aparokṣa
  direkt, unmittelbar

aprama ———————— apramā;
  ungültige Erkenntnis

artha ———————— artha
  Bedeutung, Sinn, Objekt, Ziel, Zweck, Geld

arthakriya ———————— arthakriyā
  zielorientierte Handlung

arthakriya-karitva ———————— arthakriyā-kāritva
  Fähigkeit, erfolgreich das Ziel zu erreichen, kausale Effizienz, ein Kriterium der Existenz in der Lehre Buddhas, ein Kriterium der wahren Erkenntnis in der Nyaya-Philosophie

arthapatti ———————— arthāpatti
  Annahme, Hypothese, eines der sechs Erkenntnismittel

asat ———————— asat
  Nicht-sein, nicht-existent, nicht real, falsch, unwahr

asatkarya-vada ———————— asatkārya-vāda
  die Lehre, dass die Wirkung in der Ursache nicht existent ist

asatkhyati-vada ———————— asatkhyāti-vāda
  die Lehre, dass das Objekt der Illusion nicht existiert

ashrama ———————— āṣrama
  eines der vier Lebensstadien auf dem Wege einer holistisch-hierarchischen Lebensplanung, religiöse Stätte, eine ganzheitliche Einteilung

atman ———————— ātman
  Selbst, Seele, Geist, Hauch

avatara ———————— avatāra
  wörtlich ›Herabkunft‹, Manifestation des Göttlichen, eine Inkarnation des Göttlichen auf Erden, um den Menschen den Dharma-Pfad zu zeigen und Unordnung zu besiegen. Gott verspricht in Bhagavadgita, immer wieder herabzusteigen aus eigenem freien Entschluss.

avidya ———————— avidyā
  Unwissen, Unwissenheit, Nicht-Erkenntnis, gleich ajnana, maya

Glossar wichtiger Sanskrit-Termini

avyakta — avyakta
: nicht manifest, manchmal als Synonym für prakriti und maya

B

bhakti-yoga — bhakti-yoga
: der Weg der Gottesliebe, Hingabe, emotionale Hinwendung zu Gott, einer der drei Hauptwege zur Erlösung: Wissen, Gottesliebe und Handlung

bhava — bhāva
: Existenz, ein Seinszustand, Gefühl

bheda — bheda
: Differenz, Unterschied, ein zentraler Begriff des dualistischen Vedanta: bheda-abheda, Identität-cum-Nichtidentität, Identität in Differenz, in Nichtidentität

bodhisattva — bodhisattva
: ein vollkommenes Erkenntniswesen, ein erleuchtetes Wesen, das aus Mitleid und für die Befreiung anderer Wesen tätig ist und sein eigenes endgültiges Ins-Nirvana-gehen vertagt; ein zentraler Begriff im Mahayana-Buddhismus

bhrama — bhrama
: Irrtum, Illusion, Halluzination, Täuschung

brahmacarya — brahmacarya
: das erste der vier Lebensstadien, das der Schülerschaft. In diesem Stadium soll der Schüler die heiligen Schriften studieren, Keuschheit und Gewaltlosigkeit üben.

brahman — brahman
: das Absolute, der höchste Geist, der Urgrund des Universums, das Größte

C

cit — cit
: Bewusstsein, reine Geistigkeit

citta — citta
: Vorstellen, Denken, das Erkenntnisse zusammenfügt und integriert, Bewusstsein, Geist. Ein wichtiges Ziel der transformativen Yoga-Psychologie ist das Zur-Ruhe-bringen der mentalen Aktivitäten.

D

darshana — darśana
: Ansicht, Vision, Lehre, System, Philosophie

dharma — dharma
: das, was trägt; ethisches Gesetz, Pflicht, Ordnung, Sitte, die ureigenste Natur der Dinge; im Buddhismus Eigenschaft, Substanzlosigkeit, religiöse Lehre; im Hindu-Denken eines der vier Lebensziele; im Jainismus ein universales Medium der Bewegung

dhyana — dhyāna
: Konzentration, Meditation

Glossar wichtiger Sanskrit-Termini

dravya-guna-paryaya ───────── dravya-guṇa-paryāya
    Substanz-Qualität-Modus
    Philosophische Konzeption im Jainismus

dosha ──────── ──────── doṣa
    Defekt

dravya ──────────── dravya
    Substanz

duhkha ──────────── duhkha
    Leid, Leiden, Kummer, Trauer, Unglück, Pein, Schmerz

dvaita ──────────── dvaita
    dual, Dualismus, Dualität

drishti ──────────── dṛṣṭi
    Sehen, Ansicht, Anschauung, Einsicht, spekulativer Standpunkt, Perspektive, Theorie; in der Lehre Buddhas ein Dogma, eine falsche Theorie oder Sicht

G

guna ──────────── guṇa
    Qualität, Eigenschaft, Komponente; das, was bindet

grihastha ──────────── gṛhastha
    Lebensstadium des Hausvaters, das zweite der vier Lebensstadien

H

hetu ──────────── hetu
    Ursache, Vernunft, Grund, Begründung; ein wichtiges Glied in der logischen Beweisführung

hetvabhasa ──────────── hetvābhāsa
    Pseudogrund, Scheinbeweis, ungültige Schlussfolgerung

hinayana ──────────── hinayāna
    das kleine Fahrzeug des Buddhismus, ein Name, der den südlichen Schulen des Buddhismus gegeben wurde. Man sollte lieber den Terminus »Theravada-Buddhismus« verwenden.

I

indriya ──────────── indriya
    Sinnesorgan

ishvara ──────────── īśvara
    Gott, Brahman mit Eigenschaften, der personale Schöpfergott

J

jada ──────────── jaḍa
    das Unorganische, die Materie, das Leblose, das Starre, das Empfindungsunfähige

Glossar wichtiger Sanskrit-Termini

jalpa — jalpa
: Redewettkampf mit dem Ziel zu gewinnen und den eigenen Standpunkt durchzusetzen, manipulatives Argumentieren

jati — jāti
: Genus, das Universelle, Gattung, Kaste, Geburt

jiva — jīva
: das empirische, individuelle Selbst, das Lebendige. Von mindestens 14 unterschiedlichen technischen Definitionen dieses Terminus technicus ist in den verschiedenen Schulen der indischen Philosophie die Rede.

jnana — jñāna
: Bewusstsein, Erkenntnis, Wissen, Kognition

jnanatman — jñānātman
: das rationale Bewusstsein, auch buddhi

jnata — jñātā
: das Subjekt der Erkenntnis

jnana-yoga — jñāna-yoga
: der Weg der Erkenntnis, der durch eine intellektuelle, logisch-analytische Methode zu einer Erkenntnis führt, deren Verwirklichung die eigentliche Emanzipation, Befreiung und Erlösung darstellt. Der indische Philosoph Shankara vertritt diese Ansicht, die weder nur Philosophie noch nur Religion ist, ein Vergleich mit dem »philosophischen Glauben« von Jaspers bietet sich an trotz einiger erhellenden Differenzen.

jneya — jñeya
: das Erkennbare, das Gewusste der Erkenntnis

K

kaivalya — kaivalya
: das Alleinsein, Einzigkeit, vollkommene Erlösung

kala — kāla
: Zeit, auch ein Name für den Gott des Todes (Yama). In Atharvaveda wird die Zeit als die Ursache und der Beherrscher aller Dinge genannt; Zeit ist Vater aller Dinge, alles entsteht, besteht und vergeht aus und in ihr.

kalpana — kalpanā
: mentale Konstruktion, Sich-Vorstellen, Einbilden

kama — kāma
: Genuss, Liebe, Freude, Leidenschaft, Verlangen, Begehren, eines der vier Lebensziele

karana — kāraṇa
: Instrument, Ursache, Grund

karma — karma
: Handlung, Tat, Prozess, vergangene Taten in ihren potentiellen Formen, Stadien und Tendenzen

Glossar wichtiger Sanskrit-Termini

karma-yoga ——————— karma-yoga
  der Weg der Tat, der Handlung; einer der drei Wege zur Befreiung, Erlösung. Gandhi rekontextualisierte und rekonzeptualisierte diesen Weg als einen säkular sozial-politischen Weg. So war Politik für Gandhi ein Weg zur Erlösung.

karuna ——————— karuṇā
  Erbarmen, tätiges Mitgefühl, Zuneigung. Das buddhistische Mitgefühl umfasst alle Lebewesen. Karuna wird stets mit Weisheit begleitet. Auch Shunyta ist mit karuna wesentlich verbunden.

khyati-vada ——————— khyati-vāda
  Lehre der illusionären Wahrnehmung

kosha ——————— kośa
  In einem Upanishad wird von fünf koshas (»Hüllen« des Individuums) gesprochen: annamaya (grobstoffl. H.), pranamaya (feinstoffl. H.), manomaya (mentale H.), vijnanamaya (Bewusstseins-H.), anandamaya (Wonne-H.); die Gegenwart des atman und des brahman wird auf allen diesen Ebenen angenommen.

kshana ——————— kṣaṇa
  Moment

kshanika-vada ——————— kṣaṇika-vāda
  Lehre vom Momentarismus

L

lakshana ——————— lakṣaṇa
  Zeichen, Charakter, Definition, Merkmal

lila ——————— līlā
  Spiel, das göttliche Schöpfungsspiel in der Erscheinungswelt, das kosmische Spiel des Entstehens, Bestehens und Vergehens

laukika ——————— laukika
  weltlich, säkular

lokayata ——————— lokāyata
  die Welt des common-sense betreffend, ein Name für die materialistische Schule in der indischen Philosophie

---

M

mahayana ——————— mahāyāna
  höhere Schule des Buddhismus, das große Fahrzeug; ein Name für alle nördlichen Schulen des Buddhismus

manana ——————— manana
  Nachdenken, Reflektieren

manas ——————— manas
  Geist (Mind)

manovijnana ——————— manovijñāna
  Wissenschaft vom Geist, von der Psyche, Psychologie

Glossar wichtiger Sanskrit-Termini

marga — mārga
: Pfad, Weg; der Weg zur Befreiung/Erlösung; in der Hauptsache ist von drei solchen Wegen in der indischen Philosophie die Rede.

maya — māyā
: Trugbild, Illusion, ›Schleier‹, ein Synonym für avidya, ajnana, pradhana, avykta, prakriti

mimamsa — mīmāṁsā
: Erörterung, Nachforschung, Diskussion, Debatte, Kritik, kritische Interpretation; eine der sechs orthodoxen Schule der indischen Philosophie

mithya — mithyā
: falsch, Illusion, nicht-existent

moksha — mokṣa
: Befreiung, Emanzipation, Erlösung

N

nama-rupa — nāma-rūpa
: Name und Gestalt als bestimmende Faktoren

nastika — nāstika
: »Es gibt nicht«-Denker; die materialistischen Schulen Indiens; eigentlich zu Unrecht oft mit Atheismus gleichgesetzt, denn ›nastika‹ steht für die Verneinung einer transzendenten Welt (na asti paralokah)

nayavada — nayavāda
: Lehre der Standpunkte, der Modalitäten, der Ansichten, Perspektiven (Jainismus)

neti-neti — neti-neti
: nicht dies, nicht dies; nicht so, nicht so (Verwandtschaft mit der negativen Theologie)

nididhyasana — nididhyāsana
: Meditation; ein methodologischer Schritt in der Vedanta Schule auf dem Weg zur Erlangung spiritueller Erkenntnis; eine meditative, transformative Verwirklichung des Gehörten und Gedachten

nigamana — nigamana
: Konklusion, Folgerung

nirguna — nirguṇa
: ohne Qualitäten, ohne Attribute, ohne Charakteristika, ein Name für das Absolute

nirvana — nirvāṇa
: Befreiung, Freiheit vom Leid, Friede, Erlösung

nirvikalpa — nirvikalpa
: formlos, direkte Kognition, unbestimmt, prä-predikativ

nivritti — nivṛtti
: sich nach innen wenden, sich von äußeren Aktivitäten zurückziehen

Glossar wichtiger Sanskrit-Termini

niyama ———————— niyama
    selbst auferlegte Regeln und Restriktionen, die zweite Stufe im achtstufigen Yoga-System

nyaya ———————— nyāya
    Regel, Norm, logischer Beweis, Logik; Name einer klassischen Schulen der indischen Philosophie

P

paksha ———————— pakṣa
    ein Terminus technicus in der Theorie des indischen Syllogismus, der Unterbegriff

pancashila ———————— pañcaśīla
    fünf moralische Gebote für das Verhalten im Buddhismus: nicht töten/schädigen, nicht stehlen, Enthaltsamkeit, nicht lügen und keine berauschenden Getränke zu sich nehmen

para-laukika ———————— pāra-laukika
    trans-empirisch

paramarsha ———————— parāmarśa
    Überlegung, Reflexion, Sich-vergegenwärtigen, ein geistiger, mentaler, psychologischer Akt als ein notwendiger Faktor bei der Schlussfolgerung

paramatha ———————— paramārtha
    die höchste, die letzte, die absolute Realität, Wahrheit

paramarthika ———————— pāramārthika
    die höchste Wahrheit betreffend, das Absolute

paramita ———————— pāramitā
    das höchste Ideal der spirituellen Vervollkommnung, Tugenden auf dem Wege der Vollendung

parartha-anumana ———————— parārthā-anumān
    eine der beiden Formen des Schlussfolgerns mit Hilfe eines fünfgliedrigen Syllogismus, um andere in einer Debatte, Diskussion zu überzeugen

paratah-pramanyavada ———————— parataḥ-prāmāṇyavāda
    Lehre von der extrinsischen Gültigkeit der Erkenntnis

parinama-vada ———————— pariṇāma-vāda
    Lehre, dass die Ursache sich kontinuierlich verändert und so die Wirkung hervorbringt

phala ———————— phala
    Ergebnis, Frucht

prakriti ———————— prakṛti
    die Urmaterie, Urquelle, Natur

prama ———————— pramā
    gültige Erkenntnis erreicht durch die Anwendung der Sinnesorgane, des Geistes und der Vernunft

pramana ———————— pramāna
    Kognition, Erkenntnismittel

Glossar wichtiger Sanskrit-Termini

pramanyavada ──────────── pramāṇyavāda
    Lehre von der Gültigkeit der Erkenntnis als Antwort auf die Fragestellung, ob Erkenntnis sich selbst bestätigt oder von etwas anderem bestätigt wird

pramata ──────────── pramātā
    Erkenntnissubjekt

prajna ──────────── prajñā
    intuitive Weisheit, die höchste Erkenntnis im Mahayana-Buddhismus

pranjnaparamita ──────────── prajñāpāramitā
    Vollkommenheit der Einsicht; im Mahayana-Buddhismus auch die Bezeichnung für eine Gruppe von Texten über buddhistische Philosophie und Ethik

prana ──────────── prāṇa
    Leben, das vitale Prinzip, Hauch

prasanga ──────────── prasaṅga
    eine Argumentationsmethode, hauptsächlich angewendet von den Madhyamikas, mit dem Ziel, die Position des Gegners ad absurdum zu führen, ohne eine eigene These aufzustellen, die man verteidigen müsste

pratibhasa ──────────── pratibhāsa
    Erscheinung

pratibhasika ──────────── prātibhāsika
    scheinbar, falsch

pratijna ──────────── pratijñā
    These, Hypothese

pratitya-samutpada ──────────── pratītya-samutpāda
    abhängiges Entstehen, Entstehen in Abhängigkeit, bedingtes Entstehen, Konditionalnexus. Die bekannte 12-gliedrige Kette in der Lehre Buddhas ist ein Beispiel hierfür. Nichts ist sui generis, alles entsteht, besteht und vergeht unter Bedingungen.

pratyaksha ──────────── pratyakṣa
    Sinneswahrnehmung, direkte Wahrnehmung

pravritti ──────────── pravṛtti
    Aktivität, Leben voller Aktivitäten, Weltgebundenheit

pudgala ──────────── pudgala
    Materie; im Jainismus der Name einer unbewussten, realen, ungeschaffenen und unabhängigen Substanz; Bezeichnung für die psycho-physische Person im Buddhismus

purusha ──────────── puruṣa
    Person, Mann, Geist, Ur-Individuum; ein Synonym für atman

purushartha ──────────── puruṣārtha
    Ziele des Menschen. Traditionell gibt es vier solche Ziele: 1. Ethische, moralische und religiöse Pflicht (dharma), 2. weltliche Güter, Geld, Reichtum (artha), 3. Liebe, Genuss, Sinnesfreude (kama) und 4. Befreiung, Emanzipation, Erlösung (moksha).

Glossar wichtiger Sanskrit-Termini

R

rajas — rajas
eine der drei Qualitäten, Eigenschaften der prakriti, die sich in Aktivitäten äußert

rasa — rasa
Saft, Geschmack, Genuss; die höchste Freude, die im Geist eines Kenners, Beobachters eines Kunstwerkes entsteht; auch die Essenz einer Sache

rishi — ṛṣi
Bezeichnung für inspirierte Dichter, Seher, besonders für die Seher, denen Vedas offenbart wurde

rita — ṛta
Wahrheit, Ordnung, Gesetz; die allumfassende Ordnung der Dinge, die alles zusammenhält; oft wird es mit Tao oder Weltgesetz verglichen

rupa — rupa
Form, Gestalt

S

shabda — śabda
Klang, Wort, Logos; Zeugnis des Wortes als ein Erkenntnismittel in der indischen Epistemologie

shabdabrahman — śabdabrahman
Brahman, das Absolute als Logos, als Wort

sadhya — sādhya
ein Terminus technicus im indischen Syllogismus, Probandum, der Oberbegriff

sadhana — sādhanā
ein Weg, der zur Selbstverwirklichung führt; ein Mittel zur Vervollkommnung/Vollendung; unterschiedliche meditative und spirituelle Schritte und Techniken beschreiben sadhana

saguna — saguṇa
mit Qualitäten, Merkmalen oder Eigenschaften; eine Bezeichnung des Göttlichen

sakshin — sākṣin
ein unbeteiligter Zuschauer, Beobachter, Zeuge, das Beobachter-Selbst, ein intuitives Vermögen. Dieses Zeugen-Bewusstsein bleibt unberührt von all dem, was dem Individuum widerfährt: Freude ebenso wie Leid, Glück ebenso wie Unglück, vergleichbar mit dem ›unbeteiligten Zuschauer‹ in der Phänomenologie Husserls.

sakshi-caitanya — sākṣi-caitanya
das beobachtende Bewusstsein

shakti — śakti
Energie, Kraft, Macht, Potentialität; der urweibliche Aspekt shivas; die potentielle Kraft, die in Menschen latent, verborgen liegt, deren Erweckung das Ziel von Yoga ist

Glossar wichtiger Sanskrit-Termini

samadhi — samādhi
: Ekstase, ein Trancezustand, die höchste Stufe im Yoga, Zustand einer tiefen spirituellen Meditation, ein Suprabewusstsein, das jenseits der sprachlichen und intellektuell-geistigen Reichweite liegt

samanya — samānya
: die gemeinsamen Eigenschaften, das Universale, das Allgemeine

samsara — saṁsāra
: der unaufhörliche Fluss des Weltenlaufs, Kreislauf von Geburt, Leben, Tod und Wiedergeburt

samskara — saṁskāra
: potentielle Wirkkraft der vergangenen Taten und Erfahrungen; Instinkt, Eindruck, Disposition, Anlage

samshaya — saṁśaya
: Zweifel; auch eine Form der Erkenntnis, die in Kombination mit anderen Faktoren handlungstheoretisch wirksam werden kann

saptbhangi — saptbhangi
: siebenstufige Prädikationslogik in der jainistischen Philosophie

shastra — śāstra
: Lehrbuch, kanonisches Werk, Leitfaden, Anweisung

sahridaya — sahṛdaya
: Geistesverwandtschaft; ein empathischer Beobachter, der in der Lage ist, die Seele eines Kunstwerkes bzw. des Künstlers zu verstehen und zu realisieren; ein wichtiger Terminus in der indischen Ästhetik

sat — sat
: Sein, Existenz, Realität, anwesend

satkarya-vada — satkārya-vāda
: die Kausalitätslehre, dass die Wirkung/das Produkt in der Ursache schon existiert oder enthalten ist

satkhyati-vada — satkhyāti-vāda
: Lehre, dass das Objekt der Illusion auch real ist

satya — satya
: Wahrheit, Realität, das Wahre, das Reale

savikalpa — savikalpa
: begrifflich, konzeptuell, mit Form oder Gestalt, bestimmt, prädikativ

skandha — skandha
: Aggregat, Komplex, Gesamtheit, Gruppe; ein wichtiger Begriff im Buddhismus

smriti — smṛti
: Gedächtnis, Erinnerung, Tradition

sphota — sphoṭa
: Aufspringen; das ursprüngliche Samenstadium eines Wortes, bevor die Schriftzeichen/die Buchstaben es versprachlichen; ein Wort oder ein Satz als eine vorsprachliche, ideelle Entität; die latente, versteckte Energie hinter den Wörtern, die den Hörern oder Lesern als Bedeutung erscheint

Glossar wichtiger Sanskrit-Termini

shruti ───────────── śruti
    das Gehörte, ein Synonym für die Veden
sukha ───────────── sukha
    Glück, Zufriedenheit
shunya ───────────── śūnya
    leer, Null, Nicht-Existenz
shunyta ───────────── śūnyatā
    Leerheit; ein zentraler Begriff im Mahayana-Buddhismus
sushupti ───────────── suṣupti
    Tiefschlafbewusstsein; nicht zu verwechseln mit Bewusstlosigkeit
sutra ───────────── sūtra
    Faden, Lehrsatz, Merksatz, Aphorismus
shravana-manana-nididhyasana ── śravaṇa-manana-nididhyāsana
    Diese vedantische dreistufige Methode bedeutet: Ein Schüler, ein Adept soll erstens hören, lernen, sich informieren, zweitens über das Gehörte, Gelernte reflektieren, kritisch nachdenken und drittens es meditativ und transformativ verwirklichen. Hier scheint Philosophie auf die Nahtstelle hinzuweisen, wo sie vom Denkweg zum Lebensweg wird.
sthayibhava ───────────── sthāyibhāva
    das Wesen des ästhetischen Gefühls, das bei der Betrachtung eines Kunstwerkes zum Tragen kommt, vergleichbar mit ›Grundstimmung‹
svabhava ───────────── svabhāva
    die Eigennatur der Dinge
svatah-pramanya ───────────── svataḥ-prāmāṇya
    intrinsische Gültigkeit einer Erkenntnis. Wahre Erkenntnis ist ihre eigene Bestätigung.
svayamprakasha ───────────── svayamprakāśā
    selbstleuchtend; absolutes Bewusstsein
syadvada ───────────── syādvāda
    die Lehre von der bedingten Prädikation, die Doktrin von syat, d.h. ›kann-sein, möglicherweise‹, weil jede Aussage von einem bestimmten Standpunkt abhängig ist

---

T

tadatmya ───────────── tādātmya
    Identität, Wesenseinheit, Empathie
tamas ───────────── tamas
    eines der drei Attribute der Urmaterie, das Schwere, das Dunkle, das Träge
tarka ───────────── tarka
    Argument
tarka-vidya ───────────── tarka-vidyā
    Wissenschaft von der Argumentation, Logik

Glossar wichtiger Sanskrit-Termini

tarka-shastra ──────── tarka-śāstra
    Lehrbuch, Leitfaden, Argumentationslehre

tathagata ──────── tathāgata
    einer, der so gegangen ist, einer, der die Soheit der Dinge realisiert hat; ein Titel für Buddha

tathata ──────── tathatā
    Soheit

turiya ──────── turīya
    die vierte, die transzendente Erfahrung, die höchste Realität; der überbewusste Zustand der Erleuchtung, der über die drei normalen Bewusstseinszustände (Wachen, Träumen und Tiefschlaf) hinausgeht

trishna ──────── tṛṣṇā
    Durst, Gier, Leidenschaft, Verlangen

trikaya ──────── trkāya
    die drei Hüllen Buddhas: die des Gesetzes (dharmakaya), die der Freude (sambhogakaya) und die der Transformation (nirvanakaya)

triputi ──────── triputī
    die drei Formen, Faktoren der Erkenntnis: das erkennende Subjekt, das zu erkennende Objekt und die Mittel der Erkenntnis

tattva ──────── tattva
    Wesen, die wahre Natur, Wahrheit, Kategorie

tat tvam asi ──────── tat tvam asi
    ›Das bist du‹ (atman-brahman-Einheit), einer der großen Lehrsätze (mahavakya) der Vedanta-Philosophie

U

udaharana ──────── udahāraṇa
    Beispiel, Illustration, Untermauerung

upadhi ──────── upādhi
    Bedingung, die eine strenge Verallgemeinerung verhindert

upamana ──────── upamāna
    Vergleich, Ähnlichkeit, Erkenntnis der Ähnlichkeit, eines der sechs Erkenntnismittel

upaya ──────── upāya
    Geschicklichkeit der Methode, die Buddha anwandte, um anderen Menschen zu helfen, das Nirvana zu erlangen; auch Geschicklichkeit in der Darstellung der Lehre, wobei das Vermögen der Schüler/der Empfänger in Betracht gezogen wird

V

vac ──────── vāc
    Sprache, Wort, Aussage

vada ──────── vāda
    Theorie, Behauptung, Disputation

Glossar wichtiger Sanskrit-Termini

vaidika — vaidika
    Vedas betreffend
vairagya — vairāgya
    Loslösung, Sich-zurückziehen von der Welt
varna — varṇa
    Farbe, Kaste, Alphabet
vanaprastha — vānaprastha
    Waldeinsiedlerschaft; eines der vier Stadien im Leben eines Menschen
vasana — vāsanā
    Duft, Geruch, Eindruck, Spur, Vorstellung, Verlagen
vidhi — vidhi
    Regel, ethisches Gebot, Gesetz
vidya — vidyā
    Erkenntnis, Wissen, Lehre
vijnana — vijñāna
    Bewusstsein, Erkenntnis
vikalpa — vikalpa
    eine leere, verbale Erkenntnis ohne eine Entsprechung, Idee, Bild, Trübung, eine verzerrte Darstellung
vikshepa — vikṣepa
    Projektion, Ausbreitung der Unwissenheit
vishaya — viṣaya
    Objekt der Erkenntnis, das Thema des Diskurses
vishesha — viśeṣa
    das Partikulare, die Besonderheit
viruddha — viruddha
    konträr, kontradiktorisch
vivarta — vivarta
    scheinbare Transformation
vivartavada — vivartavāda
    die Doktrin der scheinbaren Transformation
vritti — vṛtti
    mentale Modifikation
vrittijnana — vṛttijñāna
    Erkenntnis, die eine mentale Modifikation darstellt
vyapti — vyāpti
    universelle, invariable Begleitungsrelation zwischen den beiden Haupttermini des Syllogismus: Rauch und Feuer, Menschsein und Sterblichsein
vivada — vivāda
    Disput
vitanda — vitaṇḍā
    destruktives Argument, Kampfgespräch, Redestreit

Glossar wichtiger Sanskrit-Termini

vyavahara —————————— vyavahāra
    Aktivität, traditionell, empirisch, praktisch, weltlich, Gewohnheit, Sitte, Brauch

vyavaharika —————————— vyāvahārika
    das Empirische, das Pragmatische, das Konventionelle, der relative Standpunkt

vyavaharikasatya ——————— vyāvahārikasatya
    konventionelle, relative Wahrheit

vyanjana —————————— vyanjaṇa
    Andeutung; Terminus aus der Ästhetik

Y

yama —————————— yama
    Selbstkontrolle, Selbstbeherrschung, die erste der acht Stufen im klassischen Yoga-System

yoga —————————— yoga
    Yoga; (vgl. dt. »Joch«); bindend, zusammenfügend. Es geht um die Vereinigung der menschlichen und der göttlichen Seele.

yukti —————————— yukti
    Argumentation. Nach der Advaita-Vedanta-Lehre wird die letzte Wahrheit realisiert durch zwei Schritte: Argument und Erleben (anubhava).

yuga-dharma ——————— yuga-dharma
    das Gesetz des Zeitalters (Zeitgeist)

Literaturverzeichnis

Vorbemerkung

Das im Verlag Karl Alber 2009 erschienene Werk »Kleines Lexikon der indischen Philosophie« von Ram Adhar MALL und Jayandra SONI enthält eine Zusammenstellung der wichtigsten überlieferten Primärtexte nebst Hinweisen auf zugehörige Kommentare und Übersetzungen; darüber hinaus in Kurzfassungen die zentralen Lehren der sechs klassischen Schulen sowie der heterodoxen Schulen Carvaka, Jainismus und Buddhismus.

Im Folgenden sind alle in dem vorliegenden Band zitierten Werke aufgeführt; einige Referenzwerke wurden hinzugefügt.

ADORNO, T.: Ästhetische Theorie, hg. v. G. Adorno u. R. Tiedemann. Frankfurt a. M. 1970; 1973; [engl. Übers. v. C. Lenhardt, Aesthetic Theory, London 1984.]
ANANDVARDHANA: Dhvanyaloka. Tr. by K. Krishnamoorty. Delhi 1975.
APP, Urs: The Birth of Orientalism. Philadelphia – Oxford 2010.
AUROBINDO, Sri: Complete Works. Sri Aurobindo Ashram Pondicherry (ed.). 1997 ff. 37 Bde.
AUROBINDO, Sri: The Life Divine, 2 Vols. Calcutta 1947; 1955.
AUROBINDO, Sri: Essays on the Bhagavadgita. Pondicherry 1949.
AUROBINDO, Sri: The Human Cycle. Pondicherry 1949.
BALCEROWICZ, P.: Jaina Epistemology in Historical and Comparative Perspective. Critical Edition and English Translation of Logical-Epistemological Treatises. 2 Bde. Stuttgart 2001.
BALSLEV, A. N.: Cultural Otherness. Correspondance with Richard Rorty. Atlanta 1991.
BANERJEE, S. C. (tr.): The Samkhya Philosophy: Samkhya-karika with Gaudapada's Scholia and Narayana's Gloss. Calcutta 1909.
BANERJI, S. C.: A companion to Indian Philosophy. Delhi 1996.
BARODIA, U. D.: History and Literature of Jainism. Bombay 1909.
BARUA, B.: Prolegomena to a History of Buddhist Philosophy. Calcutta 1918.
BAXI, M.: Theory of Many-sidedness (Anekantavada) and Culture of Tolerance, in: Journal of the Asiatic Society of Mumbai, Vols. 77–78, 2002–03.
BHARATA: Natya Shastra, with »Avinavabharati« by Abhinavagupta, ed. with Sanskrit Commentary »Madhusudani« and Hindi Translation by Madhusudanan Shastri, 3 Vols. Varanasi 1971–8. 1.

Literaturverzeichnis

BHARUCHA, F., and KAMAT, R. V.: Syadvada-Theory of Jainism in Terms of Deviant Logic, in: Indian Philosophical Quaterly, 9 (1984), 181–187.
BHATTACHARYYA, H. (ed.): The Cultural Heritage of India, 4 Vols., Calcutta 1957–6. 2. Vol. III: ²1975.
BHATTACHARYA, H. S. (ed.): Vadideva Suri. Pramana-naya-tattvalokalamkara. Bombay 1967.
BHATTACHARYA, K. C.: Studies in Philosophy, 2 Vols. Calcutta 1955–5.7.
BHATTACHARYA, K. (ed.): Recent Indian Philosophy. Calcutta 1963.
BLAU, U.: Dreiwertige Sprachanalyse und Logik. München 1974.
BOCHENSKI, J. M.: Formale Logik. Freiburg i. Br. 1956; München ³1970.
BÖHMKE, G.: Aesthetic Knowledge of Nature, in: Issues in Contemporary Culture and Aesthetics, 5, Maastricht 1997.
BOIDI, C.: Conceptus, Jg. XXII, Nr. 56, 1988.
BOSE, N. K.: Selections from Gandhi. Ahmedabad 1948.
BREHIER, E.: Histoire de la Philosophie. Paris 1927 ff.
BREMER, W.: Wahre Widersprüche. Einführung in die parakonsistente Logik. St. Augustin 1998.
BRODBECK, K.-H.: Buddhismus – interkulturell gelesen. Nordhausen 2005.
BUBNER, R.: Rationalität, Lebensform und Geschichte, in: Rationalität, hg. v. H. Schnädelbach, Frankfurt a. M., 198–217.
BÜHLER, G. (tr.): The Laws of Manu with Extracts from Seven Commentaries. Oxford 1886. [= The Sacred Books of the East Series, no. XXV].
BURCKHARDT, J.: Weltgeschichtliche Betrachtungen. Hg. v. R. Marx. Stuttgart 1978. [EA postum 1905, hg. v. J. Oeri.]
CARAKA: Samhit, ed. by Yadava Sharma. Bombay 1933.
CHAKRAVARTHI, R.-P.: Knowledge and Liberation in Classical Indian Thought. Basingstoke 2001.
CHAKRAVARTI, D.: Colonial Indology. Sociopolitics of the Ancient Indian Past. Delhi 1997.
CHAN, Wing-Tsit (ed. and tr.): A Source Book in Chinese Philosophy. Princeton, NJ, 1969.
CHATTERJEE, S. C./DATTA, D. M.: An Introduction to Indian Philosophy. Calcutta 1968.
CHATTOPADHYAYA, D.: Lokayata. A Study in Ancient Indian Materialism. Delhi 1959.
CHATTOPADHYAYA, D., in Collaboration with M. N. GANGOPADHYAYA: Carvaka-Lokayata. An Anthology of Source Materials and Some Recent Studies. New Delhi ³2006.
CHO, Kah Kyung: Bewusstsein und Natursein. Phänomenologischer West-Ost-Diwan. Freiburg i. Br. 1987.
CONCI, D. A./BELLO, A. A.: Phenomenology as the Semiotics of Archaic or »Different« Life Experiences, in: Phenomenological Enquiry, vol. 16, 1991, 106–126.
CONRAD, Dieter: Gandhi. München 2006.
CONZE, E.: Der Satz vom Widerspruch. Frankfurt a. M. 1976.
COOMARASWAMY, A. K.: The Transformation of Nature in Art. New York 1986.
CRAIG, E. (ed.): Routledge Encyclopedia of Philosophy. 10 vols. London-New York 1998.

DASGUPTA, S. N.: A History of Indian Philosophy, 5 Vols. Cambridge 1922–55; Delhi 1975.
DASGUPTA, S. N.: A History of Sanskrit Literature, Vol. 1, Calcutta 1947.
DAVIDSON, D.: Wahrheit und Interpretation. Frankfurt a. M. 1990.
D'COSTA, G. (ed.): Christian Uniqueness Reconsidered. The Myth of a Pluralistic Theology of Religions, New York 1990;
DELEUZE, G.: Logik der Sensation. München 1995.
DERRIDA, J.: Vom Geist. Heidegger und die Frage. Frankfurt a. M. 1988.
DESAI, M. D. (tr.): The Nyaya-Karnika. Arrah 1915.
DESAI-BREUN, K.: Anschauen und Denken, Reden und Schreiben. Zur Struktur philosophischer Tätigkeit in ihren Anfängen in Indien und Europa. Würzburg 2007.
DEUSSEN, P.: Das System des Vedanta. Leipzig 1883, ³1920; Neudruck 2005.
DEUSSEN, P.: Die Sutra's des Vedanta Oder die Cariraka-Mimansa des Badarayana nebst dem vollständigen Commentare des Cankara. Aus d. Sanskrit übersetzt. Leipzig 1887.
DEUSSEN, P.: Allgemeine Geschichte der Philosophie, 2 in 6 Bdn., 1894–1917
– Bd. I/1: Allg. Einleitung und Philosophie des Veda bis auf die Upanishad's, Leipzig ⁵1922;
– Bd. I/2: Die Philosophie der Upanishad's, Leipzig ⁵1922;
– Bd. I/3: Die nachvedische Philosophie der Inder. Nebst einem Anhang über die Philosophie der Chinesen und Japaner, Leipzig ⁴1922.
DEUSSEN, P.: Sechzig Upanishad's des Veda. Aus d. Sanskrit übers. u. m. Einleitungen und Anmerkungen versehen. Leipzig 1897, ³1921.
DEUSSEN, P.: Vier philosophische Texte des Mahabharatam. Sanatsujata-Parvan, Bhagavadgita, Mokshadharma, AnuBhagavadgita. In Gemeinschaft mit Otto Strauss aus d. Sanskrit übersetzt. Leipzig 1906.
DEUTSCH, E.: Studies in Comparative Aesthetics. Honolulu 1975.
DILTHEY, WILHELM: Gesammelte Schriften. 26 Bde. Göttingen 2006 ff. [Ab Bd. 15 besorgt v. K. Gründer, ab Bd. 18 zus. m. F. Rodi.]
DSCHUANG DSI. Das wahre Buch vom südlichen Blütenland. Übers. v. R. Wilhelm. München 1988.
DUMONT, L.: Homo Hierarchicus. The Caste System and its Implications. London 1970.
DUSSEL, E.: Transmodernity and Interculturality. Solidarity and Interculturality, ed. by Lenart Skof. Ljubljana 2006.
DUTT, M. N. (tr.): The Dharma Sutras. Calcutta 1908.
EDELGLASS, W.: Emptiness appraised. A Critical Study of Nagarjuna's Philosophy, in: Philosophy East & West, Oct. 2003, 502–506.
ELIADE, M: Die Sehnsucht nach dem Ursprung. Von den Quellen der Humanität. Wien 1973.
ELIADE, M. (ed.): The Encyclopedia of Religion. 16 Vols. New York 1987.
ELIADE, M.: Geschichte der religiösen Ideen. 4 in 5 Bdn. Freiburg i. Br. ³1997.
EWING, A. C.: The Idealist Tradition. 1957.
FAICT, A. J. S. E.: Philosophische Voraussetzungen des interkulturellen Dialogs. Nordhausen 2011.

FANN, K. T.: Die Philosophie Ludwig Wittgensteins. München 1971.
FIGL, J.: Handbuch der Religionswissenschaft. Göttingen 2003.
FIGL, J.: Religionswissenschaft – Interdisziplinarität und Interreligiosität. Wien 2007.
FINDEIS, A. V. K.: Zur interkulturellen Relevanz indischer Poetik, in: Praxis interkultureller Germanistik, hg. v. B. Thun u. G.-L. Fink, Strasbourg 1991.
FLEW, A./MACINTYRE, A. (eds.): New Essays in Philosophical Theology. London 1998.
FLINTOFF, E. Pyrrho and India, in: Phronesis, vol. XXV, 1980, 88–108.
FRAUWALLNER, E.: Geschichte der indischen Philosophie, 2 Bde. Salzburg 1953–5. 6. [Neuausgabe, hg. v. A. Pohlus, Aachen 2003].
FRAUWALLNER, E.: Philosophie des Buddhismus. Berlin ⁵2010.
FRAUWALLNER, E.: Nachgelassene Werke. I: Aufsätze,. Beiträge, Skizzen. Hg. v. Ernst Steinkellner (ed.). Wien 1984. – [Ins Engl. übers. von J. SONI: Erich Frauwallner's Posthumous Essays. New Delhi 1994.]
FRAUWALLNER, E.: Nachgelassene Werke II: Philosophische Texte des Hinduismus. Hg. v. G. Oberhammer u. C. H. Werba. Wien 1992.
FREUD, Sigmund: Das Unbehagen in der Kultur. Leipzig-Wien-Zürich 1930.
GADAMER, H. G.: Wahrheit und Methode. Grundzüge einer philosophischen Hermeneutik. Tübingen 1961.
GADAMER, H. G.: Europa und die Oikumene, in: Europa und die Philosophie. Hg. v. H. H. Gander. Stuttgart 1993.
GANDHI, M. K.: The Collected Works of Mahatma Gandhi. Ed. by the Ministry of Information & Broadcasting, Government of India. 90 Vols. Delhi 1958–1984.
GANDHI, M. K.: My Religion, ed. by B. Kumarappa. Ahmedabad 1955.
GANDHI, N. K.: My Truth is God, ed. by P. K. Prabhu. Ahmedabad 1955.
GANDHI, M. K.: The Story of my Experiment with Truth. Ahmedabad ²1959; Washington 1960. [Übers. aus d. Gujerati.]
GANDHI, M. K.: My Philosophy and Life and: All Religions are True, ed. by A. T. Hingorani. Bombay 1961–62.
GANERI, J.: Indian Logic, in: Handbook of the History of Logic, vol. 1: Greek, Indian and Arabic Logic, ed. by M. Gabbay and J. Woods. New York-London 2004.
GHURYE, G. S.: Caste, Class and Occupation. Bombay 1961.
GLASENAPP, H. v.: Die Philosophie der Inder. Eine Einführung in ihre Geschichte und in ihre Lehren. Stuttgart ³1974.
GNOLI, R.: The Aesthetic Experience According to Abhinavagupta. Varanasi 1985.
GRANET, M.: Das chinesische Denken. Frankfurt a. M. 1985.
GRASS, Günter: »Zunge zeigen« – ein interkultureller Zugang aus indischer Perspektive, in: Begegnung von Religionen und Kulturen, hg. v. D. Lüddeckens, Dettelbach 1998.
GRIMES, John: A Concise Dictionary of Indian Philosophy. Sanskrit Terms Defined in English. New and Revised Edition. New York 1996.
HABERMAS, J.: Zwischen Naturalismus und Religion, in: CICERO, Oktober 20
HACKER, P.: Anviksiki, in: Schmithausen, L. (Hg.): Kleine Schriften, Wiesbaden 1978.

HADOT, P.: Philosophie als Lebensform. Geistige Übungen in der Antike. Berlin 1991.
HALBFASS, W.: Indien und die Geschichtsschreibung der Philosophie, in: Philosophische Rundschau 23 (1976), 104–131.
HALBFASS, W.: Indien und Europa. Perspektiven ihrer geistigen Begegnung. Basel 1981. [Erweiterte, v. Autor besorgte engl. Übers. u. d. T. »India and Europe. An Essay in Philosophical Understanding«, Albany 1988; Delhi 1990.]
HALBFASS, W.: Tradition and Reflection: Explorations in Indian Thought. Albany 1991.
HALBFASS, W.: On Being and what there is: Classical Vaisesika and the History of Indian Ontology. Albany 1992.
HEGEL, G. W. F.: Vorlesungen über die Philosophie der Geschichte. Hg. v. E. Moldenhauer/K. M. Michel. Frankfurt a. M. 1980.
HENLE, M.: On the Relation Between Logic and Thinking, in: Psychological Review, 69, 1962, 366–378.
HERRIGEL, H.: Zwischen Frage und Antwort. Gedanken zur Kulturkrise. Berlin 1930.
HICK, J. (ed.): Wurde Gott Mensch? Der Mythos vom fleischgewordenen Gott. Gütersloh 1979.
HICK, J./KNITTER, P. (eds.): The Myth of Christian Uniqueness. Towards a Pluralistic Theology of Religions, New York 1987.
HICK, J./LAMONT, H. (eds.): Gandhi's Significance for Today, London 1989.
HICK, J.: Philosophy of Religion. Englewood Cliffs, NJ, Prenticehall 1990.
HICK, J.: Gott und seine vielen Namen. Frankfurt a. M. 2002.
HIRIYANNA, H.: Outlines of Indian Philosophy. London 1932; 1958.
HOBBES, Th.: Leviathan. London 1962.
HOBSON, J. M.: The Eastern Origins of Western Civilisation. Eigth printing. Cambridge 2004.
HÖLDERLIN, F.: Sämtliche Werke und Briefe, hg. v. G. Mieth, Bd. 1, München 1970.
HOLENSTEIN, E.: Philosophie außerhalb Europas, in: Orthafte Ortlosigkeit der Philosophie. Eine interkulturelle Orientierung, hg. v. H. R. Yousefi et al. Nordhausen 2007.
HOLMES INGALLS, D. H.: Materials for the Study of Navya-Nyaya Logic. Cambridge, Mass. 1951.
HOPKINS, E. W.: The Great Epic of India. New Haven 1928.
HORKHEIMER, M.: Gesellschaft im Übergang. Aufsätze, Reden und Vorträge 1942–1970, hg. v. W. Brede. Frankfurt a. M. ²1981.
HSUEH-LI-CHENG: Empty Logic. Madhyamika Buddhism from Chinese Sources. New Delhi 1991.
HUME, D.: A Treatise of Human Nature, ed. by L. A. Selbe Bigge. Oxford 1960.
HUME, D.: Enquiries, ed. by L. A. Selby-Bigge. Oxford 1966.
HUNTINGTON, C. W.: The Emptiness of Emptiness. Honolulu 1989.
HUSSERL, E.: Ideen zu einer reinen Phänomenologie und phänomenologischen Philosophie. Erstes Buch. Allgemeine Einführung in die Phänomenologie. Hg. v. W. Biemel. Den Haag 1950 [= Husserliana, III].
HUSSERL, E.: Die Krisis der europäischen Wissenschaften und die transzendentale

Phänomenologie. Eine Einleitung in die phänomenologische Philosophie. Hg. v. W. Biemel. Den Haag 1954 [= Husserliana, VI].
JACOBI, H.: Anandavardhanas Dhvanyaloka. Schriften zur indischen Poetik und Ästhetik. Darmstadt 1969 (EA: 1903).
JACOBI, H.: Zur Frühgeschichte der indischen Philosophie, in: Kleine Schriften, Teil 2, hg. v. B. Klöver. Wiesbaden 1970.
JAGGANATH: Rasagangadhara with Marmaprakasa by Nagesa, ed. with Sanskrit Commentary and Hindi Translation by M. Shastri, 3 Vols. Varanasi 1964–70.
JAKOBSON, R., and HALLE, N.: Fundamentals of Language. The Hague 1956.
JAMES, W.: Die Vielfalt religiöser Erfahrungen. Eine Studie über die menschliche Natur. Frankfurt a. M.-Leipzig 1997 [= Dt. Übers. v. The Varieties of Religious Experience. A Study in Human Nature. New York-London 1902].
JAMES, W.: Selected Papers on Philosophy. London 1961.
JASPERS, K.: Vom Ursprung und Ziel der Geschichte. München – Zürich 1949.
JASPERS, K.: Aus dem Ursprung denkende Metaphysiker. Stuttgart 1957.
JASPERS, K.: Einführung in die Philosophie. München 1971.
JASPERS, K.: Psychologie der Weltanschauungen. München [6]1971.
JASPERS, K.: Der philosophische Glaube. München [7]1981.
JASPERS, K.: Weltgeschichte der Philosophie. Einleitung. Hg. v. Hans Saner. München 1982.
JASPERS, K.: Die großen Philosophen. München [4]1988.
JASPERS, K.: Nachlaß zur philosophischen Logik. Hg. v. H. Saner u. M. Hänggi. München 1991.
JAYASWAL, K. P.: Hindu Polity, 2 Vols. Bangalore 1955.
JHA, G. (tr.): The Yoga-darsana. The Sutras of Patanjali with Bhashya of Vyasa. Bombay 1907; Madras [2]1934.
JHA, G. (tr.): Manu Smrti. Calcutta 1920–26.
JOLLY, J., and Schmidt, R. (tr.): Arthasastra of Kautilya. Lahore 1923.
KANE, P. V.: History of Dharmasastra, 4 Vols. Bombay 1930–53.
KANT, I.: Werke, I–XI, hg. v. E. Cassirer. Berlin 1912–1922.
KANT, I.: Idee zu einer allgemeinen Geschichte in weltbürgerlicher Absicht. In: Berlinische Monatsschrift, Nov. 1784. – In: Kant, I., Werke, hg. v. W. Weischedel, 6 Bde., 1956–1964; Bd. 6, 5. überprüfter Nachdruck, Darmstadt 1983.
KANT, I.: Beantwortung der Frage: was ist Aufklärung? In: Berlinische Monatsschrift, Dez. 1784. – In: In: Kant, I., Werke, hg. v. W. Weischedel, 6 Bde., 1956–1964; Bd. 6, 5. überprüfter Nachdruck, Darmstadt 1983.
KAPSTEIN, M. T.: Reason's Traces. Identity and Interpretation in Indian and Tibetan Buddhist Thought. New Delhi 2003.
KAUTILYA: Arthasastra, ed. by T. G. Sastri, I–III, Trivandrum 1924–25.
KIMMERLE, H.: Interkulturelle Philosophie. Zur Einführung. Hamburg 2002.
KLAUS, G.: Moderne Logik. Berlin 1966.
KOSKENNIEMI, M.: From Apology to Utopia. The Structure of International Legal Argument. Reissue with New Epilogue. Cambridge 2005.
KRISHNA, D. (ed.): India's Intellectual Tradition. Varanasi 1987.
KRISHNAMOORTY, K.: Indian Literary Theories. Delhi 1985.

KRISHNAMURTHY, K. H.: Foundations of Ayurveda. An Anthropological Approach. Delhi 1999.
KUTSCHERA, F. v.: Der Satz vom ausgeschlossenen Dritten. Berlin 1985.
LANGE, F. A.: Geschichte des Materialismus und Kritik seiner Bedeutung in der Gegenwart. Hg. v. A. Schmidt. 2 Bde. Frankfurt a. M. 1974. (EA 1866).
LEVINAS, E.: Die Spur des Anderen. Freiburg i. Br. 1983.
LOH, W.: Kombinatorische Systemtheorie: Evolution, Geschichte und logisch-mathematischer Grundlagenstreit. Frankfurt a. M. 1980
LOH, W.: Widerlegung der klassischen Aussagelogik als Förderung einer Logik des Erwägens, in: Alternativer Umgang mit Alternativen, hg. v. F. Benseler et al., Opladen 1994, 241–259.
LOH, W.: Logik der Geschichte als Geschichtlichkeit der Logik, in: Orthafte Ortlosigkeit der Philosophie. Eine interkulturelle Orientierung, hg. v. H. R. Yousefi et al., Nordhausen 2007.
LORENZ, K.: Indische Denker. München 1998.
LUEKEN, G.-L.: Inkommensurabilität als Problem rationalen Argumentierens. 1992. [= Quaestiones, 4].
LUKASIEWICZ, J.: Über den Satz des Widerspruchs bei Aristoteles. Hildesheim 1993.
LYOTARD, J. F.: Postmoderne für die Kinder. Wien 1987.
MACKIE, J. L.: Das Wunder des Theismus. Argumente für und gegen die Existenz Gottes. Stuttgart 1985.
MADHAVA: Sarva-darshana-samgraha. Engl. Übers. v. E. B. Cowell u. A. E. Gough. Kalkutta 1894. (Dt. Teilübersetzung in: DEUSSEN, P., Die nachvedische Philosophie der Inder, Leipzig ⁴1922 [= Allgemeine Geschichte der Philosophie I/3], 192–344.)
MAHADEVAN, T. M. P.: Gaudapada. A Study in Early Vedanta. Madras 1952.
MAHADEVAN, T. M. P.: Vaisesika. A Study in Early Advaita. Madras 1952.
MAITRA, S. K.: An Introduction to the Philosophy of Sri Aurobindo. Benares 1945.
MALL, R. A.: Experience and Reason. Den Haag 1973.
MALL, R. A.: On Reflection and Negation, in: Philosophy and Phenomenological Research, Vol. 35, No. 1, 1974, 79–92.
MALL, R. A.: Studien zur indischen Philosophie und Soziologie. Zur vergleichenden Philosophie und Soziologie. Meisenheim 1974.
MALL, R. A.: Der operative Begriff des Geistes. Locke, Berkeley, Hume. Freiburg-München 1984.
MALL, R. A.: Die orthafte Ortlosigkeit der Hermeneutik. Zur Kritik einer »reduktiven Hermeneutik«, in: Widerspruch, 15, 1988, 38–49.
MALL, R. A./HÜLSMANN, H.: Die drei Geburtsorte der Philosophie. China, Indien, Europa. Bonn 1989.
MALL, R. A.: Meditationen zum Adjektiv »europäisch« aus interkultureller Sicht, in: Der technologische Imperativ. Heinz Hülsmann zum 75. Geburtstag, hg. v. W. Blumberger und D. Nemeth. München 1990. 139–150.
MALL, R. A.: The God of Phenomenology in Comparative Contrast to Theology and Philosophy, in: Husserl Studies, 8, 1991.
MALL, R. A.: Macht und Ohnmacht der Vernunft in der Moral, in: Schopenhauer-Jahrbuch, Bd. 72, 1991, 67–76.

MALL, R. A.: Zur interkulturellen Theorie der Vernunft. Ein Paradigmenwechsel, in: Vernunft-begriffe in der Moderne, hg. v. H. F. Fulda und R.-P. Horstmann, Stuttgart 1994.
MALL, R. A.: Philosophie im Vergleich der Kulturen. Darmstadt 1995.
MALL, R. A.: Was konstituiert philosophische Argumente? [= Bremer Philosophica, 1996/1, Universität Bremen].
MALL, R. A.: Der Hinduismus. Seine Stellung in der Vielfalt der Religionen. Darmstadt 1997.
MALL, R. A.: Mensch und Geschichte. Wider die Anthropozentrik. Darmstadt 2000.
MALL, R. A.: Interkulturelle Verständigung. Primat der Kommunikation vor dem Konsens?, in: Ethik und Sozialwissenschaften, Jg. 11, H. 3, Stuttgart 2000, 337–350.
MALL, R. A.: Essays zur interkulturellen Philosophie. Nordhausen 2003.
MALL, R. A.: Zur Hermeneutik des Einen mit vielen Namen. Eine interkulturelle Perspektive, in: Uhl, F./Boelderl, A. R.(Hgg.): Die Sprachen der Religion, Berlin 2003, 349–375.
MALL, R. A.: Ludwig Wittgensteins Philosophie – interkulturell gelesen. Nordhausen 2005.
MALL, R. A. Mahatma Gandhi – interkulturell gelesen. Nordhausen 2005. [2007 auch in jap. Übersetzung.]
MALL, R. A.: Nagarjunas Philosophie – interkulturell gelesen. Nordhausen 2006.
MALL, R. A.: Nietzsches Lehre von der ewigen Wiederkunft oder Das tragische Schicksal der kleinen Subjekte in der Geschichte – eine interkulturelle Sicht, in: Die Auflösung des abendländischen Subjekts und das Schicksal Europas, hg. v. B. Vogel und H. Seubert, München 2005, 133–145.
MALL, R. A.: Interkulturalität. In: Brockhaus Enzyklopädie, 21. Aufl., Bd. 13, Leipzig-Mannheim 2006, 392–396.
MALL, R. A./SONI, J.: Kleines Lexikon der indischen Philosophie. Freiburg-München 2009.
MALL, R. A.: Vernunft – interkulturell. In: Yousefi, H. R./Fischer, K. (Hgg.): Viele Denkformen – eine Vernunft? Nordhausen 2010. 35–57.
MALL, R. A.: Universalismus: Anspruch und/oder Wirklichkeit. Zur Theorie und Praxis eines nicht-essentialistischen »Überlappungsuniversalismus«. In: Vieweg, K. (Hg.): Universalismus. Weimar 2011, 52–73.
MASSON, J. L./PATWARDHAN, M. V.: Shantarasa and Abhinava Gupta's Philosophy of Aesthetics. Poona 1969.
MASSON-OURSEL, P.: La philosophie comparée. Paris 1923. (Engl.: Comparative Philosophy, London 1926).
MATILAL, B. K.: Epistemology, Logic and Grammar in Indian Philosophical Analysis. The Hague-Paris 1971.
MATILAL, B. K.: The Central Philosophy of Jainism (Anekantavada). Ahmedabad 1981.
MATILAL, B. K.: Logic, Language and Reality. An Introduction to Indian Philosophical Studies. Delhi 1985.

MATILAL, B. K. and EVANS, R. D. (eds.): Buddhist Logic and Epistemology. Studies in the Buddhist Analysis of Inference and Language. Boston 1986.
MATILAL, B. K.: Perception. An Essay on Classical Indian Theories of Knowledge. Oxford 1986.
MATILAL, B. K.: The Word and the World. India's Contribution to the Study of Language. Delhi 1992.
MATILAL, B. K.: Philosophy, Culture and Religion. Mind, Language and World, ed. by J. Ganeri. Oxford-New Delhi 2002.
MEHLIG, J. (Hg.): Weisheit des alten Indien, 2 Bde. Leipzig 1987.
MENSCHING, G.: Toleranz und Wahrheit in den Religionen. München 1966.
MISCH, G.: Der Weg in die Philosophie. Leipzig-Berlin 1926.
MISCH, G.: Der Aufbau der Logik auf dem Boden der Philosophie des Lebens. Freiburg i. Br. 1994.
MITTELSTRASS, Jürgen (Hg.): Enzyklopädie Philosophie und Wissenschaftstheorie. 4 Bde. Stuttgart-Weimar 1995–1996. [Bd. 1–2: korr. Nachdrucke].
MOHANTY, J. N.: Philosophy as Reflection on Experience, in: Indian Philosophy Today, ed. by N. K. Devaraja, Delhi 1975.
MOHANTY, J. N.: Reason and Tradition in Indian Thought. An Essay on the Nature of Indian Philosophical Thinking. Oxford 1992; repr. 1999.
MOHANTY, J. N.: Essays on Indian Philosophy, Traditional and Modern. Ed. by P. Bilimoria. Delhi 1993.
MOHANTY, J. N.: Classical Indian Philosophy. New York-Oxford 2000.
MOHANTY, J. N.: The Self and its Other. Philosophical Essays. New Delhi 2000.
MOHANTY, J. N.: Explorations in Philosophy. Indian Philosophy. Essays. Ed. by B. Gupta. New Delhi 2001.
MOSSNER, E. C.: The Life of Hume. Oxford 1980.
MÜLLER, F. M.: Einleitung in die vergleichende Religionswissenschaft. Straßburg 1876.
MUNRO, T.: Oriental Aesthetics. Cleveland 1965.
MÜLLER, F. M.: The Six Systems of Indian Philosophy. 1899. Repr. London 1928.
MURTI, T. R. V.: The Central Philosophy of Buddhism: A Study of the Madhyamika System. London ²1960.
MURTY, K. S., and RAO, K. R. (eds.): Current Trends in Indian Philosophy. New Delhi 1972.
NAGARJUNA: The Vigrahavyavartani of Nagarjuna with the author's Commentary, ed. by E. H. Johnston & A. Kunst, in: Mélanges chinois et bouddhiques, Neuvième volume, 1948–51.
NAGARJUNA: Mulamadhyamakakarika, tr. & ed. by D. T. Kalupahana. Delhi 1991.
NAGARJUNA: The Fundamental Wisdom of the Middle Way. Nagarjuna's Mulamadhyama-kakarika. Trans. and commentary by J. L. Garfield. New York 1995.
NAKAMURA, H.: Ways of Thinking of Eastern Peoples. India-China-Tibet-Japan. Revised English translation, ed. by P. P. Wiener. Honolulu 1968. [Jap. EA: Tokyo 1960.]
NAKAMURA, H.: Indian Buddhism. A Survey with Bibliographical Notes. Delhi 1987.
OBERHAMMER, G.: Terminologie der frühen philosophischen Scholastik in Indien.

Literaturverzeichnis

Ein Begriffswörterbuch zur altindischen Dialektik, Erkenntnislehre und Methodologie. 3 Bde. Hg. v. d. Österr. Akademie der Wissenschaften. Wien 1991, 1996, 2006.

OSTERHAMMEL, J./PETERSSON, N. P.: Geschichte der Globalisierung. München ⁴2007.

OSTERHAMMEL, J.: Die Entzauberung Asiens. Europa und die asiatischen Reiche im 18. Jahrhundert. München 2010.

PANDEY, A.: Abhinavagupta. A Historical and Philosophical Study. Jodhpur 1991.

PANDEY, K. C.: Abhinavagupta, Varanasi ²1963.

PANDEY, K. C.: Comparative Aesthetics, Vol. I (Indian), Vol. II (Western). Varanasi ²1959

PANIKKAR, R.: Interreligious Dialogue, New York 1978;

PATNAIK, P.: Rasa in Aesthetics. New Delhi 1997.

PÄTZOLD, H.: How to bridge the Gap between the Philosophy of Art and Aesthetics of nature: A Systematic Approach, in: Issues in Contemporary Culture and Aesthetics, 5, Maastricht 1997.

PLESSNER, H.: Zwischen Philosophie und Gesellschaft. Frankfurt a. M. 1979.

PLOTT, J. C.: Global History of Philosophy, Vols. I-V. Delhi 1977–1989.

POPKIN, R.: The History of Scepticism from Erasmus to Spinoza. Berkeley-Los Angeles ²1979.

POTTER, K. H.: Presuppositions of India's Philosophies. Englewood Cliffs, NJ, 1963; repr. 1976.

POTTER, K. H. (General Editor): Encyclopedia of India's Philosophies. Princeton NJ-Delhi 1970 ff.:

- Vol. I: Bibliography. Sections I and II. K. H. Potter, ed. ³1995.
- Vol. II.: Indian Metaphysics and Epistemology. The Tradition of Nyaya-Vaisesika up to Gangesa. K. H. Potter, ed. 1977
- Vol. III: Advaita Vedanta up to Samkara and His Pupils. K. H. Potter, ed. 1981.
- Vol. IV: Samkhya: a Dualist Tradition in Indian Philosophy. G. J.Larson & R. S. Bhattacharya, eds. 1987.
- Vol. V: The Philosophy of the Grammarians. H. G. Coward, ed. 1990.
- Vol. VI: Indian Philosophical Analysis. Nyaya-Vaisesika from Gangesa to Raghunatha Siromani. K. H. Potter & S. Bhattacharya, eds. 1993.
- Vol. VII: Abhidharma Buddhism to 150 A.D. K. H. Potter with R. E. Buswell Jr., P. S. Jaini & N. Ross Reat, eds. 1996; repr. 1998.
- Vol. VIII: Buddhist Philosophy from 100 to 350 A.D. K. H. Potter, ed. 1999; repr. 2002
- Vol. IX: Buddhist Philosophy from 350 to 600 A.D. K. H. Potter, ed. 2003.
- Vol. X: Jain Philosophy Part I. D. Malvania & J. Soni, eds. 2008.
- Vol. XI: Advaita Vedanta from 800 to 1200 A.D. K. H. Potter, ed. 2006.
- Vol. XII: Yoga. India's Philosophy of Meditation. G. J. Larson & R. S. Bhattacharya, eds. 2010.
- Vol. XIII: Jain Philosophy Part II. Summaries of texts from 100 A.D. to present. (Im Druck).

(15 weitere Bände in Vorbereitung)

PRABHU, P. H.: Hindu Social Organisation. Bombay 1963

PUTNAM, H.: Pragmatismus – eine offene Frage. Frankfurt a. M. 1995.
QUINE, W. V. O.: Word and Object. Cambridge 1970.
RADHAKRISHNAN, S.: Indian Philosophy, 2 Vols. London 1923–1927, ²1929–1931 [Dt. Übers. v. R. Jockel, Indische Philosophie, 2 Bde., Darmstadt-Baden-Baden-Genf 1955–1956.]
RADHAKRISHNAN, S.: The Religion We Need. London 1928.
RADHAKRISHNAN, S.: Religion and Society, London 1947 u. ö.
RADHAKRISHNAN, S.: The Bhagavad Bhagavadgita. With introductory essay, Sanskrit text, translation and commentary. London-New York 1948 u. ö.
RADHAKRISHNAN, S. (Chairman of the Editorial Board): History of Philosophy, Eastern and Western, 2 Vols. London 1952–53.
RADHAKRISHNAN, S. (trans. and commentary): The Principal Upanisads. London 1953.
RADHAKRISHNAN, S./MUIRHEAD, J. (eds.): Contemporary Indian Philosophy. London ⁴1966; Bd. 2, ed. M. Chatterjee, London 1974.
RADHAKRISHNAN, S.: Our Heritage. New Delhi 1973.
RADHAKRISHNAN, S./MOORE, C. (Eds.): A Source Book in Indian Philosophy. Princeton ⁵1973; 12th Princeton Paperback printing 1989.
RADHAKRISHNAN, S.: Eastern Religions and Western Thought. London 1939, ²1940; New Delhi 1991.
RAY, B. G.: The Philosophy of Rabindranath Tagore. Calcutta 1970.
RICOEUR, P.: Geschichte und Wahrheit. München 1974.
RICOEUR, P.: Interpretation Theory: Discourse and the Surplus of Meaning. Fourth Worth, Tex. 1976.
RICOEUR, P.: Oneself as Another. Chicago 1994.
RORTY, R.: A Pragmatic View of Rationality and Cultural Difference, in: Philosophy East and West, vol. 42, no. IV, 1992, 581–596.
RORTY, R.: Philosophy and Hybridization of Cultures, in: Educations and their Purposes: A Conversation among Cultures, eds. Roger Ames and Peter Hershock. Honolulu 2008. 41–53.
RUSSELL, Bertrand: A History of Western Philosophy and its Connection with Political and Social Circumstances from the Earliest Times to the Present Day. London 1946. [Dt. Übers. v. E. Fischer-Wernecke u. R. Gillischewski u. d. T. »Philosophie des Abendlandes. Ihr Zusammenhang mit der politischen und der sozialen Entwicklung«, Zürich 1950 u. ö.]
RYLE, G.: Philosophical Arguments. Oxford 1945.
SARKAR, B. N.: The Political Institutions and Theories of the Hindus. A Study in Comparative Politics. Calcutta 1939.
SARVA-SIDDHANTA-SAMGRAGA [s. Shankara]
SASAKI, Ken-icchi: Consolation of Nature: An Essay in Critique of Formative Reason, in: Issues in Contemporary Culture and Aesthetics, 5, Maastricht 1997.
SASTRI, P.: Introduction to the Purva-Mimamsa. Calcutta 1923.
SCHELER, M.: Vom Ewigen im Menschen. In: Gesammelte Werke, hg. v. Maria Scheler, Bd. 5, Bern-München 1954.
SCHELER, M.: Die Stellung des Menschen im Kosmos. Bern-München ⁶1962.
SCHELER, M.: Philosophische Weltanschauung. Bern 1968.

SCHMIDT-LEUKEL, P.: Sag- und Unsagbarkeit von Transzendenz. Zur Hermeneutik menschlicher Gottesrede, in: Uhl, F./Boelderl, A. R. (Hgg.): Die Sprachen der Religion, Berlin 2003, 31–47.
SCHMIDT-LEUKEL, P.: Theologie der Religionen. München 1997.
SCHMIDT-LEUKEL, P.: Understanding Buddhism. Edinburgh 2006.
SEPP, R.: Die Grenze denken. Nordhausen 2011.
SHANKARA [zugeschrieben]: Sarva-siddhanta-samgraha. Engl. Übers. v. M. Rangacarya. Madras 1909.
SHANTARAKSHITA: Tattvasangraha, ed. by P. K. Krishnamacharya. Baroda 1926.
SHARMA, C.: A Critical Survey of Indian Philosophy. Delhi 1979.
SHARMA, I. C.: Indian Ethics, in: Indian Thought, ed. by D. H. Bishop. New Delhi 1975.
SHASTRI, D. A.: A Short History of Indian Materialism, Sensationalism, and Hedonism. Calcutta 1930.
SIEGFRIED, E.: The Religion of Tagore. Madras 1949.
SKOF, L.: Thinkiung between Cultures. Pragmatism, Rorty and Intercultural Philosophy. Pensando entre culturas. Pragmatismo, Rortyy la filosofía intercultural, in: Ideas y valores. Número 138. Diciembre de 2008. Bogotá, Columbia, pp. 41–71.
SMART, N.: Doctrine and Argument in Indian Philosophy. Leiden ²1992.
SMART, N.: World Philosophies. Ed. by Oliver Leaman. London-New York ²2008.
SMITH, N. K. (ed. with an introduction): Hume's Dialogues Concerning Natural Religion. London 1947.
SOLOMON, E.: Indian Dialectics. Ahmedabad 1969.
SOLOMON, R. C.: Existentialism, Emotions, and the Cultural Limits of Rationality, in: Philosophy East and West, vol. 42, no. 4, 1992, 597–621.
SONI, J: Philosophical Anthropology in Saiva Siddhanta with Special Reference to Sivagrayogin. Delhi 1989.
SONI, J.: Aspects of Jaina Philosophy. Chennai 1996.
SONI, J.: The Notion of Apta in Jaina Philosophy. Toronto 1996.
SONI, J./STEINER, R.: Das religiös-philosophische Schrifttum Indiens, in: Neues Handbuch der Literaturwissenschaft, Bd. 24, Wiebelsheim 2002, 25–113.
STENGER, G.: Philosophie der Interkulturalität. Erfahrung und Welten. Eine phänomeno-logische Studie. Freiburg i. Br.-München 2006.
STRAUSS, O.: Indische Philosophie. München 1925.
STRAWSON, P. F.: Individuals. An Essay in Descriptive Metaphysics. Introduction. London 1959.
STURM, H. P.: Weder Sein noch Nichtsein. Der Urteilsvierkant (Catuskoti) und seine Korollarien im östlichen und westlichen Denken. Würzburg 1996.
SUKLA, A. C.: The Concept of Initiation in Greek and Indian Aesthetics. Calcutta 1977.
SUZUKI, D. T.: Zen Buddhism. Selected Writings of Suzuki, ed. by W. Barrett. New York 1956.
TAGORE, R. D.: Collected Poems and Plays. Madras 1974.
TAGORE, R. D.: Gesammelte Werke. 8 Bde. Hg. v. Heinrich und Helene Meyer-Benfey. Ins Dt. übertr. v. Helene Meyer-Benfey. München 1921.

TAGORE, R.: The Religion of Man. London 1931; 1981.
TAGORE, R.: Sadhana. London 1947.
TILLICH, P.: Religionsphilosophie, in: Die Philosophie in ihren Einzelgebieten, hg. v. M. Dessoir, Berlin 1925.
VIDYABHUSANA, S. C.: A History of Indian Philosophy. Calcutta 1920. [Appendix B: Influence of Aristotle on the Development of the Syllogism in Indian Logic].
VOSSENKUHL, W. (Hg.): Von Wittgenstein lernen. Berlin 1992.
VYAS, K. C.: Social Renaissance in India. Bombay 1957.
WALKER, B.: The Hindu World: An Encyclopedic Survey of Hinduism. 2 Vols. New York 1968.
WALDENFELS, B.: Ordnung in Zwielicht. Frankfurt a. M. 1987.
WALDENFELS, B.: Grundmotive einer Phänomenologie des Fremden. Frankfurt a. M. 2006.
WHITEHEAD, A. N.: The Function of Reason. Princeton, N.J. 1929.
WILSON, B. (ed.): Rationality. Oxford 1970.
WIMMER, F. M.: Interkulturelle Philosophie. Vom Dilemma der Kulturalität zum Polylog. Wien 2001.
WIMMER, F. M.: Globalität und Philosophie. Studien zur Interkulturalität. Wien 2003.
WIMMER, F. M.: Interkulturelle Philosophie. Eine Einführung. Wien 2004.
WINDELBAND, W.: Vom Prinzip der Moral, in: Präludien. Aufsätze und Reden zur Philosophie und ihrer Geschichte. Tübingen 1907. 380–413.
WITTGENSTEIN, L.: Über Gewissheit. In: Werkausgabe, Bd. 8. Frankfurt a. M. 1984.
WITTGENSTEIN, L.: Ein Reader, hg. v. A. Kenny. Stuttgart 1996.
WOLFF, O.: Indiens Beitrag zum neuen Menschenbild. Ramakrishna-Gandhi-Sri Aurobindo. Hamburg 1957.
WOOD, T. E.: Nagarjunian Disputations. A Philosophical Journey through an Indian Looking-Glass. New Delhi 1994.
WOLPERT, B. A.: Tilak and Gokhale. Revolution and Reform in the Making of Modern India. Berkeley 1962.
YOUSEFI, H. R./MALL, R. A.: Grundpositionen der interkulturellen Philosophie. Nordhausen 2005.
ZEA, L.: Signale aus dem Abseits. Eine lateinamerikanische Geschichte der Philosophie. München 1989.
ZIMMER, H.: Philosophies of India, ed. by J. Campbell, Princeton, NJ, 1951. [Ins Deutsche übertr. u. hg. v. L. Heyer-Grote u. d. T. »Philosophie und Religion Indiens«, Zürich 1961.]
ZIMMERMANN, R.: Kritik der interkulturellen Vernunft. Paderborn 2004.
ZYDENBOS, R.: Moksa in Jainism, according to Umasvati. Wiesbaden 1983 [= Beiträge zur Südasien-Forschung, Südasien-Institut d. Univ. Heidelberg, Bd. 83].
ZYDENBOS, R.: Jainism Today and Ist Future. München 2006.

Zu Person und Werk des Autors

Biographisches

Der deutsch-indische Philosoph Ram Adhar Mall, geboren 1937 in Lakura (Nordindien), studierte an der Universität Kalkutta Philosophie, Psychologie, Sanskrit, Anglistik und Wirtschaftswissenschaften (1956: B.A.; 1958: M.A.). In den Jahren 1959 bis 1961 lehrte er an indischen Universitäten.

Dank einem deutschen Stipendium konnte er danach weitere Studien an den Universitäten Göttingen und Köln aufnehmen (Philosophie, Psychologie, Anglistik und Indologie). In Göttingen zählten Helmuth Plessner, Josef König und Ernst Waldschmidt zu seinen Lehrern.

1963 promovierte er mit einer Dissertation zum Thema »Humes Bild vom Menschen« an der Universität zu Köln. Über einige Semester hinweg forschte Mall am Husserl-Archiv (Köln) unter Leitung des Phänomenologen Ludwig Langrebe. Nach Indien zurückgekehrt, lehrte er 1964–1967 Philosophie an der Jadavpur Universität Kalkutta. 1981 habilitierte er sich an der Universität Trier über das Thema »Der operative Begriff des Geistes. Locke, Berkeley, Hume«. 1987 wurde er in Trier zum außerplanmäßigen Professor ernannt.

Mall lehrte Philosophie an den Universitäten Trier, Wuppertal, Bremen, Heidelberg und München und hatte Gastprofessuren in Wien und Mumbai inne. Seit 2011 nimmt er Lehraufträge an der Friedrich-Schiller-Universität Jena wahr und veranstaltet zusätzlich private Seminare zu dem Themenkreis »Philosophien und Religionen im Vergleich der Kulturen«.

Geistig beheimatet in zwei Kulturkreisen, trat er mit Publikationen[1] hervor, durch die er sich als ein Mittler erwies, der nicht nur Stu-

---

[1] Eine von H. R. Yousefi zusammengestellte, bis in das Jahr 2006 reichende Auswahl-Bibliographie seines Gesamtwerkes – Monographien, mitverfasste Monographien, Text-

dierenden, sondern auch einer breiteren, an interkulturellen Fragestellungen allgemein interessierten Leserschaft neue Horizonte zu erschließen vermochte.

R. A. Malls Verständnis von Philosophie und Interkulturalität

Der Autor hält an der bleibenden Eigenwürde der Philosophie, die in der zweiten Hälfte des vorigen Jahrhunderts gar schon für obsolet erklärt worden war, als einer Wissenschaft von universaler Relevanz fest – jenseits ihrer Konkretionen in unterschiedlichen Traditionszusammenhängen. Es geht nach Mall nicht um das »Wiedererfinden« eines durch Definitionsgewalt oder durch eine bestimmte philosophische Tradition oder Konvention festgelegten Philosophiebegriffs, sondern um *das Philosophische schlechthin,* das trotz je eigener Sprach- und Traditionsgebundenheit seine Unverfügbarkeit behält.

Daraus ergibt sich die Unentscheidbarkeit der Frage nach dem Wesen der Philosophie: Es sind die unterschiedlichen Traditionen und Überlieferungen, aus denen sich Definitionen mit je eigener Facettierung herleiten ließen. Die Suche nach dem Wesen geht stets Hand in Hand mit einer Methode, dieses zu enthüllen. Da es jedoch einen Pluralismus der Methoden gibt, wäre es sinnwidrig, die Entdeckung des Wesens exklusiv mit einer bestimmten Methode unternehmen zu wollen. Befragt man etwa Descartes und Hume nach dem Wesen der Seele, so erhält man zwei voneinander abweichende Beschreibungen.

Ist Philosophie eine *denkende Bewältigung des Seins,* was sie nach Malls aus propädeutischen Gründen bewusst sehr allgemein gehaltener Deutung ist, so wäre es verfehlt, sie kulturalistisch einzuengen – ganz gleich, ob ein solcher Ansatz auf europäisches oder außereuropäisches Denken fokussiert wäre.

Mall hält es nicht nur für anachronistisch, sondern auch für unvertretbar, wenn im 21. Jahrhundert Studenten der Philosophie an westlichen Universitäten in der Regel allein in das Denken von Philosophen wie etwa Heraklit, Parmenides, Platon, Aristoteles, Augustinus, Hume,

---

sammlungen, Zeitschriften- und Bücherbeiträge, mitherausgegebene Schriften bzw. Reihen, Beiträge zu Lexika in deutscher bzw. englischer Sprache – umfasst über 160 Positionen; in: Orthafte Ortlosigkeit der Philosophie. Eine interkulturelle Orientierung, hg. u. eingeleitet v. H. R. Yousefi, I. Braun u. H.-J. Scheidgen, Nordhausen 2007, 639–652.

Kant, Hegel eingeführt werden, jedoch fast nichts etwa über Buddha, Mahavira, Nagarjuna, Shankara, Konfuzius, Lao Tzu erfahren. In einer Welt, die zwar technologisch bereits geeint ist und ökonomisch auf dem Weg der Einung ist, könnte von einer Globalisierung, die diesen Namen verdient, erst dann gesprochen werden, wenn in Lehre und Forschung *alle geistigen Güter der Menschheit* – seien sie tradiert oder in statu nascendi – ohne künstlich errichtete Vorbehalte oder exklusivistische Präjudizierung ins Auge gefasst würden.

»Philosophie« im Singular ist und bleibt ein Traum der Vernunft; sie wäre höchstens eine regulative Idee. Begriffsgeschichtlich kennt Philosophie keine Homogenität, sei es intra- oder interkulturell. Schon die Griechen stritten über den eigentlichen Geburtsort der Philosophie – Indien oder Griechenland; es sei nur an Lukian von Samosata und Diogenes Laertius erinnert. Mall sieht Indien, China und Griechenland als »Geburtsorte« der Philosophie.[2] Das Attribut *indisch* reserviert er für das mit den Veden anhebende philosophische Denken, die Upanishaden, die sechs klassischen Schulen Mimamsa, Nyaya, Samkhya, Vaisheshika, Vedanta und Yoga, ferner die drei »heterodoxen«, die Autorität der Veden nicht anerkennenden, philosophisch nicht minder bedeutsamen Schulen der Materialisten (Carvaka), Jainismus, Buddhismus sowie für Denkmodelle, die aus der im 20. Jahrhundert einsetzenden geistigen Begegnung Indiens und des Westens resultieren.

In Malls Augen ist es hoch an der Zeit, dass sich auch die westliche Welt auf breiter Basis *wissenschaftlich* mit indischer Philosophie *qua* Philosophie auseinandersetzt. So gesehen könnte man sagen, er wandele auf den Spuren Schlegels und Schopenhauers, die sich schon vor zwei Jahrhunderten nicht nur eine Rezeption indischen Denkens erhofft hatten, sondern – einen Schritt weitergehend – gar eine »Renaissance« innerhalb der westlichen Denkwelt am Horizont heraufziehen sahen.[3]

---

[2] Vgl. Ram Adhar Mall und Heinz Hülsmann, Die drei Geburtsorte der Philosophie. Bonn 1989.

[3] Vgl. Friedrich Schlegel, »Über die Sprache und Weisheit der Indier«, 1808; in: Kritische Friedrich-Schlegel-Ausgabe, hg. v. E. Behler, Bd. 8, München 1975, 111: »Möchte das indische Studium nur einige solche Anbauer und Begünstiger finden, wie deren Italien und Deutschland im fünfzehnten und sechzehnten Jahrhundert für das griechische Studium so manche sich plötzlich erheben und in kurzer Zeit so Großes leisten sah; indem durch die wiedererweckte Kenntnis des Altertums schnell die Gestalt aller Wissenschaften, ja man kann wohl sagen der Welt, verändert und verjüngt ward. Nicht weniger groß

Zu Person und Werk des Autors

Noch immer fehlt jedoch weithin die Infrastruktur an westlichen Universitäten und anderen akademischen Institutionen, um *Indische Philosophie als eigenständige Disziplin* dort fest zu verankern und sie nicht weiter quasi als Epiphänomen des Faches Indologie oder auch der Religionswissenschaft zu behandeln. Mall hegt höchste Achtung für die großen Leistungen dieser Disziplinen, die auch in Indien selbst meist hohe Wertschätzung genießen; wenn er jedoch sieht, dass ein Denker wie etwa Nagarjuna im Fach Indologie ressortiert, pflegt er die ironische Frage zu stellen, was man wohl im deutschen Sprachraum davon halten würde, wenn man einen Denker wie etwa Hegel bei der Germanistik ansiedeln wollte ...

Mall vertritt die Auffassung, dass es als historische Kontingenz zu deuten sei, wenn sich das Attribut *europäisch* auf philosophischer Ebene universalisiert habe. Wahre Universalität leitet er selbst aus *interkulturellen* Dimensionen her, die kulturell verorteten Eigen-Ausprägungen von Philosophie potentiell stets mit zu eigen sind. Absolutheitsansprüche auf den Besitz eines vermeintlich einzig Wahren lehnt er daher a limine ab. Philosophie in der globalen Welt sollte auf dem Ethos der Anerkennung von kultureller Vielfalt und der Relativität von Perspektiven basieren. Für Mall bleibt Philosophie als eine Wissenschaft, die – wie seine vorliegende Studie zeigt – nicht einmal auf den Ebenen von Logik und Epistemologie wähnen kann, jemals zu vermeintlich letztgültigen, für Menschen aller Kulturen gleicherweise verbindlichen und gültigen Einsichten gelangen zu können, dem unaufgebbaren Ideal einer menschheitsweiten Zusammenarbeit aller nach Erkenntnis Suchenden verpflichtet. Er postuliert Weltoffenheit und wechselseitigen Respekt – auch und gerade angesichts unaufhebbarer Divergenzen in philosophischen Positionen.

Damit hat Mall seine Lebensarbeit in den Dienst der Grundlegung einer interkulturellen Philosophie gestellt. Von jener Disziplin, für die

---

und allgemein, wir wagen es zu behaupten, würde auch jetzt die Wirkung des indischen Studiums sein, wenn es mit eben der Kraft ergriffen, und in den Kreis der europäischen Kenntnisse eingeführt würde. Und warum sollte es nicht?«
Vgl. Arthur Schopenhauer, Vorrede zu »Die Welt als Wille und Vorstellung«, 1. Aufl., 1818. [in: SW, hg. v. A. Hübscher, Bd. 2, Wiesbaden ³1972, XII.: »Ich vermute, daß der Einfluß der Sanskrit-Litteratur nicht weniger tief eingreifen wird, als im 15. Jahrhundert die Wiederbelebung des Griechischen.« [Mit »Sanskrit-Litteratur« meinte Schopenhauer die ihm in Übersetzungen zugänglichen philosophisch und religiösen indischen Schriften. KHE.]

sich gegen Ende des 19. Jahrhunderts zuerst in Indien[4] und Nordamerika die Bezeichnung »Comparative Philosophy« eingebürgert hat, unterscheidet sich Malls Projekt dadurch, dass er es nicht bei einem Vergleichen philosophischer Lehren aus unterschiedlichen Kulturkreisen belassen möchte, sondern die Potentialität, zugleich das Vorhandensein philosophischer Denkhaltungen in *allen* Kulturen statuiert und nachzuweisen sucht. Unter dieser Sichtweise ist dann Philosophie – in seiner Terminologie – *orthaft*, weil kulturkreisspezifisch verankert und lokalisierbar; gleichzeitig wird Philosophie aber auch als *ortlos* erkannt, wenn der Versuch unternommen wird – auf einer Metaebene – das *»zwischen« (inter-) allen philosophischen Denkansätzen vorhandene und identifizierbare Gemeinsame* zum Vorschein zu bringen. Auf diesem Wege gelangt Mall zu seiner auf den ersten Blick paradox erscheinenden stehenden Rede von einer »orthaft-ortlosen Philosophie«, die er – jenseits jeglicher Ontologisierung oder Theologisierung – mit *philosophia perennis* assoziiert, den alt-ehrwürdigen Terminus mit einem neuen Bedeutungsgehalt unterlegend.

Vor diesem Hintergrund versteht sich von selbst, dass Mall – aus historisch evidenten Gründen – zuvörderst jegliche Form einer Europazentriertheit, heute sprachlich zumeist auf »Eurozentrismus« verknappt, abweist; dies gilt aber auch für allfällige vergleichbare Ansprüchen aus nichteuropäischen Kulturen. Nicht geringer ist seine Ablehnung der einseitig-unglücklichen Etikettierungen westlichen Denkens als exklusiv »rational-analytisch«, des östlichen Denkens als exklusiv »intuitiv-mystisch« – Charakterisierungen, die sich leider bis weit in das 20. Jahrhundert hinein als scheinbar unausrottbare Vorurteile halten konnten.

Malls eigenes Denken und die Methode seines Zugangs orientieren sich an der menschheitsweiten Erfahrung des 20. Jahrhunderts von der *einen* Welt, die man bis anhin – insbesondere seit dem 18. Jahrhundert aus europäischem Blickwinkel – nur als eine kulturell fragmentierte wahrgenommen hatte. Er verneint die Möglichkeit, das *Tertium Comparationis* oder den *archimedischen Punkt*, auf den sich Geltungsansprüche beziehen ließen, an einer einzigen philosophischen Tradition festzumachen, und spricht in diesem Zusammenhang von *zwei Arten des Denkens:* »Erstens, ein Denken, das vor aller Erfahrung festlegt. Nennen wir es *festlegendes* Denken. Zweitens gibt es ein Denken, das

---

[4] So etwa B. N. Seal (1864–1938).

nach der Erfahrung feststellt. Nennen wir es *feststellendes* Denken. Unsere interkulturelle weltphilosophische Orientierung folgt dem zweiten Denken.«[5] In einer Vorlesung im März 2011 hat er diesen Standpunkt unter dem Gesichtswinkel einer interkulturellen Hermeneutik auf *Dekonstruktion* hin ausgeweitet: »All intercultural understanding methodologically presupposes a reflective stance which enables us to see fundamental similarities and illuminating differences among the traditions compared. The globally present intercultural context has made one thing abundantly clear: The de facto intercultural hermeneutic situation has outgrown the Greco-European, Judaic-Christian and Islamic interpretation of culture, philosophy, and religion. It calls for a deconstruction of an absolutistic, essentialistic, and exclusive relation between truth and tradition.«[6]

Mall, der – was westliche Philosophie angeht – von Hume, W. James, Husserl herkommt, wie aus seinen Schriften erkennbar wird, strebt in seinen Arbeiten selbstverständlich ein Höchstmaß an Objektivität an, versagt sich aber dennoch nicht, auch einmal persönliche Präferenzen oder Vorbehalte zu erkennen zu geben. Was die Denkwelt Indiens angeht, so verleugnet er nicht seine Herkunft aus der *philosophischen* Hindu-Tradition, hegt aber zugleich hohe Wertschätzung für die *philosophischen* Überlieferungen aus Jainismus und Buddhismus. Den religiösen Lehren der diversen Schulen, denen im Westen in der Regel die Hauptaufmerksamkeit gilt, steht er selbst mit Äquidistanz gegenüber. Was er in dieser Studie herausarbeitet, ist das Ineinandergreifen zweier Dimensionen, der philosophischen und der soteriologischen, im indischen Denken; die Letztere wird im Westen exklusiv dem Bereich der Religion zugeordnet – was auch heute noch viele westliche Denker veranlasst, indischem Denken von vornherein den Charakter von Wissenschaftlichkeit abzusprechen. Mall weist darauf hin, dass in Indien wiederum eine Philosophie, verstanden als ein wissenschaftlich ausgearbeiteter und fundierter *Denkweg*, der nicht potentiell zugleich einen *Lebensweg* einschlösse, als defizient empfunden und daher verworfen würde.

---

[5] »Vernunft – interkulturell«, in: H. R. Yousefi/K. Fischer (Hg.), Viele Denkformen – eine Vernunft? Nordhausen 2010, 41.
[6] Aus einer Vorlesung in Mumbai, März 2011; unveröffentlicht; hier zit. mit Genehmigung des Autors.

Wollte man sich einer Ausdrucksweise der Historiker bedienen, könnte man zu der Assoziation gelangen, dass Mall gleichsam eine Form der offenen »*Globalgeschichte*«[7] *des philosophischen Denkens* anvisiert, ein weit ausgreifendes Vorhaben, das nur in einem beharrlichen, Generationen übergreifenden, interdisziplinären Zusammenwirken von Arbeitern aus allen Kontinenten in seinen kulturkreisspezifisch unterschiedlichen Ausprägungen, in den je eigenen charakteristischen Zügen herausgearbeitet und immer klarer konturiert werden könnte.

Malls ganz persönliches Postulat einer *interkulturellen* Betrachtungsweise umfasst *indisches und westliches Philosophieren*, aus denen er die Konstituenten seines eigenen methodischen Zugangs herleitet. Es geht ihm einerseits darum, ein unzulängliches, ja falsches Indienbild[8] zu überwinden und es in ein kritisch-respektvolles zu überführen, um im Westen ein bleibendes Interesse zu wecken; andererseits sucht er in den großen Entwürfen der Philosophie, die (ebenfalls über mehr als zwei Jahrtausende hinweg) westliche Denker aus sich heraus aufgestellt haben, nach Elementen, die Entsprechungen in indischer Philosophie aufweisen – und findet sie auch.

Malls interkulturelle indisch-westliche Orientierung mindert indessen nicht sein Interesse auch für sämtliche andere Formen dessen, was er, in einem kühnen Vorgriff, *Weltphilosophie* nennt, im Gegenteil: Im Jahre 1992 rief er als Gründungspräsident, zusammen mit damaligen Schülern wie Dieter Lohmar, Hermann-Josef Scheidgen, Morteza Ghasempour und anderen Persönlichkeiten, in Köln eine »*Gesellschaft für interkulturelle Philosophie*« (GIP) ins Leben, die die Frucht über mehr als zwei Jahrzehnte abgehaltener Privatseminare in seinem Hause

---

[7] Die Termini »global history«, auch »world history«, wurden in den 90er Jahren des 20. Jahrhunderts im englischen Sprachraum geprägt, wie J. Osterhammel und N. P. Petersson in ihrer »Geschichte der Globalisierung«, 4. Aufl., München 2007, 18f., näher ausführen. Intendiert ist »eine Art des ›diagonalen‹ Fragens quer zu den Nationalgeschichten, […] den Versuch, Beziehungen zwischen Völkern, Ländern und Zivilisationen nicht allein machtpolitisch und wirtschaftlich zu betrachten.«

[8] Der indische Philosoph J. H. Mohanty schreibt über diesbezügliche Klischees: »Philosophy [sc. in India] was an intensely intellectual, rigorously discursive and relentess critical pursuit. However, this activity was supposedly trusted and relied upon to lead to a kind of knowledge that would *become transformed* into a transformation of the thinker's mode of being ... A person's being is not depressingly being in the world, but a being in the world that is grounded in the possibility of a transcendence into the beyond.« (Classical Indian Philosophy, Lanham Maryland-Oxford 2000, 144.)

war.⁹ Es gelang, Wissenschaftler, aber auch nichtuniversitäre Interessierte, aus allen Kontinenten zu versammeln, die – aus komplementären Perspektiven – Überlieferungen aus China, Japan, der islamischen Welt, Afrika und Lateinamerika mit westlichem Denken in Bezug zu setzen suchen, und dies – gleich Mall – nicht nur historisch-deskriptiv konstatierend, sondern mit stetem Blick auf die geistige Situation der Zeit. Aus der auf diesem Forum geleisteten Arbeit, wie sie sich auch publizistisch niederschlägt, wird das Ethos erkennbar, den Blick für ein gemeinsames Schicksal der Menschheit schärfen zu wollen, um eine nur politischökonomisch verkürzte Betrachtungsweise zu überschreiten und die Relevanz philosophischen Fragens und Erkennens für die Ausbildung allseitigen Respektes aus einer interkulturellen Geisteshaltung heraus ins Bewusstsein zu heben.

Der Begriff »Philosophie« ist bei Mall und seinem Kreis denn auch ein erneuerter, weit gefasster – er reicht von den klassischen Disziplinen Logik, Erkenntnistheorie, Hermeneutik, Metaphysik über Psychologie bis hin zur Anthropologie. Für Mall ist und bleibt Philosophie eine individuelle und zugleich gesamtgesellschaftliche Aufgabe. Er betont auch in der vorliegenden Schrift, dass die Verbindung zwischen Denken und Handeln zwar bei den griechischen und römischen Denkern, analog zu den indischen, noch gegeben war, dass sie der modernen europäischen Philosophie jedoch abhanden gekommen sei, was er als verhängnisvoll ansieht. Er hatte sich – nach der bewundernden Aneignung westlichen Denkens – schon als junger Mann vorgesetzt, einen Beitrag zur Überwindung dieser Diskrepanz zu leisten, und ist seinem *projet de vie* seitdem treu geblieben.

Nach seiner Auffassung bedarf es einer *transformativen Philosophie* in dem Sinne, dass Wissen nicht automatisch zu Tugend führt. Philosophische Reflexion kann nur auf dem Weg der Welterfahrung und zugleich der reflexiv-meditativen Introspektion in eine adäquate Lebenspraxis überführt werden.

Malls *Projekt interkulturelle Philosophie* dürfte bereits aus diesen wenigen skizzenhaften Andeutungen als ein groß angelegtes erkennbar werden. Es könnte sich die Frage stellen, ob es nicht utopischen Charakter trage. Dies scheint indessen nicht der Fall zu sein. Mall denkt, bei

---

⁹ Seit 2009 ist Mall Ehrenpräsident der GIP. Als Mitglied der Gesellschaft für deutsche Philosophie wird die GIP gegenwärtig von Claudia Bickmann (Köln) und Georg Stenger (Wien) präsidiert.

allem Gegenwartsbezug, aus einer gewissen »Zeitenthobenheit« heraus: Alle kulturellen *Überlieferungen* sind auf Elemente ihrer Anwendbarkeit auch in der modernen Welt zu studieren und zu befragen; im *Hier und Jetzt* sind die Antworten zusammenzuführen mit den geistigen Eigenleistungen unserer Zeit; und die Aufgabe *künftiger Generationen* wird es sein, sich das Erkannte stets neu anzuverwandeln, es zu modifizieren, daran weiterzubauen, um sukzessive vielleicht dem – noch etwas fern erscheinenden – Ideal eines weltweit akzeptierten »Grundbestandes« philosophischer Erkenntnisse für die Lebenspraxis doch schrittweise näher zu kommen ...

Sollte dies heißen, dass Mall die großartigen wissenschaftstheoretischen und sprachanalytischen Ansätze der Gegenwartsphilosophie außer Acht ließe oder gar gering schätze, zumal in dieser Studie von ihnen nicht die Rede ist? Dies wäre eine Fehleinschätzung: Mall erblickt darin vielmehr Höchstleistungen, hinter die die Welt nicht mehr zurückfallen kann.

Durch seinen eigenen Ausgriff visiert er allerdings ein Zusätzliches an: *Interkulturelle Philosophie als Wissenschaft und als Stütze des Lebens zugleich*, gleichsam als ein Medium, durch das Menschen über Kulturgrenzen hinweg inspiriert werden könnten, im Horizont weltweit gemeinsamer Probleme und Aufgaben zu überlappend-komplementären Lösungsansätzen zu gelangen.

K. H. Eckert

Namens- und Sachregister

abhängiges Entstehen Siehe pratitya-samutpada 201
Abhinavagupta 229–231
absolut 21, 24–27, 29–30, 32–34, 37–38, 51, 54, 59, 67–69, 74, 79, 83, 90–91, 115, 123–125, 134, 137, 146, 148, 154–155, 159, 171, 174, 176, 181, 183, 193, 197–198, 200, 204, 208, 210–211, 216, 221, 230, 233–234, 245, 247, 260, 262, 264, 266, 270, 272, 275, 294, 302, 305, 312–316, 320–321, 328, 330, 334–335, 337, 339, 361
Absolutheitsanspruch 15, 56, 132, 135, 169, 171, 202, 270
Abstraktion 16, 52, 278
Achtfacher Pfad 47, 179, 291
Adorno, T. W. 53, 237, 240
Advaita-Vedanta 75, 93, 109–110, 150, 152–153, 195–196, 200, 204–205, 212, 225–226, 294, 342
Affirmation 68
Afrika 363
Agnostizismus/agnostisch/Agnostiker 46, 49, 62, 150, 192, 194, 260, 264, 266
aham brahmasmi 296
Ajivikas 66
Akbar 211
Aktualität 71, 76
Akzidentalisten 47
Alexander 83, 253
altruistisch 164, 305
Analogie/analogisch 23, 28–29, 63, 74, 101, 136, 214, 221, 223, 254, 273, 279
Analyse/analytisch 22, 28, 49, 68, 92, 120, 160, 179–180, 190, 236, 238, 247, 278, 292, 300, 317, 360
Anandavardhana 229–230, 232
Anthropologie/anthropologisch 17, 30, 35–36, 40, 52, 107, 124, 134, 169, 208, 230, 239, 247, 283, 286, 288–294, 298–301, 303–307, 310, 313–316, 320–321, 363
Anthropozentrismus/anthropozentrisch 88, 312, 318
Antithese 63, 65
Apel, K.-O. 32, 34–35, 145
aposteriorisch 124
apriorisch 22–23, 27, 36, 39, 54, 113, 120, 124, 133, 135–137, 156–157, 217, 235–236, 273, 276
archimedischer Punkt 28, 37, 131, 360
Argument 23, 67, 76, 107, 130, 138, 150, 213–215, 217, 219–221, 223, 257, 339, 341–342
Argumentationslogik 104
Arier/arisch 47, 59, 80, 85, 90, 167–168, 188
Aristoteles/aristotelisch 51, 61, 117, 131, 139, 165, 169, 194, 246, 248, 259, 287, 357
Aristoxenos 252
Arjuna 163, 288
Armut 191, 308
Arthashastra 46, 80, 160
Asanga 48, 145

Namens- und Sachregister

Asien 135, 197
Askese/asketisch/Asket 47, 72, 83, 164, 166, 186, 284, 286, 290, 295
Ästhetik, interkulturelle 233–238, 240
Ästhetik/ästhetisch 46, 161, 163, 165–166, 228–241, 276, 287–288, 310, 338–339, 342
Ataraxia 39, 253, 264
Atheismus/atheistisch/Atheisten 46, 56, 61–62, 73, 134, 171, 184, 192, 194, 196, 198, 203, 208, 213, 215–217, 221, 223, 290, 294, 304, 334
Atman 51, 59, 64, 74–75, 96, 141, 153, 178, 196, 204, 208, 226, 289, 296
Atman-Brahman-Identität 153, 196, 208
Aufklärung 25, 316
Augustinus 159, 187, 194, 284, 320, 357
Aurobindo, Sri 88–90, 229, 289, 297–303, 308–309
Außenwelt 65, 152–153
Avatara 284
Ayurveda/ayurvedisch 286

Baha'i 211
Barbaren/barbarisch 247, 270
Baumgarten, A. 228
Befreiung 31, 39, 45–46, 52, 64, 73, 79, 81, 89, 92–94, 96, 98, 138, 144, 146, 160, 162, 165, 174, 177, 179, 181, 183–185, 191, 199–200, 205, 209, 220, 223–224, 226, 232, 235, 286, 290–291, 293–295, 308, 313, 320, 330, 332–334, 336
Begierde 82, 96, 161, 163–164, 179
Bello, A. A. 251
Bergpredigt 86, 188
Bergson, H. 90
Berkeley, G. 67, 87, 111, 117, 135, 152, 349, 356
Bewusstsein 50, 63, 65–68, 71–74, 77–78, 89, 94–96, 99–100, 110, 142–147, 152, 160–161, 180–181, 184–185, 214, 231, 234, 251, 256–257, 278, 286, 289–290, 292, 294, 296, 298–303, 308, 310, 314, 319, 327–328, 330, 332, 337–339, 341
Bhagavadgita 59, 158, 162–163, 177, 191, 210, 288–289, 303, 306, 329
Bharata 229–230, 286
Bharucha 122
Bhatta, J. 214
Bhattacharya, K. C. 89, 232
Bhavaviveka 148
Bhave, Vinoba 165
Bibel 59, 210, 288, 307
Bilder des Menschen 289, 297
Bochenski, J. 55, 252
Bodhisattva 180, 182, 292, 330
Bradley 90
Brahman 45, 59, 74–75, 150, 153, 177–178, 196, 200, 204–205, 208, 215–216, 226, 230, 289, 296, 301, 330–331, 333, 337
brahmana 167
Brahmanen 80, 168–169, 253
Brahmanismus 221
Brahmo Samaj 85
Brihaspati Lankya 62
Bruno, G. 211
Buddha 45–48, 52, 64, 83–84, 87, 89, 125, 129, 141–144, 147, 150, 164–165, 182–183, 188, 200, 202–203, 206–207, 210, 216, 221, 225–226, 252, 261–262, 284, 287, 292, 306, 313, 329, 331, 336, 340, 358
Buddha-Natur 126, 146
Buddhapalita 148
Buddhismus / buddhistisch 28–29, 33, 36, 41, 46–48, 61, 64–66, 76, 80, 83, 85, 91, 93, 101–102, 109, 115, 119–122, 125, 129–130, 134–135, 138, 141–142, 147–153, 162, 170, 172, 174, 179, 182–184, 188–189, 195–196, 201–202, 205, 208–212, 216–217, 219, 221, 226, 248, 253, 259–261, 265, 284, 287, 291–293, 299, 330–331, 333, 335, 358, 361
Buddhisten 28, 38, 62, 66, 75–77, 96,

102, 105, 107, 111, 123, 126, 151, 154, 170–171, 184–185, 189, 196–197, 200, 208, 218, 222, 259, 261

Carvaka   39, 61–63, 91, 101, 103, 105, 109, 138, 171, 178, 181–182, 218–219, 222, 292–293, 358
Cassirer, E.   232
Chandragupta   81, 83, 253
Chandrakirti   126
Chatterji, B.   229
Chatuskoti   131, 261
China/Chinesen/chinesisch   15, 27, 29–31, 91, 171, 201, 239, 263, 266, 269, 272, 315, 319, 358, 363
Cho, K. K.   236
Christentum/christlich   24, 28, 41, 50, 52, 54–55, 81, 85–86, 90, 113, 176, 193, 195–196, 202, 204–208, 210, 215, 225, 259, 272, 301, 308, 316, 320
Christus   65
Chuang Tzu   239, 263–264
Comparative Philosophy   360
Conci, D. A.   251
Conrad, D.   190
creatio ex nihilo   45, 149, 202, 213

Dante   83
darshana   49, 54, 56, 90, 290, 330
Daseinsfaktor   64, 292
Dasgupta   47
Davidson, D. H.   276–277
De Groot, J. J. M.   201
Debatte   46, 97, 138, 158, 235, 253, 334–335
Dekonstruktivismus   125
Deleuze, G.   237
demokratisch   170
deontologisch   184
Descartes, R.   152, 159, 194, 256–257, 315, 357
Determinismus   47
Devasuri   48
dharma/dharmas   46, 54, 59, 64–65, 80–81, 83, 85–86, 90, 125, 128, 139, 142–143, 151–152, 160, 162–165, 167, 170, 175–176, 178–179, 183–184, 197, 287–288, 292, 313, 330, 336
Dharmakirti   102, 120, 143, 265
Dharmashastras   80
Dharmasutras   80
Dialektik/dialektisch   58, 60, 63, 65–68, 147–148
Dichtung   88, 161, 229, 232, 309
Dignaga   48, 102, 119–120, 143
Dilthey, W.   312
Diogenes   253
Diogenes Laertius   358
Diskurs   15, 17, 21, 27–28, 32, 34, 36–37, 40, 99, 116, 121, 123, 128, 131, 159, 173, 184, 255, 341
Diskussion   17, 39, 65, 75, 92, 97, 107, 117–118, 132, 134, 138, 143, 149, 154, 158, 190, 211–212, 214, 248–250, 253, 255, 260, 263, 291, 322, 334–335
Disputation   97, 138, 248, 253, 340
Drama   228–230, 233, 236, 238
Droge   63, 293
Dualismus/dualistisch   64, 70, 74, 116, 247, 293, 323, 327, 330–331

Eckhart   263
Ego/egoistisch   51, 161–163, 166, 176–178, 230, 327
Eliot, T. S.   232
Empirie   235
Empirie/empirisch   32, 34, 50, 52, 74, 94, 99, 104, 110, 119, 125, 133, 136, 139, 153, 158, 176, 181–182, 184, 196, 204, 216, 254, 258, 268, 273, 276–277, 314, 317, 321, 332, 342
Empirismus/Empiristen   16, 22, 41, 87, 117, 152, 218, 247
Englisch   86, 297
Entelechie   30, 274, 299
Epen   46, 48, 176, 183, 287
Epikur   199
Epimenides   127–128
Epistemologie   52, 55–57, 99, 101,

Namens- und Sachregister

105, 107–108, 111, 113, 116, 124, 133, 143, 218, 225, 237, 251, 260, 329, 337, 359
Epoché 253, 257
Erfahrung 33, 50, 52, 57, 60, 62, 74, 89–94, 99, 101–102, 104, 108, 110, 116, 119, 135–136, 141, 144–146, 151, 153, 161, 176, 192, 195–197, 199–200, 205–207, 216–217, 223, 225–226, 228–231, 233–235, 237–239, 241, 246, 248, 255, 259, 268, 271, 274, 285, 290, 298–299, 303, 314, 320, 338, 340, 360
Erkenntnis/Erkenntnistheorie 47–48, 50, 53, 56, 58–62, 65, 67, 73, 75–78, 87, 89, 91, 93, 95, 97, 99, 101, 103, 105–109, 111, 115–116, 120, 123, 129, 133, 136, 143, 146–148, 152–153, 158, 162, 171, 178, 218, 226, 254, 256, 258–259, 270, 286–287, 289–290, 296, 301, 303, 315, 327–329, 332, 334–336, 338–341, 359, 363
Erkenntnismittel 76, 78, 99, 101, 103, 105, 129, 254, 329, 335, 337, 340
Erleuchtung/erleuchtet 95, 126, 146, 163, 165, 225, 289, 292, 313, 320, 330, 340
Erlösung 39, 45, 50, 52, 59, 63, 70, 75, 81, 90, 147, 150, 160, 162, 165–166, 174, 178, 180–181, 190, 202, 205, 209, 213, 215, 217, 224, 227, 231, 235, 286, 290–293, 295, 303, 316, 330, 332–334, 336
erotisch 231–232
Eschatologie/eschatologisch 208, 232
Essentialismus/essentialistisch 23, 32, 114, 201, 208, 235, 238, 250, 277, 361
Ethik/ethisch 46, 51, 56, 59, 64–65, 69–71, 78–79, 83, 86, 107, 123, 141, 156, 158–160, 163–164, 166, 171–186, 188, 190–191, 202, 209, 218, 220, 239, 246, 266–267, 276, 284, 286, 288–292, 294, 305, 311, 323, 330, 336, 341

Ethnozentrismus 88, 91
Europa/europäisch 16, 22–23, 25, 27, 31–32, 39, 50, 54–57, 84–85, 87–88, 105–106, 114, 117–118, 124, 133, 139, 156, 158, 172, 174, 183, 195, 197, 199, 201, 204–205, 211, 235, 237, 239, 245, 247–248, 250–251, 256, 258–259, 270, 274–275, 278, 297, 328, 359–360, 363
Europäisierung 274
Eurozentrismus/eurozentrisch 39, 207, 250, 274, 360
Evolution 71, 88–90, 150, 184, 215, 223, 294, 298–302, 309
Existentialismus 87
Exklusion 119, 123, 129
Exklusivismus/exklusivistisch 30, 202, 208, 237, 247, 283, 305, 358
extensional 51, 115, 118–120

Fata Morgana 111
Fehlerquellen 116
Feuerbach, L. 194, 197
Folgerung 103–104, 334
Frege, G. 116
Freidenker 46
Freiheit 59, 67, 79, 89, 96, 115, 175, 180–181, 184, 194, 200, 215, 222, 236, 257, 263, 305, 311, 334
Freud, S. 67, 145

Gadamer, H.-G. 23, 250
Gandhi (Mahatma) 56, 70, 80, 83–86, 90, 163, 165, 168, 170, 175, 186, 190, 297, 303–308, 333
Gangesa 48
Gautama (Autor) 48, 213
Gebote 65, 72–73, 162, 179, 183–184, 335
Geertz, C. 34, 38, 275
Geist 27, 31, 52–53, 59, 64, 76, 78, 85, 89, 91, 108, 114, 116, 124, 134, 139, 142–143, 145–146, 159, 168, 171, 182, 184, 187, 191, 193, 195, 199, 207, 233, 236, 245, 250, 274, 284–285, 291, 295, 301, 306, 309, 312,

Namens- und Sachregister

314, 316, 320, 329–330, 333, 335–337
Genuss 81, 162, 166, 229–230, 234, 284, 288, 308, 332, 336–337
Gericht 63
Geschichte/geschichtlich/Geschichtlichkeit 24, 27, 31, 35, 39, 45, 47, 53, 84, 88–89, 99, 132, 159, 186, 188, 229, 275, 284, 286, 312–318, 320–322
Geschichtsphilosophie 55, 313–316, 321
Geschichtsteleologie 320
Gesellschaft 28, 33, 80, 82, 85, 87, 131, 156, 159, 165–169, 173, 175, 191, 218, 267, 307, 309, 320
Gesinnung 47, 65, 175, 179, 183, 185, 224, 289
Gewaltlosigkeit 69–70, 86, 123, 132, 164–165, 179, 188–190, 266, 284, 288, 290, 295, 303, 305–306, 327, 330
Gier 47, 72, 83, 190–191, 225, 287–288, 290, 308, 340
Glasenapp, H. v. 55
Globalisierung 29, 207, 307, 322, 358
Gnade 81, 177, 199–200, 209, 214, 216, 220, 226, 302
gnostisch 208
Goethe 36, 288, 317
Gokhale 83, 85
Gott 56, 63, 65, 70, 74, 79, 86–88, 110–111, 134, 136, 144, 162, 169, 177, 182, 185, 190–204, 206, 208, 210, 212–223, 225–226, 235, 245, 257, 276, 283, 286–287, 289, 293–295, 298, 301, 303, 307, 312, 316, 320, 328–331
Götter 45, 58, 185, 206, 219, 221, 223, 284, 286
Grammatik 46, 61, 229
Granet, M. 266
Grass, G. 233
Gratry, A. 301
Griechenland/Griechen/griechisch 16, 23, 25, 30, 36, 39, 47–48, 53–56, 83, 85, 118, 136, 174, 187–188, 236, 239, 245, 247–248, 250–253, 261, 270, 272, 275–276, 278, 320, 358, 363
Griechenland/Griechen/griechisch Griechen 169
Griechisch-römische Tradition 188
guna 71, 78, 98, 137, 139, 289, 294, 331
Gut und Böse 58, 64, 178, 182, 200–201, 222, 306
Gute, das 53, 64, 87, 174, 182, 191, 200, 224, 228, 239, 289, 306
Gymnosophisten 252–253, 266

Habermas, J. 32, 203, 249, 270, 275
Handlung 51, 59, 79, 95, 137–138, 140, 145, 156, 160, 162, 173–176, 178–180, 184–185, 190–191, 213–216, 220, 222, 230, 239, 245–246, 256, 286, 289, 303, 307, 311, 329–330, 332–333
hässlich 168, 233, 241
Hedonismus/hedonistisch/Hedonisten 62, 163, 178, 181, 185
Hegel, G. W. F. 28, 49, 55, 158–160, 193, 197, 206, 237, 240, 245, 250, 268, 272, 284, 321, 358–359
Hegelianer 28, 159
Heidegger, M. 32, 136, 250, 271, 298
Henotheismus 206
Heraklit 357
Hermeneutik 26, 28, 31, 40, 74, 233, 247, 266, 270, 363
Hermeneutik, analogische 28–29
Hermeneutik, interkulturelle 28, 361
Hesse, H. 232
Heterodoxe Schulen der ind. Philosophie 45, 60–61, 79, 172, 176, 181, 183, 189–190, 205, 216, 292, 358
Hick, J. 206–207, 209–210
Himmel 163, 172, 178, 191, 219, 287, 310, 319
Hinayana 91, 142, 179, 291–292, 331
Hindu-Fundamentalismus 212
Hinduismus/hinduistisch 36, 48, 83,

369

Namens- und Sachregister

85, 90, 93, 102, 158, 166, 168, 170, 196, 202, 205, 207–209, 211–212, 221, 225, 287, 301, 303, 307–308
Hiob 314
Historiographie 49, 208
Historismus 315, 320
Hobbes, T. 63, 293, 305
Hölderlin, F. 212
holistisch 160, 163, 166, 228, 232, 288, 298, 329
Hölle 163, 178, 219
Homo-duplex-These 26
Horizontverschmelzung 49
Horkheimer, M. 53
Humanismus/Humanisten 65, 160, 162, 171, 183, 190, 196–197, 287, 291, 304, 308
Hume, D. 51, 117, 137, 143, 150, 152, 159, 193–194, 197–198, 214, 245, 258, 263, 270, 274, 356–357, 361
Husserl, E. 30, 68, 116, 250, 257, 274, 277, 361
Hypostase/hypostasiert 29–30, 38, 157, 238, 275, 277, 317, 319, 321–322
Hypothese/hypothetisch 28, 76, 107, 175, 187, 221, 223, 246, 254, 329, 336

Idealismus, deutscher 319
Identitätshermeneutik 28
Ideologie 29, 82, 168, 172, 313, 315–316
Illusion 57, 67, 75, 87, 90–91, 108, 144, 150, 153, 214, 218, 291, 296, 310, 318, 328–330, 334, 338
Immanenz 57, 232
Indeterminismus 47
Indianer/indianisch 28, 84, 315
Individuum 56, 167, 175, 178, 190, 333, 336–337
Indologie/Indologen 25, 85, 205, 262, 285, 356, 359
Inferenz 62, 74, 76, 103, 328
Inhärenz 78, 98, 137, 140
Inklusivismus/inklusivistisch 247

Intellekt/intellektuell 15, 45, 47, 54, 57, 67, 75, 77, 88, 105, 123, 144, 148, 183, 208, 225, 232, 249, 298, 332, 338
intensional 115, 118–119, 133, 155
Interkulturalität/interkulturell 15, 17, 21–22, 24, 28, 32, 34–37, 39–40, 56, 85, 114–115, 121, 123–124, 130, 157–158, 171–172, 195, 206–209, 211, 245, 247, 250–251, 256, 258, 267, 269–273, 275, 277–279, 322, 357–359, 361–362
Interpretation 15, 26, 39, 45, 58, 74, 79, 94, 108, 157–159, 164, 186, 225, 232, 235, 262, 266, 334, 361
Intuition/intuitiv 49–51, 54, 57–58, 60, 67, 74–75, 89, 91–92, 144, 146, 148, 178, 205, 248, 255, 263, 302, 336–337, 360
Involution 88, 294, 300–301
Irrationalität/irrational 57, 268–269
Irrtum 76, 102, 108–109, 210, 260, 330
Islam/islamisch 24, 28, 48, 54, 83–85, 202, 205–206, 208, 210–211, 225, 361, 363

Jagannath 229
Jaimini 224
Jaina/Jainismus/jainistisch 46–48, 61, 66, 69–70, 80, 91, 96, 102, 112, 121–123, 132, 135, 138, 147, 150, 154–155, 162, 171, 178, 182, 185, 188–189, 195, 200, 202, 205, 208–211, 216, 218–222, 255, 259, 261, 264–266, 289–290, 292, 304, 330–331, 334, 336, 338, 358, 361
James, W. 90, 194, 217, 246, 268, 361
Japan/japanisch 29, 39, 236, 239, 255, 272, 363
Jaspers, K. 30–31, 50, 126, 198, 246, 248, 250, 273, 298, 311, 332
Jenseits 63, 79, 173, 186, 287
Jesuiten 211
Jesus 64, 86, 182, 188
Jinasena 70

Namens- und Sachregister

Judentum/jüdisch 50, 81, 205–206, 208, 211, 225, 259, 316
Jung, C. G. 299
Kabir 48
Kalidasa 288
Kamat 122
Kant, I. 61, 135, 141, 144–146, 159, 164–165, 175, 181, 194, 197, 200–201, 203, 214, 228, 237, 240, 245–246, 262, 272, 287, 323, 358
Karma 50–51, 59, 95–96, 140, 177, 184, 187, 197, 199–202, 209, 215, 219–220, 226, 290–291, 293, 332
Kasten/Kastenwesen 63, 65, 80, 82, 84, 90, 165–170, 175, 183, 293, 303, 307
Kategorie 27, 36, 39, 61, 66, 70, 76, 78–79, 93–94, 97, 104–105, 114, 117–118, 123, 125–126, 132, 136–141, 169, 176, 181, 203, 216, 229, 237, 256, 262, 266, 275, 311, 316, 340
Kausalität 50, 62, 64, 66, 70, 75, 142, 149–151, 197, 199, 220–221, 224, 266, 310, 338
Kautilya 46, 48, 81, 83, 160–161
Klassenlogik 117–119, 259
Koan 255
Kolonialismus/kolonialistisch 39
Kommentar 45–46, 79, 97, 142, 229–230, 285, 306
Kommentarliteratur 46
Kommunikation 27, 32, 34–35, 56, 86, 132, 158, 237, 273, 275, 278, 307
Komparatistik 25, 40
Komplementarität 57
Konsensbildung 29
Konsensus 32
Konsistenz 131
Konzeptualisierung 102
Korea/koreanisch 29, 236
Koskenniemi 130
Kosmologie 56
Kosmopolitismus 88

Kosmos/kosmisch 17, 54, 58, 80, 82, 89, 91, 171–172, 187, 189, 197, 201, 219, 239–240, 283–285, 298–299, 301–302, 309–310, 312–315, 320, 333
Krieg 80, 189, 253
Krishna 163, 288–289
Kshatriyas 169
Kultur 15–16, 21–22, 24–28, 30, 32, 35–39, 41, 84–85, 122, 124, 131, 143, 156, 159, 172–173, 175, 179–180, 187, 207, 233, 235, 237, 239, 248, 250, 252, 268–269, 271–272, 274, 277, 279, 286–287, 297, 299, 307, 309, 319, 321–322, 356, 359
Kulturanthropologie 39
Kulturbegegnung 29, 84
Kumarila 224
Kunst/Künste 28, 81, 161, 163, 193, 228, 233–234, 236–238, 240–241, 248, 250, 284

Langer, S. K. 232
Lao Tzu 266, 358
Lateinamerika 207, 363
Leben/lebendig 26, 45, 47–48, 52, 55, 59, 75, 80, 82, 86–87, 89, 92, 94–96, 136, 144, 158, 160–163, 167, 170, 174–178, 180–186, 188–189, 191, 194, 197, 210, 218, 226, 258–259, 266–267, 276, 286–288, 290, 293, 297–301, 304, 306–307, 313, 332, 336, 338, 341, 364
Lebensstadien 82, 84, 175, 329–331
Lebensziele 33, 46, 81, 84, 156, 159–160, 178, 190, 288, 330, 332
leblos 94, 328, 331
Leerheit 39, 48, 67–68, 125–126, 129–130, 146–148, 174, 196, 236, 255, 291, 339
Leib-Seele-Dualismus 308
Leibniz, G. W. 51, 136, 194, 197, 200, 259
Leiden 53, 64–65, 67, 87, 95–96, 141, 182–183, 190, 199–200, 223, 286, 291–293, 310, 331

371

Namens- und Sachregister

Leidenschaften 164, 177, 179, 246, 268, 290–291
Leidhaftigkeit 52, 96
Lévinas, E. 40
Literatur, meditative 231–232, 239
Locke, J. 117, 146, 152, 245, 356
Logik 50–52, 55, 69, 76, 93, 103–105, 113, 115–121, 123–125, 129, 131–133, 237, 251–253, 255–256, 258–260, 264, 269
Logik, interkulturelle 115, 123–124, 130–132
Logischer Positivismus 87, 136, 219
Logos 31, 73, 245, 251, 268–270, 272, 276, 317, 319, 337
Logozentrismus 270
Lokayata 105, 178
Lyotard, J.-F. 275

Machiavelli, N. 81
MacIntyre, A. C. 32, 276
Madhava 48, 74
Madhyamakas 146
Madhyamika 65–68, 93, 129–130, 145, 147–148, 150, 174
Mahabharata 46, 48, 59, 80–82, 168, 176, 189, 286–287
Mahavira 188, 210, 252, 358
Mahayana 65, 91, 125–126, 142, 145, 180, 182–183, 262, 291–292, 328, 330, 336, 339
Maitreyanatha 145
Manu 46, 48, 79, 82, 176, 188–189
Marquard, O. 318
Marx, K. 159–160, 284, 308, 320
Materialismus 62–63, 89, 91–92, 217
Materialismus, dialektischer 320
Materie 59, 63, 89, 94, 216, 223, 297, 300, 302
Matilal, B. K. 17, 68, 114, 129, 265
maya 75, 90, 109, 216
Meditation 72, 75, 91–93, 179, 215, 290–291, 295, 311
Medizin 97
Megasthenes 83, 253

Menandros (Milinda) 248
Menschenpflichten 29, 85
Menschenrechte 29, 85, 158, 172
Menschenwürde 22
Menschheit 15, 17, 21, 29, 33, 82, 88, 90, 164, 175–177, 180, 212, 274, 301–302, 313, 321–322, 358, 363
Metaphysik 32, 50, 56, 68, 134–137, 139, 141–142, 153–154, 172, 174, 219, 225, 260, 277, 298, 363
Methodologie 63, 65, 98, 253, 260
Milindapanha 248
Mimamsa 48, 58, 60–61, 73, 91, 100, 107, 109, 111, 138, 176, 180, 184, 205, 215, 223–224, 358
Misch, G. 259
Mission/Missionare 28, 85–86
Mitleid 162, 180, 189, 220, 222, 287
Mittelalter 83, 168, 245
Moderne 40, 87–88, 118, 156, 158, 232, 235, 245, 275, 299, 308, 364
Modi 69, 154, 259, 264
Mohanty, J. N. 17, 25, 114, 117, 119–120, 132, 135, 225, 250, 279, 362
moksha 39, 45–46, 50, 59, 79–81, 94, 138, 160, 162, 174, 178, 181, 184, 199, 205, 225–226, 231, 287–288
Momentarismus 69, 75, 141, 333
Monarchie 59, 170
Monismus 57–59, 114, 126
Monotheismus 204, 206, 208
Moralphilosophie 156
Mughals 47, 84
Müller, F. M. 61, 205
Murti, T. R. V. 68, 126
Musik 161, 164, 228, 233, 236, 238, 309
Mystik/mystisch 48, 50, 69, 82, 85, 88, 92–93, 129, 153, 161, 183, 196, 204, 217, 232, 255, 285, 295, 360
Mythos 206, 268, 319

Nächstenliebe 162
Nagarjuna 15, 25, 48, 65, 68, 122, 125–129, 131, 147–148, 194, 255, 262, 345, 358–359

Naiyayikas 120, 152, 181, 213, 215, 219–220, 223, 226
Nakamura, H. 261
Nanak (Guru) 48
Naoroji, D. 85
Nationalismus 88, 158, 202, 297
Natur, Große (Kosmos) 201, 309, 313–314, 318–319, 322
Naturalismus/Naturalisten 46–47, 63, 224, 285–287, 319
Navya-Nyaya 118
Negation 67–68, 76, 110, 119, 123, 126–127, 137, 141, 153, 255, 262, 327, 349
Negative Theologie 262
Negativismus 63
Neo-Hinduismus 85, 90, 170
neti-neti 59, 262, 292
Nicht-Gewalt 305
Nicht-Sein 69, 76, 79
Nicht-Wahrnehmung 107, 257, 329
Nietzsche, F. 193, 200, 284, 302, 317
Nirvana 39, 45, 48, 50, 64, 67, 94, 126, 129, 144, 162, 174, 179, 182, 199, 217, 225–226, 261–263, 284, 292, 313, 330, 334, 340
Nishida, K. 39
noematisch 238
noetisch 234
Nous 245
numinos 198
Nyaya 45, 48, 60–61, 75–78, 102–104, 107, 111, 120–121, 125, 127, 137, 152–153, 181, 212–213, 215, 220, 253, 295, 358
Nyaya-Vaisheshika 59, 61, 93, 137–138, 141, 144, 184, 215, 225

Offenbarungsreligionen 195, 202, 207
Ökonomie 46, 160, 164
Onesikritos 83, 253
Onto-Theologie 203
Ontologie/ontologisch 36, 68, 79, 107, 125, 136, 141, 153, 157, 166, 194, 214, 217, 230, 278, 311

Ontologisierung 29, 146, 148, 198, 234, 273, 321, 360
Opfer/Opferriten 65, 183, 185, 189, 223–224, 290, 308
Optimismus/optimistisch 53, 136, 268, 306
Orientalismus/Orientalisten 114
orthaft-ortlos 16, 23, 28–30, 115, 138, 196, 234, 237, 272, 275, 277–279, 360
orthodoxe Schulen der indischen Philosophie 60–61, 205, 293
Otto, R. 90

Pakistan 86
Pali-Kanon 221
Panini 46, 61
Paradigmenwechsel 132, 279
Parmenides 263, 357
Partikuläre, das 116, 131, 279
Patanjali 48, 71, 215, 295
Paulus 276
Perzeption 62
Pessimismus/pessimistisch 52–53, 64, 95, 174, 199, 306, 314–315
Pflanzen 70, 94, 188, 284, 309
Pflichtbewusstsein 162, 181, 185
Pflichten 78, 81, 167, 174–178, 180, 183–185
Phänomenologie/phänomenologisch 32, 68, 87, 89, 160, 196, 208, 234, 238, 250–251, 276, 299, 317, 337
Philologie/philologisch 23, 25, 49
philosophia perennis 29–31, 57, 279, 323, 360
Philosophie, interkulturelle 17–18, 21–22, 24, 28, 30, 35–37, 39–41, 248, 251–252, 359, 364
Philosophie, komparative 22, 39–40, 52
Philosophie, westliche 51–53, 104, 115, 152, 207, 214, 362
Platon 28, 159, 169–170, 187, 194, 197, 238, 250, 269, 306, 357
Platoniker/Platonismus 36, 117, 259

Plessner, H. 27, 125, 132, 137, 318, 356
Pluralismus/pluralistisch 32–33, 57, 85, 88, 121–123, 125, 130, 143, 157, 171, 202, 205–207, 209–210, 212, 260, 266, 357
Poesie 233
Poetologie 232
Politik/politisch 45–46, 49, 62, 79–88, 160, 166, 170, 174–175, 188, 190, 287, 293, 297–298, 305, 308, 320, 333
Polygamie 85
Polytheismus 206
Popper, K. 159
Positivismus/positivistisch 64, 310
Postmoderne 40, 238, 266, 275
Potentialität 71, 76, 126, 216, 337, 360
Prabhakara 109, 180, 224
Prädikation 69, 260, 264–265, 339
Pragmatismus/pragmatisch 64, 106, 122, 171, 173, 230, 248, 268, 277, 307, 342
prakriti Siehe Urmaterie 70
Prasangikas 148
Prasashtapada 181
pratityasamutpada 33, 126, 131, 201, 221, 292
Priesterkaste 293
Psychologie 52, 55, 71–72, 105, 113, 115–117, 124, 133, 142–143, 156, 165, 174, 179–180, 183, 229–230, 251, 259, 289–290, 298–300, 317, 328, 330, 333, 356, 363
Psychologismus 52, 55, 115–117, 133, 259
Puranas 80, 286–288
purusha Siehe Ursubjekt 70
Purva-Mimamsa 73
Putnam, H. 171
Pyrrhon von Elis 83, 122, 253, 266

Qualität 66, 79, 137–139, 152, 216, 289, 295, 327, 331, 334, 337
Quantoren 55

Quine, W. v. O. 118

Radhakrishnan, S. 49, 57–58, 90–91, 186, 207, 289
Rai, L. L. 85
Ramakrishna 85
Ramananda 48
Ramanuja 48, 74, 109, 177, 194, 216, 226
Ramayana 46, 48, 176, 286–287
Rassismus/rassistisch 39, 167
Rationalisierung 70, 82, 156, 168
Rationalismus 41, 237, 239, 247, 275
Rawls, J. 32, 159
Rechtsphilosophie 63
Rede/Redewettbewerb 97, 105, 332, 341
reductio ad absurdum 65–67, 127, 147
referentiell 119, 123
Reinheit 72, 78, 162, 164, 167, 185, 290–291, 295, 307
Reinigung 162, 178–180, 185, 294, 306
Reinterpretation 157
Relation 62, 66–67, 76, 100, 105, 119–120, 129, 138, 140, 214, 255, 315
Relativismus 25, 65, 114, 124, 132, 137, 155, 173, 183, 251, 273–276, 278–279, 315
religio perennis 34, 158, 207
Religionsphilosophie 86–87, 192–196, 199, 202–204, 206–207, 211, 213–214, 217–218
Ricoeur, P. 34–35, 114, 159, 195, 273
Rig-Veda 58, 62, 149, 183, 205, 288
Rishabha 188
rishis 45
rita 173, 183, 245, 269, 304, 337
Rorty, R. 32, 276–277
Roy, D. 229
Roy, R. M. 85, 90
Ruskin, J. 86
Russell, B. 116, 194, 214
Ryle, G. 127

Säkularisierung 316
Samkhya 60–61, 66, 70, 76, 91, 101, 112, 138–139, 149–150, 184–185, 205, 213, 215, 223, 225, 293–294, 358
samsara 64, 126, 162, 184, 338
Samyutta Nikaya 151
sanatana dharma 91, 158, 207
Sanjaya 260–261, 264
sannyasin 166
Sanskrit 15, 56, 93, 99, 103, 108, 139, 160, 167, 245, 272, 356
Sanskrit-Doxographien 195
Sarasvati, D. 168
Sartre, J.-P. 298
Sarvastivada 142
Satz vom ausgeschlossenen Dritten 51, 131, 255
Satz vom Widerspruch 51, 131, 203, 252, 255, 259
Satz von der Identität 131
Sautrantika 142–143, 145–146, 292
Sayana 58
Scheler, M. 134–135, 191, 283, 297–298, 300–301, 353
Schelling, F. W. J. 263
Schicksal 209, 309, 318, 321, 327, 363
Schlussfolgerung (s. a. Syllogismus) 62, 77–78, 98–99, 101–106, 116–117, 119–120, 124, 252, 254, 258, 328, 331, 335
Schönheit/schön 87, 228–229, 231–234, 236–237, 239–241, 286
Schopenhauer, A. 268, 359
Schöpfergott 63, 199–200, 202, 222, 257, 331
Schöpfung 50, 70–71, 73, 161, 199, 214, 220, 222–224, 259, 294, 302
Schütz, A. 26
Schweigen 129, 147, 216, 221, 262
Schweitzer, A. 186
Seal, B. 229
Sedimentation 31, 156, 238, 269, 279
Seele 51, 57, 59, 63–64, 78, 89, 96, 138, 143, 147, 177–178, 198, 213, 216, 218–219, 223, 226, 229–230, 260–262, 287, 289, 293, 295, 308, 310, 329, 338, 342, 357
Seelenruhe 39
Sein, das 40, 45, 50, 58, 62, 64, 67, 69, 74, 79, 89, 99, 136, 140, 149–150, 208, 288, 295, 303, 312, 314, 328, 338
Selbst, das 45, 50–51, 72, 74, 78, 89, 92, 96, 117, 138, 147, 184, 187, 210, 225–226, 327, 329, 332
Selbstbeherrschung 72, 162, 176, 191, 249, 295, 342
Selbsterkenntnis 96, 152, 233
Selbstvervollkommnung 174, 184, 205, 224
Seleukos Nikator 253
Semantik 122, 278
Semiotik 106, 122, 251
Sen, A. 164, 211
sexuell 161
Shankara 25, 48, 60, 74, 110, 125, 153, 177, 194, 197, 205, 214–215, 226, 265, 332, 358
Shantarakshita 222
Sharma, I. C. 174
shastras 46
shruti 79, 215, 339
shudras 168–169
shunyata Siehe Leerheit 39
Sikhismus 209, 211
Sinnesfreuden 181–182, 190, 230, 232
Sinologen 39
Skeptizismus/skeptisch/Skeptiker 46–47, 49, 62, 68, 87, 122, 124, 171, 192, 258, 260–261, 264, 278
Sklaven 169
smriti 80, 164, 338
Sokrates 252, 254, 267
Solomon 253, 268, 277
Sophisten 36, 47, 261, 269
Soteriologie/soteriologisch 38–39, 45, 126, 135, 141, 144, 151, 183–184, 196, 208–209, 225–226, 232, 263, 285, 361
Souveränität, politische 171

375

Sozialphilosophie 59
Speicherbewusstsein 67, 145
Spekulation/spekulativ 49, 56, 58–59, 64, 135–137, 146–147, 149, 170, 182, 192, 210, 228, 235, 239, 247, 268, 273, 315, 317–318, 320, 331
Spinoza 194
spiritualistisch 52, 100, 149, 171, 290
spirituell 49–50, 57, 59–60, 63, 80, 87, 89–90, 141, 144, 162–163, 177, 183, 186, 191, 196, 203, 205–207, 209, 212, 225–226, 231, 235, 239, 286–287, 289–292, 295, 297–303, 305, 308–311, 327, 334–335, 337–338
Sprache 15–16, 30, 38, 56, 68, 85, 92–93, 105, 119, 128–129, 139, 232, 235, 247, 249, 262, 274, 279, 340
Sprachphilosophie 60
Sprachspiel 24, 209
Standpunkt 69, 90, 92, 95, 115, 122–123, 148, 150, 154, 197, 210, 257, 260, 266, 273, 332, 339
Stcherbatsky, T. 126
Steuchus, A. 29
Strafe 63, 81, 249, 307
Strauß, O. 285
Strawson, P. F. 135
Sturm, H. P. 263
Subjekt-Objekt-Spaltung 73, 93, 146
Subjekt/subjektiv/Subjektivismus 29, 52, 64, 67, 77, 100–101, 116, 118, 133, 143, 145–146, 160, 175, 184–185, 230, 234, 237, 254, 267, 269, 289, 294, 305, 312, 314, 321, 332, 340
Substanz 65–66, 69, 78–79, 98, 137–140, 142–143, 151, 154, 226, 264, 290, 331, 336
summum bonum 58, 60, 75, 173–174, 178, 182, 212, 231, 235
Sutra/Sutren 46, 48, 78–79, 142–143, 213
Svatantrikas 148

Syllogismus 52, 55, 104, 115, 117–118, 252, 254, 258, 267, 328, 335, 337, 341

Tagore, R. 87–88, 170, 187, 212, 229, 297, 306, 308–311
Tao 39, 81, 204, 235, 245, 266, 269, 337
Taoismus 195, 245
tat tvam asi 340
Technologie/technologisch 316, 320, 358
Teilhard de Chardin 89
Terminologie 56, 272, 360
Tertium Comparationis 25, 27, 37, 54, 113, 115, 124, 236, 360
Theismus 193, 216, 221, 223
Theodizee 70, 196, 198–199, 201
Theologie/theologisch/Theologen 24, 37, 39, 54, 70, 83, 113, 134, 136, 152, 171–172, 177, 181, 183, 186–187, 190, 192–194, 197–200, 202–204, 207–208, 210, 215, 221, 223, 225, 245, 247, 257, 261, 314–318, 320
Theosophische Gesellschaft 49
Thomas von Aquin 56
Thoreau, H. D. 86
Tiere 173, 185, 189, 222, 224, 284
Tierliebe 188
Tieropfer 189
Tilak, B. G. 85
Tillich, P. 186, 203
Tirthankara 188
Tod 51, 55, 134, 143–145, 162–163, 180, 182, 184–185, 198, 200, 218, 226, 262, 293, 303, 307, 322, 338
Toleranz 29, 40, 70, 85, 171, 202, 211, 266
Tolstoj, L. 86
Toynbee, A. 187
Tradition 25, 27–28, 30–31, 36, 45–49, 54, 56, 58–61, 63, 80, 82, 84–86, 90, 97, 108, 113–114, 117, 119, 121, 128, 141–142, 156–158, 163–165, 167, 176, 178, 183, 189, 207, 211, 215, 223, 228–229, 233, 236, 238–

239, 252, 254–255, 259, 275, 279, 285, 287, 290, 299, 306, 314, 316, 327, 338, 357, 360–361
Transformation/transformativ 50, 71, 89, 92, 150, 180, 196, 226, 291–292, 298, 303, 308–309, 322–323, 330, 334, 339–341, 363
transkulturell 37
Transmutation 89
Transzendenz/transzendent 57, 60, 62, 67, 74, 136, 162–164, 193–194, 196, 198, 202–203, 216, 225, 232, 287, 292, 309, 334, 340
Tugend 40, 56, 78–79, 83, 93, 132, 155, 162–163, 177, 180, 184, 189–190, 246, 290–291, 295, 335, 363

Überlappung/überlappend 16, 23, 26, 29, 32–33, 36, 49, 118, 130, 132, 138, 196, 202–203, 209, 226, 230, 233, 236, 251–252, 263, 269, 271, 273, 275–279, 317, 364
Übermensch 284, 298, 302
Udayana 213
Udyotakara 253
Unberührbarkeit 168, 307
Unbewusste, das 67, 145, 299, 328
Universalienstreit 142
Universelle, das 78–79, 102, 116, 140–141, 248, 310, 332
Universismus 171, 201
Universität 49, 87, 356, 359
Unsterblichkeit 51, 63, 198, 311
Unterkasten 170
Unwissenheit 53, 67, 75, 90, 92–93, 95, 100, 110, 179–180, 200, 218, 226, 286, 296, 328–329, 341
Upanishaden/upanishadisch 45–47, 56, 58–59, 61–62, 79, 87, 98, 161, 172, 183, 216, 285, 289, 295–296, 301, 333, 358
Urmaterie 70–71, 138, 150, 184, 214–215, 223, 293–294, 330, 334–335, 337, 339
Ursubjekt 70–71
Urteil 25, 54, 57, 68, 77, 96, 107, 120,

141, 144, 146, 173, 237, 239, 260, 264–266, 329
Utilitarismus 87, 173, 181
Utopia 166, 169–170
Uttara-Mimamsa 73

Vaibhashika 142–143
Vaisheshika 60–61, 78–79, 91, 101, 140, 149, 190, 295, 358
Vajrayana 91
Vasco da Gama 84
Vasubandhu 48, 126, 145–146
Vatsyayana 46, 48, 161, 213
Vedanta 48, 58, 60–61, 74, 90–91, 98–100, 107–110, 125, 149–150, 153, 196, 205, 207, 210, 212, 225, 263, 265, 307, 330, 334, 340, 358
Veden/vedisch 45–46, 56–62, 64, 73–75, 79–81, 107, 149, 165, 167–168, 172–173, 176, 181, 183, 185, 189, 218, 223–224, 245, 285–286, 291–292, 295, 339, 358
Vegetarismus 188, 284
verbale Testimonie 76
Verbote 162, 173
Vernunft 32–34, 40, 50, 57, 60, 65, 68, 70, 90, 101, 116, 118, 132, 136, 147–148, 159, 164, 193–194, 197, 201, 203, 211, 239, 245–252, 267–273, 275–279, 283, 299–300, 302, 320, 331, 335, 358
Vier edle Wahrheiten 47, 64, 180, 291
Vijnanavada/Vijnanavadins 67, 109, 142, 145–146
vishishtadvaita 74, 109
Vivekananda 85
Volksreligion 215, 221
Voltaire 200

Wahre, das 34–35, 51, 53, 87, 114, 142, 205–207, 228, 239, 302–303, 320, 338, 359
Wahrheit 24–25, 27–28, 34–35, 50, 56–59, 61, 67–70, 73, 76, 81, 86, 93, 101, 110–112, 115, 128–129, 131, 148, 152–153, 155, 176, 179, 188,

377

200, 203–204, 206, 208, 210–211, 218, 223, 228, 246–247, 253, 260, 266–267, 273, 303–306, 335, 337–338, 340, 342
Wahrnehmung 41, 50, 62, 64–65, 68, 74, 76, 78, 98, 100–105, 108–109, 111, 119, 135, 141, 143–144, 151, 153, 218, 229, 237–240, 254–255, 257–258, 285, 292, 336
Weber, M. 186
Weltanschauung 38, 96, 134
Weltbejahung 186
Weltordnung, sittliche 173
Weltphilosophie/weltphilosophisch 25, 31, 37, 40–41, 114, 118, 121, 123, 131–132, 134–135, 234, 248, 361–362
Weltverneinung 186
Wert/Wertsystem 24, 27, 33, 38, 87, 90, 115, 124, 139, 157–158, 171, 180, 191, 216, 228, 232, 234
Wesensverwandtschaft alles Lebendigen 188

Wiedergeburt 55, 58, 63, 95, 162–163, 226, 291, 293, 303, 338
Willensfreiheit 181
Wittgenstein, L. 30, 125, 129, 136, 192, 201, 208–209, 255, 321
Witwenverbrennung 85
Wolff, C. 136
Wort 73, 105, 229, 254, 337–338, 340

Yashovijaya 266
Yoga/Yogi 45, 59–61, 71–73, 89, 91, 102, 166, 191, 212, 214–215, 225, 285, 287, 289, 294–295, 297–303, 330, 332–333, 335, 337–338, 342, 358
Yogacara 65, 102, 109, 126, 142, 144–145, 152–153, 292, 328

Zarathustrismus 211
Zen 195–196, 236, 255, 272, 320
Zenon von Elea 263
Zimmermann, R. 130
Zyklentheorie/zyklisch 73, 187